中国书店藏

珍贵古籍图录

中国书店

图书在版编目（C I P）数据

珍贵古籍图录 / 于华刚主编. -- 北京 ：中国书店，
2012.10
ISBN 978-7-5149-0553-3

Ⅰ. ①珍… Ⅱ. ①于… Ⅲ. ①古籍－图书目录－中国
Ⅳ. ①Z838

中国版本图书馆CIP数据核字(2012)第235448号

ISBN 978-7-5149-0553-3

珍贵古籍图录

主　　编　于华刚
责任编辑　田　甜　刘易臣
责任印制　雷　雨
出版发行　中国书店
社　　址　北京市西城区琉璃厂东街一一五号
邮　　编　100050
印　　刷　北京市联华宏凯印刷有限公司
版　　次　二〇一二年一〇月第一版
开　　本　880×1230 1/16
印　　张　20.25
书　　号　ISBN 978-7-5149-0553-3
定　　价　肆佰陆拾元

《珍贵古籍图录》编委会

序

发掘、抢救、保护和传承我国古代典籍文献，是中国书店六十年来坚持的企业准则。六十年前的一九五二年，齐燕铭、郑振铎、吴晗、张友渔等老一辈著名学者和北京市的老领导共同倡导成立的中国书店，其最主要的工作之一就是：『在古籍收集、保护以及整理、流通上发挥国营主渠道的作用』。六十年来，中国书店一代又一代从业者秉承北京古旧书业的优秀传统，坚守古籍保护、传播的行业信念，为我国古籍文献资料的发掘、抢救、保护以及传承、流通做出了重要的贡献，取得了卓越的成就。

六十年来，中国书店的几代员工为了搜求、发掘我国历朝各代珍贵古籍文献，足迹走遍了祖国大地，甚至走向远离故土的海外。不论是昔日的官宦世家，还是普通农户的屋舍，都有中国书店古旧书收购员的身影。不管是今日奢华的拍卖大堂，还是简陋杂乱的废品收购站，都有中国书店古旧书收购员敏锐的搜求视线。在六十个寒来暑往周而复始的更迭中，中国书店一代代古旧书收购员的脸庞上也渐渐地染上了历史的风霜。但是，他们搜求和发掘古籍文献的目光依旧是那么敏锐，依旧折射出对祖国文化遗产继承和保护的坚毅。上苍不辜负中国书店几代古旧书从业者的勤劳，历史不坠湮中国书店所做出的特有的卓越贡献。正如著名学者邓拓先生赋诗『寻书忘岁月人莫笑蹉跎但满邺侯架宁辞辛苦多　壬寅冬日戏改邵康节诗一绝以谢中国书店诸同志之辛勤劳动』。

回顾中国书店六十载所经眼过手的古籍文献，无论在版本价值还是学术影响上都有着极其显赫的文化意义，许多具有古代雕版发展标志的代表性版本或在学术研究上有巨大贡献的文献典籍，都凝结了中国书店几代从业者的心血和艰辛。其中，既有我国隋写本《大般涅槃经》卷之七，被确认为今存敦煌文献中单纸最长的隋代经卷，又有旧藏于杭州雷峰塔砖心内的五代时期吴越王钱俶刊刻的《一切如来心秘密全身舍利宝箧印陀罗尼经》，是我国早期雕版印刷的重要文献；既有北宋费氏进修堂蝴蝶装《资治通鉴》、南宋中隐书院包背装《新刊山堂先生章宫讲考索》、宋刊本《重刊许氏说文解字五音韵谱》等具有鲜明特色的宋版古书，又有对红学研究有着重大影响的一百二十回抄本《红楼梦稿》、木活字程甲、程乙本《红楼梦》；既有曾经让京城报刊热议报道的孤本宋版《楚辞集注》、宋淳熙年《诗集传》，又有有清一代颇具华贵的铜活字版《古今图书集成》；既有中国书店收购员从山东农户中抢救出来的《永乐大典》等散佚历史文献，又有近年中国书店从海外回购的元刊孤本《类编图经集注衍义本草》、明刊本《初学记》、清乾隆内府初拓本《敬胜斋法帖》。凡此种种，若详尽历数中国书店六十年所抢救、搜求的古籍善本，可谓是中国古代典籍文化的历史宝藏。这些珍贵的古籍善本或提供给国家公共图书馆珍藏，或供应各大专院校、学术研究机构为学术教学提供珍稀的文献资料。在全国各大图书馆、博物馆列入『国家珍贵古籍名录』中，曾为中国书店所经手的善本古书占据极大的份额，就是今天仍旧收存在中国书店的善本典籍，也有数十种之多。我们可以骄傲地说，中国书店的六十年，在我国古籍抢救、保护和传播上所作出的突出贡献，是其他文化经营行业难以替代的，更是中国历代典籍文献重获新生的卓越历程。

中国书店的古籍发掘、抢救过程，就是中国古籍历史的保护过程。正如著名学者顾廷龙先生对中国书店的赞誉『发扬民族文化，董聚古籍流通』，著名学者王世襄先生称赞中国书店『保存文献，功在千秋』。

为了体现中国书店在古籍文献保护方面的骄人成就，也是为了纪念中国书店几代从业者艰辛的保护历程，在中国书店六十华诞之际，我们选择了目前仍旧收存于中国书店的历朝珍稀古籍，结集出版《珍贵古籍图录》，以此展示中国书店六十年的光辉历程。著名学者启功先生曾题词遥贺中国书店『文化梯航祖国之光，腾飞伊始硕彦满堂』，而择百种书影，也正谕示着中国书店将在今后的发展历程中不断走向辉煌，走向不断繁荣的一百年、更久更长。

我们相信，这部《珍贵古籍图录》不仅仅是中国书店的六十载春秋的折射，也是中国古籍文化的一种呈现。它在展示中国书店的文化保护功能的同时，也会为版本目录学研究提供一部珍贵的参考图录。

中国书店

壬辰年秋月

目录

中國書店新春聯徵題此為賀

文化梯航祖國之光
騰飛伊始碩彥滿堂

一九八五年春節 啟功書於北京師範大學

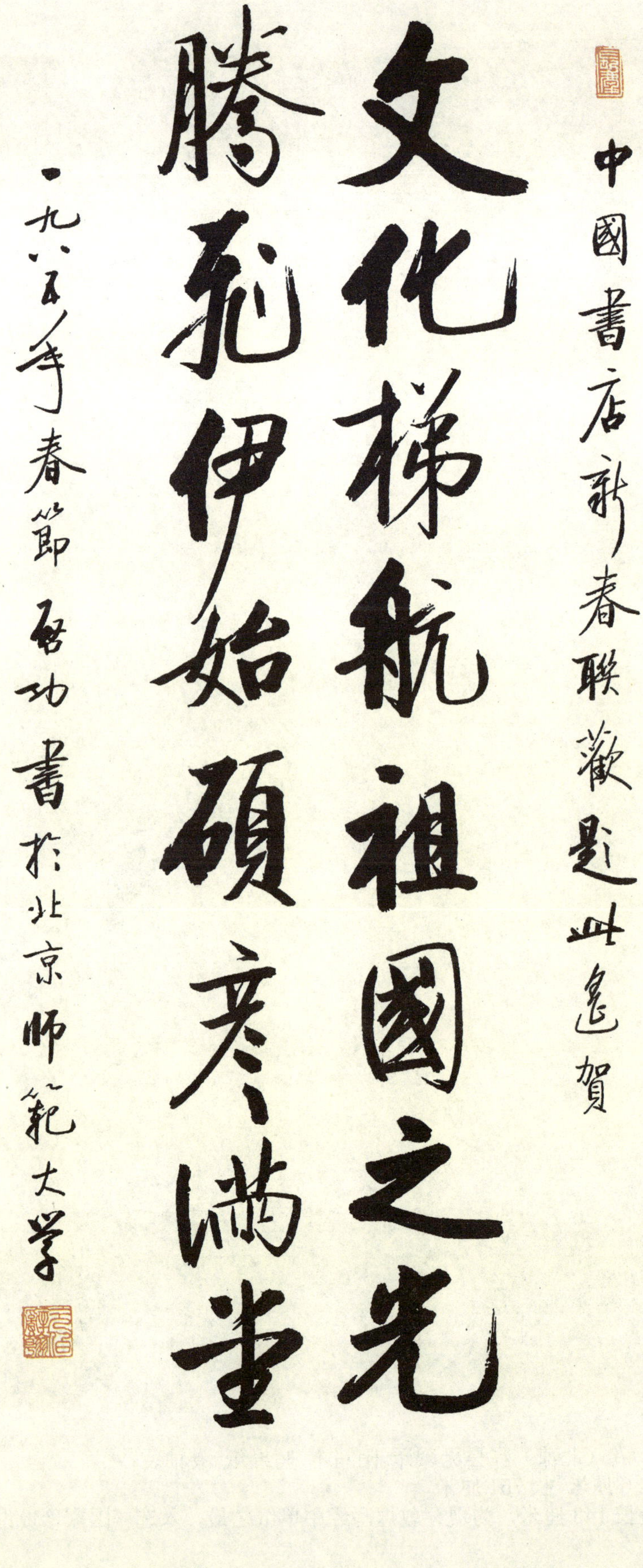

《大般涅槃经》四十卷（北凉）释昙无谶译 隋写本 写经纸 卷轴装
有乌丝栏 栏高 26.6 厘米 长 751 厘米
据考证该经单纸最长 143 厘米，为现存敦煌写经中单纸之最，入选《国家珍贵古籍名录》。

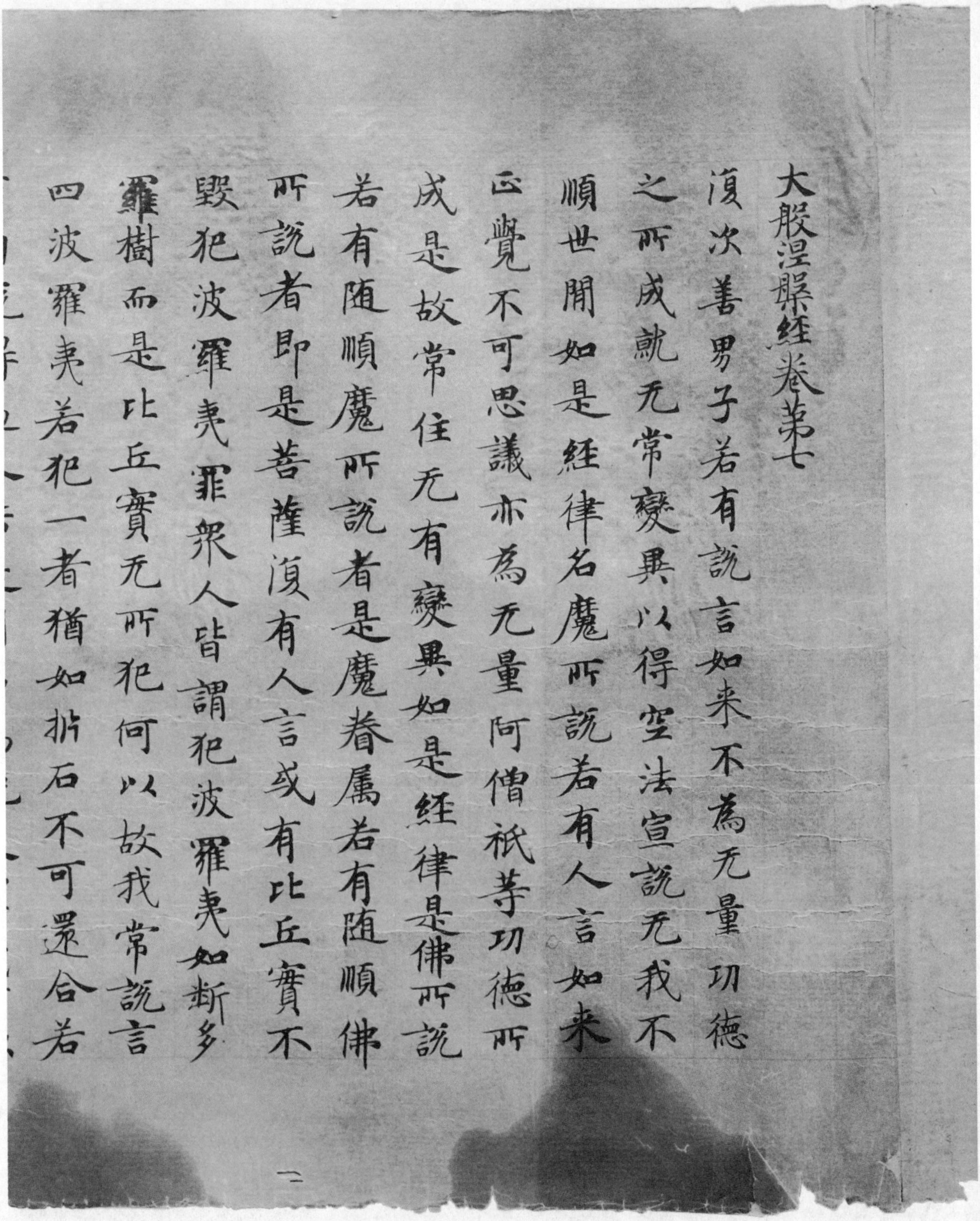

大般涅槃経卷第七

復次善男子若有説言如来不為无量功德

之所成就无常變異以得空法宣説无我不

順世間如是經律名魔所説若有人言如来

正覺不可思議亦為无量阿僧祇䓀功德所

成是故常住无有變異如是经律是佛所説

若有隨順魔所説者是魔眷屬若有隨順佛

所説者即是菩薩復有人言或有比丘實不

毀犯波羅夷罪衆人皆謂犯波羅夷如斷多

羅樹而是比丘實无所犯何以故我常説言

四波羅夷若犯一者猶如折石不可還合若

二

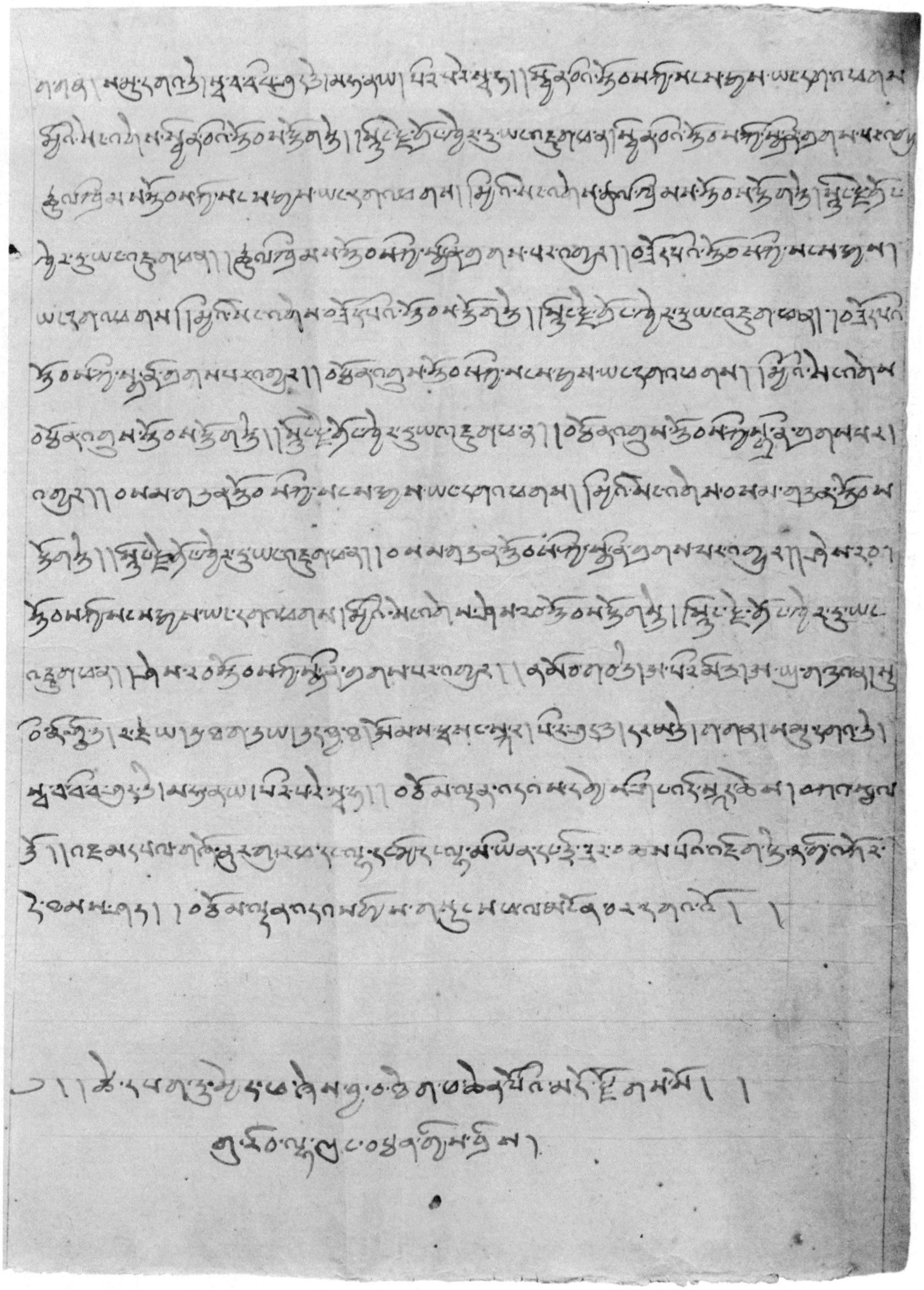

《**大乘无量寿宗要经**》一卷 公元九至十世纪敦煌藏文写本
麻纸 单页 每页十九行 有乌丝栏 栏高31.5厘米 长45.5厘米 栏宽约1.5厘米
入选《国家珍贵古籍名录》

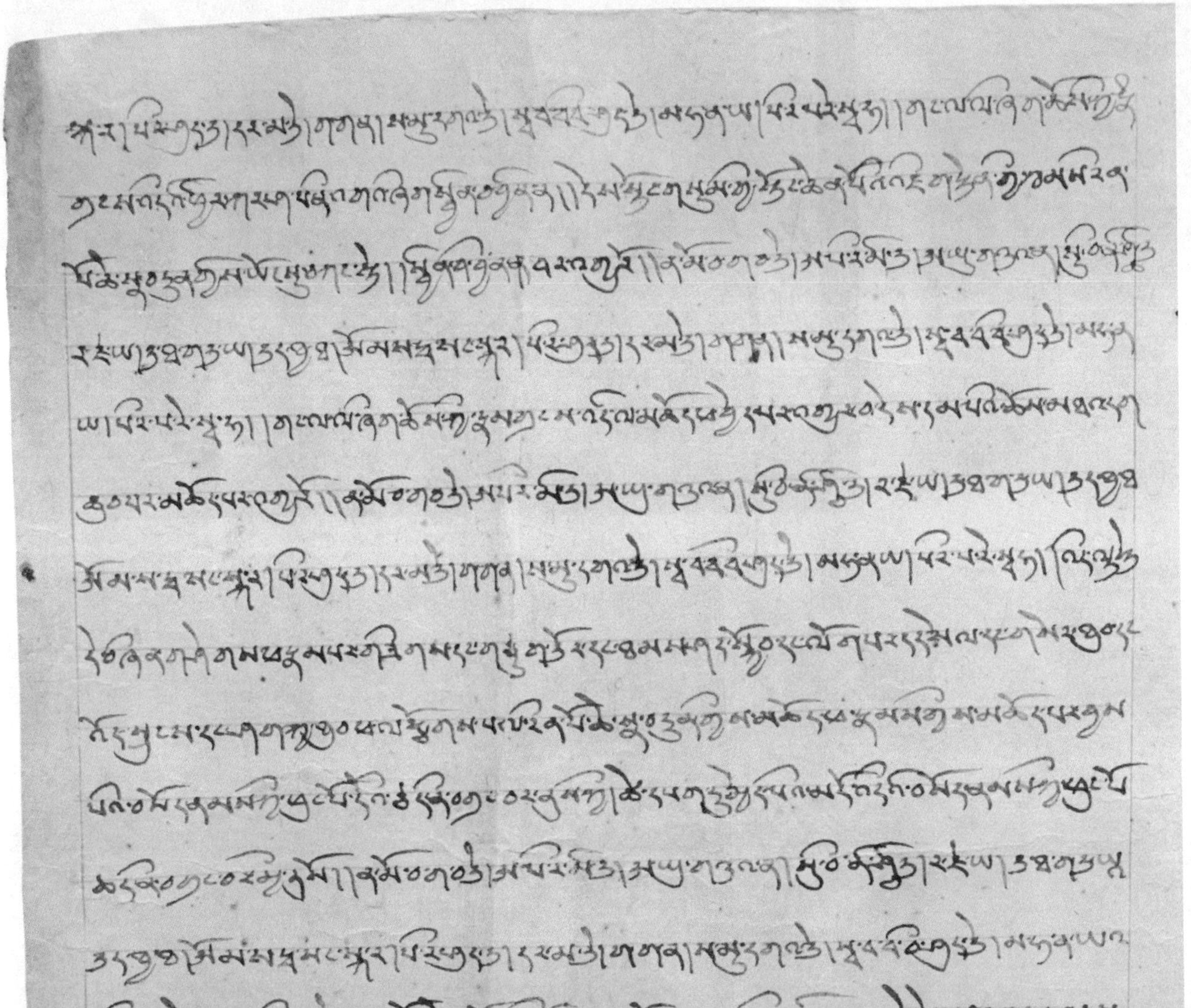

《大乘无量寿宗要经》敦煌藏文写本

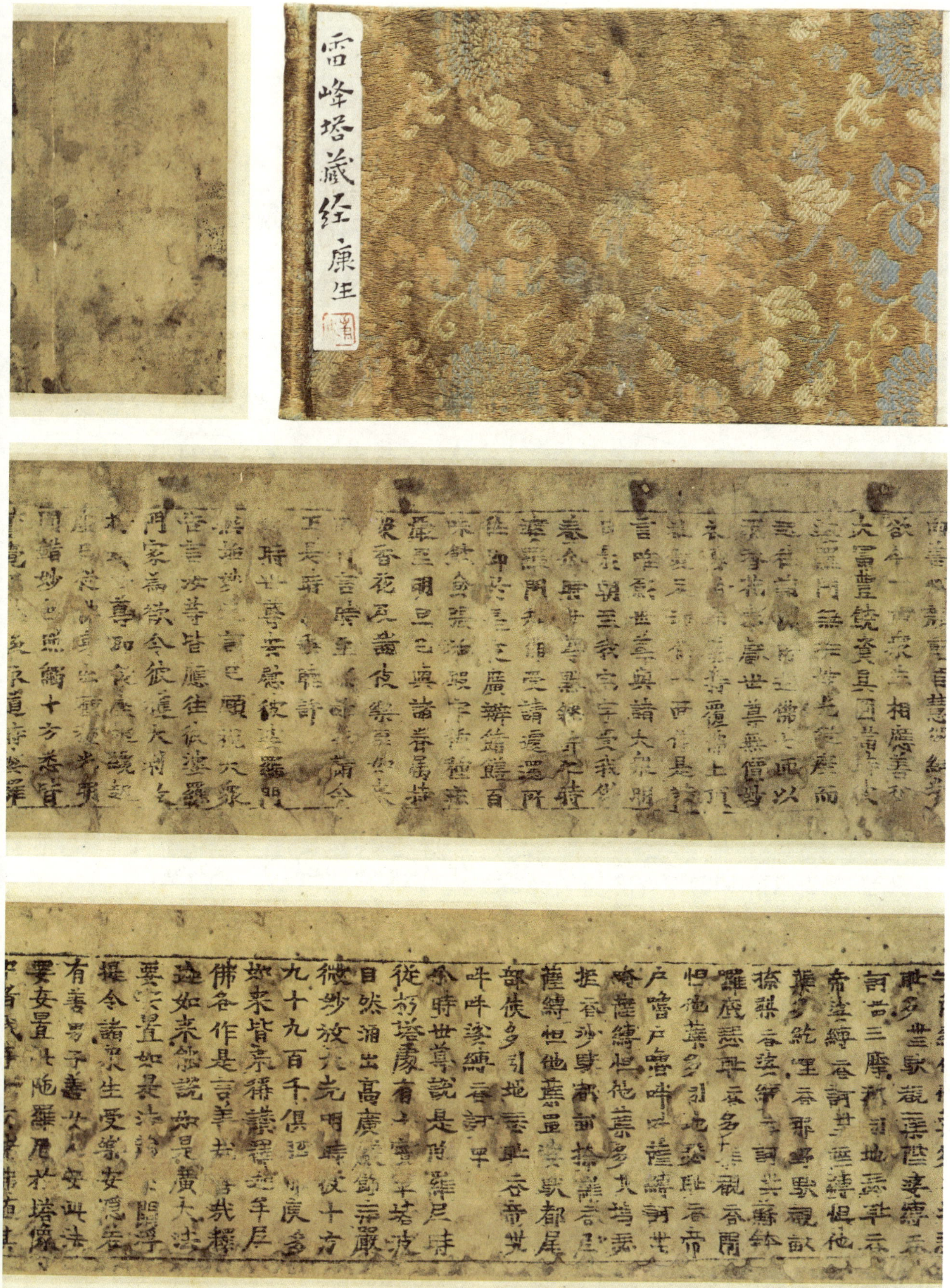

《一切如来心秘密全身舍利宝箧印陀罗尼经》一卷（唐）释不空译 北宋开宝八年吴越王钱俶刻本
麻纸 卷轴装 框高 5.8 厘米 广 208.4 厘米
因该经原藏杭州雷峰塔塔砖之中，故又称《雷峰塔藏经》。康生题签。

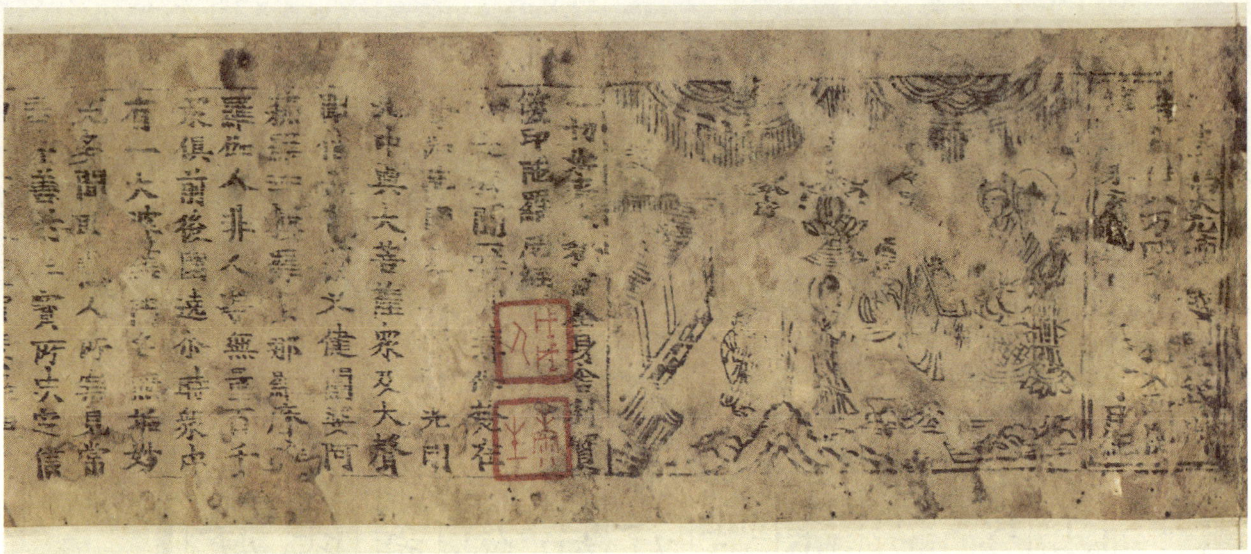

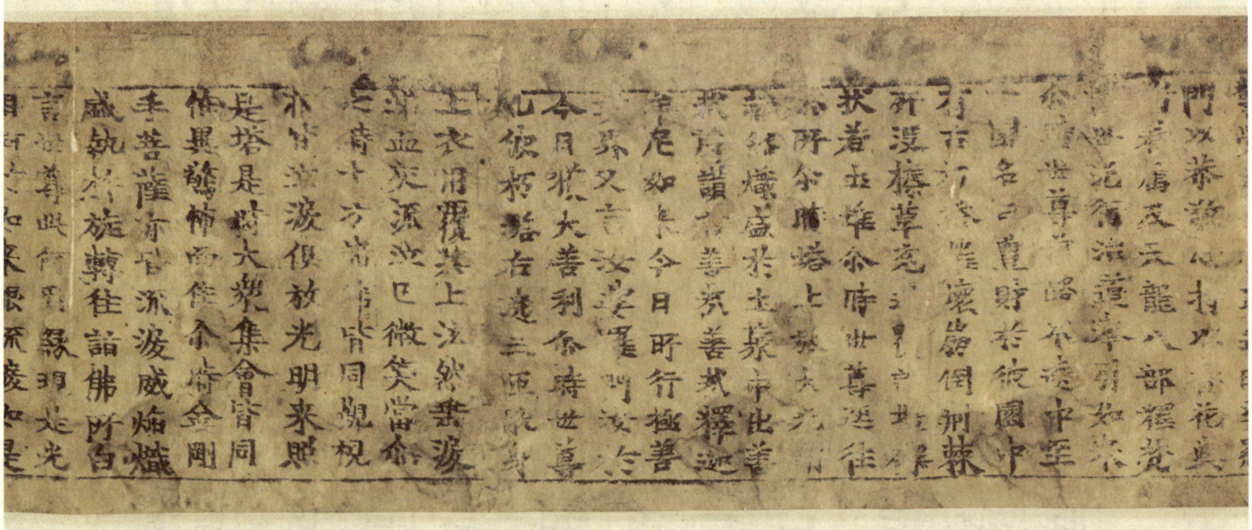

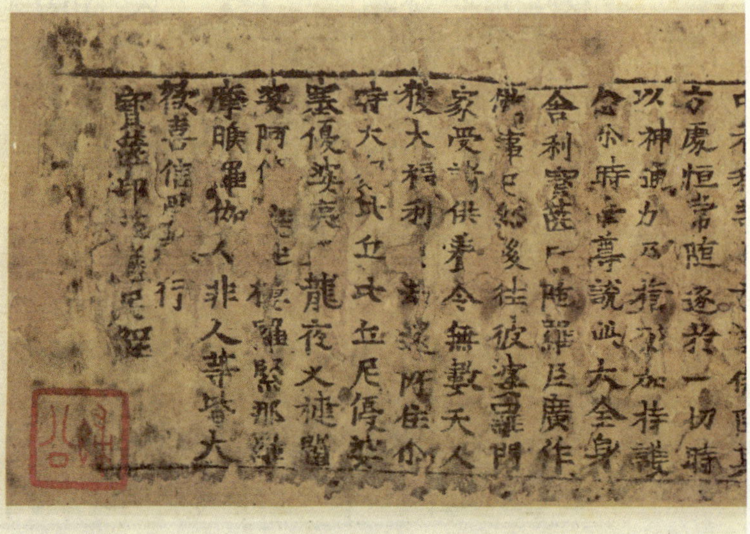

《一切如来心秘密全身舍利宝箧印陀罗尼经》 北宋开宝八年吴越王钱俶刻本

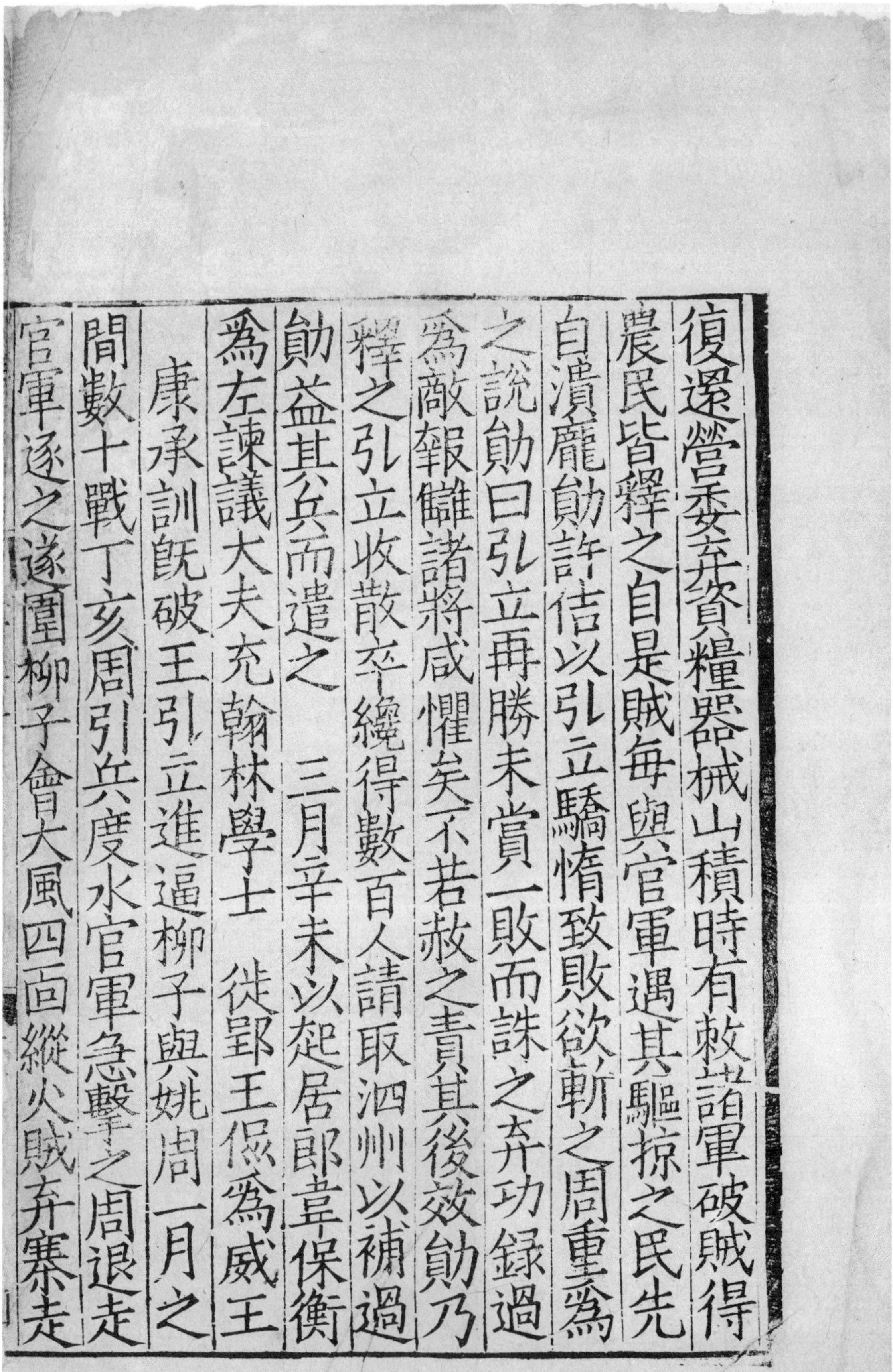
復還營委棄資糧器械山積時有敕諸軍破賊得
農民皆釋之自是賊每與官軍遇其驅掠之民先
自潰龎勛許佶以弘立驕惰致敗欲斬之周重爲
之說勛曰弘立再勝未賞一敗而誅之弃功録過
爲敵報讎諸將咸懼矣不若赦之責其後效勛乃
釋之弘立收散卒纔得數百人請取泗州以補過
勛益其兵而遣之　三月辛未以起居郎韋保衡
爲左諫議大夫充翰林學士　徙郢王侃爲威王
　康承訓既破王弘立進逼柳子與姚周一月之
間數十戰丁亥周引兵度水官軍急擊之周退走
官軍逐之遂圍柳子會大風四面縱火賊弃寨走

《资治通鉴》二百九十四卷（宋）司马光撰 北宋蜀广都费氏进修堂刻本
黄麻纸 蝴蝶装 框高25厘米 广19.2厘米
半页十一行 行十九字 白口 左右双栏

沙陀以精騎邀之屠殺殆盡自柳子至芳城死者
相枕斬其將劉豐周將麾下數十人犇宿州宿州
守將梁丕素與之有隙開城聽入執而斬之龐勛
聞之大懼與許佶議自將出戰周重泣言於勛曰
柳子地要兵精姚周勇敢有謀今一旦覆沒危如
絫卵不若遂建大號悉兵四出決死力戰又勸殺
崔彥曾以絕人望術士曹君長亦言徐州山川不
容兩帥今觀察使尚在故留後未興賊黨皆以為
然夏四月壬辰勛殺彥曾及監軍張道謹宣慰使
仇大夫僚佐焦璐溫庭皓等并其親屬賓客僕妾
皆死斷淮南監軍郭厚本都押衙李湘手足以示

《资治通鉴》 北宋蜀广都费氏进修堂刻本

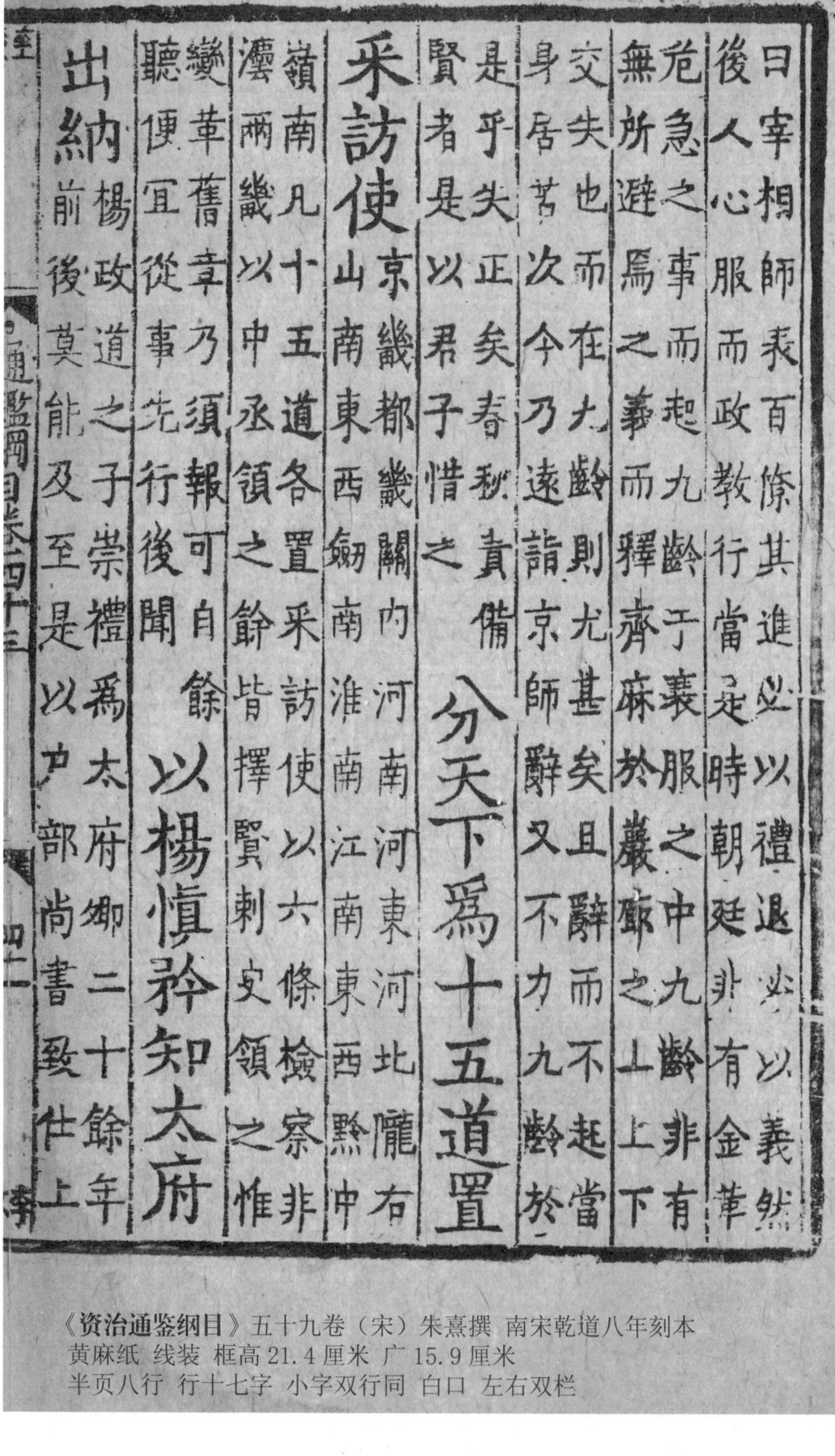
日宰相師表百僚其進必以禮退必以義然後人心服而政教行當是時朝廷非有金革危急之事而起九齡于褁服之中九齡非有無所避焉之義而釋齊麻於巖廊之上上下交失也而在九齡則尤甚矣且辭而不起當身居苫次今乃遠詣京師辭又不力九齡於是乎失正矣春秋責備賢者是以君子惜之

分天下爲十五道置采訪使

京畿都畿關內河南河東河北隴右山南東西劍南淮南江南東西黔中嶺南凡十五道各置采訪使以六條檢察非濞兩畿以中丞領之餘皆擇賢刺史領之惟變革舊章乃須報可自餘聽便宜從事先行後聞

以楊慎矜知太府出納

楊政道之子崇禮爲太府卿二十餘年前後莫能及至是以戶部尚書致仕上

通鑑綱目卷四十三　四十二

《资治通鉴纲目》五十九卷（宋）朱熹撰　南宋乾道八年刻本
黄麻纸　线装　框高21.4厘米　广15.9厘米
半页八行　行十七字　小字双行同　白口　左右双栏

問宰相崇禮諸子誰能繼其父者以愼矜對乃擢爲監察御史知太府出納稱職上甚悅之愼矜奏諸州所輸布帛有漬汚穿破者皆下本州徵折估錢轉市輕貨徵調始繁矣

二十二年春正月幸東都○二月秦州地震壓死四千餘人遣蕭嵩賑恤之夏五月以裴耀卿爲侍中張九齡爲中書令李林甫同三品

張九齡請不禁鑄錢敕百官議之裴耀卿等曰一啓此門恐小人棄農逐利而濫惡更甚秘書監崔沔曰若稅銅折役計估度庸則官冶可成而私鑄無利矣且錢之爲物貴以通貨利不在多何待私鑄然後足用乎左監門録事參軍劉秩曰夫人富不可以賞勸貧不可以威禁若許私鑄貧者

藩鎮多無義於君長過折御之王有惡輙殺爲此王者不亦難乎卿今爲王亦應防慮後事豈得取快目前也

丙子

二十四年春正月敕聽逃户自首敕天下逃户盡今年内自首有舊業者還本貫無者侯進止踰限不首捜配諸軍奚騎施寇北庭都護蓋嘉運擊破之○二月須令長新戒○皇太子更名瑛諸皇子皆更之忠王浚改曰璵三月敕禮部侍郎掌貢舉舊制考功員外郎掌貢舉有進士陵侮之議者以員外郎位卑不能服衆故委禮部侍郎夏四月張守珪使討擊使安

禄山討奚契丹敗績張守珪使平盧討擊使安禄山討奚契丹敗績守珪奏請斬之禄山臨刑呼曰大夫欲滅奚契丹奈何殺禄山乃更執送京師張九齡批曰昔穰苴斬莊賈孫武斬宮嬪守珪軍令若行禄山不宜免死上惜其才敕之九齡固争曰失律喪師不可不誅且其貌有反相不殺必爲後患上曰卿勿以王夷甫識石勒枉害忠良竟赦之禄山本營州雜胡初名阿犖山母再適安氏冒其姓後其部落破散遂與安氏子思順逃來狡黠善揣人情守珪愛之養以爲子又有史窣干者與禄山同里閈亦以驍勇聞守珪奏爲果毅累遷將軍後入奏事上與語悅之賜名思明胡氏曰禍福若有定數若由人事今置毒於前食則死不食則生生死係乎食與不食則人事爲近矣故古之

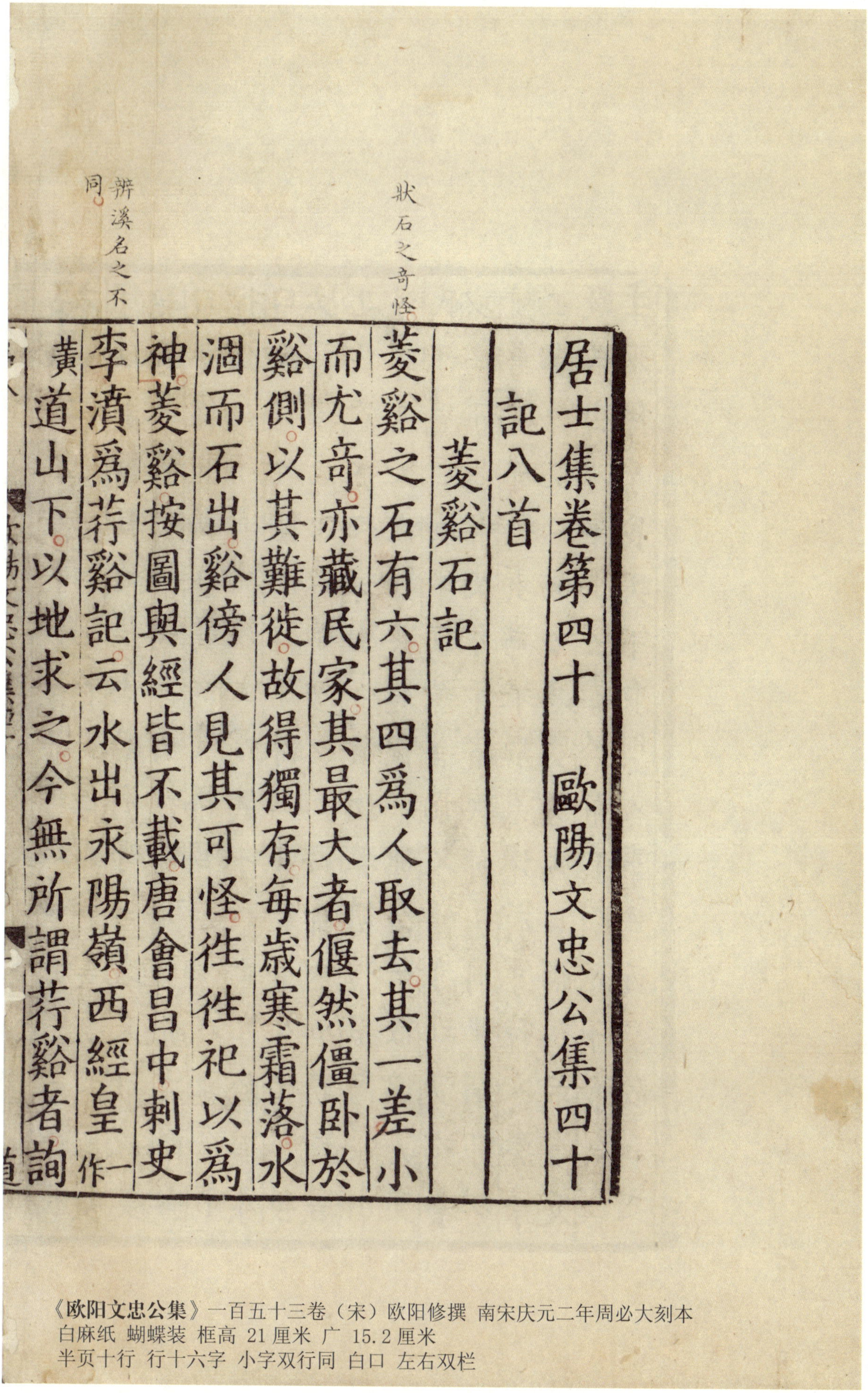
居士集卷第四十　歐陽文忠公集四十
記八首
菱谿石記
菱谿之石有六其四爲人取去其一差小
而尤奇亦藏民家其最大者偃然僵卧於
谿側以其難徙故得獨存每歲寒霜落水
涸而石出谿傍人見其可怪往往祀以爲
神菱谿按圖與經皆不載唐會昌中刺史
李濆爲荇谿記云水出永陽嶺西經皇作一
黄道山下以地求之今無所謂荇谿者詢

《欧阳文忠公集》一百五十三卷（宋）欧阳修撰 南宋庆元二年周必大刻本
白麻纸 蝴蝶装 框高 21 厘米 广 15.2 厘米
半页十行 行十六字 小字双行同 白口 左右双栏

感人物之廢興以垂戒於後

於滁州人曰此谿是也楊行密有（一作據）淮南淮人爲諱其嫌名以荇爲菱理或然也谿傍若有遺址云故將劉金之宅石即劉氏之物也金僞（一作爲）吳時貴將與行密俱起合淝號三十六英雄金其一也金本武夫悍（一作驍）卒而乃能知愛賞奇異爲兒女子之（一作所）好豈非遭逢亂世功成志得驕於富貴之佚欲而然邪想其陂池臺榭奇木異草與此石稱亦一時之盛哉今劉氏之後散爲編民（一作氓）尚有居谿旁者予感

其成焉。

居士集卷第四十一

熙寧五年秋七月男發等編定

紹熙二年三月郡人孫謙益校正

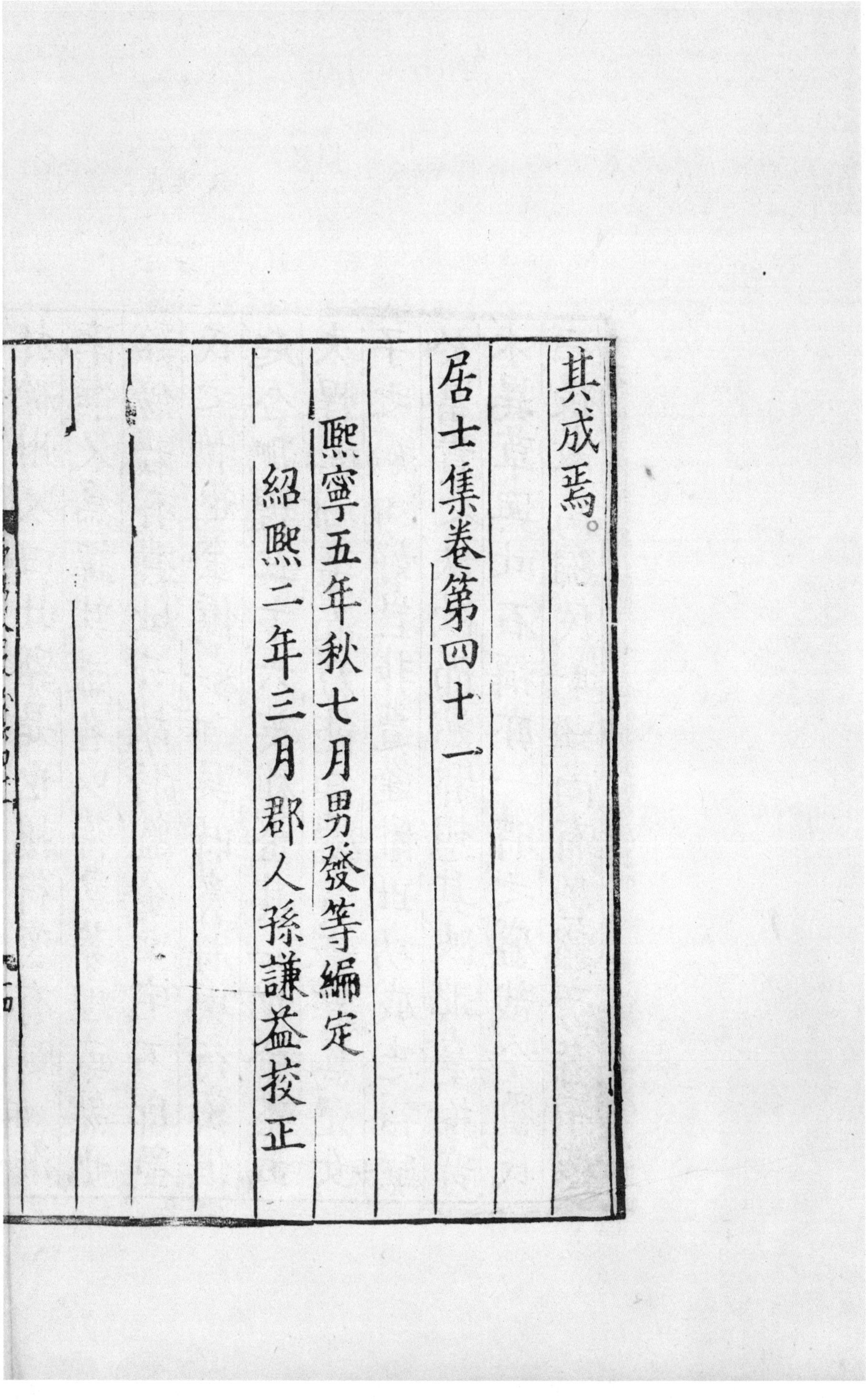

章望之字序 著于（一作著乎）將相（此下一有而字）之表（此下

（一有者字）章君儒其衣冠（章君之下一有之來也三字）

祕演詩集序 祕演隱於浮屠（一無祕字下同）江濤（一作濤江）

惟儼文集序 其戶（一無其字）世俗（一作世事）文章（一作文辭）

詩譜補亡後序 焚棄（一無棄字）去聖（此下一有人字）次

比（一作次弟）

蘇氏文集序 治矣（此下一有其字）宜與（一作宜爲）

而人（一作而世）

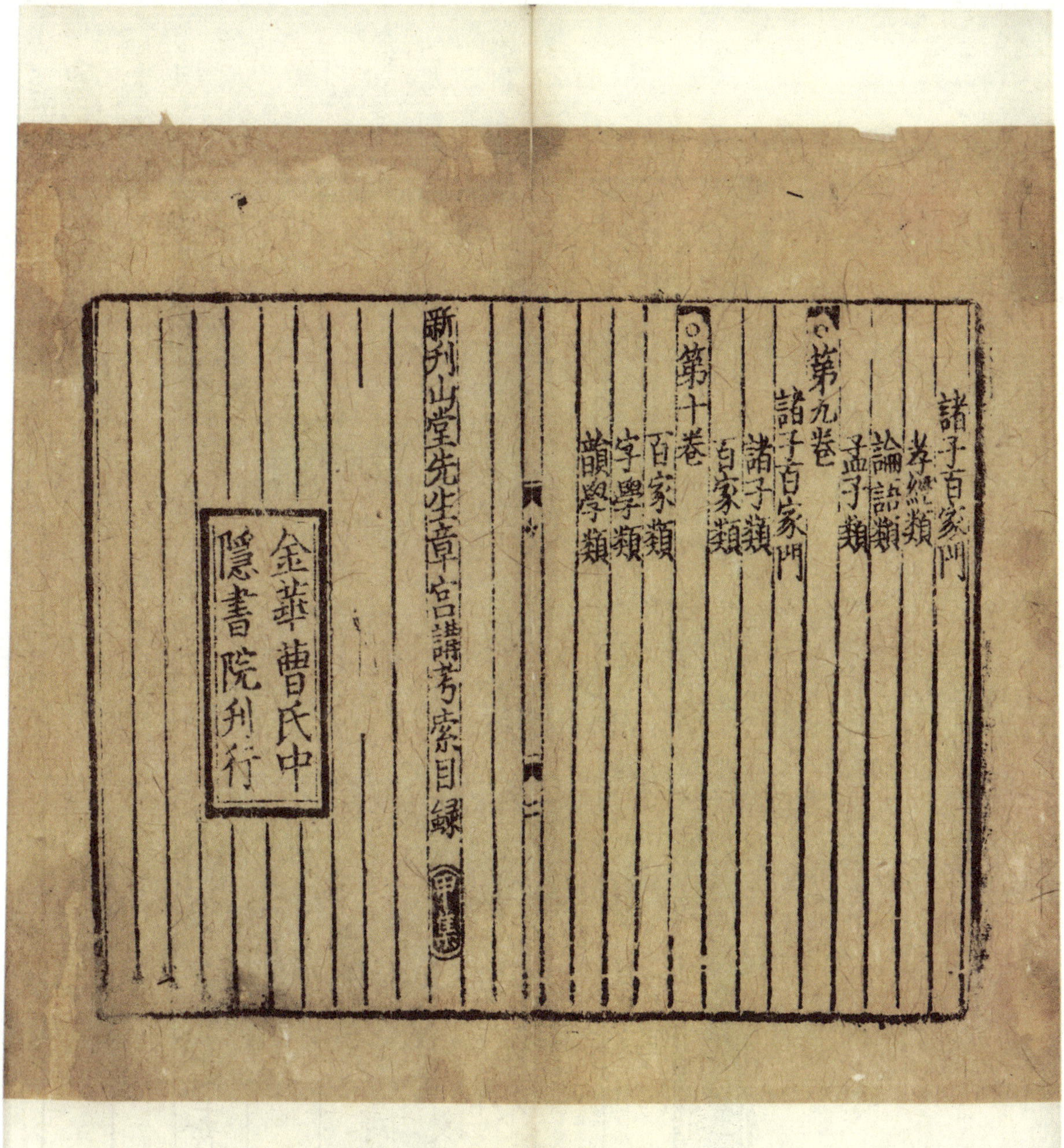

《新刊山堂先生章宫讲考索甲集》十卷（宋）章如愚辑 南宋金华曹氏中隐书院刻巾箱本
黄麻纸 包背装 框高 10.6 厘米 广 6.9 厘米
半页十三行 行二十字 白口 左右双栏
入选《国家珍贵古籍名录》

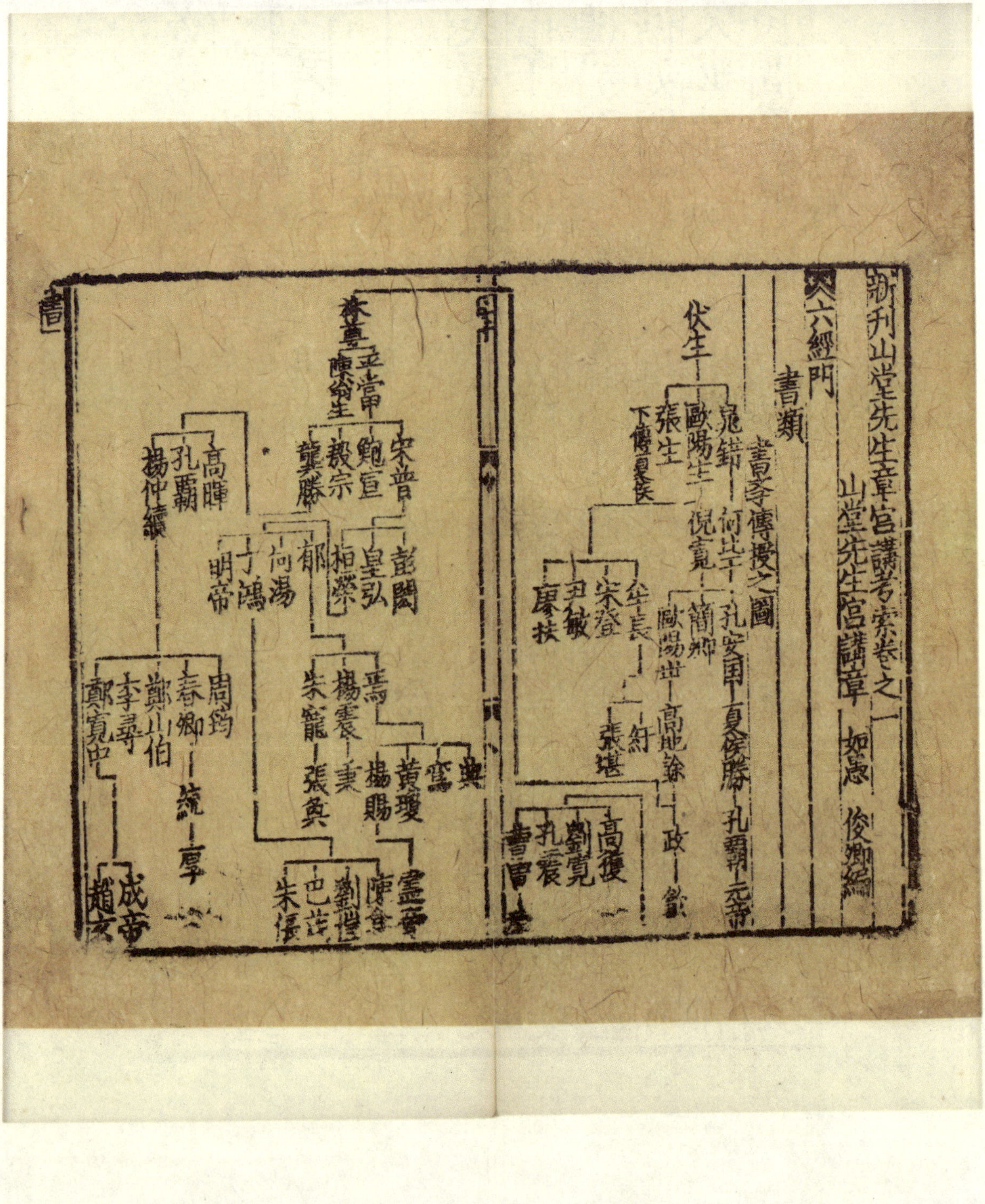

《新刊山堂先生章宫讲考索甲集》 南宋金华曹氏中隐书院刻本

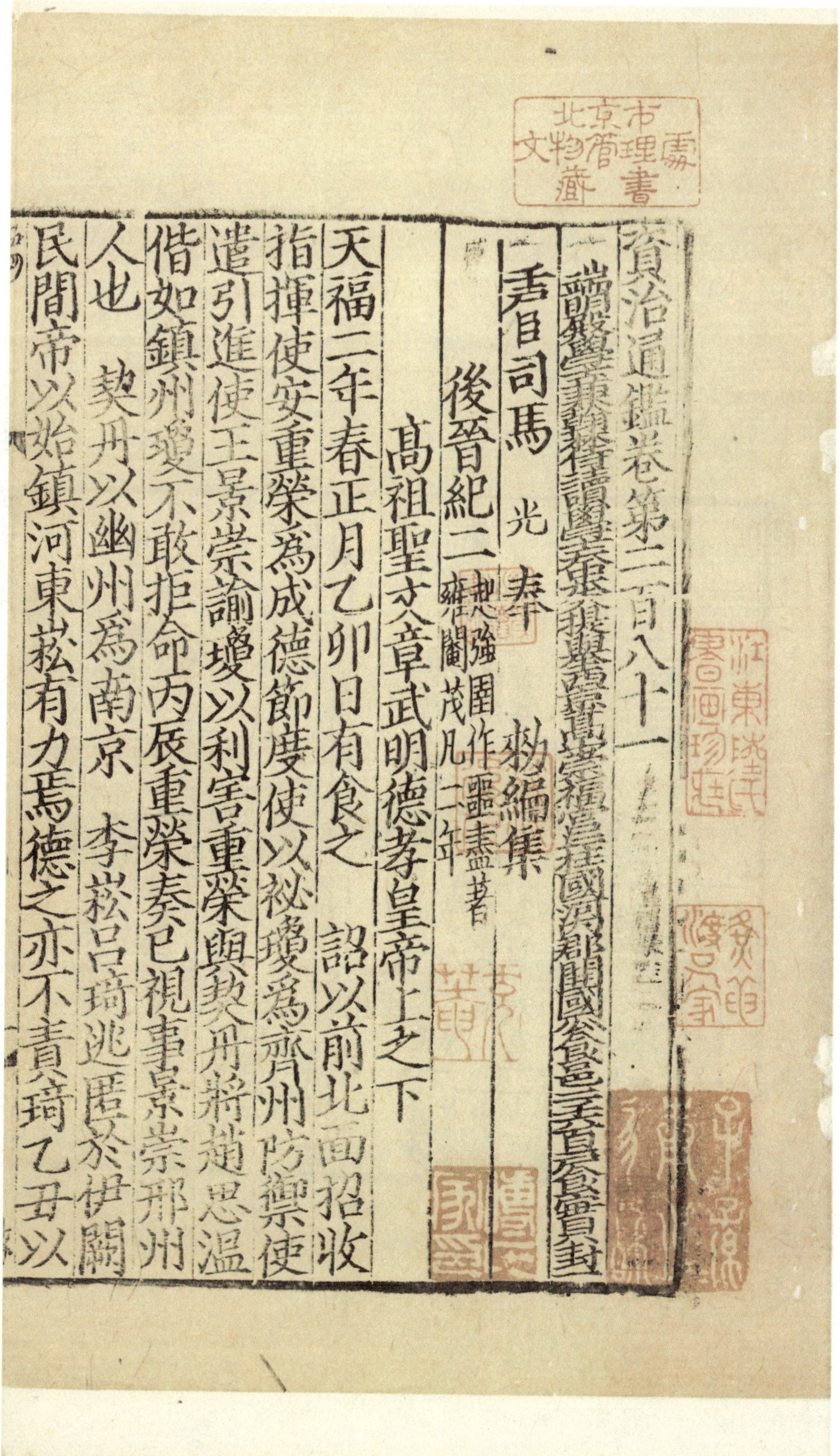

《资治通鉴》二百九十四卷（宋）司马光撰 宋刻本
黄麻纸 线装 框高 20.7 厘米 广 13.6 厘米
半页十一行 行二十一字 小字双行同 白口 左右双栏

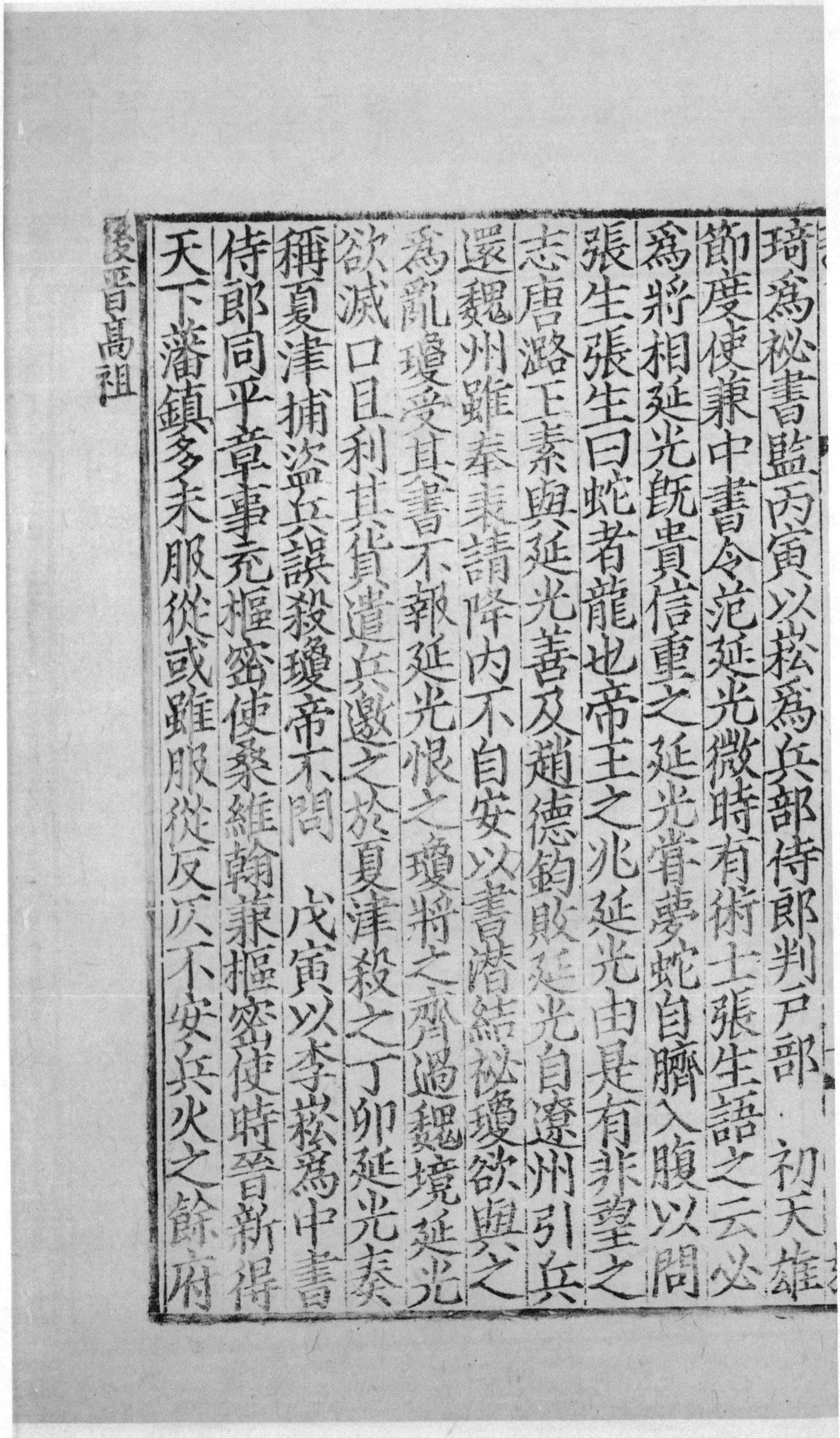
琦爲祕書監丙寅以崧爲兵部侍郎判戶部　初天雄
節度使兼中書令范延光微時有術士張生語之云必
爲將相延光既貴信重之延光嘗夢蛇自臍入腹以問
張生張生曰蛇者龍也帝王之兆延光由是有非望之
志唐潞王素與延光善及趙德鈞敗延光自遼州引兵
還魏州雖奉表請降內不自安以書潛結祕瓊欲與之
爲亂瓊受其書不報延光恨之瓊將之齊過魏境延光
欲滅口且利其貨遣兵邀之於夏津殺之丁卯延光奏
稱夏津捕盜兵誤殺瓊帝不問　戊寅以李崧爲中書
侍郎同平章事充樞密使桑維翰兼樞密使時晉新得
天下藩鎮多未服從或雖服從反仄不安兵火之餘府

後晉高祖

《资治通鉴》　宋刻本

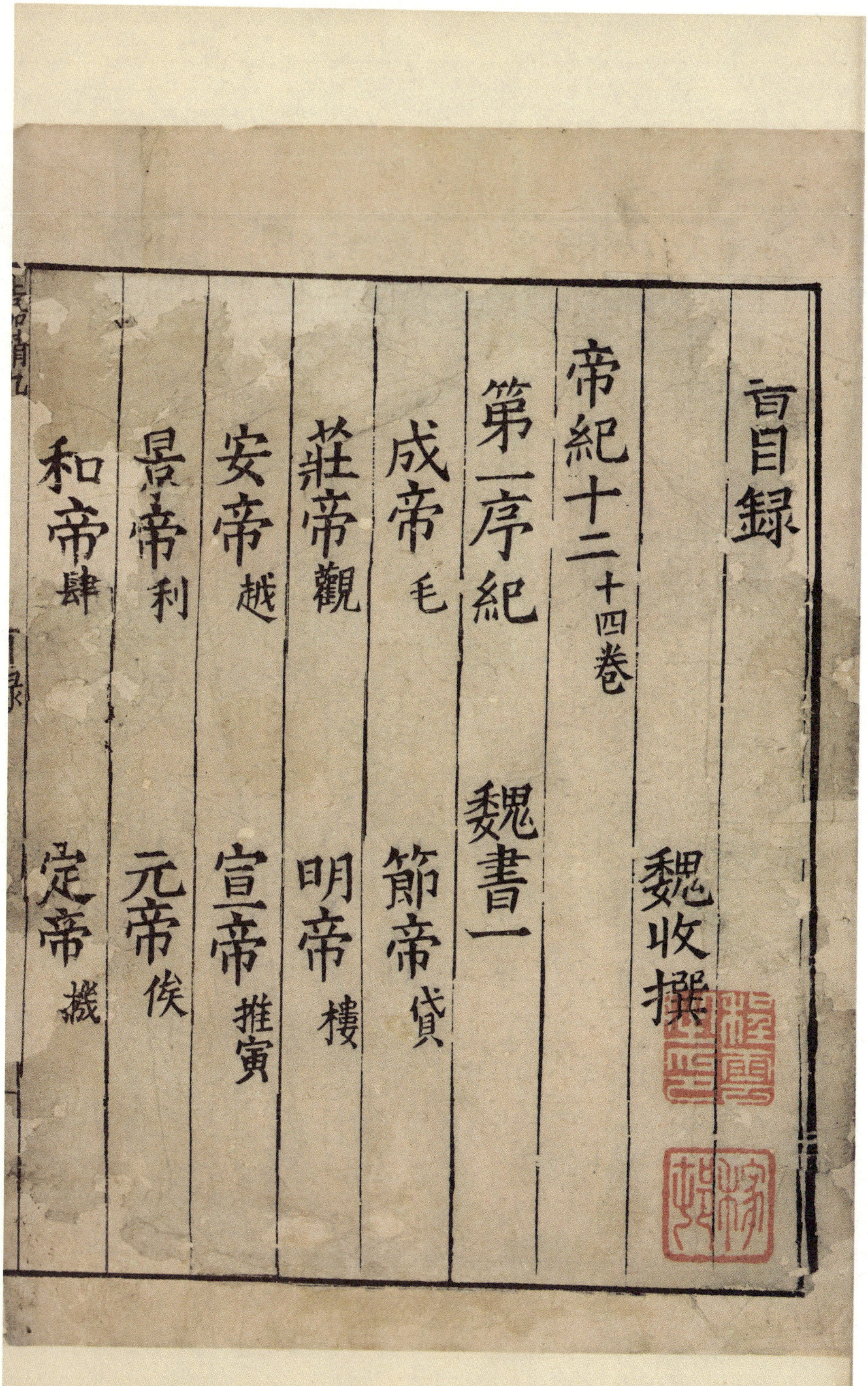

《魏书》一百四十卷（北齐）魏收撰 宋眉山刻元明递修本
棉纸 线装 框高 22.2 厘米 广 19.8 厘米
半页九行 行十八字 白口 左右双栏

僖帝 蓋　威帝 儈
獻帝 隣　聖武帝 詰汾
始祖神元帝 力微　文帝 沙漠汗
章帝 悉鹿　平帝 綽
思帝 弗　昭帝 禄官
桓帝 猗㐌　穆帝 猗盧
太祖平文帝 鬱律　惠帝 賀傉
煬帝 紇那　烈帝 翳槐
昭成帝 什翼犍

序紀第一　　魏書一

昔黃帝有子二十五人或內列諸華或外分荒服昌意少子受封北土國有大鮮卑山因以爲號其後世爲君長統幽都之北廣漠之野畜牧遷徙射獵爲業淳樸爲俗簡易爲化不爲文字刻木紀契而已世事遠近人相傳授如史官之紀錄焉黃帝以土德王北俗謂土爲托謂后爲跋故以爲氏其裔始均入仕堯世逐女魃於弱水之北民賴其勤帝舜嘉之命爲田祖爰歷三

二百六十　魏書紀一　一

代以及秦漢獯鬻獫狁山戎匈奴之屬累代殘
暴作害中州而始均之裔不交南夏是以載籍
無聞焉積六十七世至成皇帝諱毛立聰明武
略遠近所推統國三十六大姓九十九威振北
方莫不率服崩
節皇帝諱貸立崩
莊皇帝諱觀立崩
明皇帝諱樓立崩
安皇帝諱越立崩

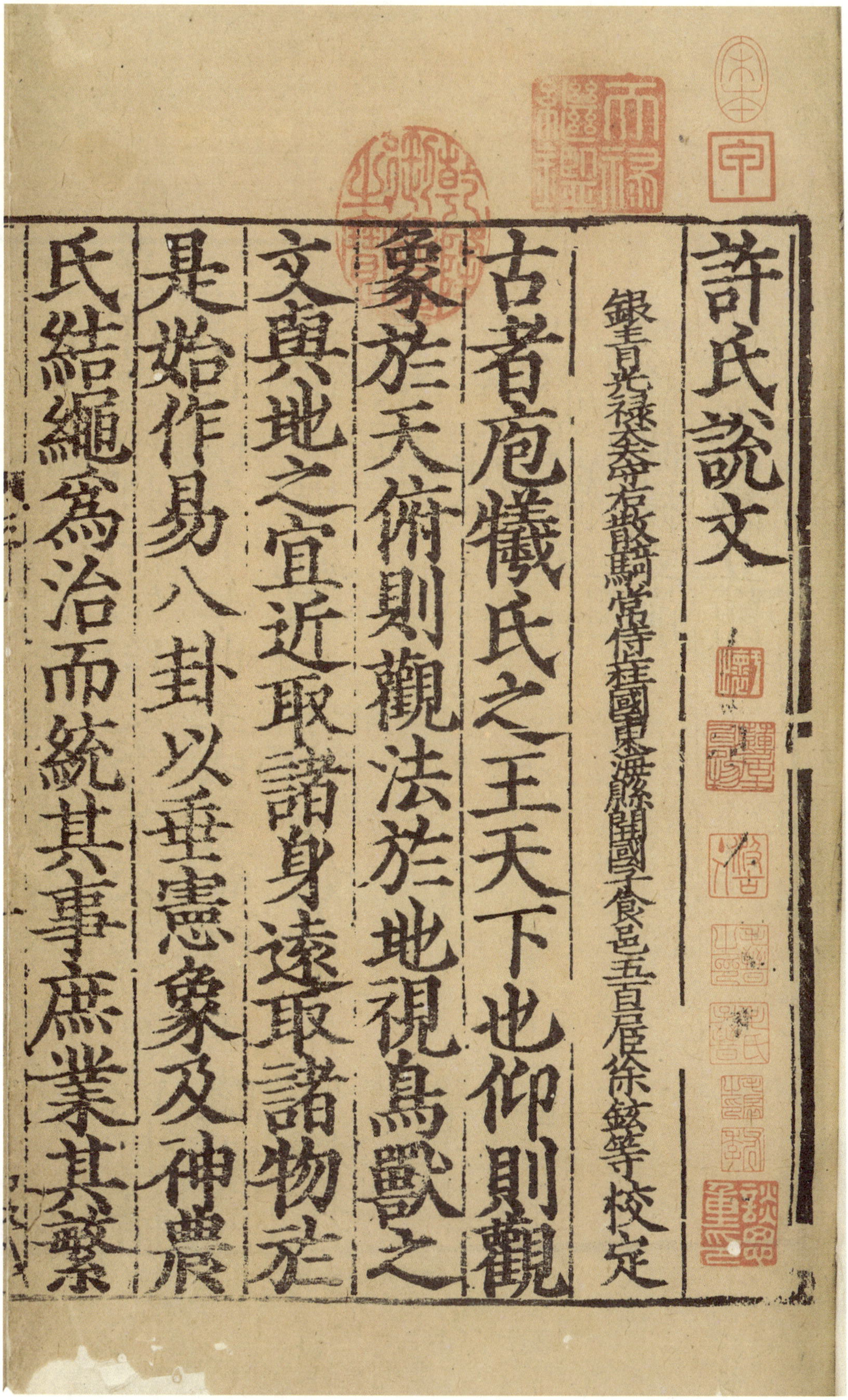

《重刊许氏说文解字五音韵谱》十二卷（宋）李焘撰 宋刻元明递修本
黄麻纸 线装 框高23.1厘米 广17.8厘米
半页七行 行十三字 小字双行不等 白口 左右双栏 于莲客跋
入选《国家珍贵古籍名录》

飾僞萌生黄帝之史倉頡見鳥獸
蹏迒之迹知分理之可相别異也初
造書契百工以乂萬品以察蓋取諸
夬夬揚于王庭言文者宣教明化
於王者朝廷君子所以施禄及下居
德則忌也倉頡之初作書蓋依類
象形故謂之文其後形聲相益即

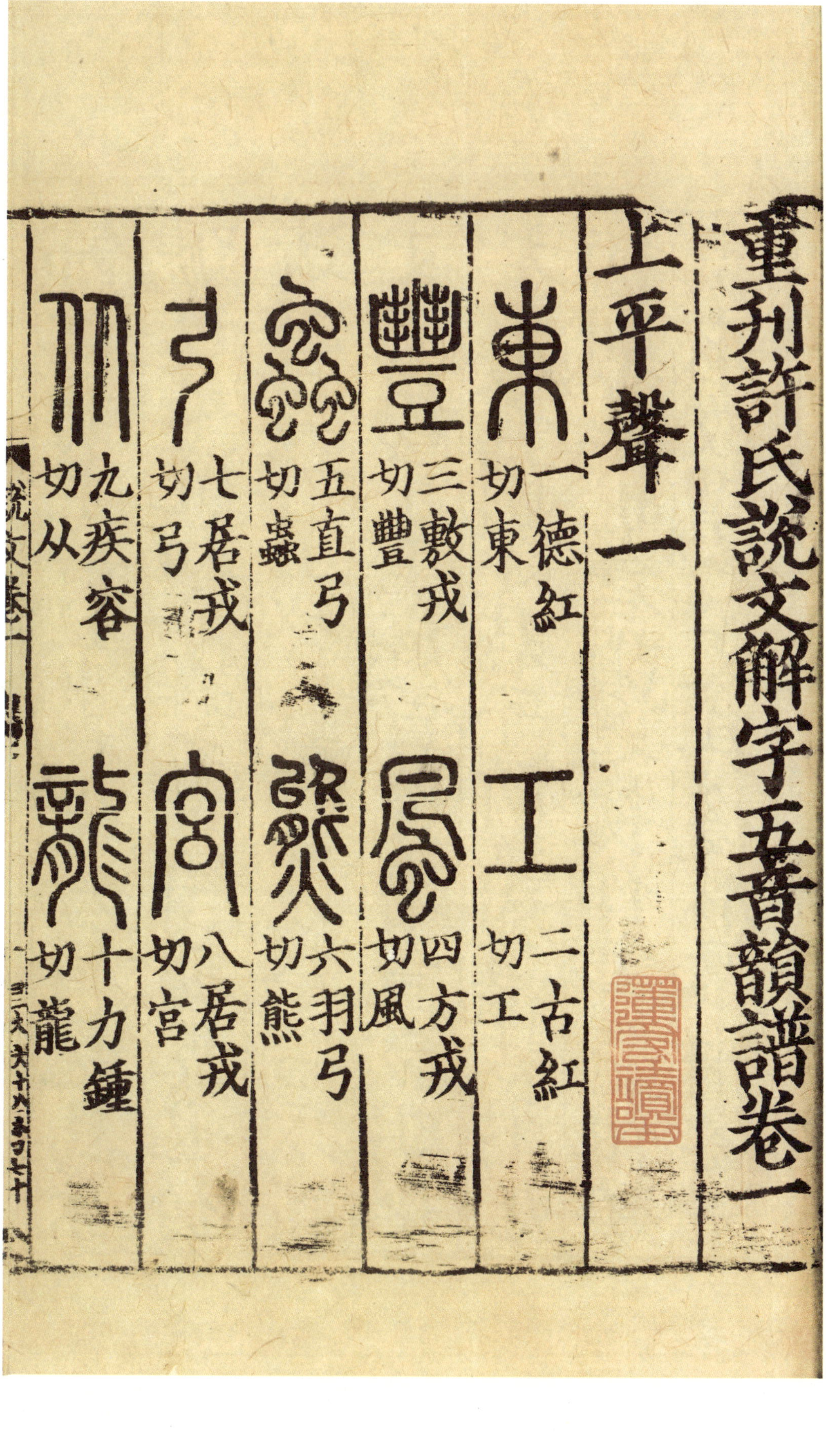
重刊許氏說文解字五音韻譜卷一

上平聲一

東 一 德紅切東
工 二 古紅切工
豐 三 敷戎切豐
風 四 方戎切風
蟲 五 直弓切蟲
熊 六 羽弓切熊
弓 七 居戎切弓
宮 八 居戎切宮
从 九 疾容切从
龍 十 力鍾切龍

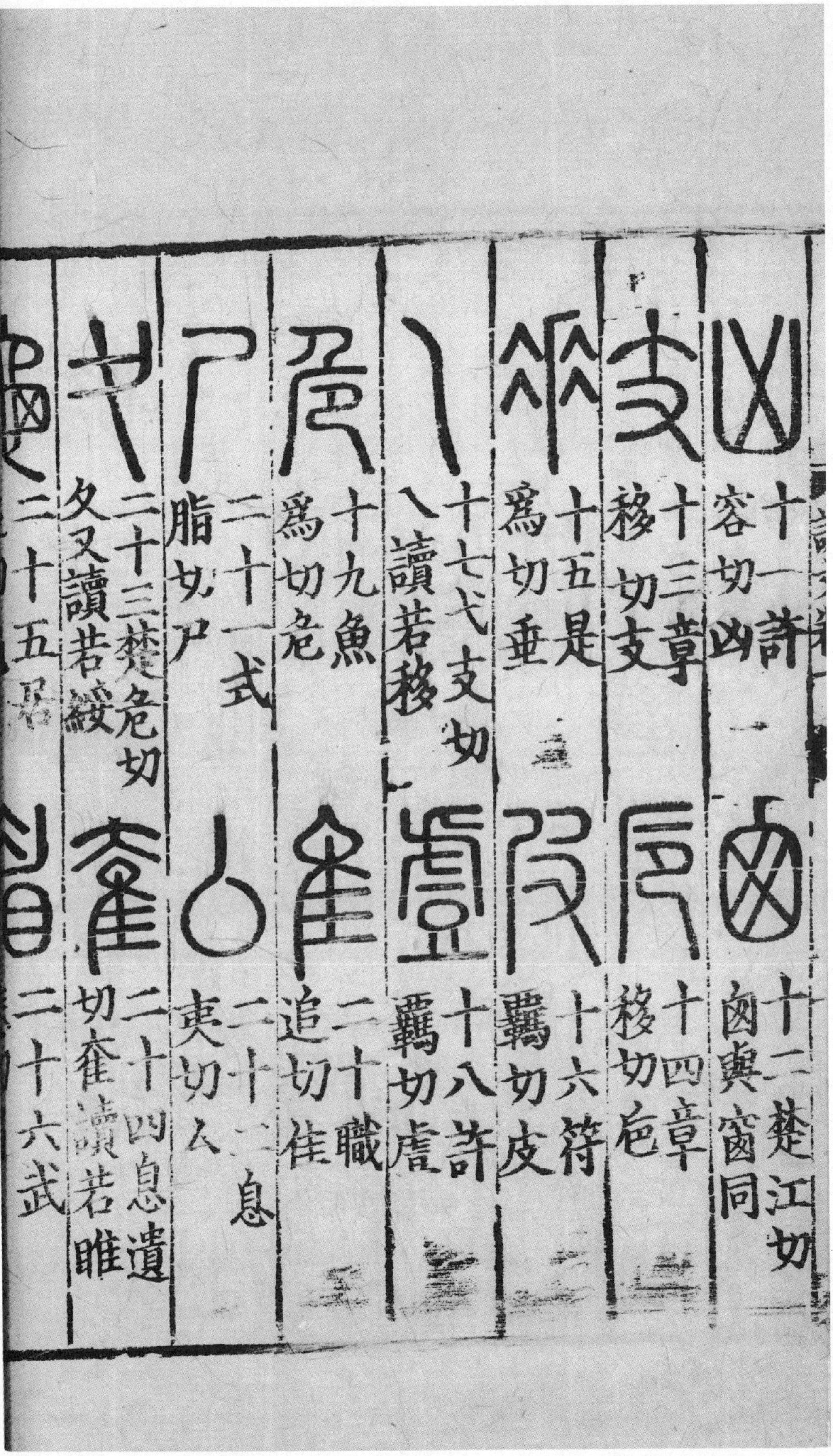
十一許容切凶
十二楚江切 囪與窗同
十三章移切支
十四章移切巵
十五是爲切垂
十六符羈切皮
十七弋支切 乁讀若移
十八許羈切虘
十九魚爲切危
二十職追切隹
二十一式脂切尸
二十二息夷切厶
二十三楚危切 夊又讀若綏
二十四息遺切 奞讀若睢
二十五呂
二十六武

《重刊许氏说文解字五音韵谱》 宋刻元明递修本

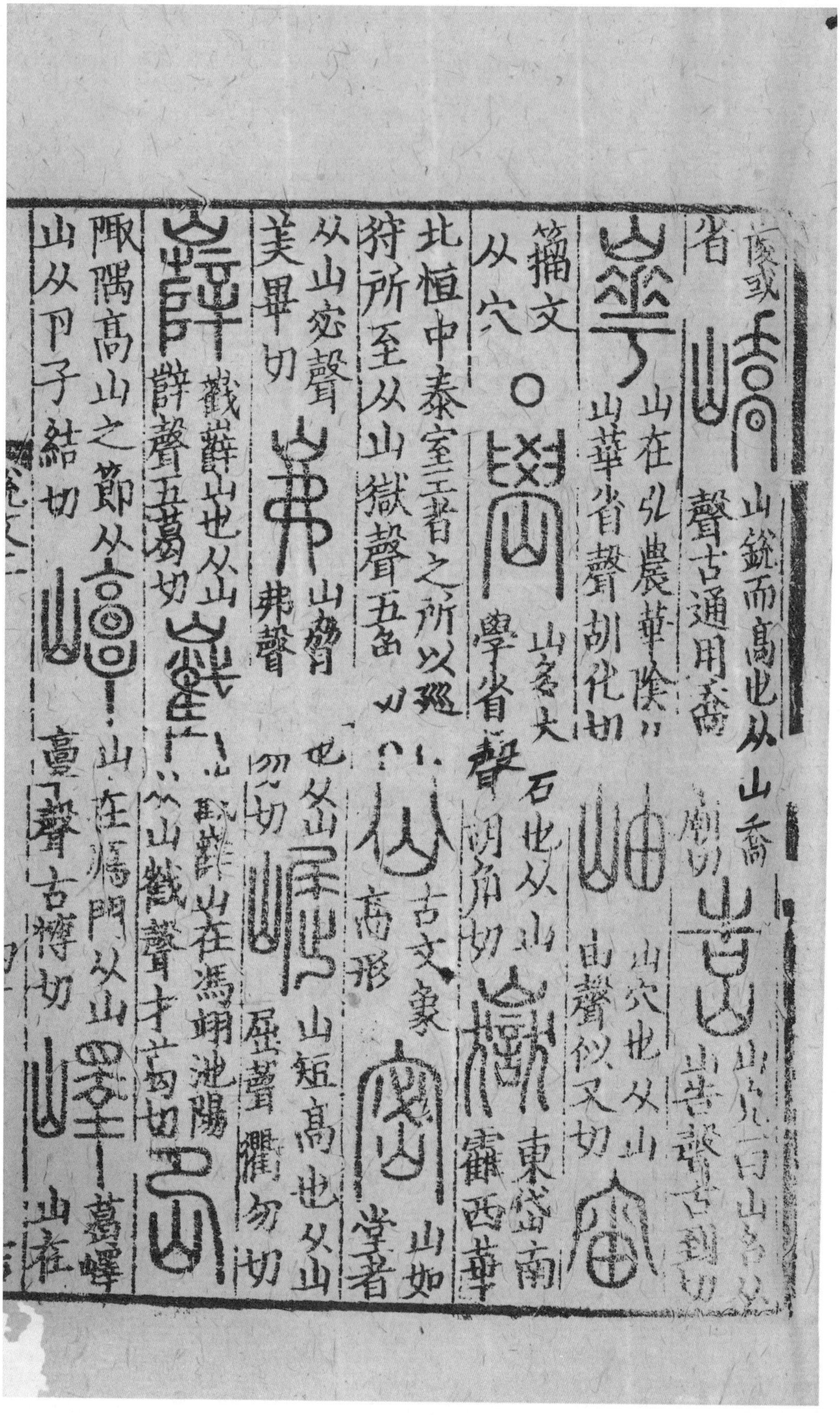
嶠 山銳而高也从山喬聲古通用喬廟切 岧 山穴口山名从山昔聲古到切
崋 山在弘農華陰 山華省聲胡化切 岫 山穴也从山由聲似又切
省 嶨 山多大石也从山學省聲胡角切 嶽 東岱南霍西華
或 𡶳 籀文从穴 ○ 嶽 北恒中泰室王者之所以巡狩所至从山獄聲五角切 岳 古文象高形
密 山如堂者从山宓聲美畢切 岪 山脅也从山弗聲敷勿切 崛 山短高也从山屈聲衢勿切
巀 巀嶭山也从山𢦏聲才葛切 嶭 巀嶭山在馮翊池陽从山辥聲五葛切
岊 陬隅高山之節从山从卪子結切 嶧 葛嶧山在東海下邳从山睪聲羊益切
山 山在……

東海下邳从山睪聲夏書曰嶧陽孤桐 羊益切

岌 山高皃从山及聲 魚汲切

文五十二 重四 文十一 新附

一百七

虤 虎怒也从二虎凡虤之屬皆从虤 五閑切

𧇭 兩虎爭聲从虤从曰讀若憖 臣鉉等曰曰非聲未詳 語巾切

○

贙 分别也从虤對爭貝讀若回 胡畎切

文三

重刊許氏說文解字五音韻譜卷二

《重刊许氏说文解字五音韵谱》 宋刻元明递修本

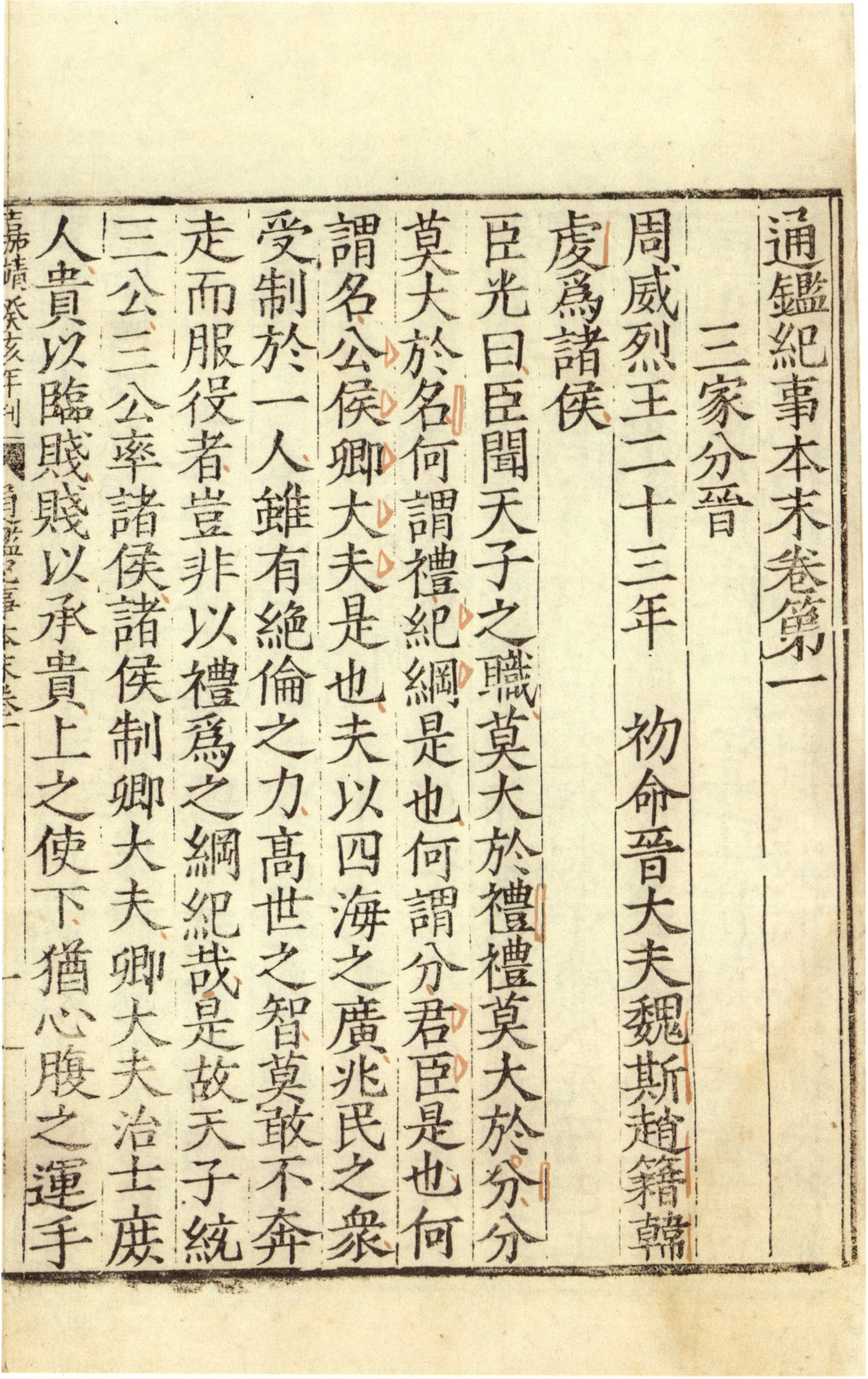
通鑑紀事本末卷第一
三家分晉
周威烈王二十三年　初命晉大夫魏斯趙籍韓
虔爲諸侯
臣光曰臣聞天子之職莫大於禮禮莫大於分分
莫大於名何謂禮紀綱是也何謂分君臣是也何
謂名公侯卿大夫是也夫以四海之廣兆民之衆
受制於一人雖有絶倫之力高世之智莫敢不奔
走而服役者豈非以禮爲之綱紀哉是故天子統
三公三公率諸侯諸侯制卿大夫卿大夫治士庶
人貴以臨賤賤以承貴上之使下猶心腹之運手
嘉靖癸亥年刊　通鑑紀事本末卷一　一

《**通鉴纪事本末**》四十二卷（宋）袁枢编　宋刻元明递修本
白棉纸　线装　框高24厘米　广19.4厘米
半页十一行　行十九字　小字双行同　白口　左右双栏

足根本之制支葉下之事上猶手足之衞心腹支
葉之庇本根然後能上下相保而國家治安故曰
天子之職莫大於禮也文王序易以乾坤爲首孔
子繫之曰天尊地卑乾坤定矣卑高以陳貴賤位
矣言君臣之位猶天地之不可易也春秋抑諸侯
尊周室王人雖微序於諸侯之上以是見聖人於
君臣之際未嘗不惓惓也非有桀紂之暴湯武之
仁人歸之天命之君臣之分當守節伏死而已矣
是故以微子而代紂則成湯配天矣以季札而君
吳則太伯血食矣然二子寧亡國而不爲者誠以
禮之大節不可亂也故曰禮莫大於分也夫禮辨

十九年楚懷王發病薨於秦秦人歸其喪楚人憐之如悲親戚諸侯由是不直秦　齊韓魏趙宋同擊秦至鹽氏而還　秦與韓武遂與魏封陵以和　魏襄王薨子昭王立　韓襄王薨子釐王咎立

二十年秦尉錯伐魏襄城　秦樓緩免相魏冉代之

二十一年秦敗魏師于解

二十二年韓公孫喜魏人伐秦穰侯薦左更白起於秦王以代向壽將兵敗魏師韓師於伊闕斬首二十四萬級虜公孫喜拔五城秦王以白起為國尉　秦王遺楚王書曰楚倍秦秦且率諸侯伐楚

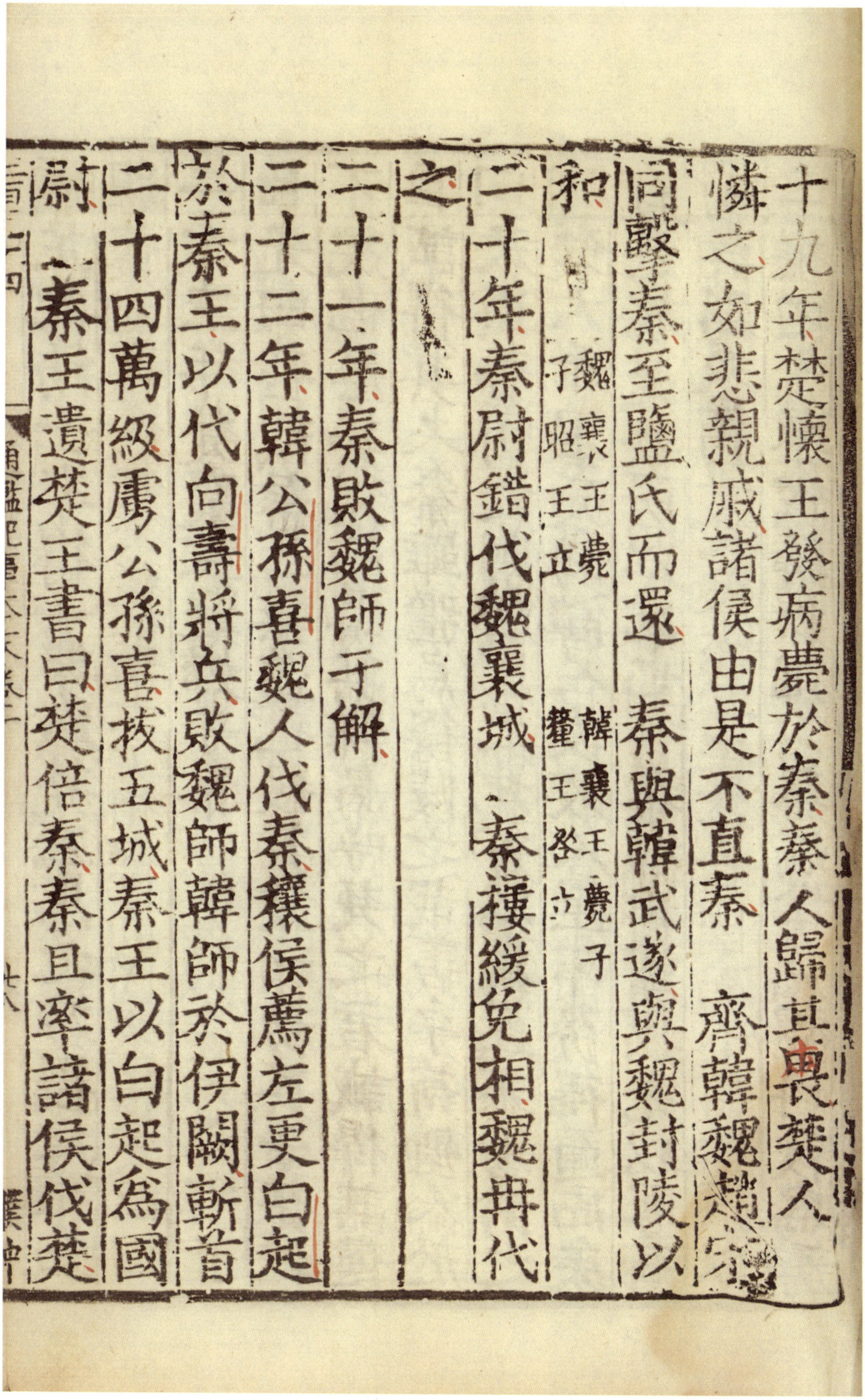

顧王之飭士卒得一樂戰楚王患之乃復與秦和
親
二十三年楚襄王迎婦于秦
臣光曰甚哉秦之無道也殺其父而劫其子楚之
不競也忍其父而婚其讎烏呼楚之君誠得其道
臣誠得其人秦雖彊烏得陵之哉善乎荀卿論之
曰夫道善用之則百里之地可以獨立不善用之
則楚六千里而爲讎人役故人主不務得道而廣
有其勢是其所以危也　秦魏冉謝病免以客卿
燭壽爲丞相
二十四年秦伐韓拔宛．秦燭壽免魏冉復爲丞

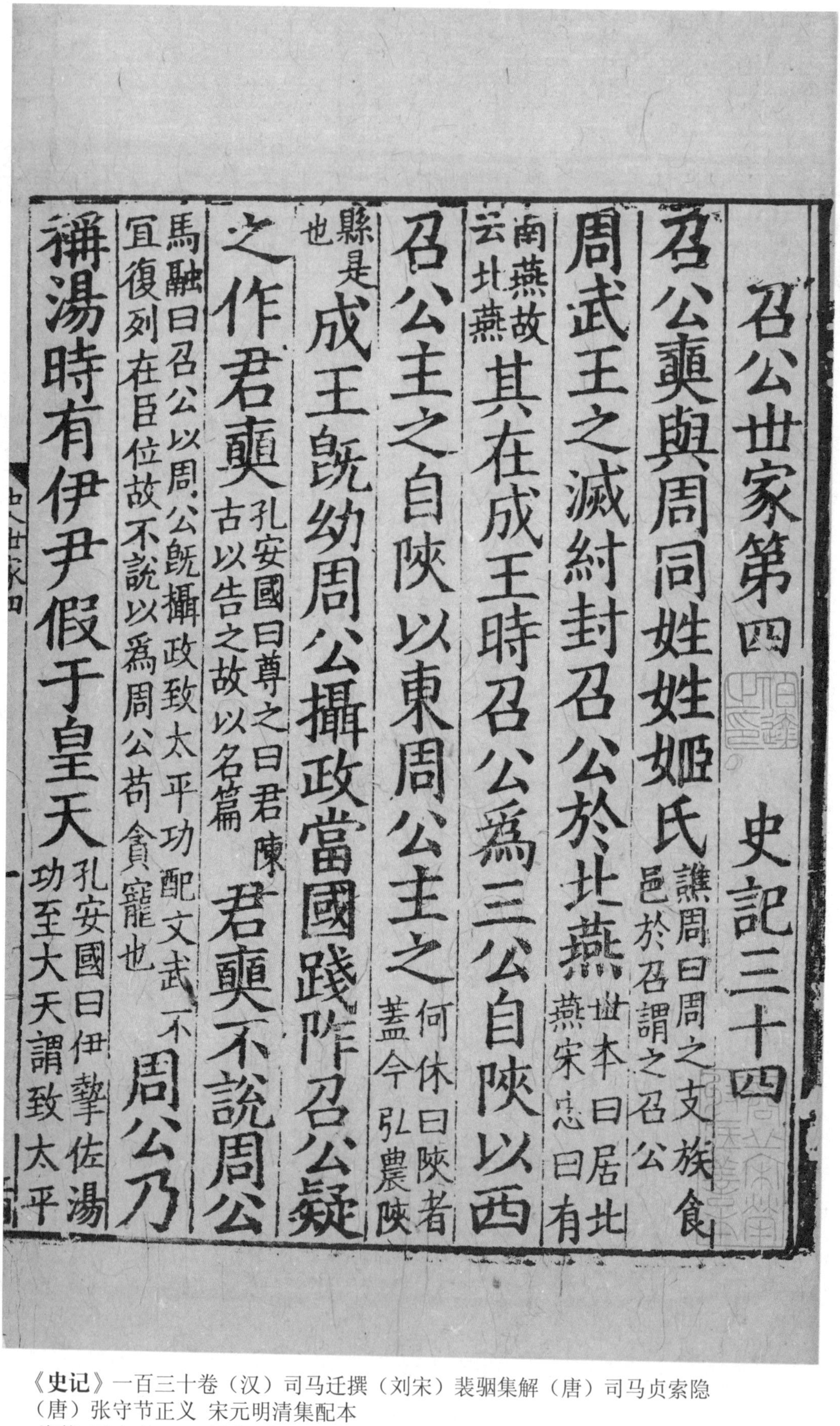
召公世家第四　史記三十四

召公奭與周同姓姓姬氏 譙周曰周之支族食邑於召謂之召公

周武王之滅紂封召公於北燕 世本曰居北燕宋忠曰有南燕故云北燕

其在成王時召公爲三公自陝以西召公主之自陝以東周公主之 何休曰陝者蓋今弘農陝縣是也

成王既幼周公攝政當國踐阼召公疑之作君奭 孔安國曰尊之曰君陳古以告之故以名篇

君奭不說周公 馬融曰召公以周公既攝政致太平功配文武不宜復列在臣位故不說以爲周公苟貪寵也

周公乃稱湯時有伊尹假于皇天 孔安國曰伊摯佐湯功至大天謂致太平

《**史记**》一百三十卷（汉）司马迁撰（刘宋）裴骃集解（唐）司马贞索隐（唐）张守节正义 宋元明清集配本

线装 开本高 30.5 厘米 广 21 厘米 傅熹年题记并跋

入选《国家珍贵古籍名录》

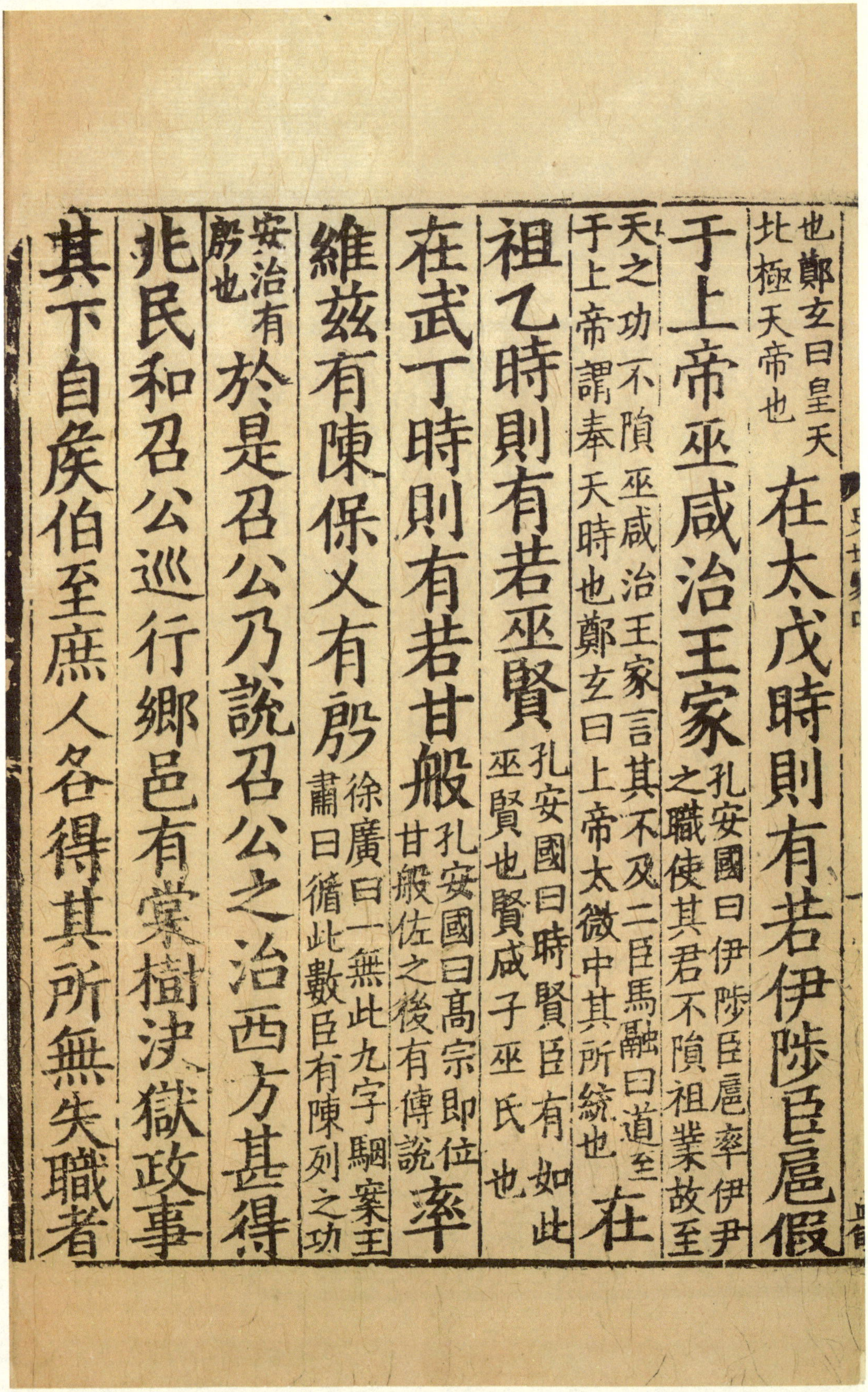
也鄭玄曰皇天北極天帝也在太戊時則有若伊陟臣扈假于上帝巫咸治王家孔安國曰伊陟臣扈率伊尹之職使其君不隕祖業故至天之功不隕巫咸治王家言其不及二臣馬融曰道至于上帝謂奉天時也鄭玄曰上帝太微中其所統也在祖乙時則有若巫賢孔安國曰時賢臣有如此巫賢也賢咸子巫氏也在武丁時則有若甘般孔安國曰高宗即位甘般佐之後有傅說率維茲有陳保乂有殷徐廣曰一無此九字駰案王肅曰循此數臣有陳列之功安治有殷也於是召公乃說召公之治西方甚得兆民和召公巡行鄉邑有棠樹決獄政事其下自侯伯至庶人各得其所無失職者

《史记》南宋绍兴淮南转运司刻本
框高 22.7 厘米 广 18.5 厘米
半页九行 行十六字 小字双行 行二十至二十二字不等 白口 左右双栏

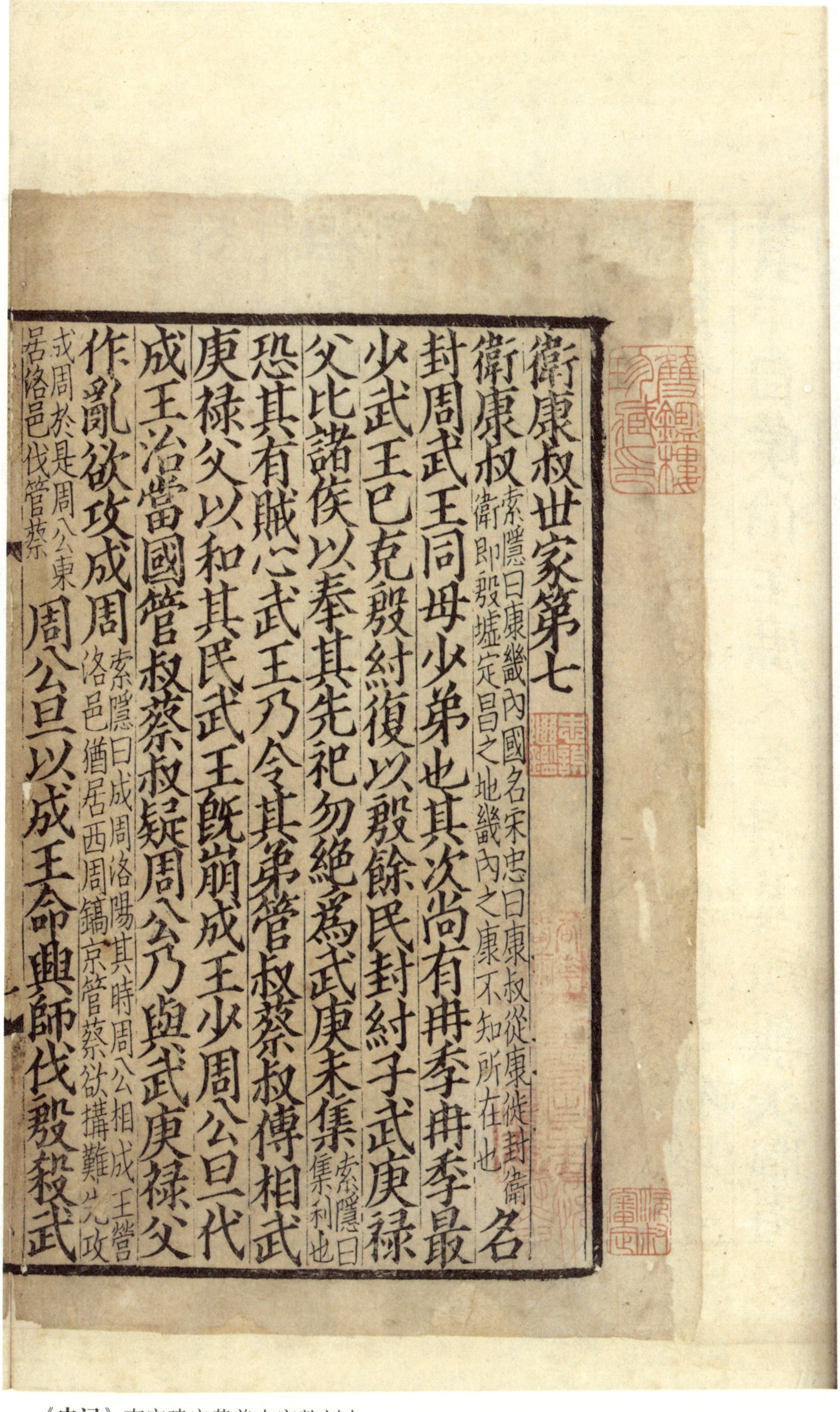

《史记》南宋建安黄善夫家塾刻本
框高 20.5 厘米 广 13.1 厘米
半页十行 行十八字 小字双行 行二十三字 黑口 左右双栏

庚禄父管叔放蔡叔以武庚殷餘民封康叔為衛君居河淇間故商墟索隱曰宋忠云今定昌也周公旦懼康叔齒少乃申告康叔曰必求殷之賢人君子長者問其先殷所以興所以亡而務愛民告以紂所以亡者以淫於酒酒之失婦人是用故紂之亂自此始為梓材正義曰若梓人為材君子觀為法則也梓匠人也示君子可法則故謂之康誥酒誥梓材以命之康叔之國既以此命能和集其民民大說成王長用事舉康叔為周司寇賜衛寶祭器左傳曰分康叔以大路大旂少帛綪茷旃旌大呂賈逵曰大路金路也少帛雜帛也綪茷大赤也通帛為旃析羽為旌大呂鍾名鄭衆曰綪茷旆名也以

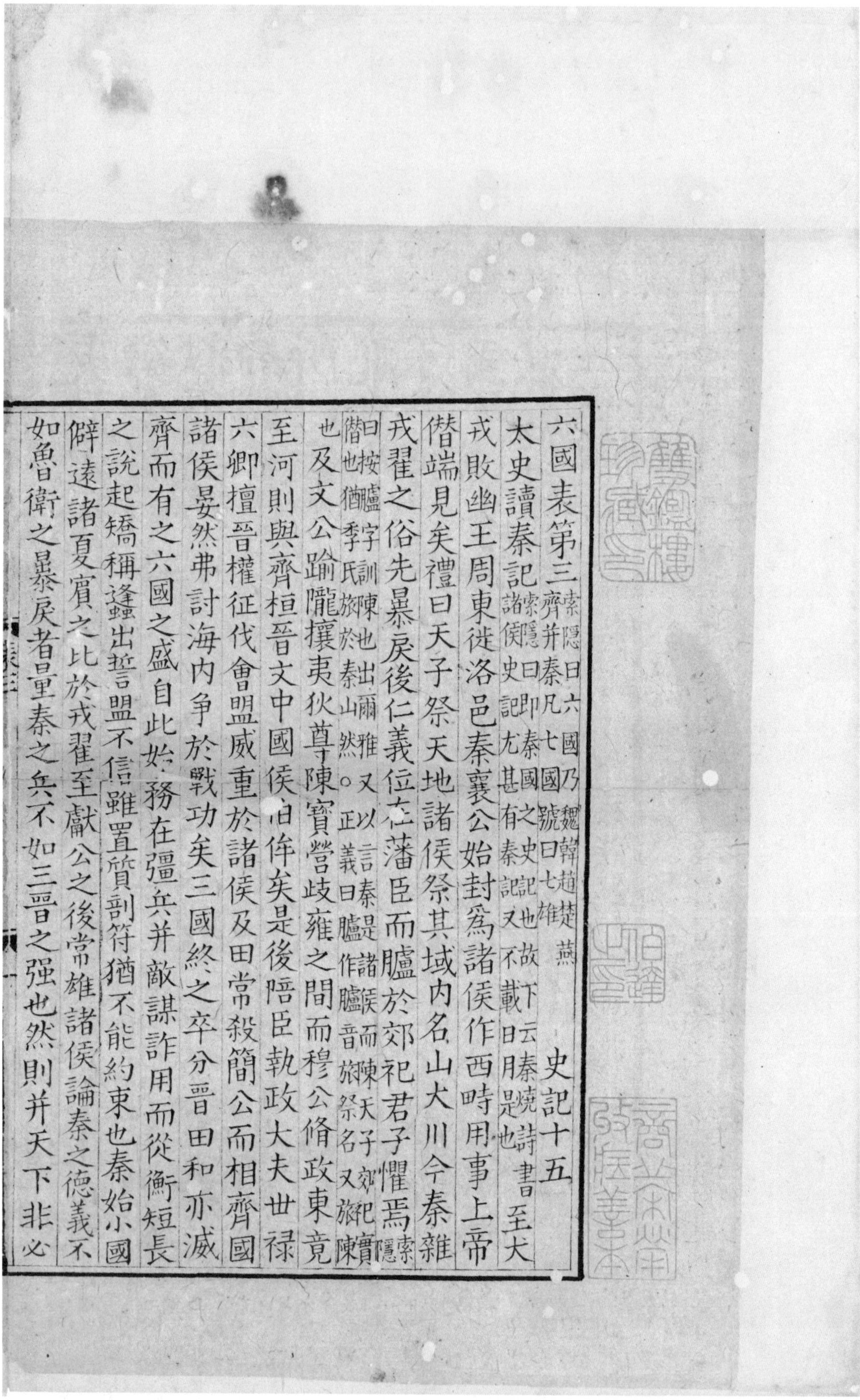

《**史记**》蒙古中统刻本
框高 19 厘米 广 12.8 厘米
半页十四行 行二十四字 小字双行同 白口 四周双栏（有补抄）

險固便形埶利也蓋若天所助焉或曰東方物所始生西方物
之成孰夫作事者必於東南收功實者常於西北故禹興於西
羌皇甫謐曰孟子稱禹生石紐西夷人也傳曰禹生自西羌是也湯起于亳徐廣曰京兆杜縣有亳亭周之
王也以豐鎬伐殷秦之帝用雍州興漢之興自蜀漢秦既得意
燒天下詩書諸侯史記尤甚為其有所刺譏也詩書所以復見
者多藏人家而史記獨藏周室以故滅惜哉惜哉獨有秦記又
不載日月其文略不具然戰國之權變亦有頗采者何必上
古秦取天下多暴然世異變成功大○索隱曰以言人君制法當隨時代之異而變易其
政則其成功大若居今行古術膠柱而調瑟也傳曰法後王何也以其近已而俗變相
類議卑而易行也學者牽於所聞見秦在帝位日淺不察其終
始因舉而笑之○索隱曰言猶措直不敢道此與以耳食無異○索隱曰獲言俗諺辭
淺識舉而笑秦非稱耳食不能知味也悲夫余於是因秦記踵春秋之後起周元
王○索隱曰按此表起周元王元年春秋迄元王六年表六國時事訖二世凡二百七十
年著諸所聞興壞之端後有君子以覽觀焉

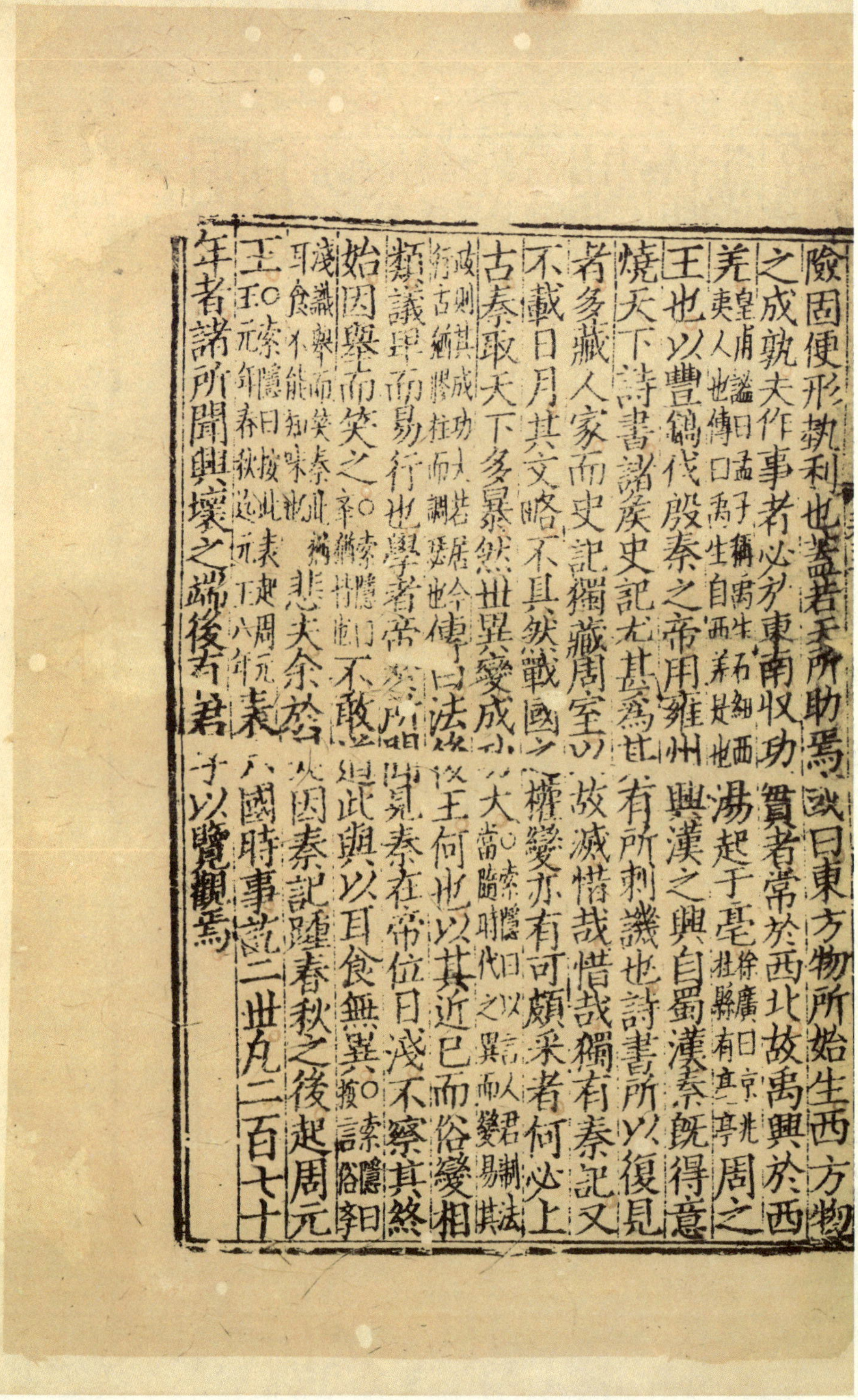

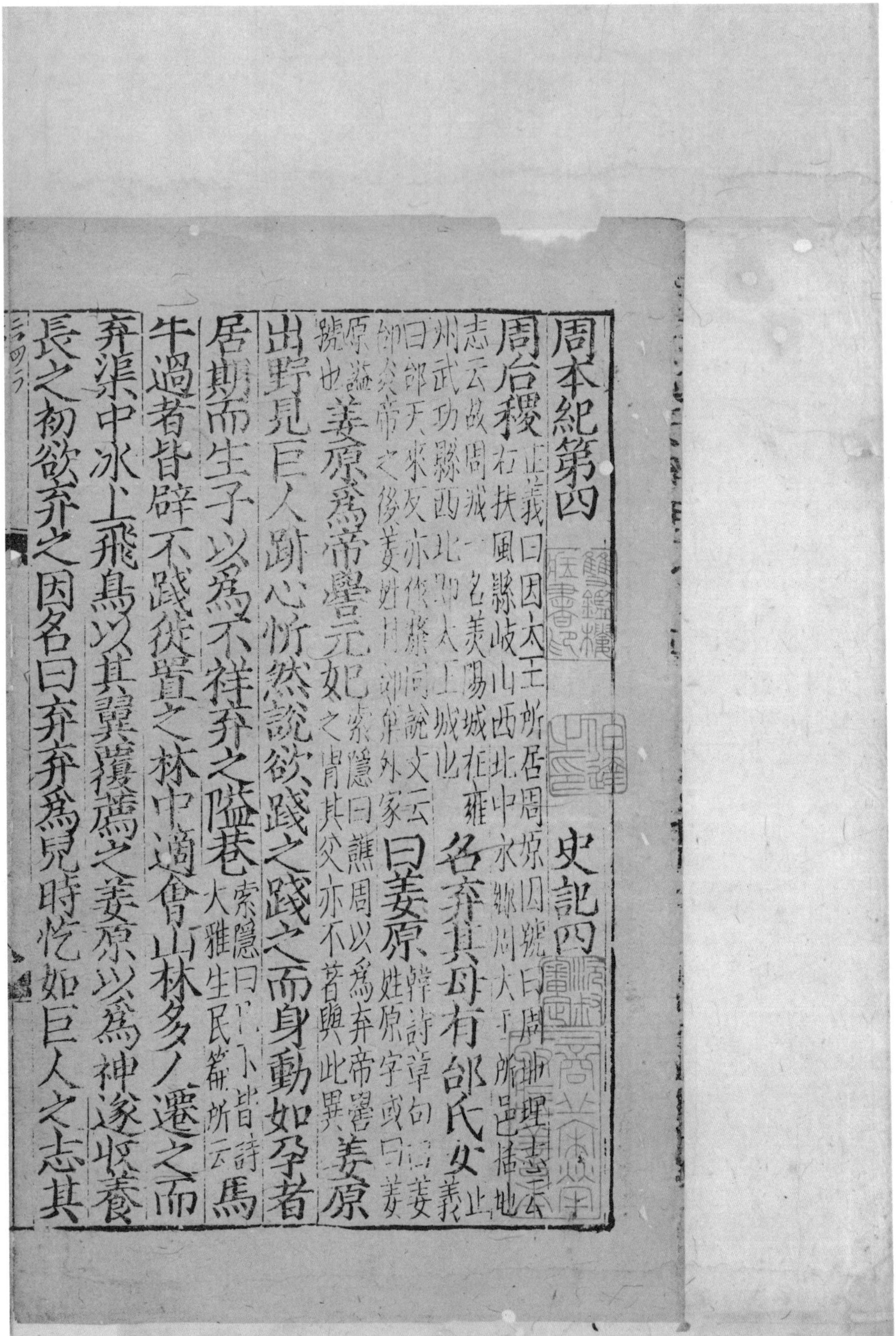
周本紀第四　史記四
周后稷（正義曰因太王所居周原因號曰周地理志云右扶風縣岐山西北中水鄉周太王所邑括地志云故周城一名美陽城在雍州武功縣西北卯太王城也）名弃其母有邰氏女（曰邰天來反亦作斄同說文云邰炎帝之後姜姓封邰周弃外家）曰姜原（韓詩章句曰姜姓原字或曰姜原原謚號也）姜原為帝嚳元妃（索隱曰譙周以為弃帝嚳之冑其父亦不著與此異）姜原
出野見巨人跡心忻然說欲踐之踐之而身動如孕者
居期而生子以為不祥弃之隘巷（索隱曰此下皆詩大雅生民篇所云）馬
牛過者皆辟不踐徙置之林中適會山林多人遷之而
弃渠中冰上飛鳥以其翼覆薦之姜原以為神遂收養
長之初欲弃之因名曰弃弃為兒時屹如巨人之志其

《**史记**》元前至元二十五年彭寅翁崇道精舍刻本
框高 19 厘米 广 12.7 厘米
半页十行 行二十一字 小字双行同 黑口 左右双栏

游戲好種樹麻菽麻菽美及爲成人遂好耕農相地之宜宜穀者稼穡焉正義曰種曰稼斂曰穡民皆法則之帝堯聞之舉弃爲農師天下得其利有功帝舜曰弃黎民始飢徐廣曰今文尚書云祖飢故此作始飢祖始也爾后稷播時百穀封弃於邰徐廣曰今斄鄉在扶風號曰后稷別姓姬氏禮緯曰祖以履大跡而生后稷之興在陶唐虞夏之際皆有令德后稷卒山海經曰黑水青水之間有廣都之野后稷葬焉皇甫謐曰冢去中國三萬里子不窋立索隱曰帝王世紀云后稷納姞氏生不窋而譙周按國語云世后稷以服事虞夏言世稷官是失其代數也若不窋親弃之子至文王千餘歲惟十四代亦不合事情○正義曰括地志云不窋故城在慶州弘化縣南三里即不窋在戎狄所居城也不窋末年夏后氏政衰去稷不務韋昭曰夏太康失國廢稷之官不復務農不窋以失其

《史记》 元至元二十五年彭寅翁崇道精舍刻本

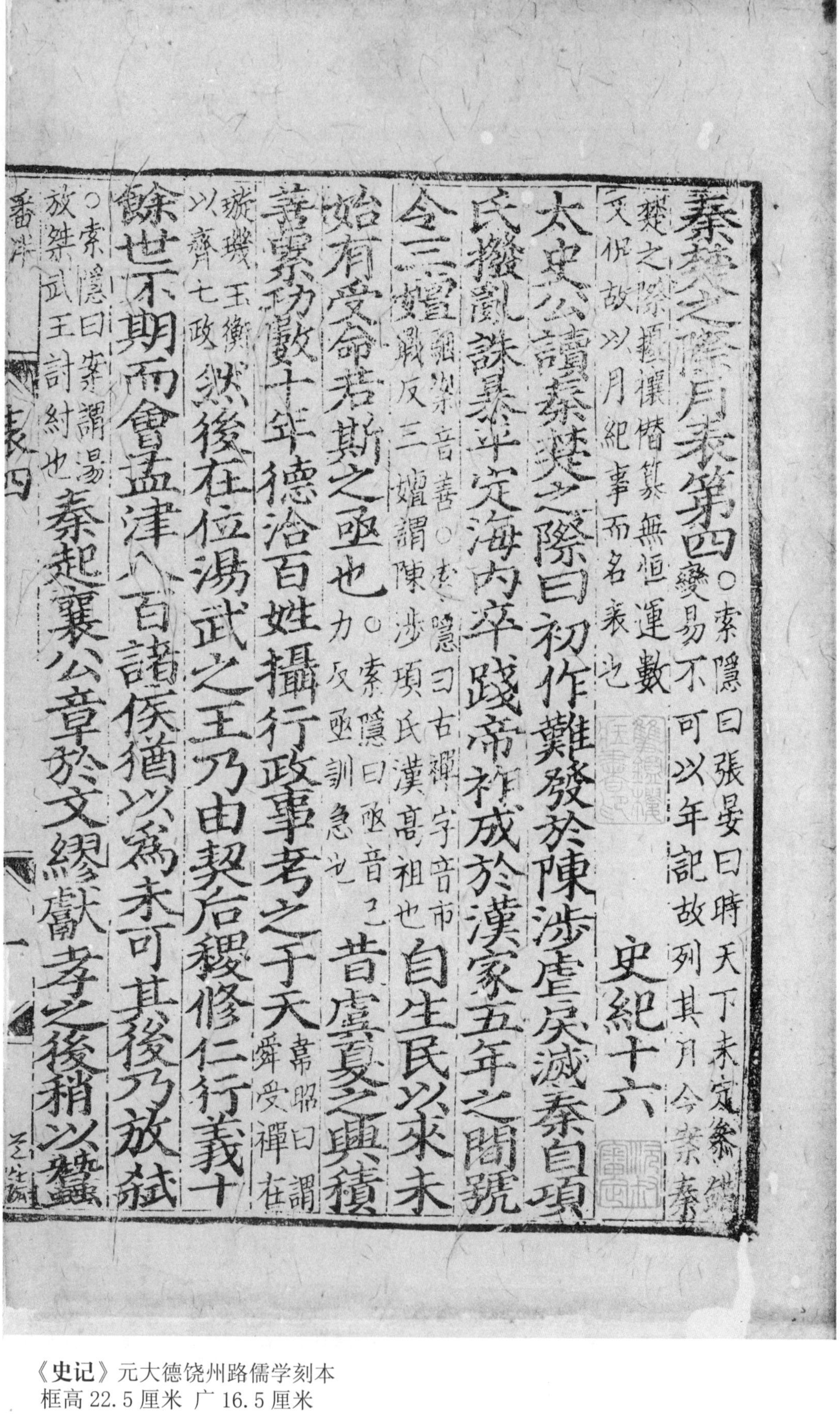
秦楚之際月表第四 ○索隱曰張晏曰時天下未定參錯變易不可以年記故列其月今案秦楚 史紀十六
之際擾攘僭篡無恒運數交但故以月紀事而名表也
太史公讀秦楚之際曰初作難發於陳涉虐戾滅秦自項
氏撥亂誅暴平定海内卒踐帝祚成於漢家五年之閒號
令三嬗音善○索隱曰古禪字音市戰反三嬗謂陳涉項氏漢高祖也自生民以來未
始有受命若斯之亟也○索隱曰亟音紀力反亟訓急也昔虞夏之興積
善累功數十年德洽百姓攝行政事考之于天韋昭曰謂舜受禪在
璇璣玉衡以齊七政然後在位湯武之王乃由契后稷修仁行義十
餘世不期而會孟津八百諸侯猶以爲未可其後乃放弑
○索隱曰案謂湯放桀武王討紂也秦起襄公章於文繆獻孝之後稍以蠶

《史记》元大德饶州路儒学刻本
框高 22.5 厘米 广 16.5 厘米
半页十行 行二十二字 小字双行同 黑口 四周双栏

五七

食六國百有餘載至始皇乃能并冠帶之倫以德若彼○索隱曰即契后稷及秦襄公文公穆公也用力如此○索隱曰謂湯武及始皇也蓋一統若斯之難也秦既稱帝患兵革不休以有諸侯也於是無尺土之封墮壞名城銷鋒鏑徐廣曰一作鍉○索隱曰鏑音的注鍉字亦音的案秦銷鋒鏑鑄作金人十二以弱天下之兵也鉏豪傑維萬世之安○索隱曰維訓度謂計度令萬代得安也然王跡之興起於閭巷合從討伐軼於三代鄉秦之禁適足以資賢者為驅除難耳○索隱曰鄉音向許亮反謂秦前時之禁兵及不封樹諸侯適足以資後之賢者即高帝也言為之驅除患難也故憤發其所為天下雄○索隱曰若漢高祖安在無土不王駰案白虎通曰聖人無土不王使舜不遭堯當如夫子老於闕里也此乃傳之所謂大聖乎○索隱曰高祖起布衣卒傳之天位實所謂大聖豈非天哉豈

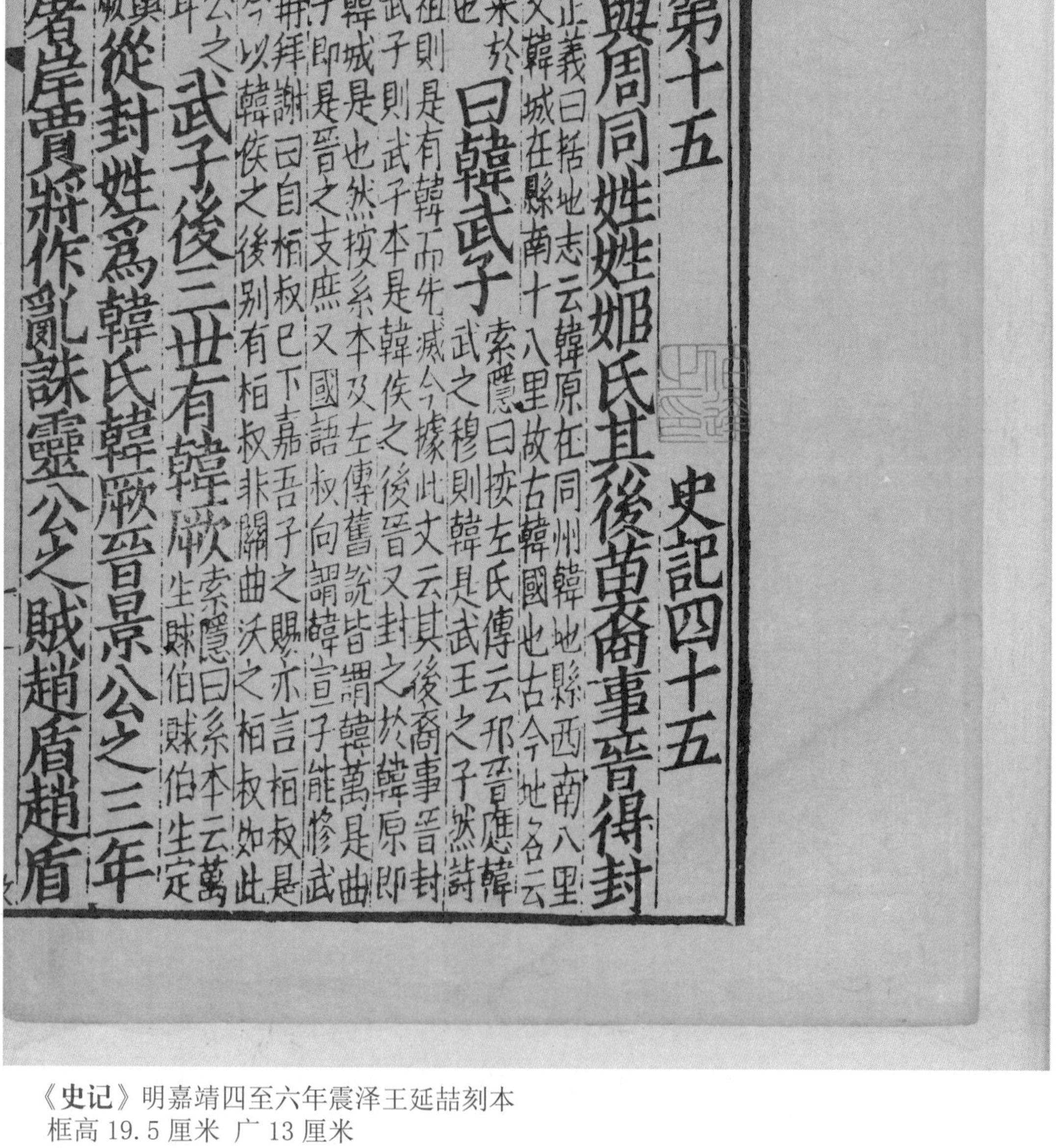
韓世家第十五　史記四十五
韓之先與周同姓姓姬氏其後苗裔事晉得封
於韓原正義曰括地志云韓原在同州韓城縣西南八里又韓城在縣南十八里故古韓國也古今地名云
韓武子食菜於韓原地城也曰韓武子索隱曰按左氏傳云邗晉應韓武之穆則韓是武王之子然詩
稱韓侯出祖則是有韓而先滅今據此文云其後裔事晉封於原曰韓武子則武子本是韓侯之後晉又封之於韓原即
今之馮翊韓城是也然按系本及左傳舊說皆謂韓萬是曲沃桓叔之子即是晉之支庶又國語叔向謂韓宣子能修武
子之德起再拜謝曰自桓叔已下嘉吾子之賜亦言桓叔是韓之祖也今以韓侯之後別有桓叔非關曲沃之桓叔如此
則與太史公之意亦有違耳武子後三世有韓厥索隱曰系本云萬生賕伯賕伯生定
伯簡簡生輿輿生獻子厥從封姓爲韓氏韓厥晉景公之三年
晉司寇屠岸賈將作亂誅靈公之賊趙盾趙盾

《史记》明嘉靖四至六年震泽王延喆刻本
框高 19.5 厘米 广 13 厘米
半页十行 行十八字 小字双行 行二十三字 白口 左右双栏

已死矣欲誅其子趙朔韓厥止賈賈不聽厥告
趙朔令亡朔曰子必能不絕趙祀死不恨矣韓
厥許之及賈誅趙氏厥稱疾不出程嬰公孫杵
臼之藏趙孤趙武也厥知之景公十一年厥與
郤克將兵八百乘伐齊敗齊頃公于鞍正義曰音安括地志云故鞌城今俗名馬鞌城在濟州平陰縣十里獲逢丑父於是晉作六卿而
韓厥在一卿之位號爲獻子晉景公十七年病
卜大業之不遂者爲祟韓厥稱趙成季之功今
後無祀以感景公景公問曰尚有世乎厥於是
言趙武而復與故趙氏田邑續趙氏祀晉悼公

《史记》 明嘉靖四至六年震泽王延喆刻本

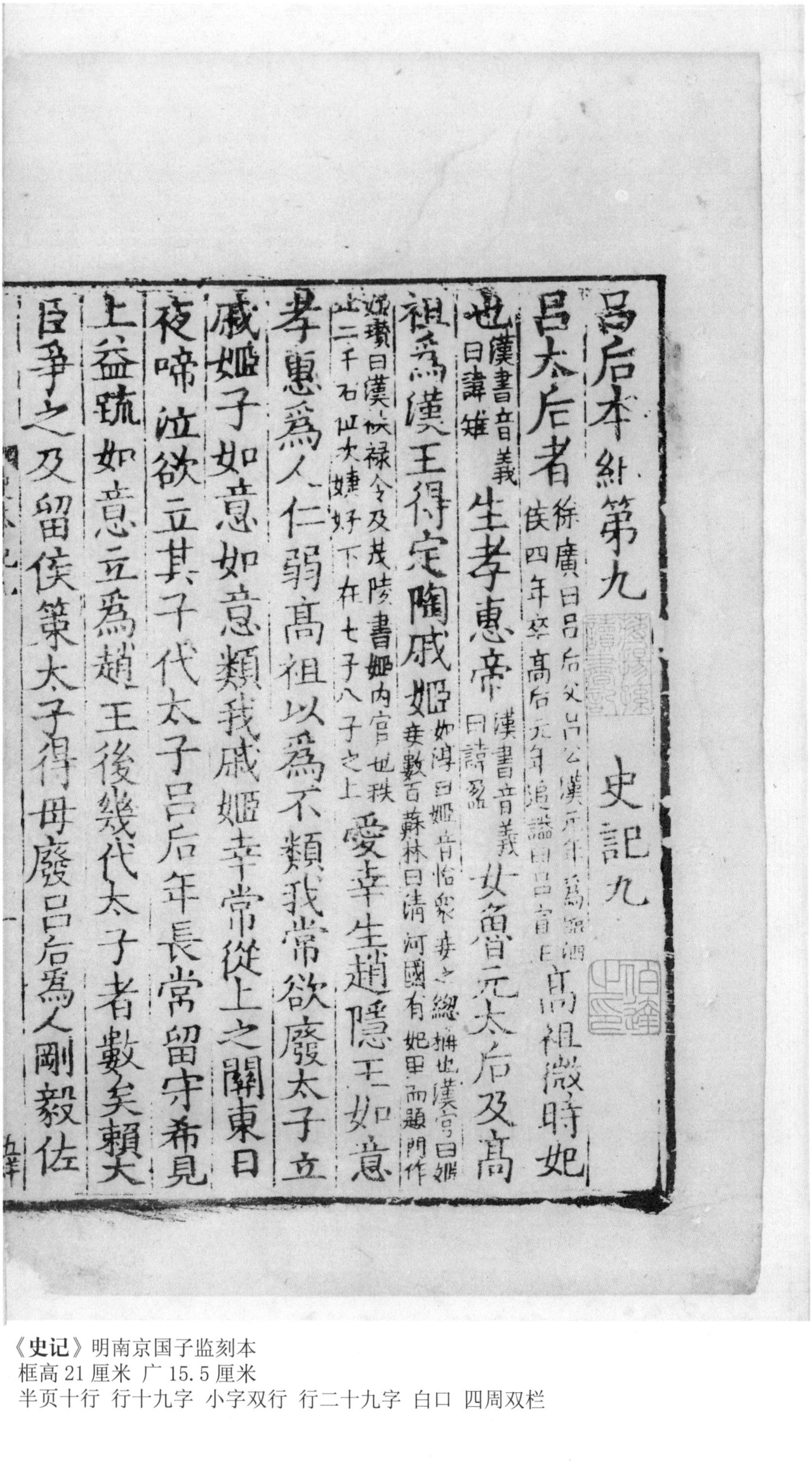

《**史记**》明南京国子监刻本
框高21厘米 广15.5厘米
半页十行 行十九字 小字双行 行二十九字 白口 四周双栏

高祖定天下所誅大臣多呂后力呂后兄二人皆爲將長兄周呂侯徐廣曰名澤高祖八年卒謚令武侯追謚曰悼武王死事封其子呂台爲酈侯徐廣曰酈一作鄜子産爲交侯徐廣曰台弟也次兄呂釋之爲建成侯徐廣曰惠帝一年卒謚康王高祖十二年四月甲辰崩長樂宫太子襲號爲帝是時高祖八子長男肥孝惠兄也異母肥爲齊王餘皆孝惠弟戚姬子如意爲趙王薄夫人子恒爲代王諸姬子子恢爲梁王子友爲淮陽王子長爲淮南王子建爲燕王高祖弟交爲楚王兄子濞爲吳王非劉氏功臣番君吳芮子臣爲長沙王呂后最怨戚夫人及其子趙王廼

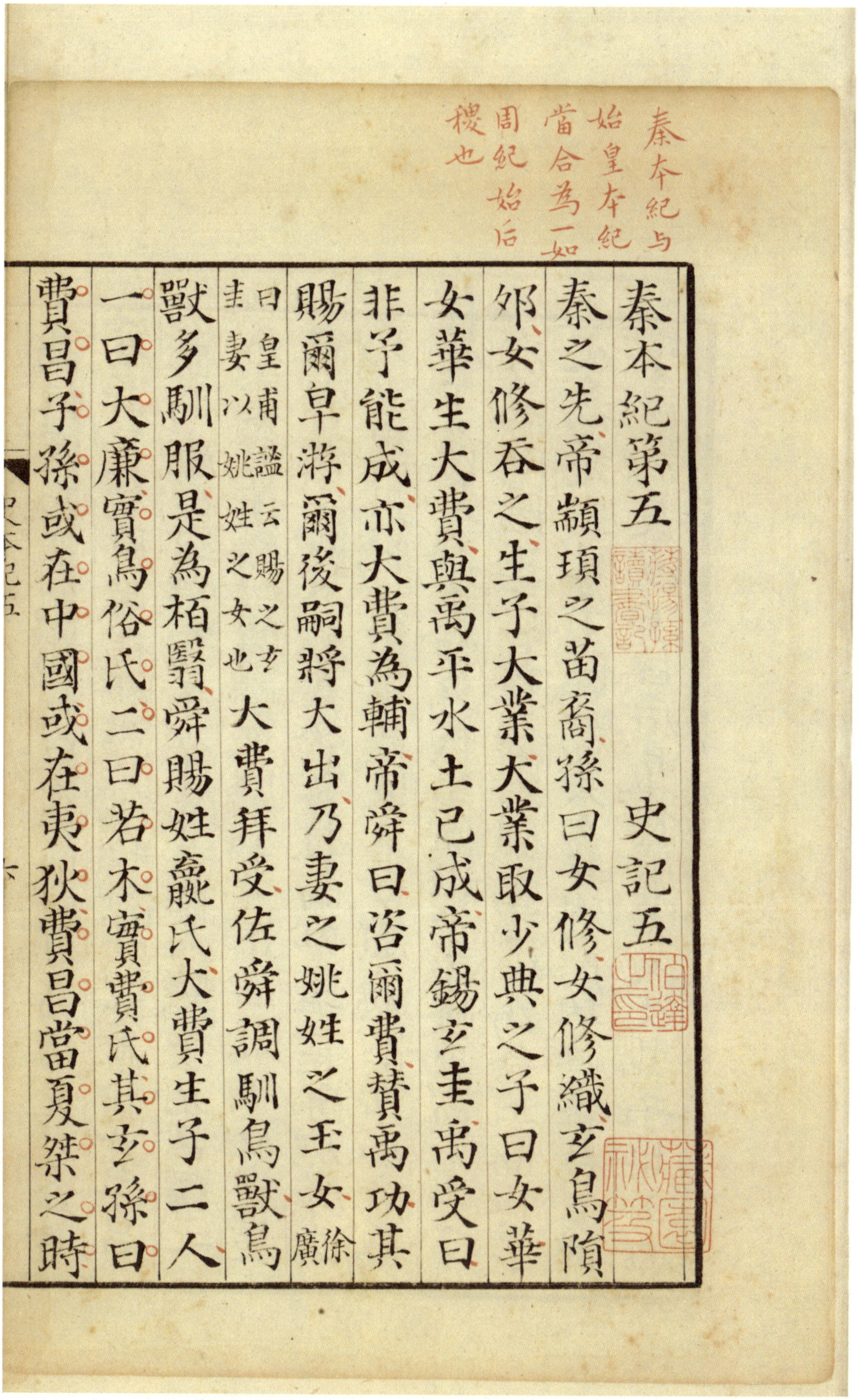
秦本紀与始皇本紀當合為一如周紀始后稷也

秦本紀第五　　史記五

秦之先帝顓頊之苗裔孫曰女修女修織玄鳥隕

卵女修吞之生子大業大業取少典之子曰女華

女華生大費與禹平水土已成帝錫玄圭禹受曰

非予能成亦大費為輔帝舜曰咨爾費贊禹功其

賜爾阜游爾後嗣將大出乃妻之姚姓之玉女徐廣

曰皇甫謐云賜之玄圭妻以姚姓之女也大費拜受佐舜調馴鳥獸鳥

獸多馴服是為柏翳舜賜姓嬴氏大費生子二人

一曰大廉實鳥俗氏二曰若木實費氏其玄孫曰

費昌子孫或在中國或在夷狄費昌當夏桀之時

《史记》清初蒋廷锡藏抄本
框高 22 厘米　广 15.5 厘米
半页十行　行十九字　小字双行同　白口　左右双栏

去夏歸商為湯御以敗桀於鳴條大廉玄孫曰孟戲中衍鳥身人言帝太戊聞而卜之使御吉遂致使御而妻之自太戊以下中衍之後遂世有功以佐殷國故嬴姓多顯遂為諸侯其玄孫曰中潏徐廣曰一作滑在西戎保西垂生蜚廉蜚廉生惡來惡來有力晏子春秋曰手裂虎兕蜚廉善走父子俱以材力事殷紂周武王之伐紂并殺惡來是時蜚廉為紂石北方徐廣曰皇甫謐云作石椁於北方還無所報為壇霍太山地理志霍太山在河東彘縣而報得石棺銘曰帝令處父不與殷亂賜爾石棺以華氏死遂葬於霍太山皇甫謐云去彘縣十五里有冢

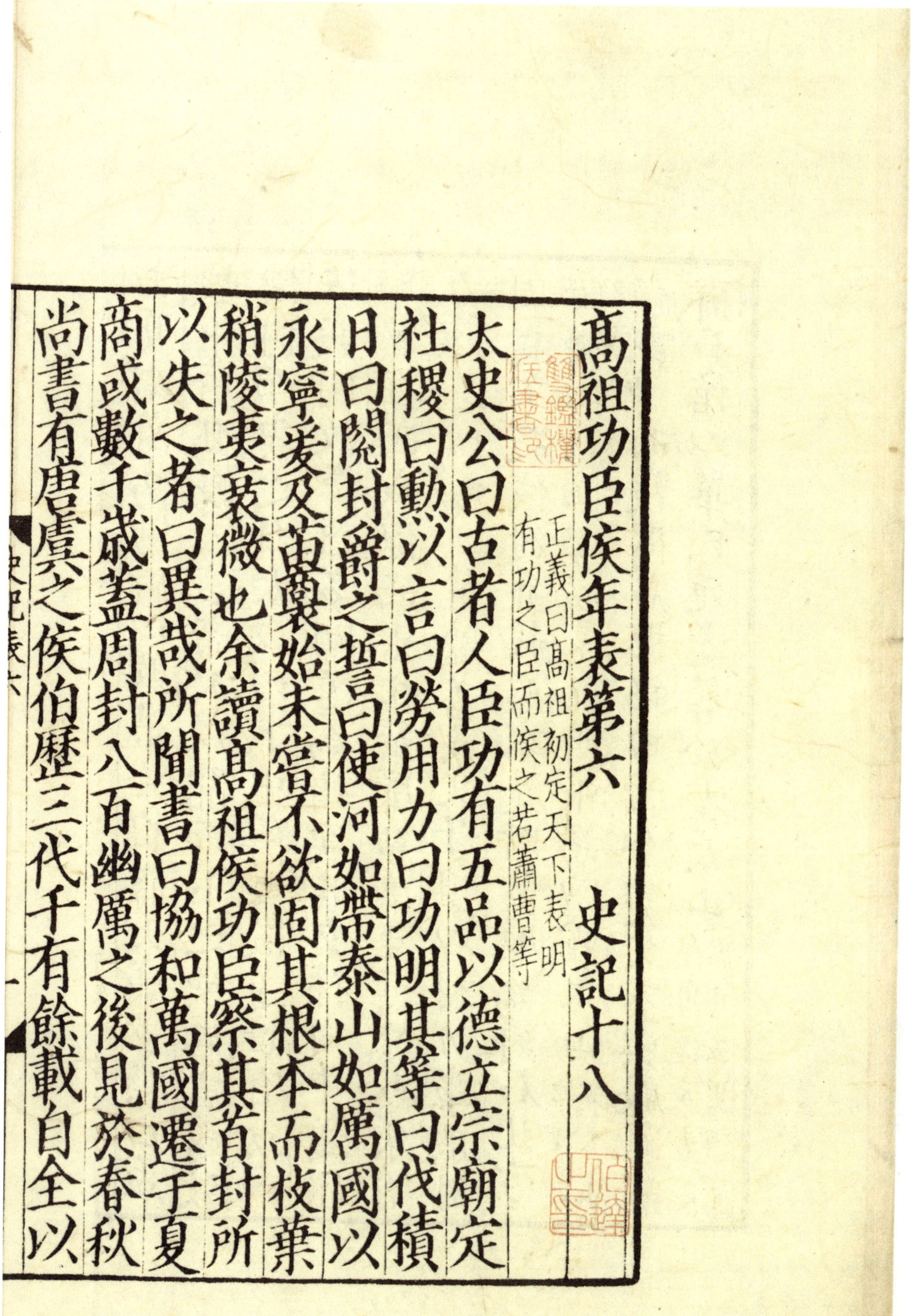

高祖功臣侯年表第六　史記十八

正義曰高祖初定天下表明有功之臣而侯之若蕭曹等

太史公曰古者人臣功有五品以德立宗廟定社稷曰勳以言曰勞用力曰功明其等曰伐積日曰閱封爵之誓曰使河如帶泰山如厲國以永寧爰及苗裔始未嘗不欲固其根本而枝葉稍陵夷衰微也余讀高祖侯功臣察其首封所以失之者曰異哉所聞書曰協和萬國遷于夏商或數千歲蓋周封八百幽厲之後見於春秋尚書有唐虞之侯伯歷三代千有餘載自全以

史記表六

《史记》民国影印南宋建安黄善夫家塾刻本
公文纸 框高 20 厘米 广 13.3 厘米
半页十行 行十八字 小字双行 行二十三字 黑口 左右双栏

蕃衛天子豈非篤於仁義奉上法哉漢興功臣受封者百有餘人（索隱曰案下文高祖功臣百三十七人兼外戚及王子凡一百四十三人受封）天下初定故大城名都散亡戶口可得而數者十二三（索隱曰言十分纔二三在耳）是以大侯不過萬家小者五六百戶後數世民咸歸鄉里戶益息蕭曹絳灌之屬或至四萬小侯自倍（索隱曰倍其初封時戶數也）富厚如之子孫驕溢忘其先淫嬖至太初百年之間見侯五（正義曰謂平陽侯曹宗曲周侯酈終根楊阿侯卞仁戴侯秋家穀陵侯韓偃也）餘皆坐法隕命亡國耗矣罔亦少密焉然皆身無兢兢於當世之禁云居今之世志古之道所以自鏡

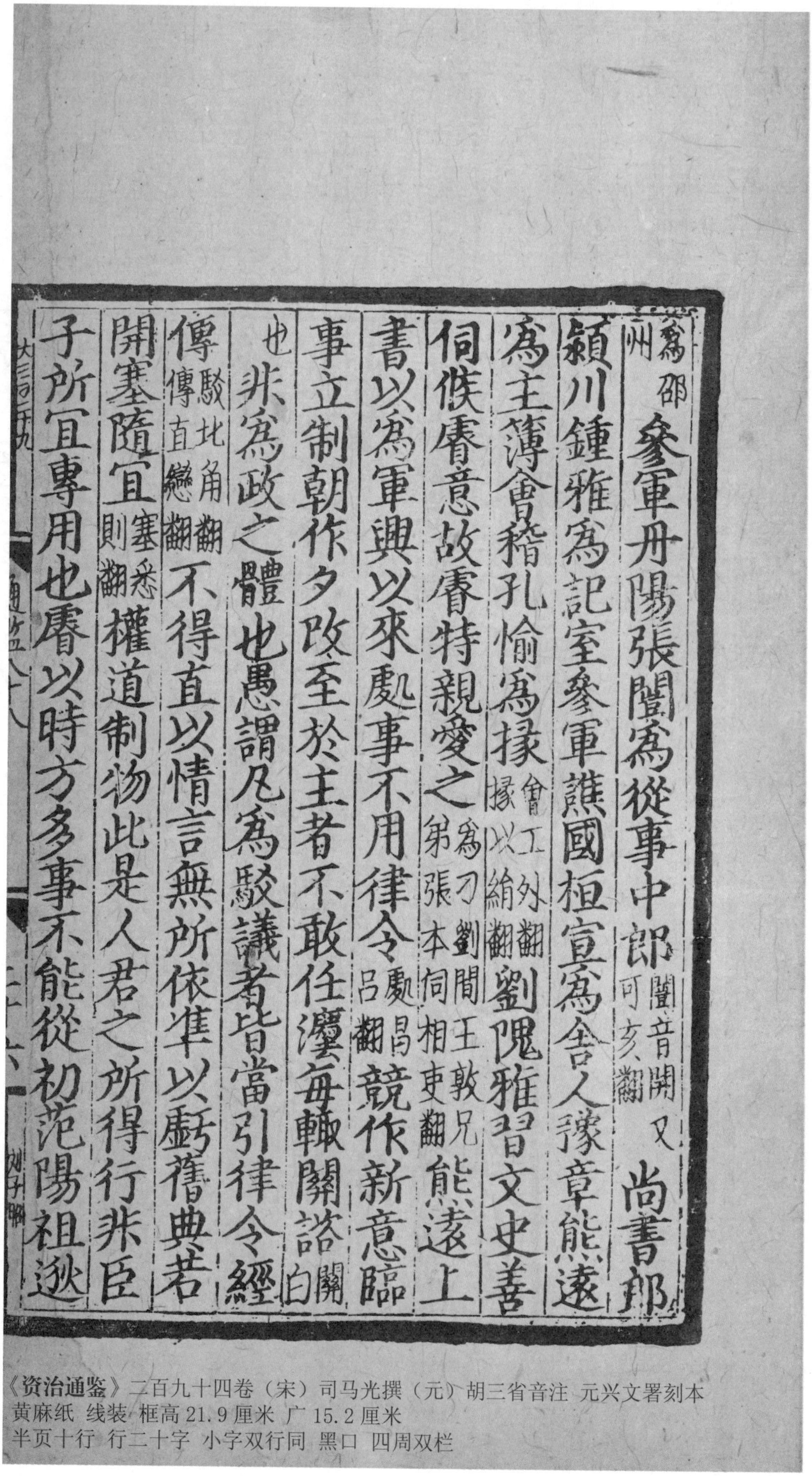

《资治通鉴》二百九十四卷（宋）司马光撰（元）胡三省音注 元兴文署刻本
黄麻纸 线装 框高 21.9 厘米 广 15.2 厘米
半页十行 行二十字 小字双行同 黑口 四周双栏

少有大志（漢涿郡魏文帝更名曰范陽郡少詩照翻）與劉琨俱爲司州主簿同寢中夜聞雞鳴蹴琨覺曰（蹴子六翻蹋也覺居效翻寤也）此非惡聲也因起舞及渡江左丞相睿以爲軍諮祭酒逖居京口（吳孫權自吳徙丹徒謂之京城有京峴山在其東其城因山爲壘俯臨江津故曰京口）糾合驍健（糾三合爲糾糾言合三繩爲一也驍堅堯翻下同）言於睿曰晉室之亂非上無道而下怨叛也由宗室爭權自相魚肉遂使戎狄乘隙毒流中土今遺民既遭殘賊人思自奮大王誠能命將出師使如逖者統之以復中原郡國豪傑必有望風響應者矣睿素無北伐之志以逖爲奮威將軍豫州刺史給千人廩布三千疋（給千人糧廩及布

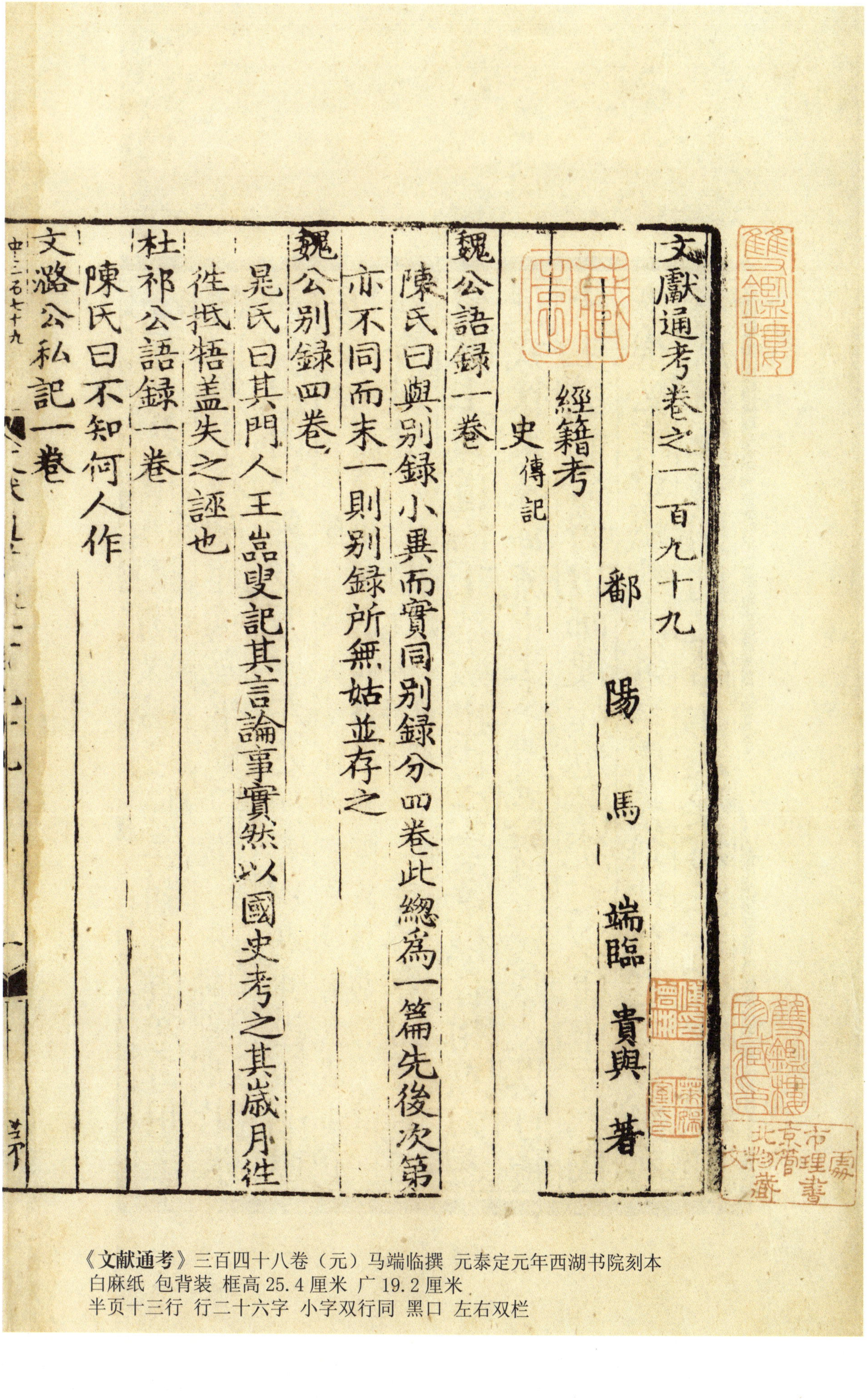
文獻通考卷之一百九十九　鄱陽馬端臨貴與著
經籍考
史傳記
魏公語録一卷
陳氏曰與别録小異而實同别録分四卷此總爲一篇先後次第亦不同而末一則别録所無姑並存之
魏公别録四卷
晁氏曰其門人王嵓叟記其言論事實然以國史考之其歲月往往牴牾盖失之誣也
杜祁公語録一卷
陳氏曰不知何人作
文潞公私記一卷

《文献通考》三百四十八卷（元）马端临撰　元泰定元年西湖书院刻本
白麻纸　包背装　框高25.4厘米　广19.2厘米
半页十三行　行二十六字　小字双行同　黑口　左右双栏

晁氏曰皇朝文彦博所撰元豐初王堯臣之子同老以其父至和中所撰立英宗爲皇子詔草上之且曰時宰相文彦博富弼知狀神宗以問彦博彦博具以實對至元祐中賈易爲言官爲韓忠彦爭辯其事彦博乃著此其後云自古唯霍禹云縣官非我家將軍不得至此楊復恭自称定策國老謂昭宗爲門生天子鞅鞅不道之言卒被夷滅

陳氏曰記至和靖建儲及元豐條貫事

潜德録一卷

晁氏曰皇朝呂晦獻可之孫撰記其祖乞立英宗言章

嘉祐名臣傳五卷

晁氏曰張唐英傳仁宗朝賢臣五十餘人

王氏揮麈録曰唐英天覺同胞兄仕至殿中侍御史嘗述仁宗政要上于朝所謂嘉祐名臣傳特政要中一門耳

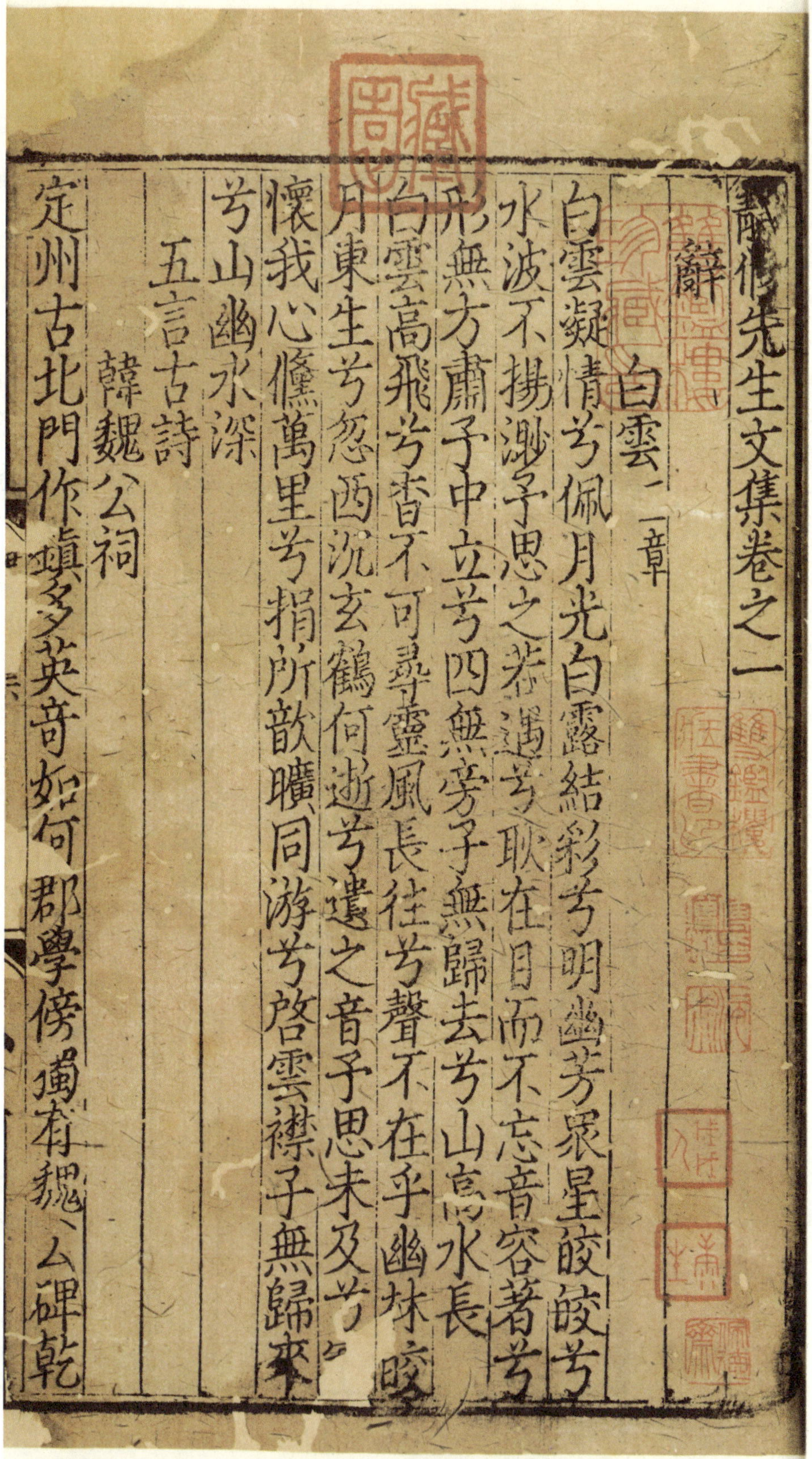

《静修先生文集》二十二卷（元）刘因撰　元至顺元年宗文堂刻本
黄麻纸　线装　框高 19 厘米　广 12.5 厘米
半页十三行　行二十一字　小字双行同　黑口　四周双栏

坤極厚大運動物不知堂堂宋三朝鈐[illegible]似之惟公玄默閟泰山巳四維天宇公之祠亢翁非公誰郡人一何愚而於公欲私大者且勿論繼飭猶世師千年閲古堂誰歌鄭國詩公閲古堂富人有詩褎佪老柏前目送秋鶴飛悠悠五色雲悵望今何緣

仙臺

碣石來海際西南奄全燕中有學仙臺燕平欲升天燕平骨巳朽遺臺猶相傳雖復生青松歲久擢爲煙極目望海波不見三山巔三山巨鼇簪山人蟣蝨然使無不足論信有亦可憐大塊如洪鑪金石能久堅天地會有盡何物爲神仙空山無笙鶴落日下飢鳶今古非一臺浩歎秋風前

黃金臺

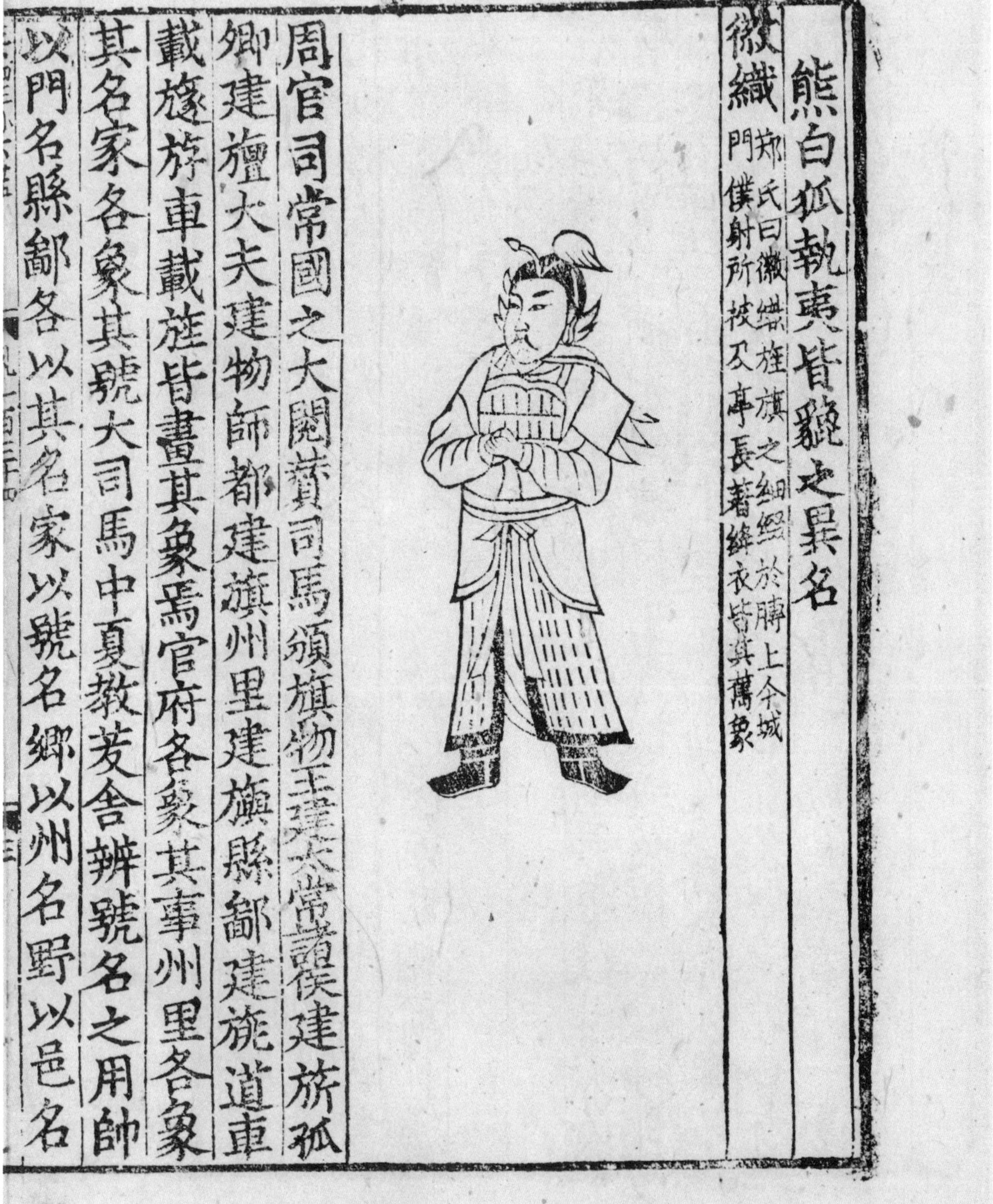
熊白狐執夷皆貔之異名
徽織 鄭氏曰徽織旌旗之細縿於膊上令城門僕射所被及亭長著絳衣皆其舊象
周官司常國之大閱贊司馬頒旗物王建大常諸侯建旂孤
卿建旜大夫建物師都建旗州里建旟縣鄙建旐道車
載旞斿車載旌皆畫其象焉官府各象其事州里各象
其名家各象其號大司馬中夏教茇舍辨號名之用帥
以門名縣鄙各以其名家以號名鄉以州名野以邑名

《礼书》一百五十卷（宋）陈祥道撰 元至正七年福州路刻本
白麻纸 蝴蝶装 框高 21.5 厘米 广 16.3 厘米
半页十三行 行二十一字 小字不等 白口 左右双栏

百官各象其事以辨軍之夜事司馬中秋教治兵辨旗物之用王載太常諸侯載旂軍吏載旗師都載旜鄉遂載物郊野載旐百官載旟各書其事與其號焉事名号者徽織所以題別衆臣樹之於位朝各就焉徽織之書則云某某之事某某之名某某之号今大閱礼象而為之兵凶事若有死事者亦當以相別也詩曰織文鳥章白旆央央織徽織也鳥章鳥隼之文章將帥以下衣皆著焉記曰殊號左傳曰揚徽者公徒也昭二十一年

九旗之物既畫號名事之象而又書以述之畫之則略書之則詳司常於大閱頒旗物則言畫大司馬於治兵辨旗物之用則言書者頒旗物建以閱之而已辨旗物則載而用焉此治兵大閱之別也兵法夜戰多火鼓晝戰多旌旗是晝之相視者以象夜之相聞者以聲故旗物有龍虎鳥龜之文所以待晝事有號名事所以待夜事也詩曰元戎十乘以先啓行織文鳥

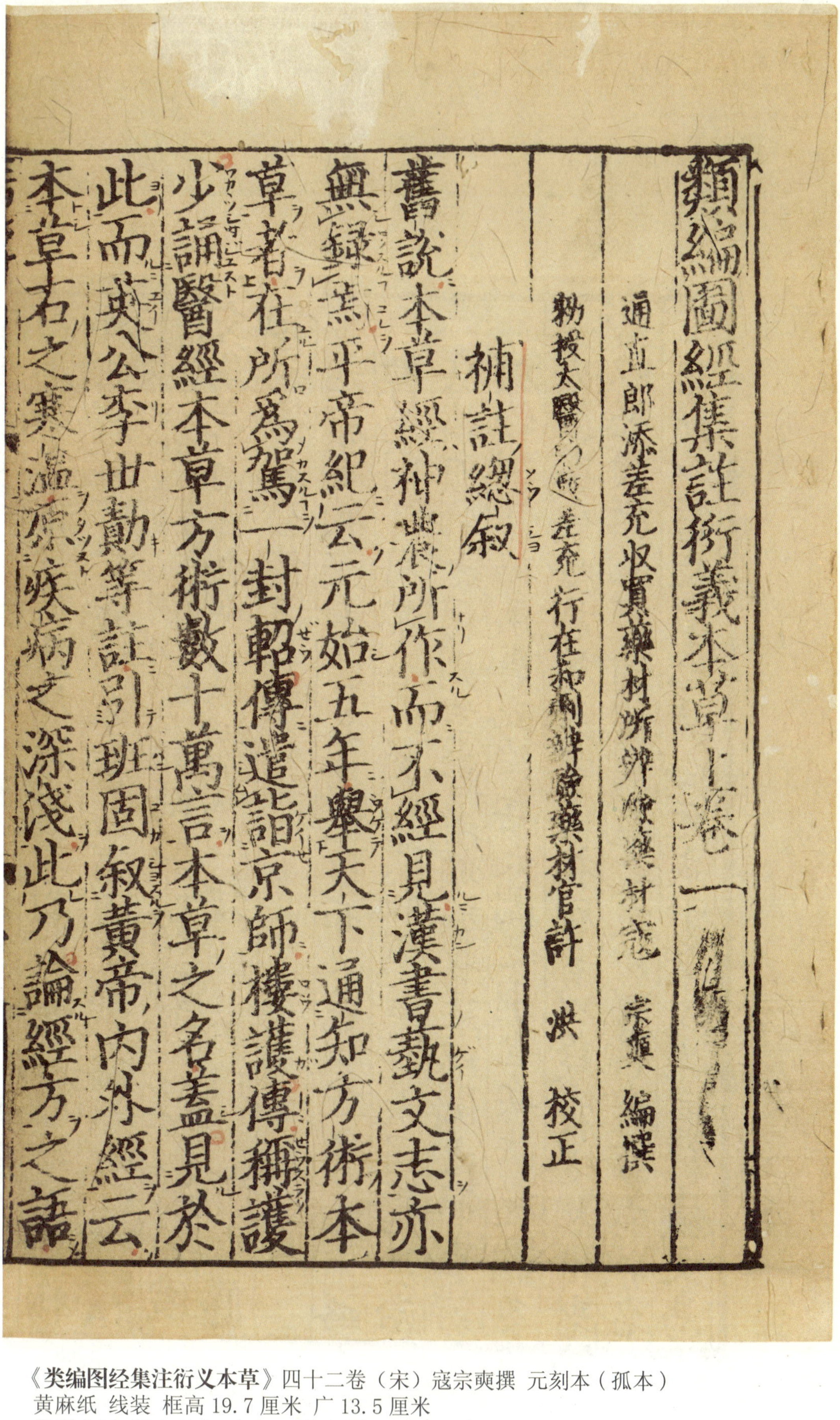

《类编图经集注衍义本草》四十二卷（宋）寇宗奭撰 元刻本（孤本）
黄麻纸 线装 框高 19.7 厘米 广 13.5 厘米
半页十行 行十九字 小字双行同 黑口 左右双栏
中国书店 2010 年自海外购回，经资料查阅，未见馆藏著录。

而無本草之名惟梁七録載神農本草三卷推以
爲始斯爲失矣或疑其間所載生出郡縣有後漢
地名者以爲似張仲景華佗輩所爲是又不然也
淮南子云神農嘗百草之滋味一日而七十毒由
是醫方興焉蓋上世未著文字師學相傳謂之本
草兩漢以來名醫益衆張機華佗輩始因古學附
以新說通爲編述本草由是見於經録然舊經才
三卷藥止三百六十五種至梁陶隱居又進名醫
別録亦三百六十五種因而注釋分爲七卷唐顯
慶中監門衛長史蘇恭又摭其差謬表請刊定乃

《类编图经集注衍义本草》 元刻本

食療云甘菊可作羹上頭風目眩淚出去煩熱利五藏
肘後方犯丁腫垂死菊葉一握搗絞汁一升入口即活此神驗冬用其根
衍義曰菊花近世有二十餘種惟單葉花小而黃綠葉色深小而薄應候而開者是也月令所謂菊有黃華者也又鄧州白菊單葉者亦入藥餘依經不用專治頭目風熱今多收之作枕

○人參

《类编图经集注衍义本草》

元刻本

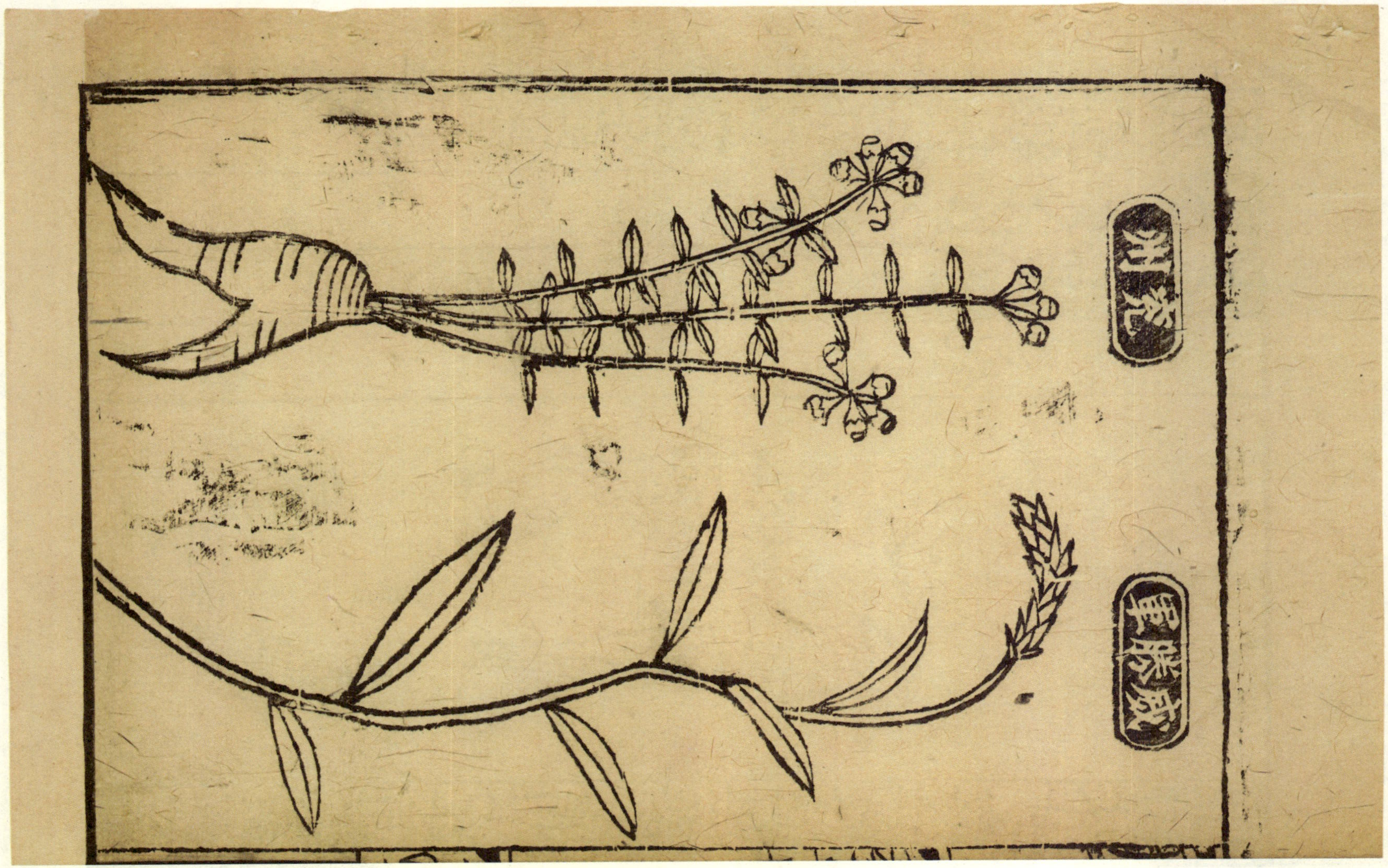

新編圖經集註衍義本草卷之二十八

○獸部中品

○鹿

鹿茸 味甘酸温微温無毒主漏下惡血寒熱驚癇

益氣強志主齒不老療虛勞洒洒如瘧羸瘦四肢
酸疼腰脊痛小便利洩精溺血破留血在腹散石
淋癰腫骨中熱疽痒。(骨)安胎下氣殺鬼精物不
可近陰令痿久服耐老四月五月解角時取陰乾
使時燥麻勃為之使。(角)味鹹無毒主惡瘡癰腫
逐邪惡氣留血在陰中除小腹血急痛腰脊痛折
傷惡血益氣七月採杜仲為之使。(髓)味甘溫主
丈夫女子傷中絕脈筋急痛欬逆以酒和服之良
。(腎)平主補腎氣。(肉)溫補中強五藏益氣力生
者療口僻割薄之

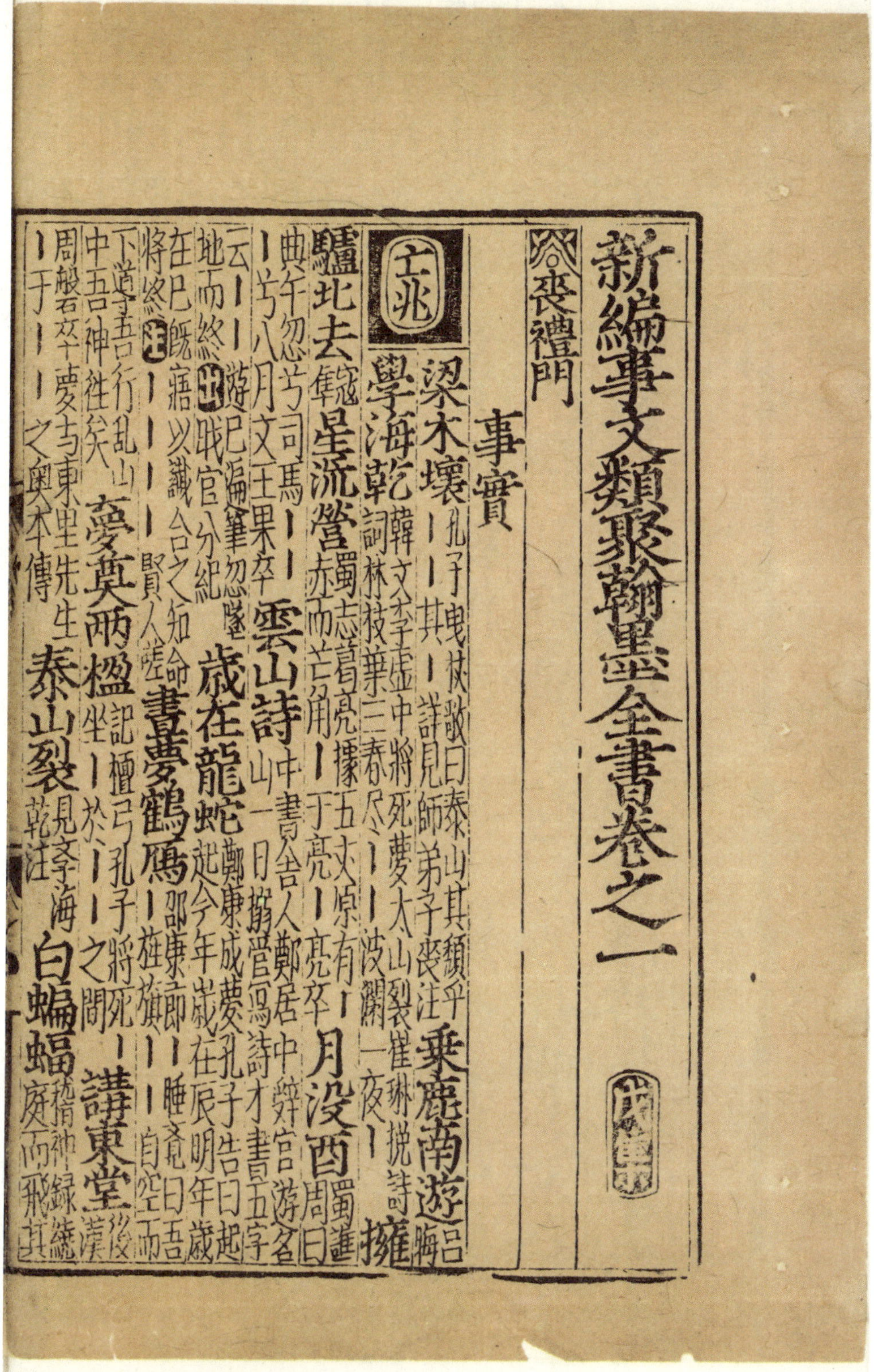
新編事文類聚翰墨全書卷之一

戊集

喪禮門

事實

梁木壞 孔子曳杖歌曰泰山其頹乎||||其||詳見師弟子喪注 乘鹿南遊 呂梅

士兆

學海乾 韓文李虛中將死夢太山裂崔琳挽詩詞林枝葉三春盡||||波瀾一夜| 擁

驢北去 隼寇 星流營 蜀志諸葛亮據五丈原有|赤而芒角||下亮||亮卒 月沒酉 蜀譙周曰

典午忽兮司馬||||兮八月文王果卒 雲山詩 中書舍人鄭居中辭官遊名山一日搦管寫詩才書五字

云||||遂已遍筆忽墜地而終 出 戰官分紀 歲在龍蛇 鄭康成夢孔子告曰起起今年歲在辰明年歲

在巳既寤以讖合之知命將終 注 ||||||||賢人嗟 晝夢鶴鴈 邵康節||睡覺曰吾|||||||自空而下

下道吾行乱山中五吾神往矣 夢奠兩楹 記檀弓孔子將死||||於||||之間 講東堂 後漢

周磐卒夢与東里先生 泰山裂 見李海乾注 白蝙蝠 稽神錄

||于||||之奧 本傳 廣而飛其

《**新编事文类聚翰墨全书戊集**》五卷（元）刘应李辑 元刻本
黄麻纸 蝴蝶装 框高 15.3 厘米 广 10.5 厘米
半页十二行 行二十二字 小字双行同 黑口 四周双栏

年李弹居妻卒十　**玉魚符** 唐李朝卒十夢之一黃衣人曰未至三須||下也戒幕清談　**夢雞年** 謝安曰吾
||乘輿行六十里止見一白||而止今十六||矣白雞在酉今太歲在酉吾殆不起乎安尋卒本傳　**夢見朱**
羆 晉春秋云平公疾||||||窺屏左氏亦載此事而云黃羆入門　**瓶中雀** 楞嚴經注精神居瓶內雀
居瓶中瓶破則雀飛去矣手遮之不可　**井中桑** 佩觽集丁固夢||||生||壽四十八而卒　**甑上遭**
宋滕景直炊釜声如雷||||花生似||而赤色俄頃萎景直旬日卒見五行紀　**四蛇傷足** 入井則遇||
||謝四時迫促大限莫逃　**雙鳳集拳** 孫氏求官夢||||兩||後喪母集異記　**萬羊將滿**
李德裕完召一僧問休咎僧曰相公平生當食万羊今食九千六百矣旬日振武軍節使饋羊四百公大驚召僧告
其事僧曰||||||||公不還乎曰吾不食之可免否曰羊至此已為相公所有後連貶崖州殁　**雙鶴非祥**
林傑神童年十七忽有双鶴下傑欣然抱得一||||父恐其||||放是夕疾卒鄭立以詩哭之鶴離堂上月空圓古
今詩話　**一蛇蟠鏡** 袁叔異遇異人得書云每受一命即開一幅累任皆驗一日晨起巾櫛一物墮鏡中
一如蛇而有四足驚而疾卒亞書妻開視之最後一幅畫蛇蟠鏡中　**夢綃兩疋** 沈慶之死||人与||||
與錢七文 洞賓||黃寬大||||||||次十文又小錢一三寸八七十三卒

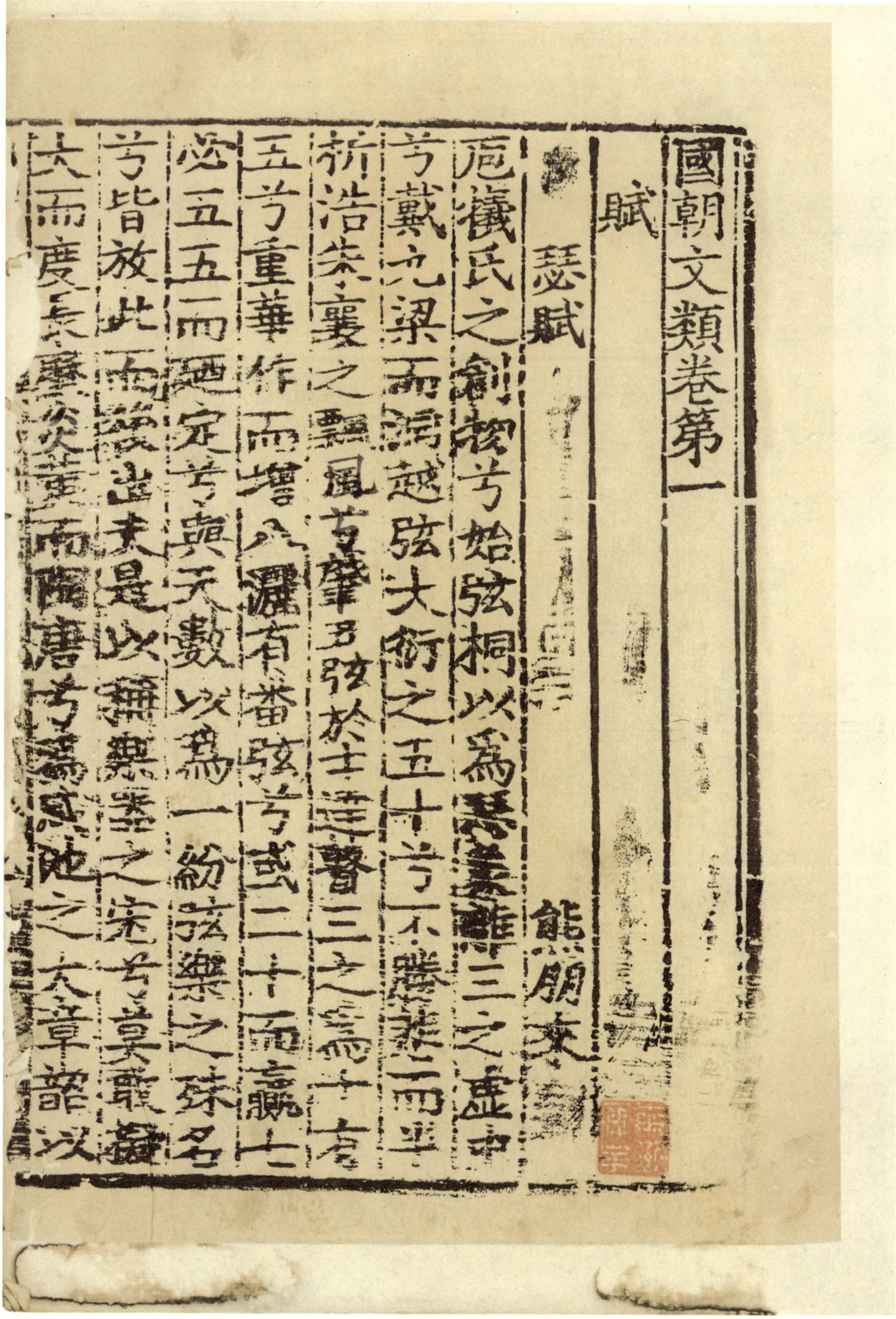

《**国朝文类**》七十卷（元）苏天爵辑 元西湖书院刻明修本
棉纸 线装 框高 21.7 厘米 广 15.6 厘米
半页十行 行十九字 黑口 左右双栏

詠一而永言兮聲依永乎賡歌之明良交與為雲和
兮亥之以龍門空桑想夫制作之妙伶倫吹籥后
夔拊手舞龍度在公輸斷右其長者為黃鐘者九兮
倍其九以為首也其商為宮隱兮其言以為雅奏
也夫惟琴聲者歌聲之所主絃二十有五兮箴宮
異也七絃相為律兮散五也鳳和鳴兮其可述也
鳥獸飛兮其柱也歌必聲琴兮既歌而語也徒鼓
曰謠兮徒鼓瑟曰按也恒為堂上之樂兮匏竹在
下也其為登歌之器兮無故不去也琴教廢興聖
詩者莫之為譜也琴也以聖門亟稱於琴自琴以降

國朝文類卷第二

樂章

郊祀樂章

皇帝入中壝 出入小次 黄鍾宫

赫赫有臨洋洋在上克配皇祖於穆來饗肇此大禋乾文弘朗祓衮圜丘巍巍玄象

皇帝盥洗 黄鍾宫

翼翼孝思明德洽禮功格玄穹有光帝始著我精誠潔茲薦洗幣玉攸奠來集嘉祉

皇帝升壇降同 大吕宫

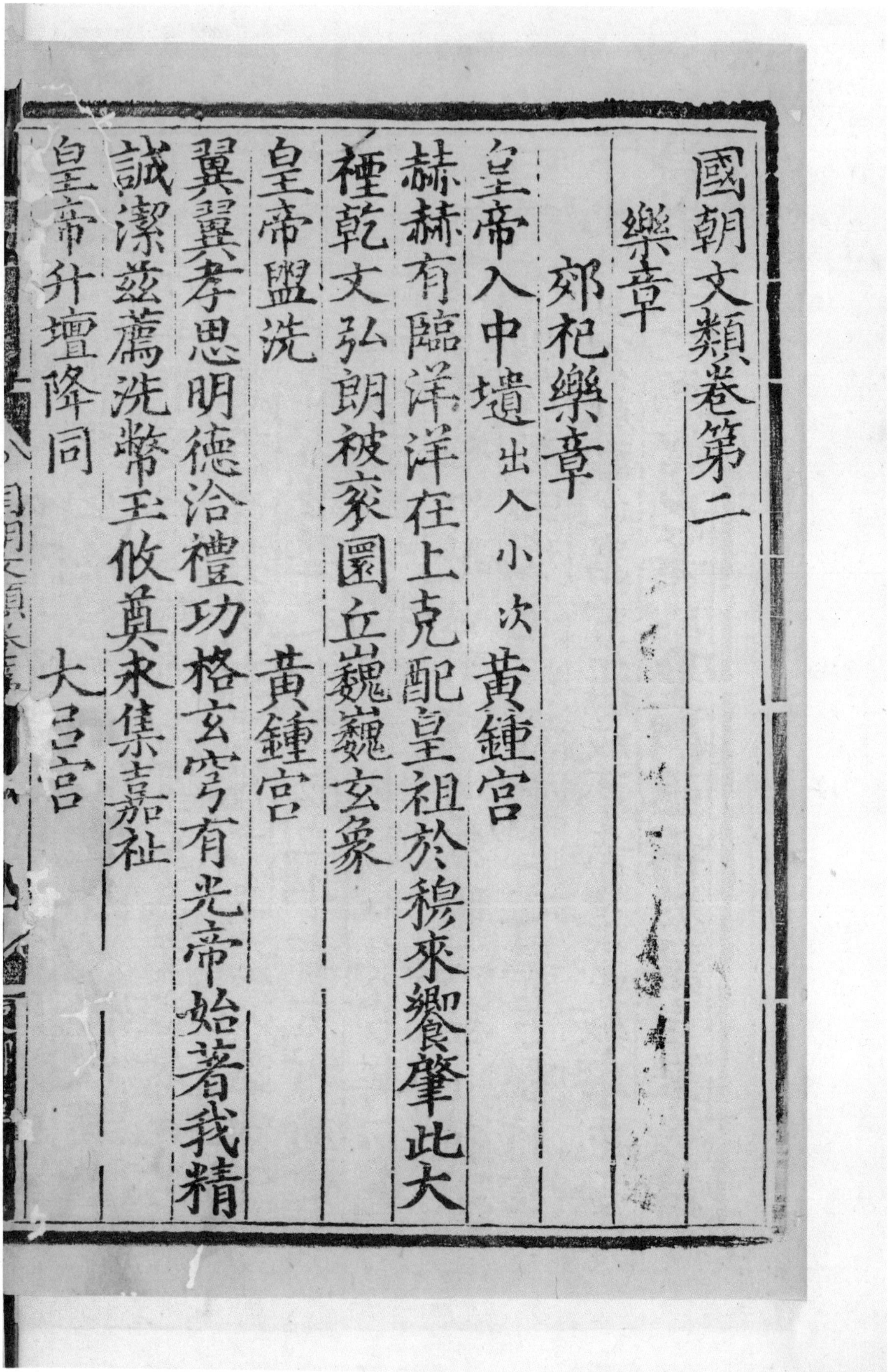

天行惟健盛德御天日月龍章簨簴宮縣藁鞂尚
明禮璧蒼圜神之格思香升燔煙
迎神　圜鍾宮六變
烝哉皇元丕承帝眷報本貴誠于郊殷薦藁鞂載
陳雲門六變神之格思來處來燕
初獻盥洗　黄鍾宮　隆成之曲
肇禋南郊百神受職齋戒惟先匪馨于稷迺沃迺
盥祠壇是陟上帝監觀其儀不忒
初獻升壇降同　大呂宮　隆成之曲
於穆圜壇陽郊奠位孔惠孔時吉蠲爲饎降登祗

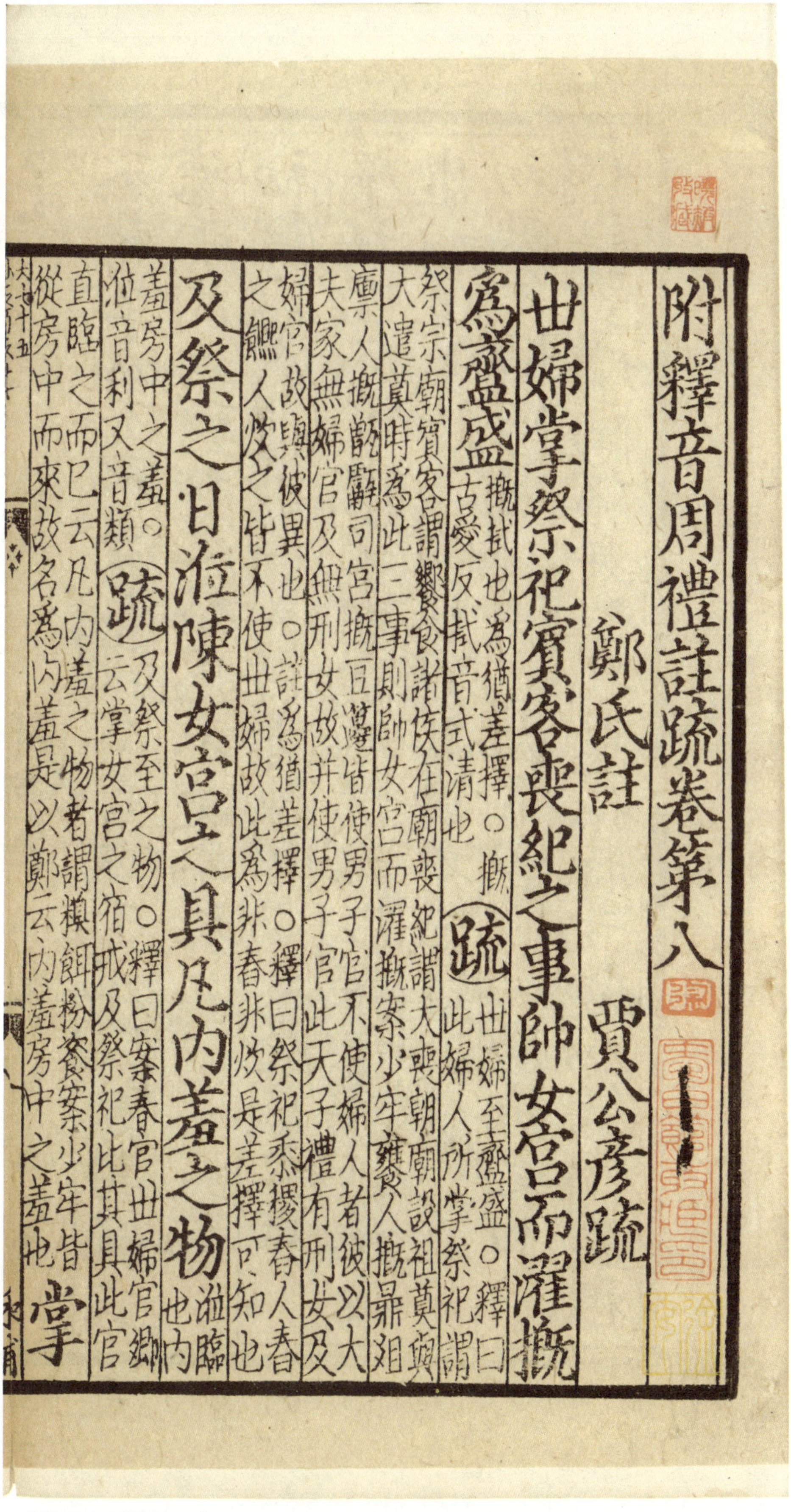
附釋音周禮註疏卷第八
鄭氏註　賈公彥疏
世婦掌祭祀賓客喪紀之事帥女宮而濯摡
爲齍盛摡拭也爲猶差擇○摡古愛反拭音式清也疏世婦至齍盛○釋曰此婦人所掌祭祀謂
祭宗廟賓客謂饗食諸侯在廟喪紀謂大喪朝廟設祖奠與
大遣奠時爲此三事則帥女宮而濯摡案少牢饔人摡鼎俎
廩人摡甑甗司宮摡豆籩皆使男子官不使婦人者彼以大
夫家無婦官及無刑女故并使男子官此天子禮有刑女及
婦官故與彼異也○注爲猶差擇○釋曰祭祀黍稷舂人舂
之饎人炊之皆不使世婦故此爲非舂非炊是差擇可知也
及祭之日涖陳女宮之具凡内羞之物涖臨也内
羞房中之羞○涖音利又音類疏及祭至之物○釋曰案春官世婦官鄉云掌女宮之宿戒及祭祀比其具此官
直臨之而已云凡内羞之物者謂糗餌粉餈案少牢皆
從房中而來故名爲内羞是以鄭云内羞房中之羞也掌

《附释音周礼注疏》四十二卷（汉）郑玄注（唐）贾公彦疏 元刻明修本
白麻纸 线装 框高 19.9 厘米 广 13.2 厘米
半页十行 行十七字 小字双行 行二十三字 白口 左右双栏

世婦

弔臨于卿大夫之喪王使往弔疏註王使往弔○釋曰案內宗云凡卿大夫之喪掌其弔臨註云王后弔臨諸侯而已是以言掌卿大夫云文同而注異者彼上文云王后有事則從大喪序哭者哭諸侯亦如之彼文與后事相連彼王於后此上文無后故知此王使往可知也若然后無外事彼弔諸侯謂三公王子母弟若畿外諸侯則后不弔以其王為三公六卿錫衰諸侯緦衰后不弔畿外諸侯既輕於王之卿卿既后不親弔畿外諸侯不親弔可知若然喪大記諸侯夫人弔卿大夫士之喪者以其諸侯臣少故不分別尊卑夫人皆弔之也案司服公卿大夫皆王親弔之此文使世婦往弔者此蓋使世婦致禮物但弔是大名雖致禮亦名為弔是以大僕云掌三公六卿之弔勞注云王使往小臣云掌士大夫之弔勞注云致禮同名為弔是其事也此所弔不言三公與孤者文不具也

女御掌御叙于王之燕寢言掌御叙防上之專妒者于王之燕寢則王不就后宮息疏註言掌至宮息○釋曰鄭云掌御叙防上之專妒者鄭解不使九嬪世婦掌序之意若使在上掌之則有妒嫉自專之事今使女御掌之官卑不敢專妒故也云于王之燕寢則王不就后宮息者破舊說云王就后宮者故

《诸佛世尊如来菩萨尊者神僧名经》不分卷（明）朱棣编 明永乐十五年内府刻本
棉纸 包背装 框高 29.7 厘米 广 19.5 厘米
半页十六行 行三十字 黑口 四周双栏

《诸佛世尊如来菩萨尊者神僧名经》 明永乐十五年内府刻本

諸佛世尊如来菩薩尊者神僧名経

發四無量心

願諸衆生常住安樂具安樂因

願諸衆生遠離苦惱及苦惱因

願諸衆生不相捨離無苦安樂

願諸衆生悉捨人我寃親平等

南無皈依金剛上師

皈依佛

皈依法

皈依僧

我今發心不為自求人天福報聲聞緣覺乃至權乘諸位菩薩。唯依最上乘發菩提心。願與法界衆生一時同得阿耨多羅三藐三菩提心。我今大發正覺心。誓願歸依三寶脩行善功普施平等心。願法界衆生皆發菩提心。同歸於善道。咸得如来無上等正覺是故稱讚諸佛

南無皈依十方盡虛空界一切諸佛

南無皈依十方盡虛空界一切尊法

南無皈依十方盡虛空界一切神聖僧
南無釋迦牟尼佛南無須彌光明佛南無法光佛南無功德輪佛南無華香佛
南無普光明佛南無法施莊嚴佛南無大明佛南無清淨身佛南無旃檀佛南
無大琉璃佛南無法峯雲幢佛南無寶山佛南無無盡光佛南無功德佛南無
善華王佛南無虛空光明佛南無普賢佛南無無量聲佛南無歡喜佛南無寶
光明佛南無須彌旃檀佛南無寶輪佛南無清淨聲佛南無多智佛南無法光
明佛南無摩訶提闍佛南無大幢佛南無如意光佛南無無量佛南無大然燈
佛南無光明莊嚴佛南無普明佛南無盧舍那佛南無須彌佛南無大光明佛
南無毘羅那王佛南無普光佛南無無碍輪佛南無多寶佛南無淨嚴身佛南
無雲王光明佛南無慧燈佛南無清淨根佛南無師子佛南無大莊嚴佛南無
阿難陀聲佛南無妙聲佛南無普照觀佛南無無畏佛南無大脩行佛南無虛
空莊嚴佛南無寶光佛南無無勝香佛南無金光佛南無大精進佛南無菩提
光明佛南無寶幢佛南無歡喜王佛南無華光佛南無大年尼佛南無無邊光
明佛南無法王佛南無師子聲佛南無然燈佛南無妙莊嚴佛南無摩訶羅他
佛南無妙香佛南無無垢勝佛南無光輪佛南無喜莊嚴佛南無提婆羅多佛
南無大稱佛南無成就光佛南無天華佛南無妙光明佛南無脩盧遮那佛南

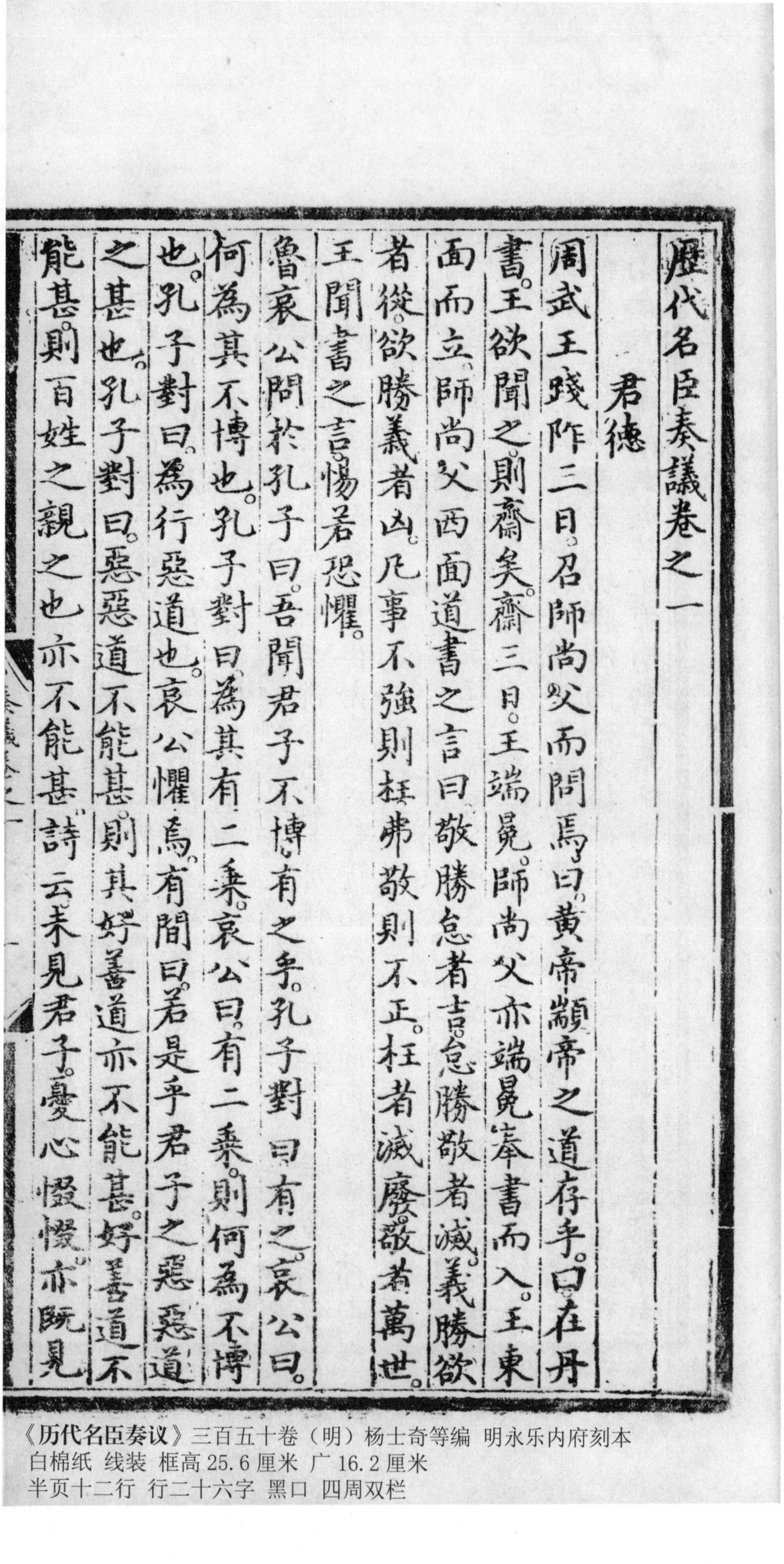
歷代名臣奏議卷之一

君德

周武王踐阼三日。召師尚父而問焉曰。黃帝顓帝之道存乎。曰在丹書。王欲聞之。則齋矣。齋三日。王端冕。師尚父亦端冕奉書而入。王東面而立。師尚父西面道書之言曰。敬勝怠者吉。怠勝敬者滅。義勝欲者從。欲勝義者凶。凡事不強則枉。弗敬則不正。枉者滅廢。敬者萬世。王聞書之言。惕若恐懼。

魯哀公問於孔子曰。吾聞君子不博。有之乎。孔子對曰有之。哀公曰。何爲其不博也。孔子對曰。爲其有二乘。哀公曰。有二乘則何爲不博也。孔子對曰。爲行惡道也。哀公懼焉。有間曰。若是乎君子之惡惡道之甚也。孔子對曰。惡惡道不能甚。則其好善道亦不能甚。好善道不能甚。則百姓之親之也亦不能甚。詩云。未見君子。憂心惙惙。亦既見

《历代名臣奏议》三百五十卷（明）杨士奇等编 明永乐内府刻本
白棉纸 线装 框高 25.6 厘米 广 16.2 厘米
半页十二行 行二十六字 黑口 四周双栏

止。亦既覯止。我心則悅。詩之好善道之甚也如此。哀公曰善哉。吾聞君子成人之美。不成人之惡。微孔子。吾焉聞斯言也哉。

齊桓公謂鮑叔曰。寡人欲鑄大鍾昭寡人之名焉。寡人之行豈避堯舜哉。鮑叔曰。敢問君之行。桓公曰。昔者吾圍譚三年得而不自與者仁也。吾北伐孤竹。剗令支而反者武也。吾為葵丘之會以偃天下之兵者文也。諸侯抱美玉而朝者九國寡人不受者義也。然則文武仁義寡人盡有之矣。寡人之行豈避堯舜哉。鮑叔曰。君直言臣直對。昔者公子糾在上位而不讓非仁也。背太公之言而侵魯境非義也。壇場之上詘於一劒非武也。姪娣不離懷衽非文也。凡為不善徧於物不自知者。無天禍必有人害。天處甚高。其聽甚下。除君過言。天且聞之。桓公曰。寡人有過乎。幸記之。是社稷之福也。子不幸教幾有大罪以辱社稷。

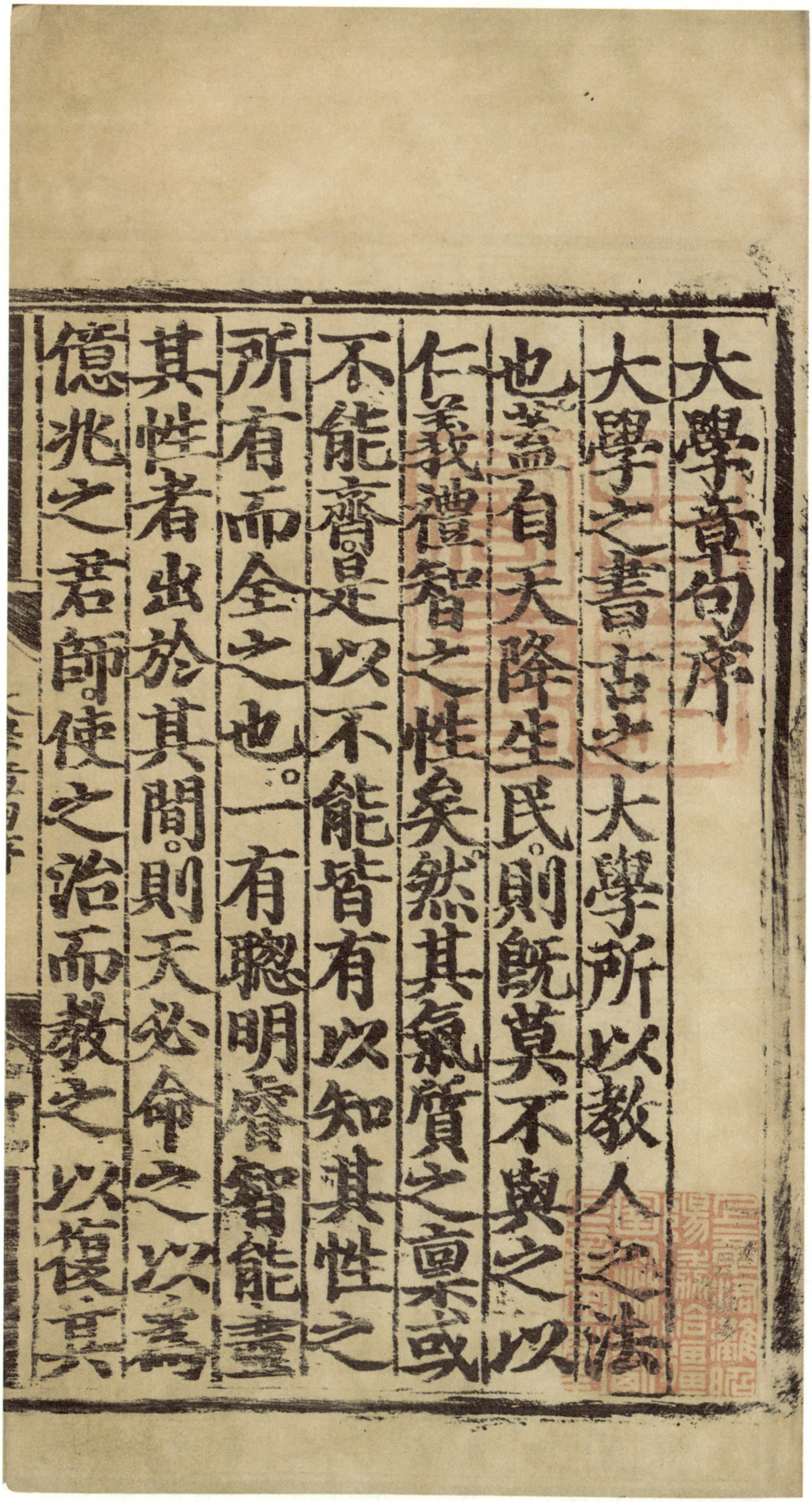
大學章句序
大學之書古之大學所以教人之法
也。蓋自天降生民。則既莫不與之以
仁義禮智之性矣。然其氣質之稟或
不能齊。是以不能皆有以知其性之
所有而全之也。一有聰明睿智能盡
其性者出於其間。則天必命之以為
億兆之君師。使之治而教之。以復其

《四书章句集注》二十六卷（宋）朱熹集注 明正统刻本
棉纸 线装 框高 23 厘米 广 16.5 厘米
半页八行 行十四字 小字双行同 黑口 四周双栏

性此伏羲神農黄帝堯舜所以繼天
立極而司徒之職典樂之官所由設
也三代之隆其法寖備然後王宫國
都以及閭巷莫不有學人生八歲則
自王公以下至於庶人之子弟皆入
小學而教之以灑掃應對進退之節
禮樂射御書數之文及其十有五年
則自天子之元子衆子以至公卿大

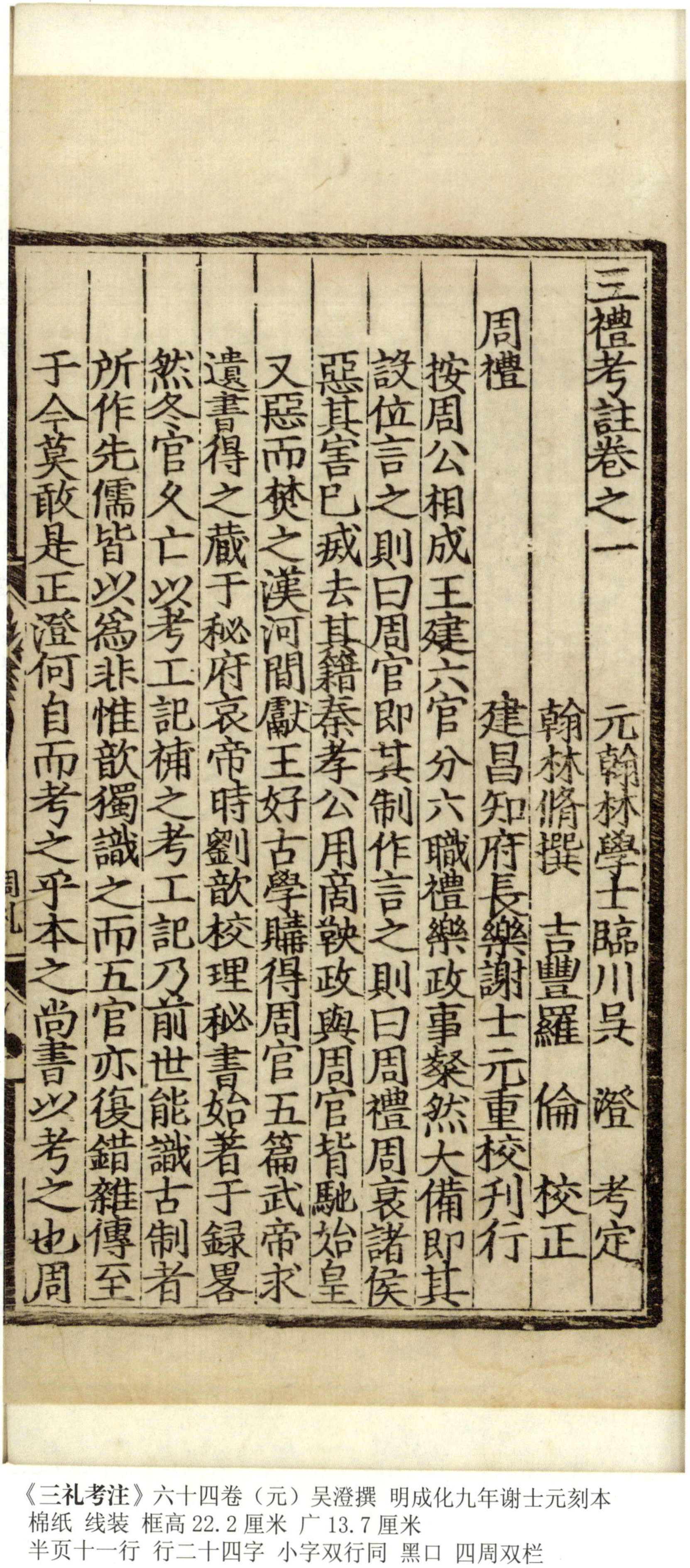
三禮考註卷之一　元翰林學士臨川吳　澄　考定
翰林脩撰　吉豐羅　倫　校正
建昌知府長樂謝士元重校刊行
周禮
按周公相成王建六官分六職禮樂政事粲然大備即其設位言之則曰周官即其制作言之則曰周禮周衰諸侯惡其害己滅去其籍秦孝公用商鞅政與周官背馳始皇又惡而焚之漢河間獻王好古學購得周官五篇武帝求遺書得之藏于秘府哀帝時劉歆校理秘書始著于録畧然冬官久亡以考工記補之考工記乃前世能識古制者所作先儒皆以為非惟歆獨識之而五官亦復錯雜傳至于今莫敢是正澄何自而考之乎本之尚書以考之也周

《三礼考注》六十四卷（元）吴澄撰 明成化九年谢士元刻本
棉纸 线装 框高 22.2 厘米 广 13.7 厘米
半页十一行 行二十四字 小字双行同 黑口 四周双栏

官一篇成王董正治官之全書也執此以考周禮之六官
則不全者可坐而判也夫冢宰掌邦治統百官均四海執
此以考天官之文則其所載非統百官均四海之事可以
知其非冢宰之職也司徒掌邦教敷五典擾兆民執此以
考地官之文則其所載非敷五典擾兆民之事可以知其
非司徒之職也宗伯掌邦禮治神人和上下司馬掌邦政
統六師平邦國執此以考春夏二官則凡掌邦禮邦政者
皆其職也舍此則非其職也司寇掌邦禁詰姦慝刑暴亂
司空掌邦土居四民時地利執此以考秋冬二官則凡掌
邦禁邦土者皆其職也舍此則非其職焉是故天官之文
有雜在他官者如内史司士之類是也亦有他官之文雜

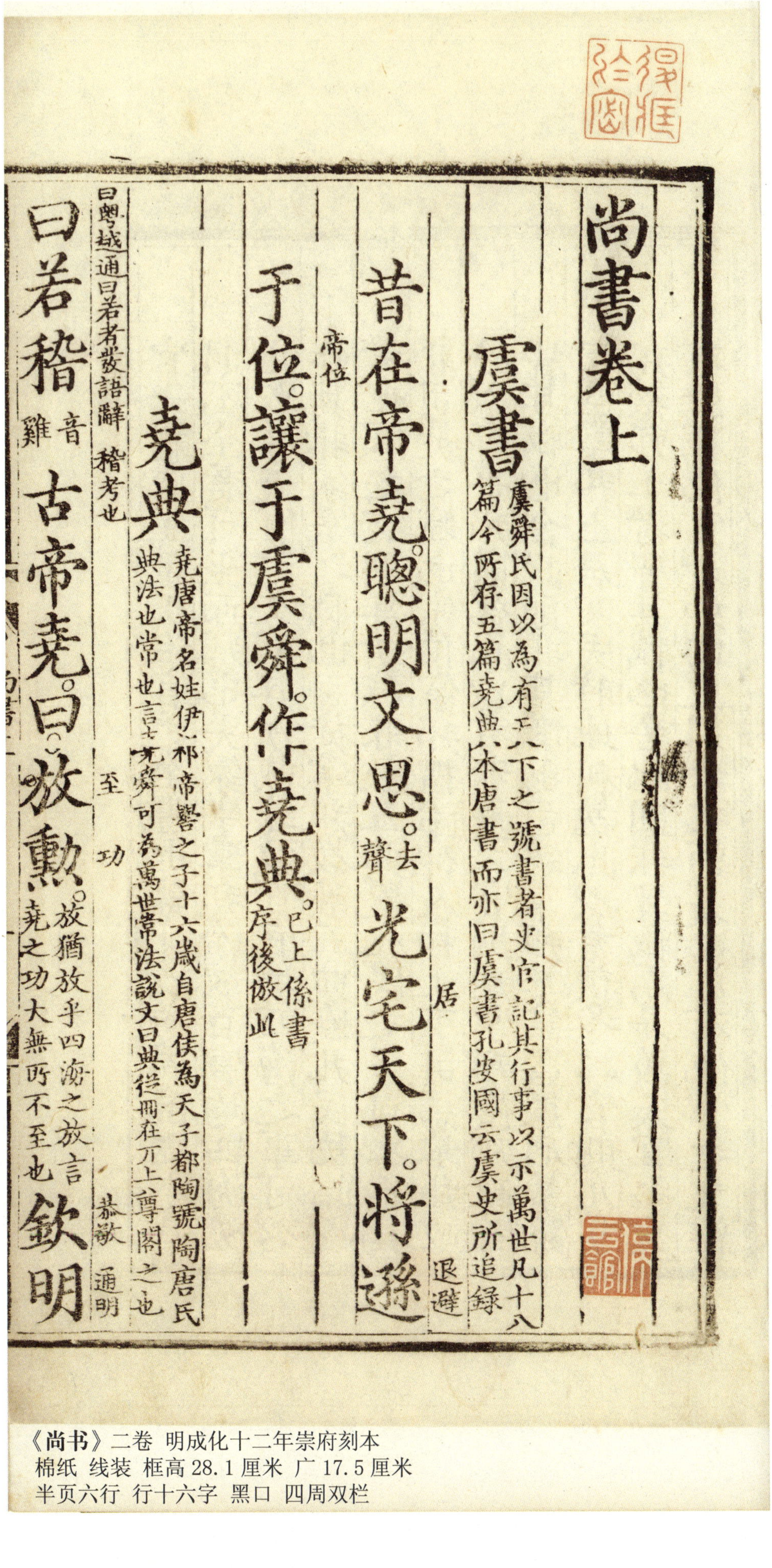
尚書卷上

虞書 虞舜氏因以為有天下之號書者史官記其行事以示萬世凡十八篇今所存五篇堯典本唐書而亦曰虞書孔安國云虞史所追録

昔在帝堯聰明文思去聲光宅居天下將遜退避于位帝位讓于虞舜作堯典已上係書序後倣此

堯典 堯唐帝名姓伊祁帝嚳之子十六歲自唐侯為天子都陶號陶唐氏典法也常也言堯舜可為萬世常法說文曰典從冊在丌上尊閣之也

曰若稽音雞古 曰粵越通曰若者發語辭稽考也 帝堯曰放勳至功 放猶放乎四海之放言堯之功大無所不至也 欽恭敬明通明

《尚书》二卷 明成化十二年崇府刻本
棉纸 线装 框高28.1厘米 广17.5厘米
半页六行 行十六字 黑口 四周双栏

文章著見 意思深遠 自然 信 能 顯 及 外 至 天 地
文思。安安。允恭克讓。光被四表。格于上下。
明之也 大 高祖至玄孫之親 已 親而和 均 明
克明俊大學作峻德。以親九族。九族既睦。平章百
畿內民庶 皆能自明其德 合 諧 天下諸侯之國 衆 嘆美辭 變惡爲善 是 和
姓。百姓昭明。協和萬邦。黎民於烏變時雍。
羲氏 和氏 敬 順 廣大之意 紀數之書 觀天之器 五星二十八宿日月所會十二辰
乃命羲和。欽若昊天。曆象日月星辰。敬授
耕穫之時 居 東表之地 取日出之義而名 敬 禮接之 方出
人時。分命羲仲。宅嵎隅夷。曰暘谷。寅賓出
之日 均 序 春月所當作起之事 春分晝夜各五十刻 朱鳥昏見南方 中分陰陽之中 分散
日。平秩東作。日中星鳥。以殷仲春。厥民析。

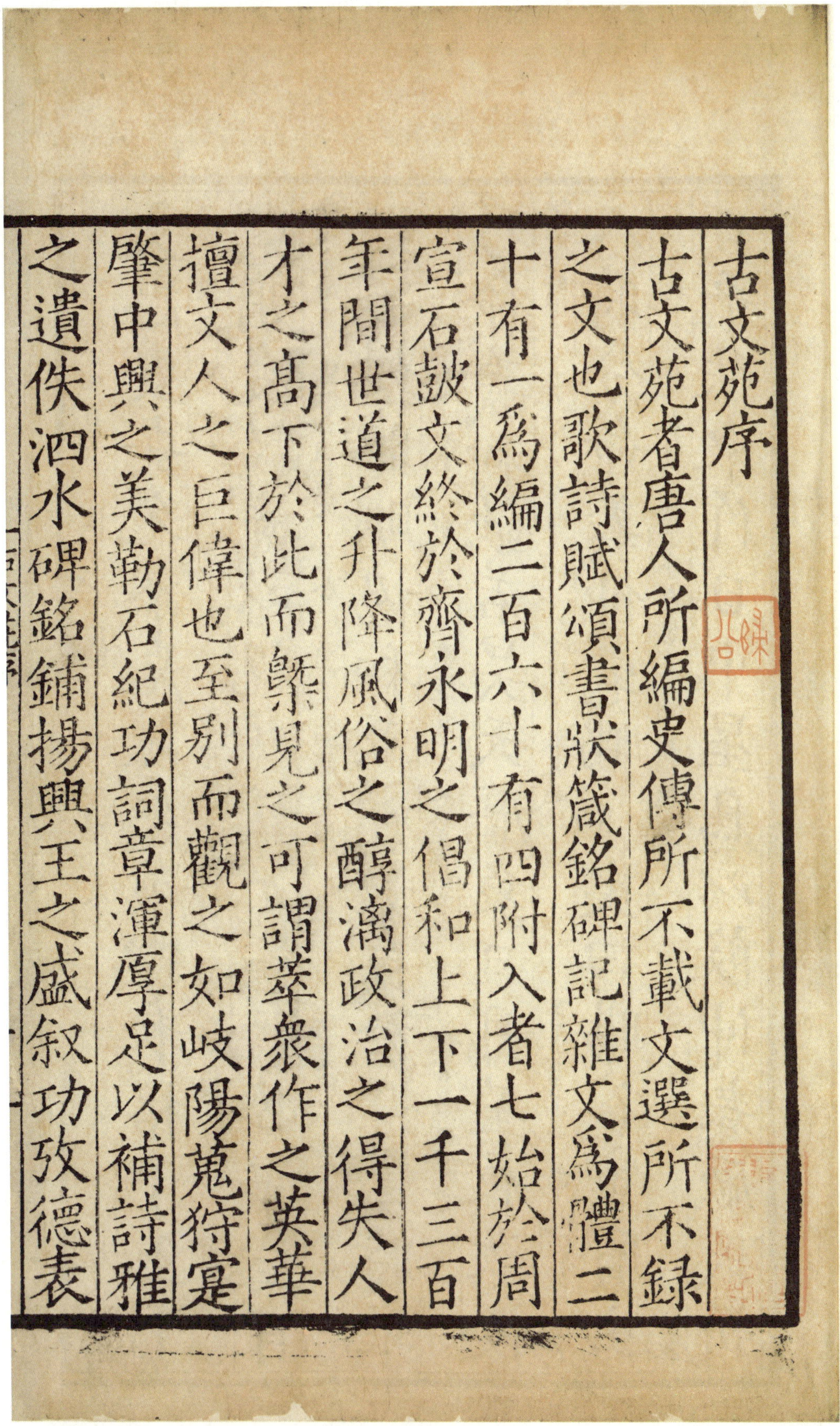
古文苑序
古文苑者唐人所編史傳所不載文選所不録
之文也歌詩賦頌書狀箴銘碑記雜文爲體二
十有一爲編二百六十有四附入者七始於周
宣石鼓文終於齊永明之倡和上下一千三百
年間世道之升降風俗之醇漓政治之得失人
才之高下於此而槩見之可謂萃衆作之英華
擅文人之巨偉也至别而觀之如岐陽蒐狩寔
肇中興之美勒石紀功詞章渾厚足以補詩雅
之遺佚泗水碑銘鋪揚興王之盛叙功致德表

《**古文苑**》二十一卷（宋）章樵注 明成化十八年建阳张世用刻本
棉纸 线装 框高 20.5 厘米 广 15 厘米
半页十行 行十八字 小字双行同 白口 四周单栏
入选《国家珍贵古籍名录》

褒名實足以續閼散之芳烈楊子雲倣虞作箴官箴王闕所以輔正心術警戒幾微殆與聖賢盤盂几杖之銘爭光千古有國家者宜保之以爲龜鑑所謂傑然詩書之後詎容徒以文章論哉世代隃邈遺文彫耗若昔賢所欲興致太學以助講切之真蹟今既不可復得而浮磬之刻蔚宗之注與隋唐藝文目録所載諸家文集亦淪落十九莫可尋訪千載而下學者得以想像細繹古人述作之懿者猶幸佛書龕中之一編復出於人間而其中句讀聱牙字畫奇古未有

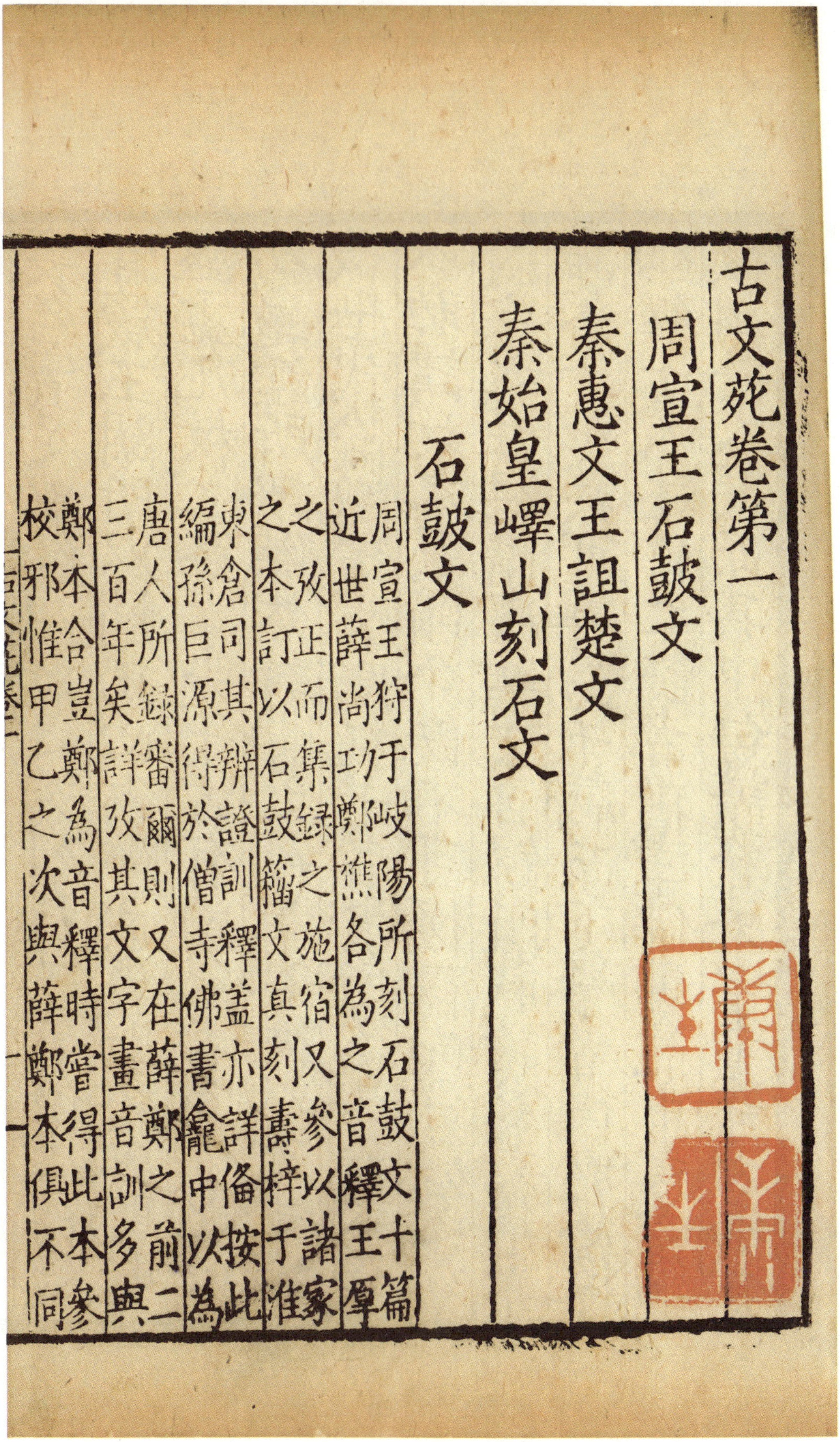

古文苑卷第一

周宣王石鼓文

秦惠文王詛楚文

秦始皇嶧山刻石文

石鼓文

周宣王狩于岐陽所刻石鼓文十篇近世薛尚功鄭樵各為之音釋王厚之攷正而集録之施宿又參以諸家之本訂以石鼓籀文真刻壽梓于淮東倉司其辨證訓釋盖亦詳備按此編孫巨源得於僧寺佛書龕中以為唐人所録番爾則又在薛鄭之前二三百年矣詳攷其文字畫音訓多與鄭本合豈鄭為音釋時嘗得此本參校邪惟甲乙之次與薛鄭本俱不同

古文苑卷一

今合諸家之説併摘經傳語可為證者載于下甲乙仍其舊以薛鄭之次附于左

避車既工避馬既同避石本作𨾊薛音我工石本作郭云籀文攻字冒山蘇氏石鼓詩亦作攻按車攻詩毛氏注攻堅也同齊也避車既好避馬既駓好石本作攼駓鄭音寶今作鴇郭云恐是籀文騆字騆北野良馬名君子員員邋邋員旃員石本作鼎説文員音云益也邋鄭通作獵字作員又音負君子指從獵諸臣員員衆多而有禮義也獵獵旌旗搖動貌員旃當讀作員旃旌上贅旒詩悠悠旆旌麀鹿速速君子之求麀牝鹿速速疾行貌田狩之所求○酋弓茲吕寺酋石本作𢍰郭云恐當作卣卣弓即㢐弓也薛作首鄭作酋周禮夾弓利射侯與弋弓薛作及吕古以字同寺諸家皆作時字避敺其孫薛鄭皆作孫字施云㳅

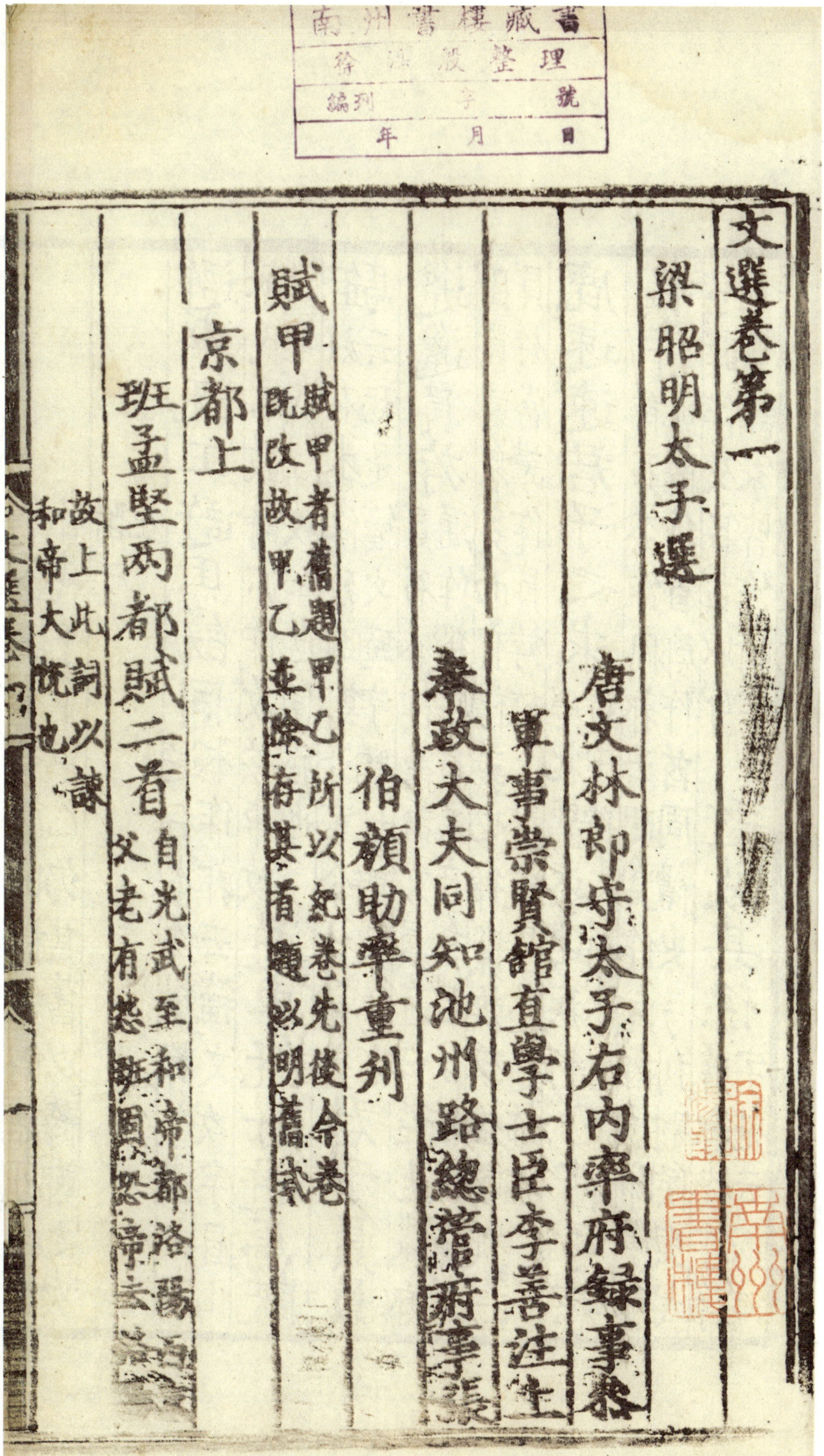

《文选》六十卷（梁）萧统选辑（唐）李善注 明弘治元年唐藩翻元张伯颜刻本
棉纸 线装 框高 22.5 厘米 广 15 厘米
半页十行 行二十二字 小字双行同 黑口 四周双栏

兩都賦序

班孟堅 范曄後漢書曰班固字孟堅北地人也年九歲能屬文長遂博貫載籍顯宗時除蘭臺令史遷爲郎乃上兩都賦大將軍竇憲出征匈奴以固爲中護軍憲敗固坐免官遂死獄中

或曰賦者古詩之流也 毛詩序曰詩有六義焉二曰賦故賦爲古詩之流也諸引文證皆舉先以明後以示作者必有所祖述也他皆類此 昔成康沒而頌聲寢王澤竭而詩不作 言周道既微雅頌並廢也史記曰周武王太子誦立是爲成王成王太子釗立是爲康王毛詩序曰頌者以其成功告於神明者也樂稽耀嘉曰仁義所生爲王毛詩序曰止乎禮義先王之澤也然則作詩稟乎先王之澤故王澤竭而詩不作作興也孟子曰王者之迹息而詩亡 大漢初定日不暇給 漢書高祖劉氏立爲漢王滅項羽即皇帝位荀悅曰諱邦字季史記曰雖受命而日有不暇給也 至於武宣之世乃崇禮官考文章 漢書曰孝武皇帝景帝中子荀悅曰諱徹漢書曰孝宣帝武帝曾孫戾太

《文选》 明弘治元年唐藩翻元张伯颜刻本

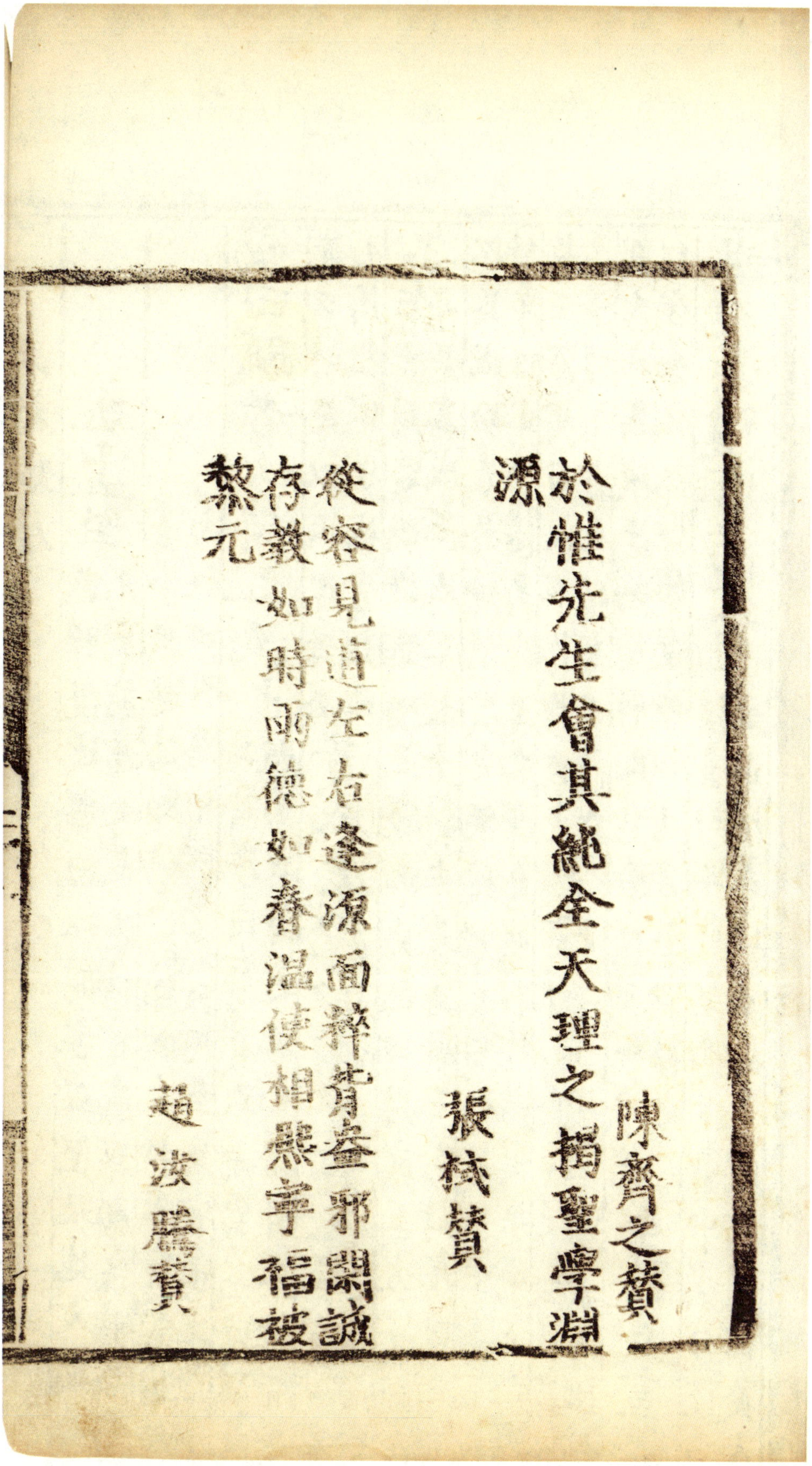

陳齊之贊

於惟先生會其純全天理之揭聖學淵
源

張栻贊

從容見道左右逢源面粹背盎郛開誠
存教如時雨德如春溫使相懸宰福被
黎元

趙汝騰贊

《**二程全书**》六十五卷（宋）程颐 程颢撰 明弘治十一年陈宣刻本
棉纸 线装 框高 23.5 厘米 广 15.4 厘米
半页十行 行二十一字 黑口 四周单栏
入选《国家珍贵古籍名录》

《二程全书》 明弘治十一年陈宣刻本

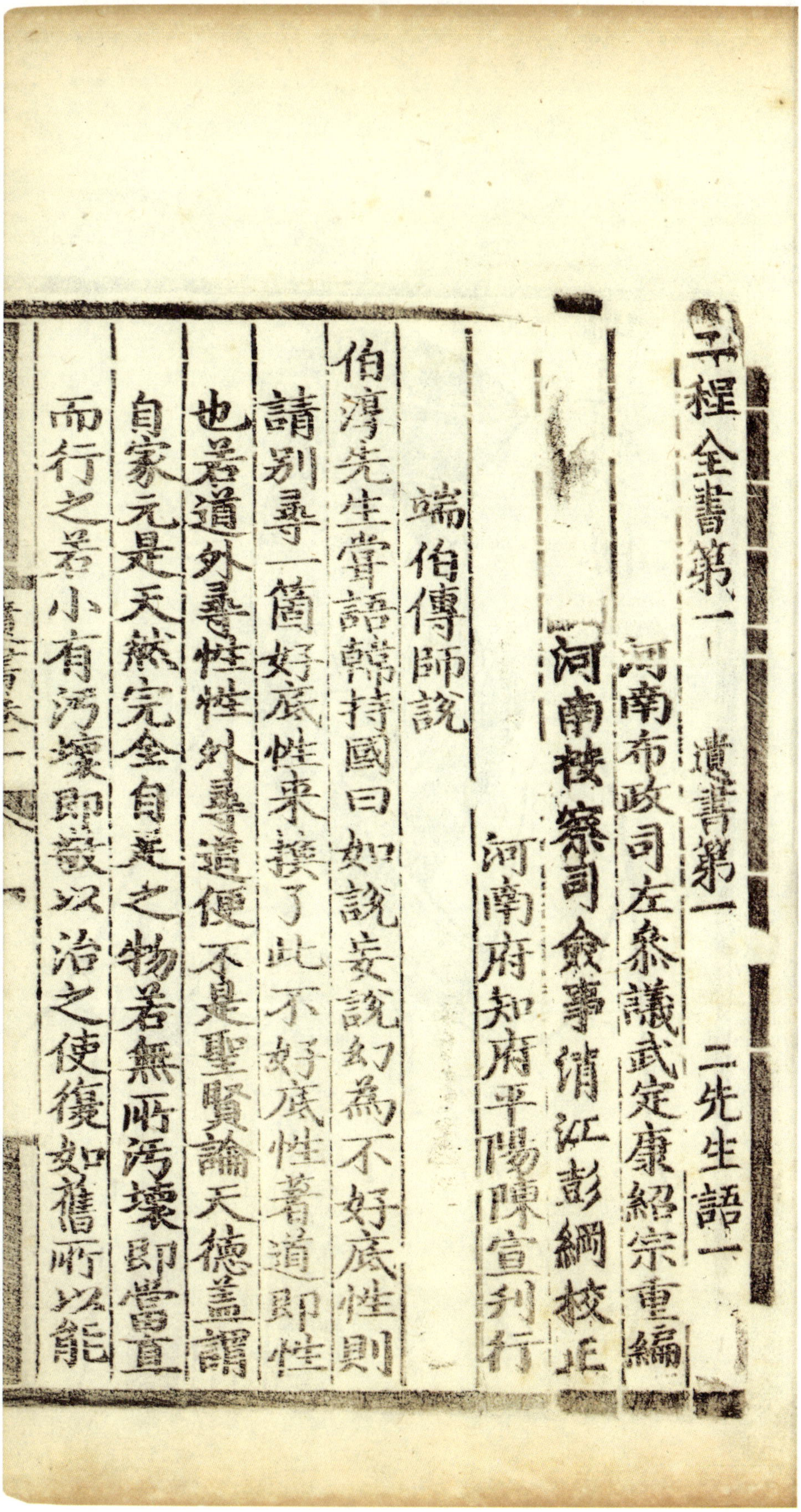
二程全書第一　遺書第一　二先生語一

河南布政司左叅議武定康紹宗重編

河南按察司僉事湞江彭綱校正

河南府知府平陽陳宣刊行

端伯傳師說

伯淳先生嘗語韓持國曰如說妄說幻為不好底性則請別尋一箇好底性來換了此不好底性著道即性也若道外尋性性外尋道便不是聖賢論天德蓋謂自家元是天然完全自足之物若無所汚壞即當直而行之若小有汚壞即敬以治之使復如舊所以能

使如舊者蓋為自家本質元是完足之物若合脩治而修治之是義也若不消修治而不修治亦是義也故常簡易明白而易行禪學者總是强生事至如山河大地之說是他山河大地又干你何事至如孔子道如日星之明猶患門人未能盡曉故曰予欲無言如顏子則便默識其他未免疑問故曰小子何述又曰天何言哉四時行焉百物生焉可謂明白矣若能於此言上看得破便信是會禪也非是未尋得蓋實是無去處說此理本無二故也

王彥霖問立德進德先後曰此有二有立而後進有進

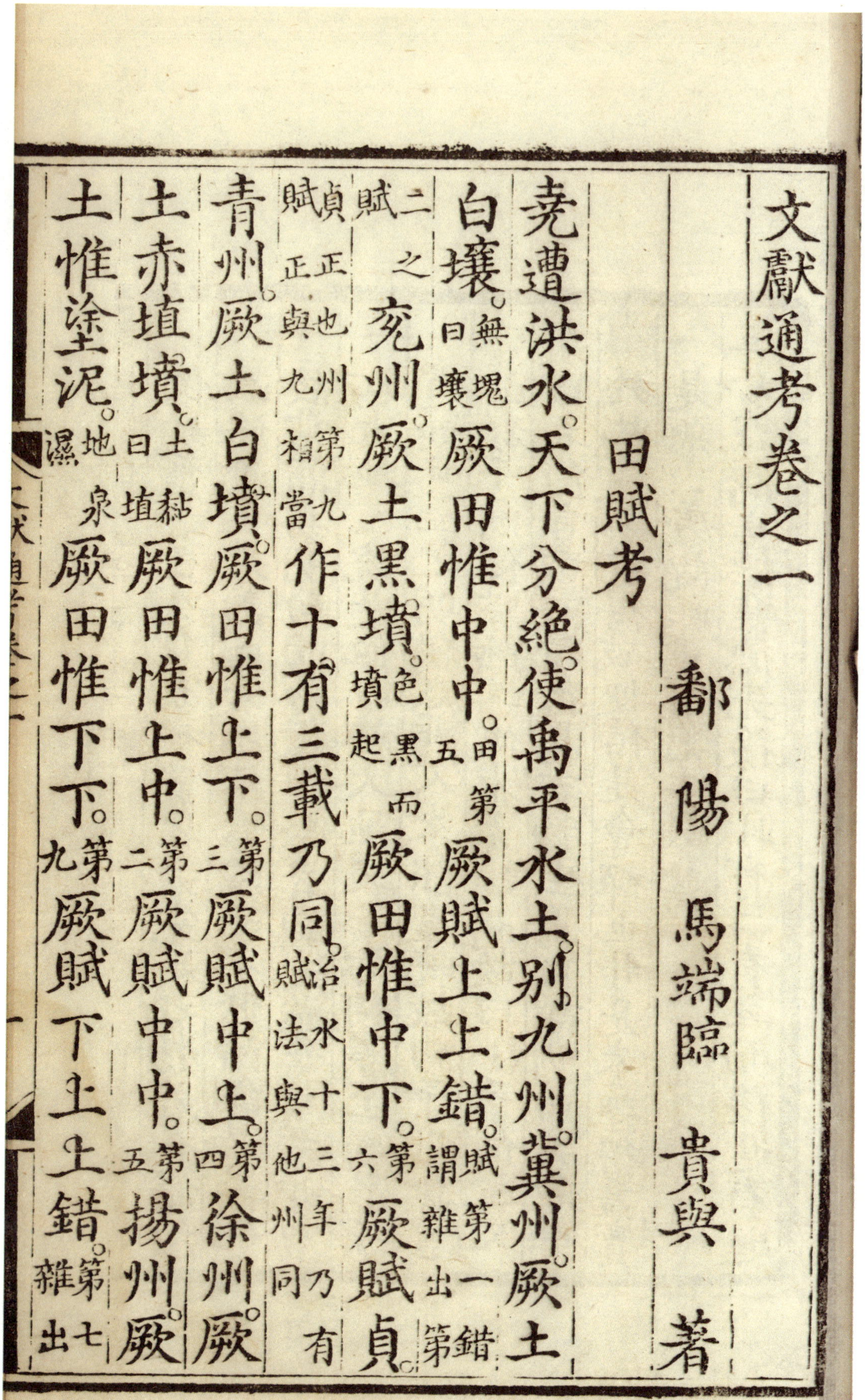

文獻通考卷之一

鄱陽 馬端臨 貴與 著

田賦考

堯遭洪水。天下分絶。使禹平水土。別九州。冀州厥土白壤。無塊曰壤厥田惟中中。田第五厥賦上上錯。賦第一錯謂雜出第二之賦兖州厥土黑墳。色黑而墳起厥田惟中下。第六厥賦貞。貞正也州第九賦正與九州相當作十有三載乃同。治水十三年乃有賦法與他州同青州厥土白墳。厥田惟上下。第三厥賦中上。第四徐州厥土赤埴墳。土黏曰埴厥田惟上中。第二厥賦中中。第五揚州厥土惟塗泥。地泉濕厥田惟下下。第九厥賦下上上錯。第七雜出

《文献通考》三百四十八卷（元）马端临撰 明嘉靖三年司礼监刻本
棉纸 线装 框高 25.4 厘米 广 17.7 厘米
半页十行 行二十字 小字双行同 黑口 四周双栏

（第六）荆州。厥土惟塗泥。厥田惟下中。（第八）厥賦上下。（第三）豫州。厥土惟壤。下土墳壚。（高者壤，下者壚。壚，疏也）厥田惟中上。（第四）厥賦錯上中。（第二，雜出第一）梁州。厥土青黎。（色青黑，沃壤也）厥田惟下上。（第七）厥賦下中三錯。（第八，雜出第七第九三等）雍州。厥土黄壤。厥田上上。（第一）厥賦中下。（第六）九州之地。定墾者九百一十萬八千二十頃

孔氏曰。田下而賦上者。人功脩也。田上而賦下者。人功少也

三山林氏曰。三代取於民之法不同。而皆不出什一之數。既不出什一之數。而乃有九等之差

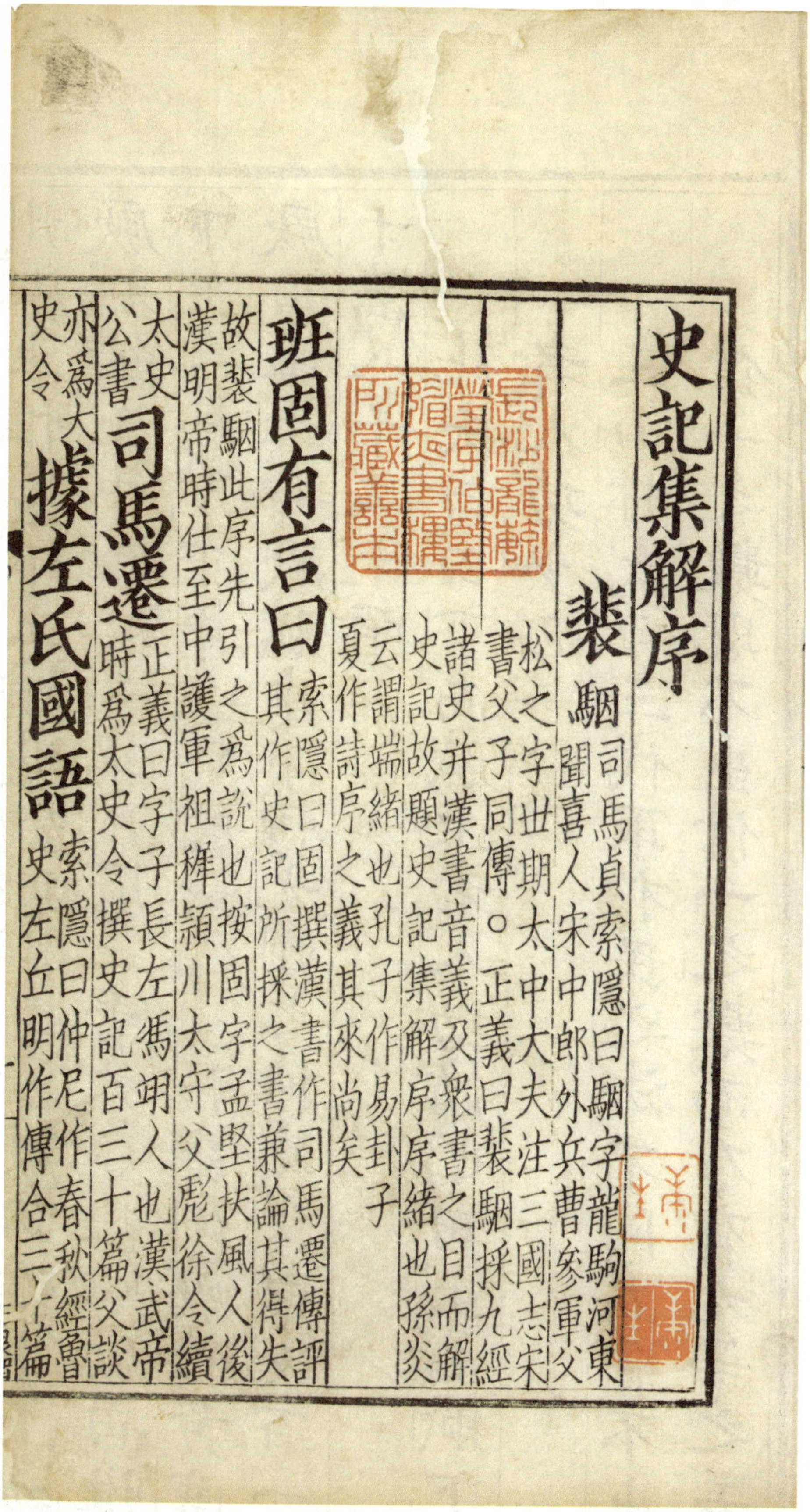
史記集解序

裴駰 司馬貞索隱曰駰字龍駒河東聞喜人宋中郎外兵曹參軍父松之字世期太中大夫注三國志宋書父子同傳○正義曰裴駰採九經諸史并漢書音義及衆書之目而解史記故題史記集解序序緒也孫炎云謂端緒也孔子作易序卦子夏作詩序之義其來尚矣

班固有言曰 索隱曰固撰漢書作司馬遷傳評其作史記所採之書兼論其得失故裴駰此序先引之爲說也按固字孟堅扶風人後漢明帝時仕至中護軍祖穉潁川太守父彪徐令續太史公書

司馬遷 正義曰字子長左馮翊人也漢武帝時爲太史令撰史記百三十篇父談亦爲太史令

據左氏國語 索隱曰仲尼作春秋經魯史左丘明作傳合三十篇

《史记》一百三十卷（汉）司马迁撰（刘宋）裴骃集解（唐）司马贞索隐（唐）张守节正义 明嘉靖四至六年震泽王延喆刻本
白棉纸 线装 框高 20 厘米 广 13.2 厘米
半页十行 行十八字 小字双行 行二十三字 白口 左右双栏
入选《国家珍贵古籍名录》

故曰左氏傳國語亦丘明所撰上起周穆王下訖敬
王其諸侯之事起魯莊公迄春秋末凡二十一篇

采世本戰國策索隱曰劉向云世本古史官明
於古事者之所記也録黃帝已
來帝王諸侯及卿大夫系謚名號凡十五篇也戰國
策高誘云六國時縱横之説也一曰短長書亦曰國
事劉向撰爲三十篇名曰戰國策按此是班
固取其後名而書之非遷時已名戰國策

述楚漢春秋索隱曰漢太中大夫楚人陸賈所撰記
項氏與漢高祖初起及説惠文間事

接其後事訖于天漢索隱曰武帝年號言太史
公所記迄至武帝天漢之
年也

其言秦漢詳矣至於采經摭傳索隱曰
按字書
摭拾也音
之赤反

分散數家之事甚多疏略或有抵捂索隱曰抵音丁禮反捂音吾故反抵者觸也
捂亦斜相抵觸之名按今屋梁上斜柱是也

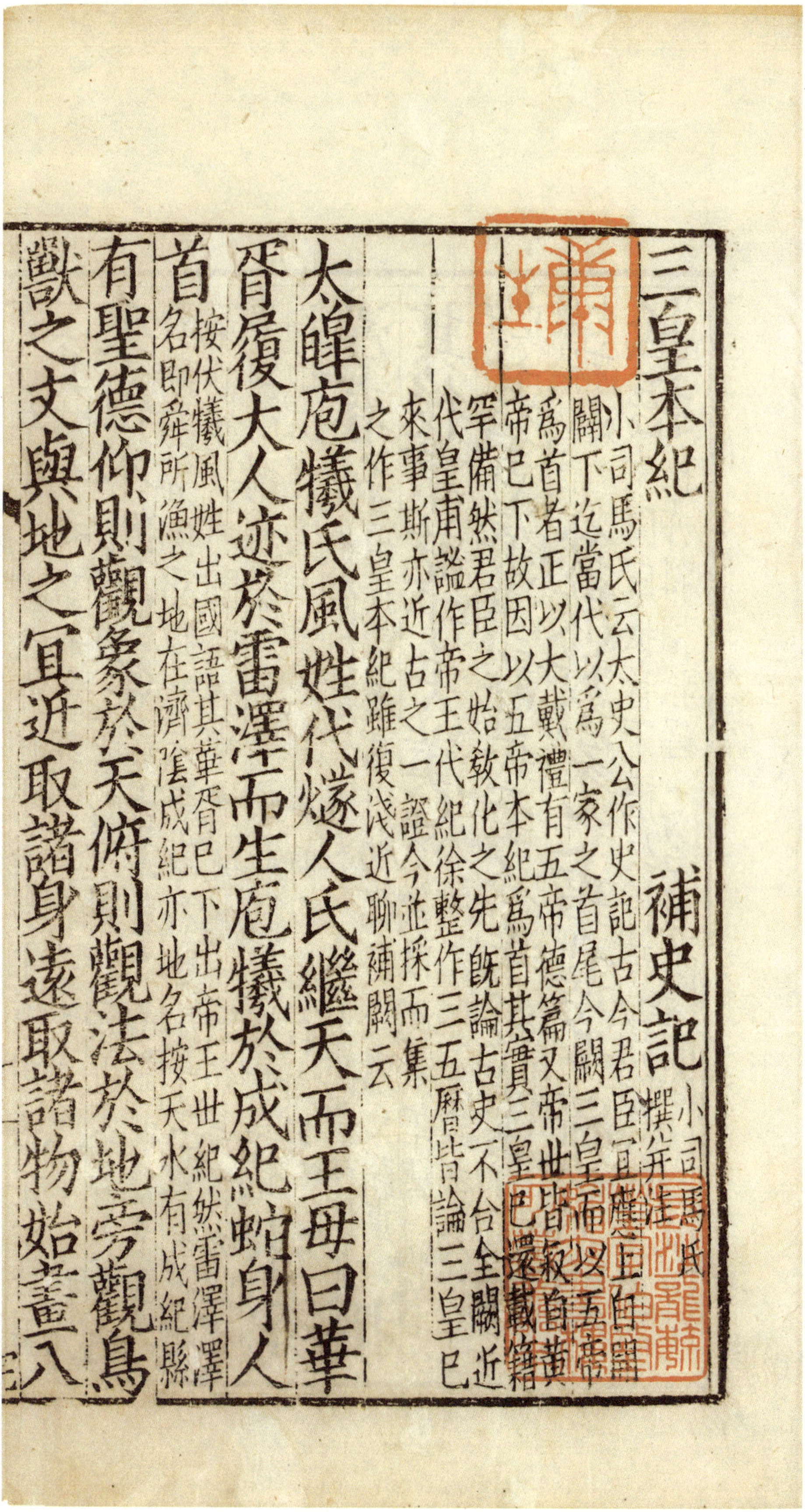

三皇本紀　補史記　小司馬氏撰并注

小司馬氏云太史公作史記古今君臣宜應上自開闢下迄當代以爲一家之首尾今闕三皇而以五帝爲首者正以大戴禮有五帝德篇又帝世皆叙自黄帝已下故因以五帝本紀爲首其實三皇已還載籍罕備然君臣之始敎化之先旣論古史不合全闕近代皇甫謐作帝王代紀徐整作三五曆皆論三皇已來事斯亦近古之一證今並採而集之作三皇本紀雖復淺近聊補闕云

太皥庖犧氏風姓代燧人氏繼天而王母曰華胥履大人迹於雷澤而生庖犧於成紀蛇身人首按伏犧風姓出國語其華胥已下出帝王世紀然雷澤澤名即舜所漁之地在濟陰成紀亦地名按天水有成紀縣有聖德仰則觀象於天俯則觀法於地旁觀鳥獸之文與地之宜近取諸身遠取諸物始畫八

卦以通神明之德以類萬物之情造書契以代結繩之政於是始制嫁娶以儷皮爲禮按譙周古史考伏犧制嫁娶以儷皮爲礼也結網罟以敎佃漁故曰宓犧氏按事出漢書歷志宓音伏養犧牲以庖廚故曰庖犧有龍瑞以龍紀官號曰龍師作三十五弦之瑟木德王注春令故易稱帝出乎震月令孟春其帝太皞是也按出在東方象日之明故稱太皞皞明也都於陳東封太山立一十一年崩按皇甫謐伏犧葬南郡或曰冢在山陽高平之西也其後裔當春秋時有任宿須句顓臾皆風姓之胤也女媧氏亦風姓蛇身人首有神聖之德代宓犧立號曰女希氏無革

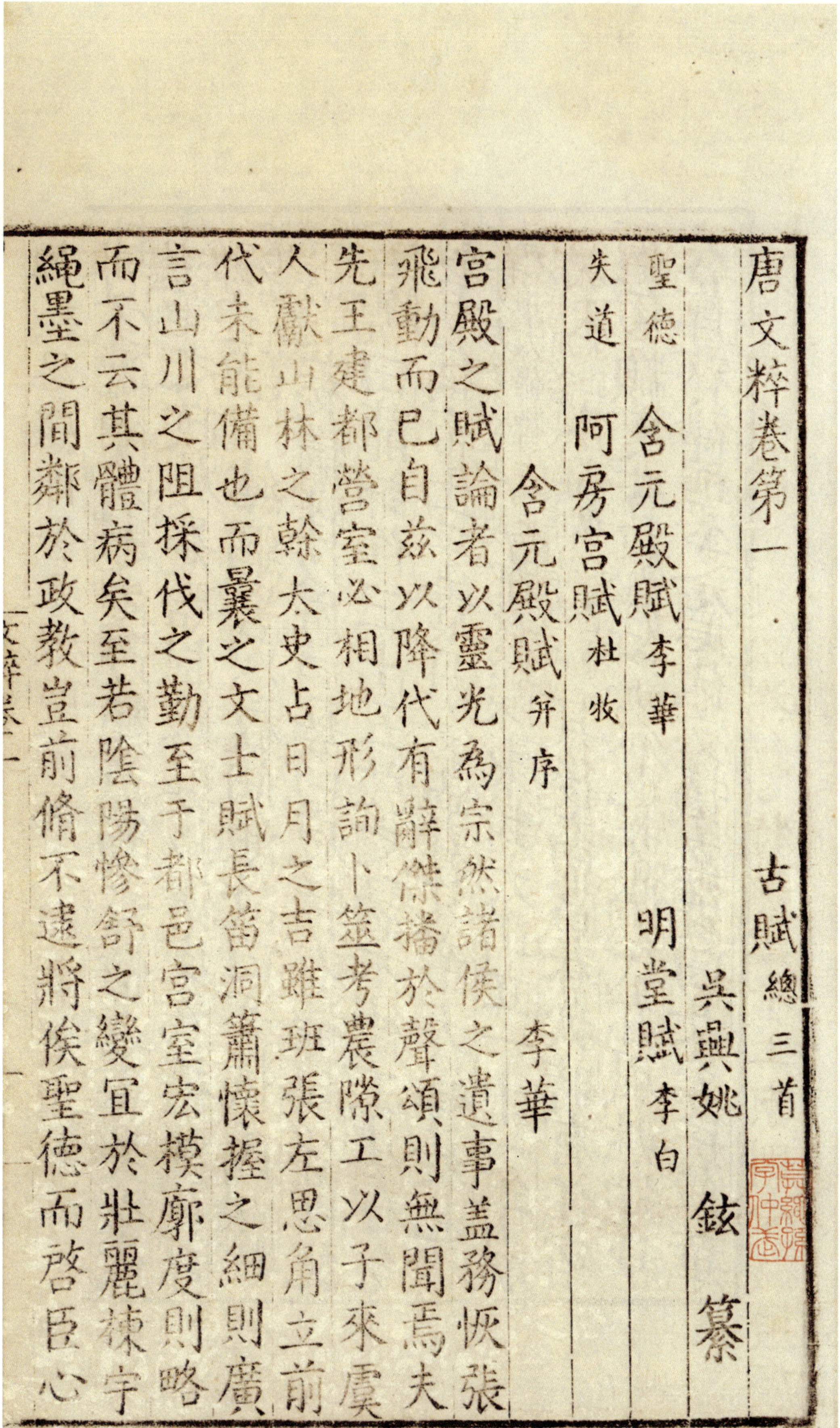

唐文粹卷第一　古賦總三首

吳興姚鉉纂

聖德　含元殿賦李華　明堂賦李白

失道　阿房宮賦杜牧

含元殿賦并序　李華

宮殿之賦論者以靈光為宗然諸侯之遺事盖務恢張飛動而已自兹以降代有辭傑播於聲頌則無聞焉夫先王建都營室必相地形詢卜筮考農隙工以子來虞人獻山林之榦太史占日月之吉雖班張左思角立前代未能備也而曩之文士賦長笛洞簫懐握之細則廣言山川之阻採伐之勤至于都邑宮室宏模廓度則略而不云其體病矣至若陰陽慘舒之變宜於壯麗棟宇繩墨之間鄰於政教豈前脩不遠將俟聖德而啓臣心

文粹卷一　一

《唐文粹》一百卷（宋）姚铉编　明嘉靖五年晋藩养德书院刻本
棉纸　线装　框高 21.2 厘米　广 14.8 厘米
半页十三行　行二十一字　白口　四周单栏

輙極思慮作含元殿賦陋百王之制度出羣子之胸臆非敢厚自夸耀以希名譽欲使後之觀者知聖代有頌德之臣焉其辭曰

維皇高宗穆端命于玄穹萬有千歲鐘景祚于洪喬建北宮之尊嚴上取法於天帝乃圖正殿之迺居規崇山而定制信神明幽贊而人謀龔契不然何前王曠此之雄麗也先是大司空帥其屬匐度而相之曰美哉川后驚乎其大坦坤靈兮配乾剛迪以順乾而為龍舒廣衍兮走群山紛却面而朝宗陵正陽之弈弈鬱佳氣之葱葱蓋昊天之作而黃祇授元聖獲以造新宮也乃審于龜筮龜筮協從太卜以告神人人咸同皇曰欽哉是將而為朕宮因以鴻稱含元建名易乾坤之說曰含弘光大又曰元亨利貞括萬象以為尊特巍巍乎上京則命徵般頎

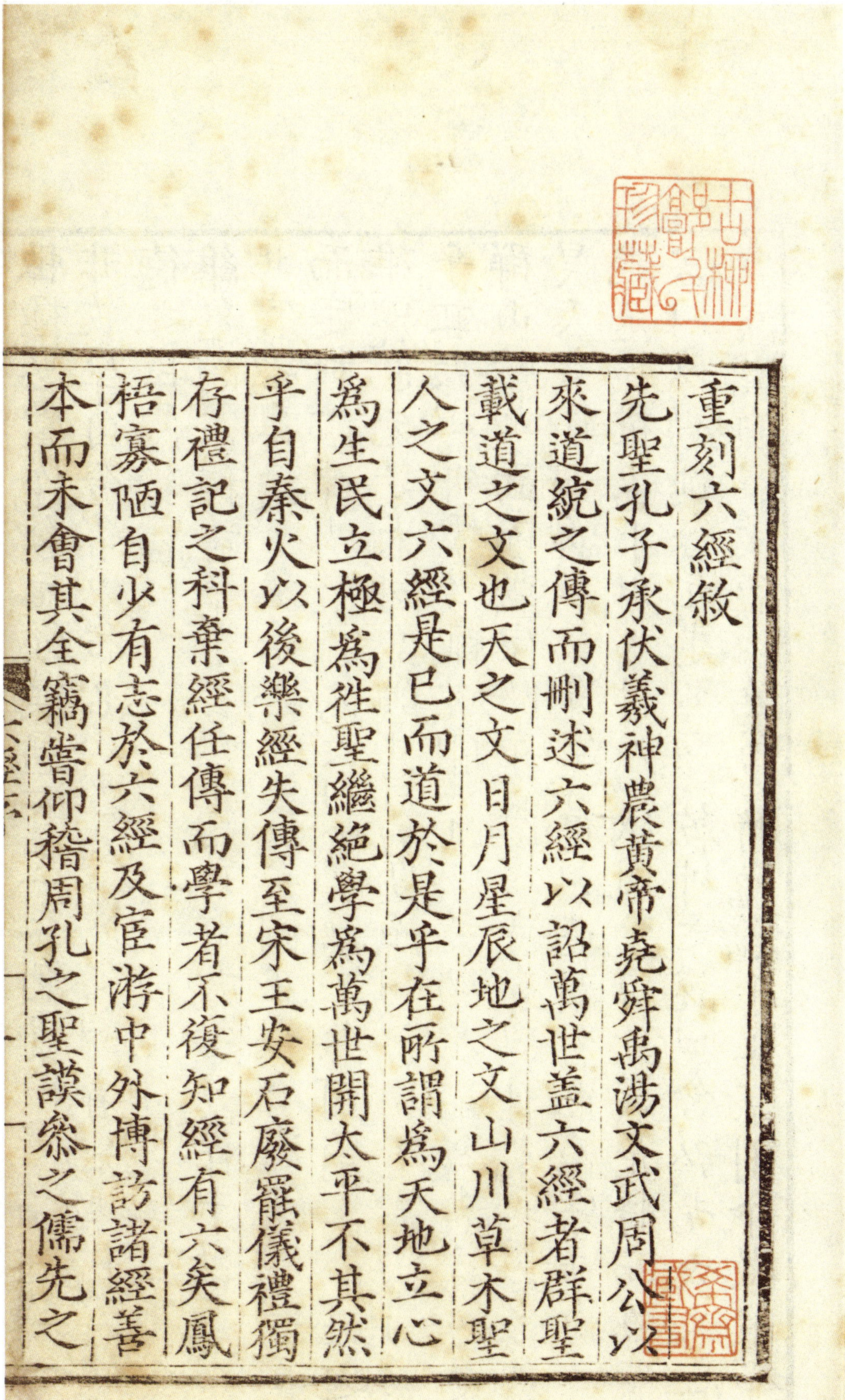
重刻六經敘
先聖孔子承伏羲神農黃帝堯舜禹湯文武周公以
來道統之傳而刪述六經以詔萬世蓋六經者群聖
載道之文也天之文日月星辰地之文山川草木聖
人之文六經是已而道於是乎在所謂爲天地立心
爲生民立極爲往聖繼絕學爲萬世開太平不其然
乎自秦火以後樂經失傳至宋王安石廢罷儀禮獨
存禮記之科棄經任傳而學者不復知經有六矣鳳
梧寡陋自少有志於六經及宦游中外博訪諸經善
本而未會其全竊嘗仰稽周孔之聖謨參之儒先之

《六经》四十四卷（明）陈凤梧编 明嘉靖六年庐陵陈氏新安刻本
白棉纸 线装 框高 17.3 厘米 广 14 厘米
半页十行 行二十字 小字双行同 白口 四周双栏

確論不忖愚昧輙以易書詩周禮儀禮春秋定爲六經蓋周禮儀禮皆周公之制作而周禮大司樂太師諸官所掌及儀禮燕射鄉飲皆有樂歌亦可以備樂之大端矣其易書周禮間有舛誤殘闕者悉重加考校以復其舊頃承之巡撫江南旣取六經古文篆刻于姑蘇矣又慮初學者誦習弗便復令新安郡楷書六經梓之以行時鄭守玉程督惟謹僅踰半載而工告成於乎新安程朱二大儒闕里也程朱紹周孔之道嘗緒正六經以惠後學茲重刻于新安夫豈偶然也哉實推本程朱之意以傳示於無窮焉若夫學者

周易雜卦傳第十

乾剛坤柔比樂師憂臨觀之義或與或求屯見而不
失其居蒙雜而著震起也艮止也損益盛衰之始也
大畜時也无望災也萃聚而升不來也謙輕而豫怠
也噬嗑食也賁无色也兑見而巽伏也隨无故也蠱
則飭也剝爛也復反也晉晝也明夷誅也井通而困
相遇也咸速也恒久也渙離也節止也解緩也蹇難
也睽外也家人內也否泰反其類也大壯則止遯則
退也大有衆也同人親也革去故也鼎取新也小過
過也中孚信也豐多故也親寡旅也離上而坎下也

小畜寡也履不處也需不進也訟不親也大過顛也
頤養正也既濟定也未濟男之窮也歸妹女之終也
漸女歸待男行也姤遇也柔遇剛也夬決也剛決柔
也君子道長小人道憂也

周易雜卦傳第十終

後學廬陵陳鳳梧校刊

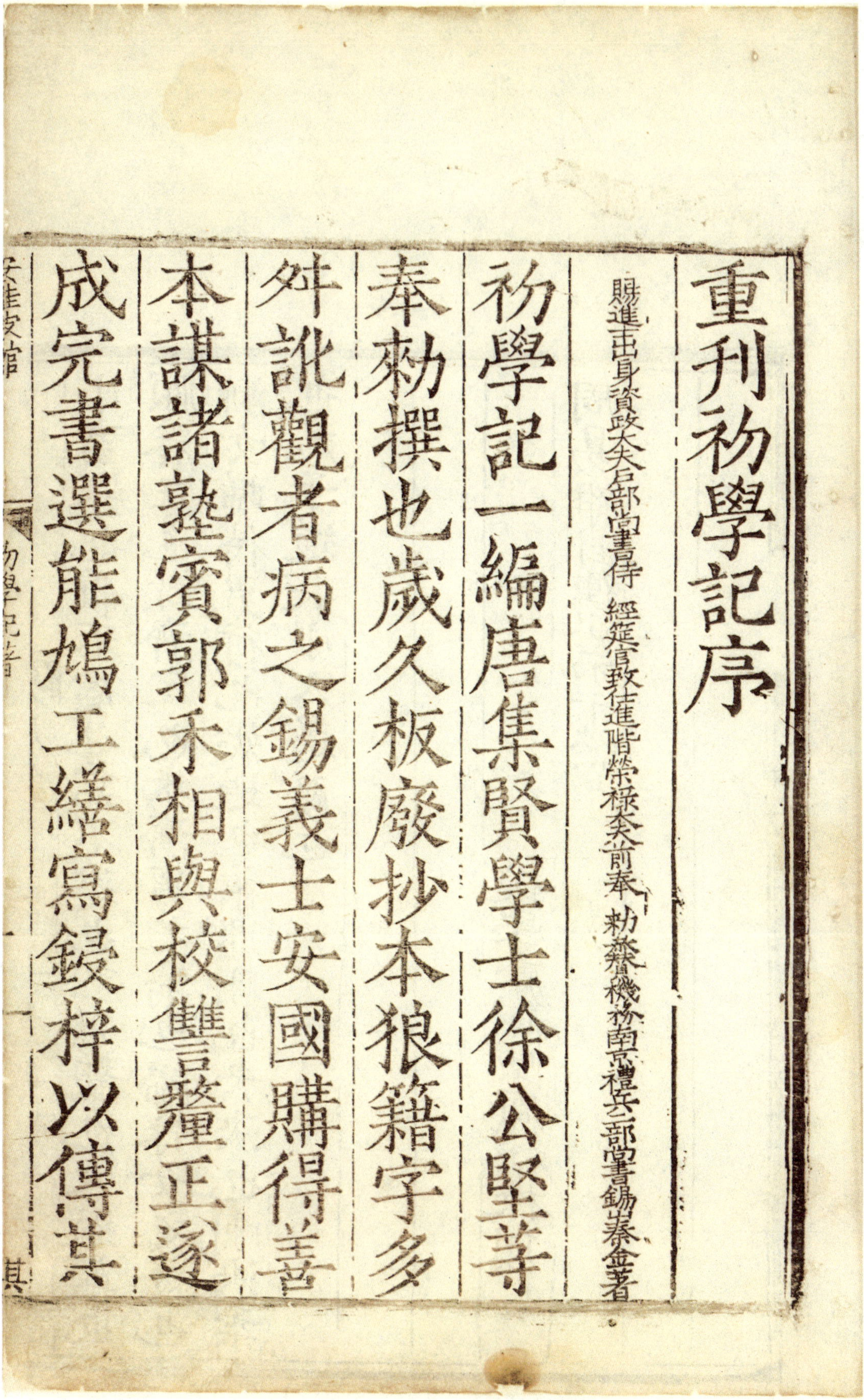

重刊初學記序

賜進士出身資政大夫戶部尚書侍 經筵官致仕進階榮祿大夫前奉 勑參贊機務南京禮兵二部尚書錫山秦金著

初學記一編唐集賢學士徐公堅等
奉勑撰也歲久板廢抄本狼籍字多
舛訛觀者病之錫義士安國購得善
本謀諸塾賓郭禾相與校讐釐正遂
成完書選能鳩工繕寫鋟梓以傳其

《初学记》三十卷（唐）徐坚撰 明嘉靖十年锡山安国桂坡馆刻本
白棉纸 线装 框高 21 厘米 广 16.2 厘米
半页九行 行十八字 小字双行 行二十四字 白口 左右双栏
中国书店 2007 年自海外购回 入选《国家珍贵古籍名录》

嘉惠後學之心盛矣間出視予徵言
爲序予病且陋夫何言哉慨昔書契
肇興人文漸著六經載道之文不可
尚已秦漢以來典籍日富至有厭常
喜新別開戶牖蒐奇獵異各成類書
浩如紛如卒濘于仁義道德之歸者
鮮矣今觀是編爲卷凡三十爲部若

《初学记》 明嘉靖十年锡山安国桂坡馆刻本

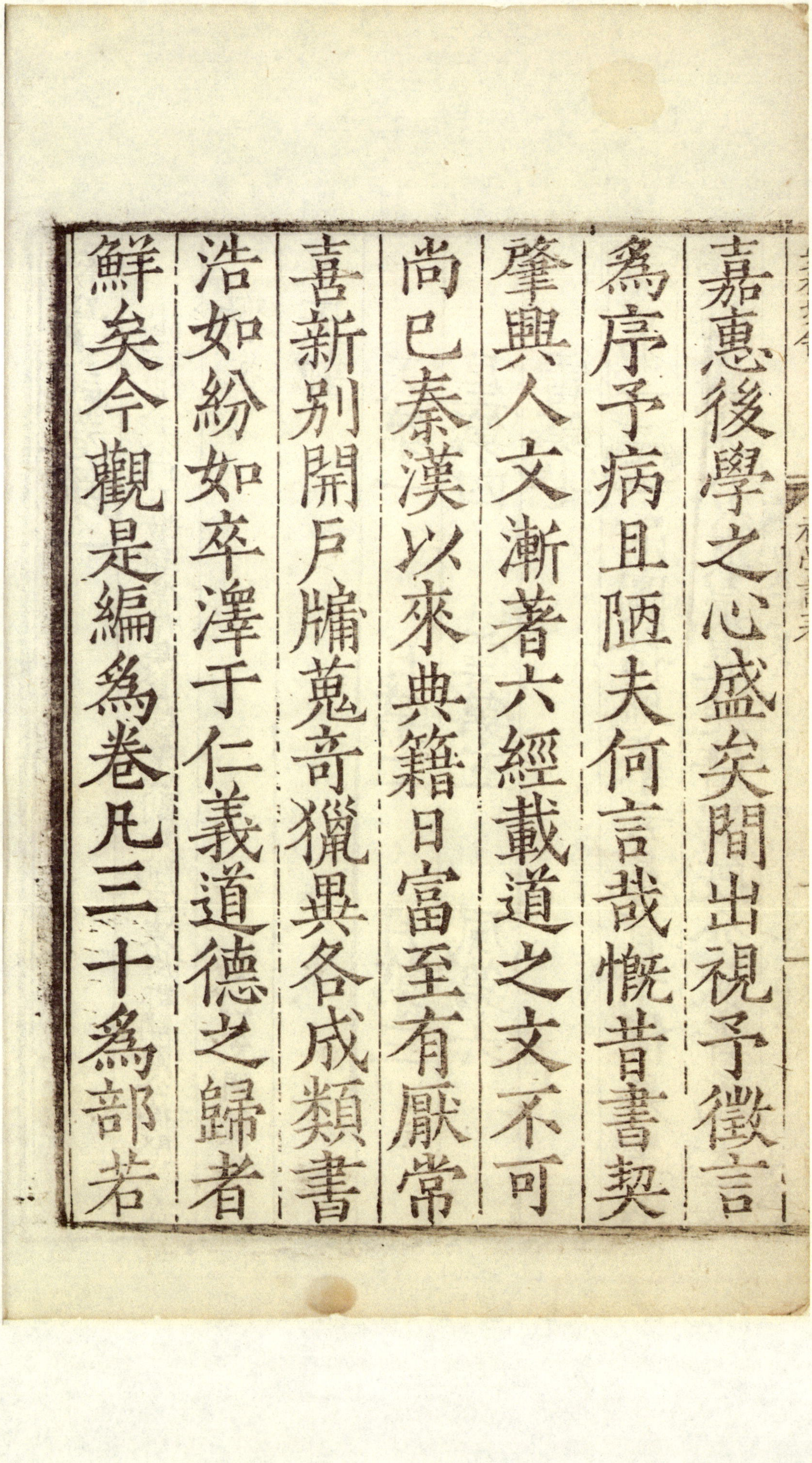

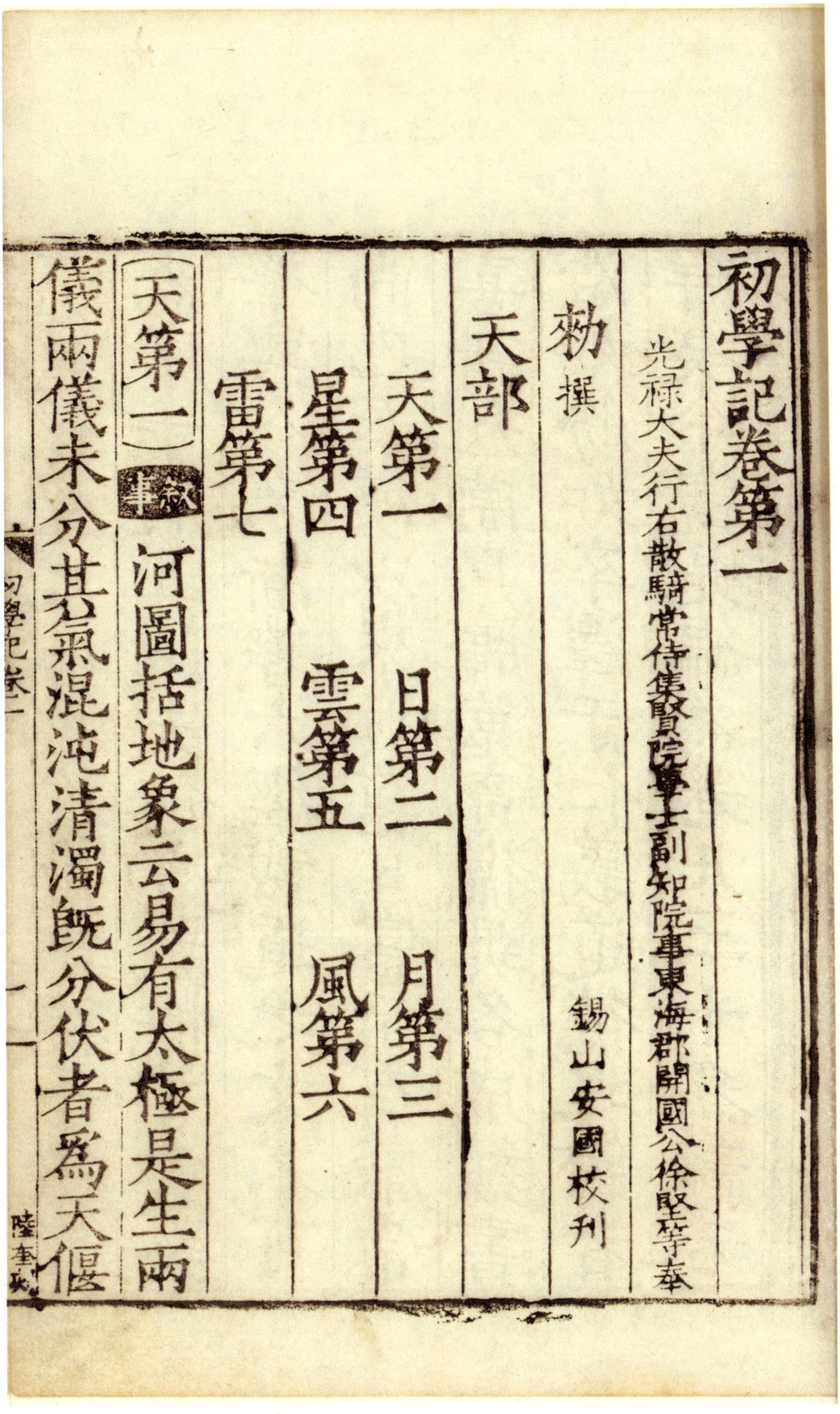
初學記卷第一
光祿大夫行右散騎常侍集賢院學士副知院事東海郡開國公徐堅等奉
敕撰
錫山安國校刊
天部
天第一　日第二　月第三
星第四　雲第五　風第六
雷第七
天第一　敘事
河圖括地象云易有太極是生兩
儀兩儀未分其氣混沌清濁既分伏者爲天偃
初學記卷一　一

者爲地釋名云天坦也坦然高而遠也物理論云水土之氣升爲天爾雅云春爲蒼天夏爲昊天秋爲旻天冬爲上天廣雅云南方曰炎天西南方曰朱天西方曰成天西北方曰幽天北方曰玄天東北方曰變天（九天亦名九野）九天之際曰九垠（魚勤反堮也）九天之外次曰九陔（居核反陔階也言其階次有九）凡天去地二億一萬六千七百八十一里半度地之厚與天高等天南北相去二億三萬三千五十七里二十五步東西短減四步纂要云東西南北

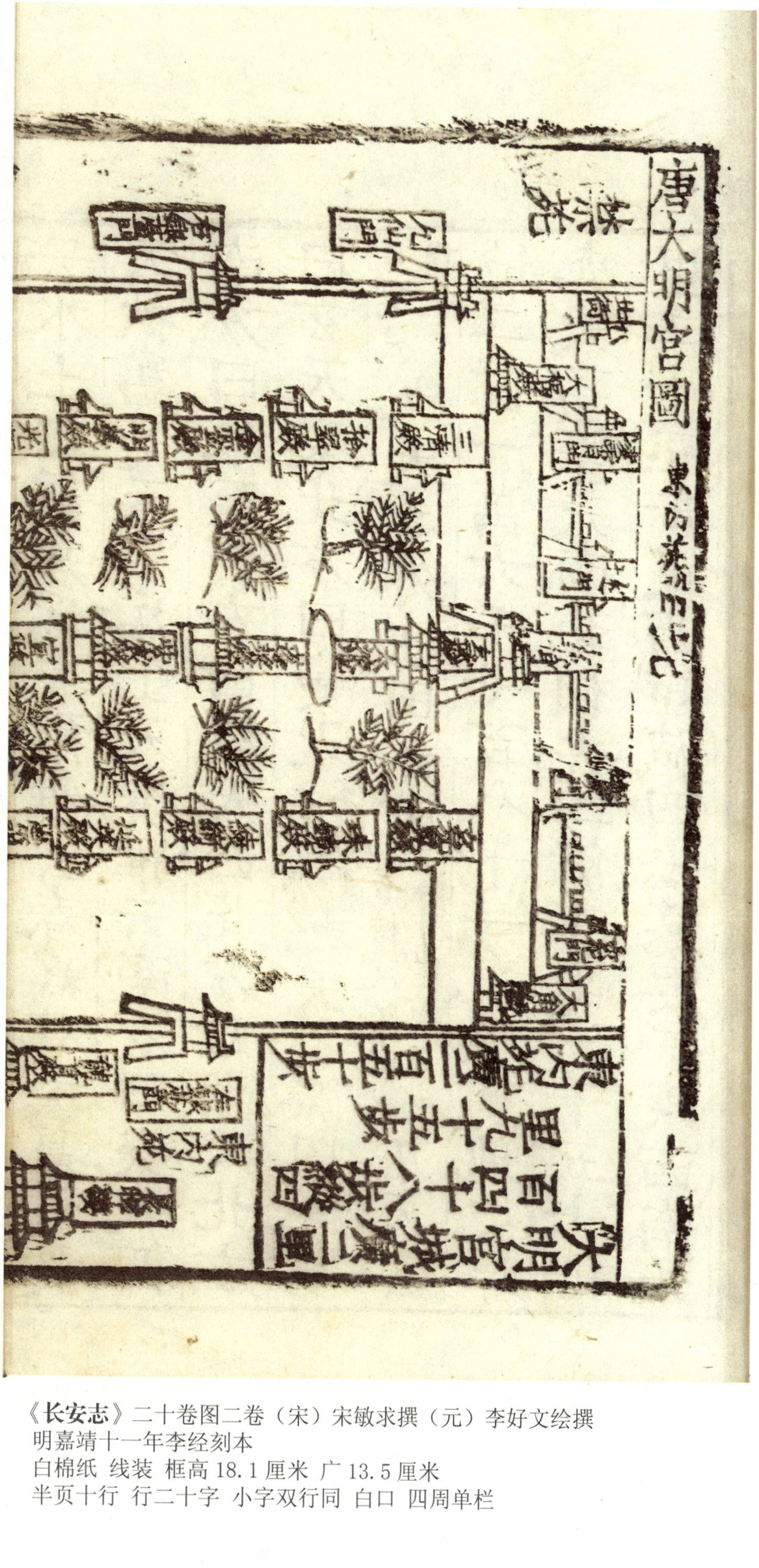

《**长安志**》二十卷图二卷（宋）宋敏求撰（元）李好文绘撰
明嘉靖十一年李经刻本
白棉纸 线装 框高 18.1 厘米 广 13.5 厘米
半页十行 行二十字 小字双行同 白口 四周单栏

《长安志》 明嘉靖十一年李经刻本

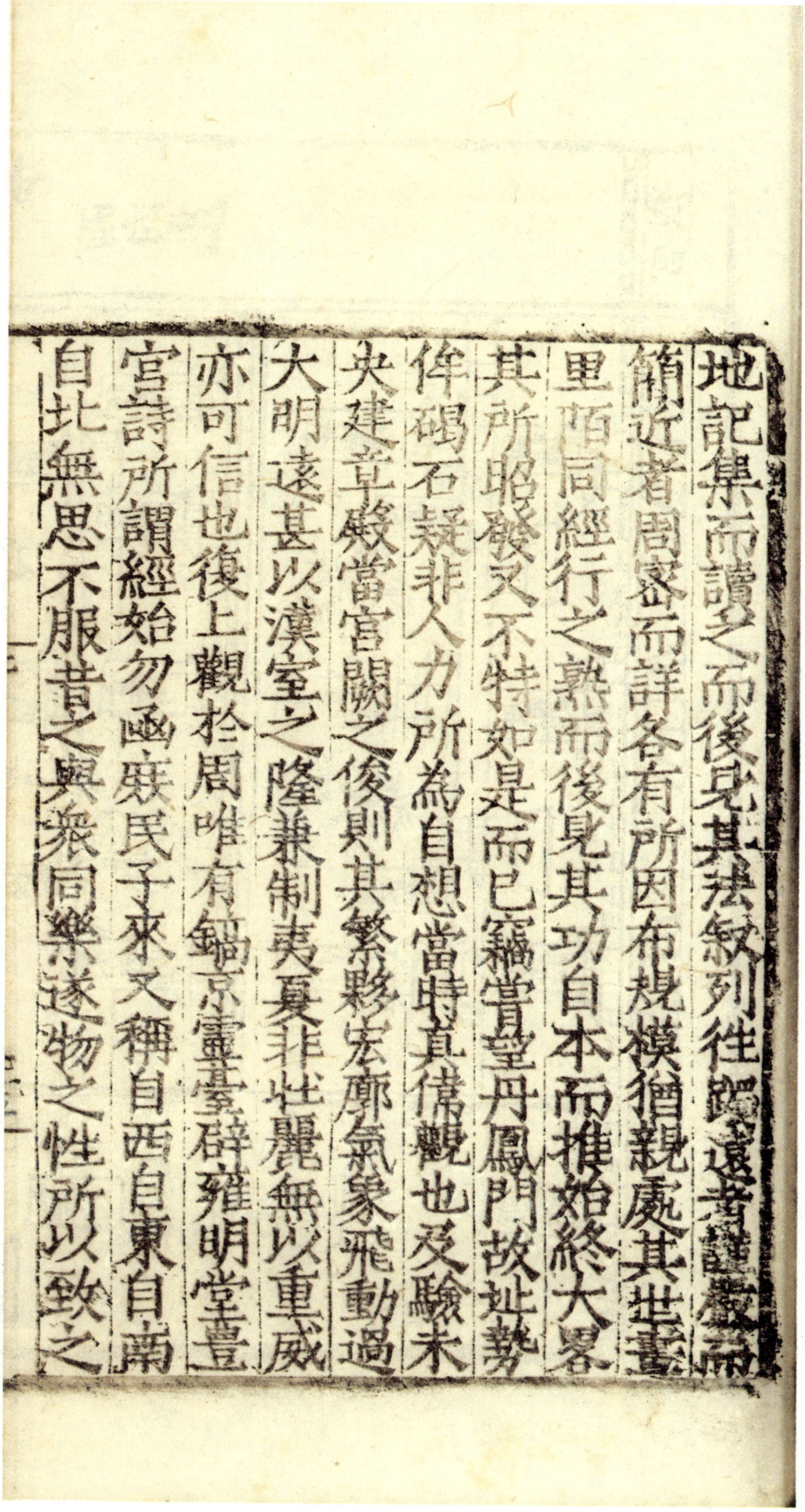
地記集而讀之而後見其法叙列往蹟遠者謹嚴而
簡近者周密而詳各有所因布規模猶親處其世盡
里西同經行之熟而後見其功自本而推始終大畧
其所昭發又不特如是而已竊嘗望丹鳳門故址勢
侔碣石疑非人力所為自想當時其偉觀也及驗未
央建章殿當宮闕之後則其繁夥宏廓氣象飛動過
大明遠甚以漢室之隆兼制夷夏非壯麗無以重威
亦可信也復上觀於周唯有鎬京靈臺辟雍明堂豈
宮詩所謂經始勿亟庶民子來又稱自西自東自南
自北無思不服昔之與衆同樂遂物之性所以致之

之効乃能至於此乎察其故專尚簡易儉約曾不言
形勝強富益知仁義之尊道德之貴彼阻固雄豪皆
於不足漢唐之迹更為可羞烏乎盛夫若然得以貢
於明朝監千載餘徹修豊鎬故事以澤吾人豈曰小
補哉
熙寧九年二月五日謹序

長安志卷第一
龍圖閣直學士右諫議大夫修國史特
贈尚書禮部侍郎常山侯宋敏求撰
總叙　分野　土産

《长安志》　明嘉靖十一年李经刻本

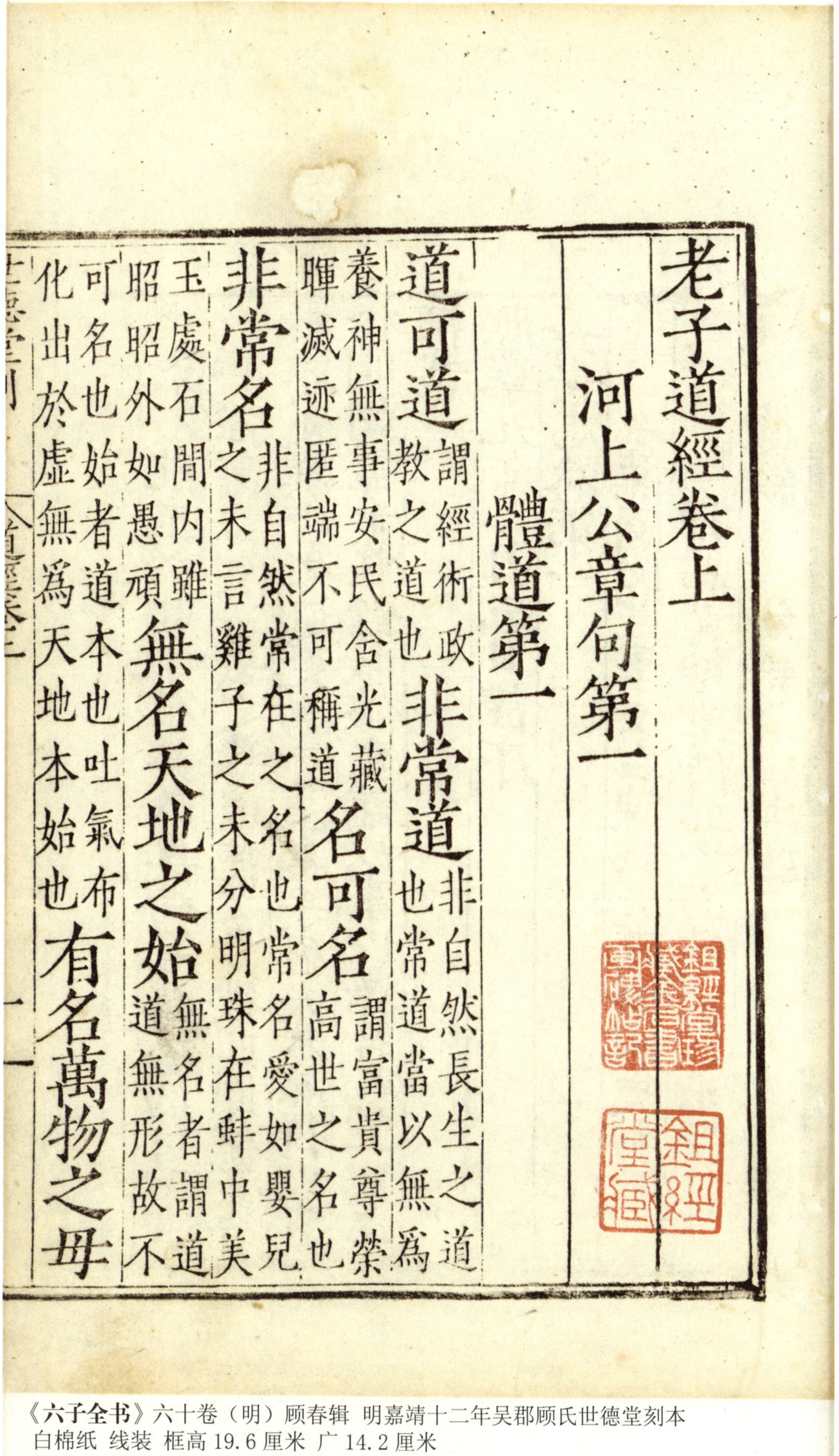
老子道經卷上
河上公章句第一
體道第一
道可道謂經術政教之道也非常道非自然長生之道也常道當以無爲
養神無事安民含光藏暉滅迹匿端不可稱道名可名謂富貴尊榮高世之名也
非常名非自然常在之名也常名愛如嬰兒之未言雞子之未分明珠在蚌中美
玉處石間內雖昭昭外如愚頑無名天地之始無名者謂道道無形故不
可名也始者道本也吐氣布化出於虛無爲天地本始也有名萬物之母
世德堂刊
道經卷上
一

《**六子全书**》六十卷（明）顾春辑 明嘉靖十二年吴郡顾氏世德堂刻本
白棉纸 线装 框高 19.6 厘米 广 14.2 厘米
半页八行 行十七字 小字双行同 白口 四周双栏

有名謂天地天地有形位陰陽有柔剛是其有名也萬物母者天地含氣生萬物長大成熟如母之養子

故常無欲以觀其妙 妙要也人常能無欲則可以觀道之要要謂一也

常有欲以觀其徼 徼歸也常有欲之人可以觀世俗之所歸趣也○徼音叫又古吊反即竅字

此兩者同出而異名 兩者謂有欲無欲也同出者同出人心也而異名者所名各異也名無欲者長存名有欲者亡身也

同謂之玄 玄天也言有欲之人與無欲之人同受氣於天

玄之又玄 天中復有天也稟氣有厚薄得中和滋液則生賢聖得錯亂汙辱則生貪淫也

衆妙之門 能知天中復有天稟氣有厚薄除情去欲守中和是謂知道要之門

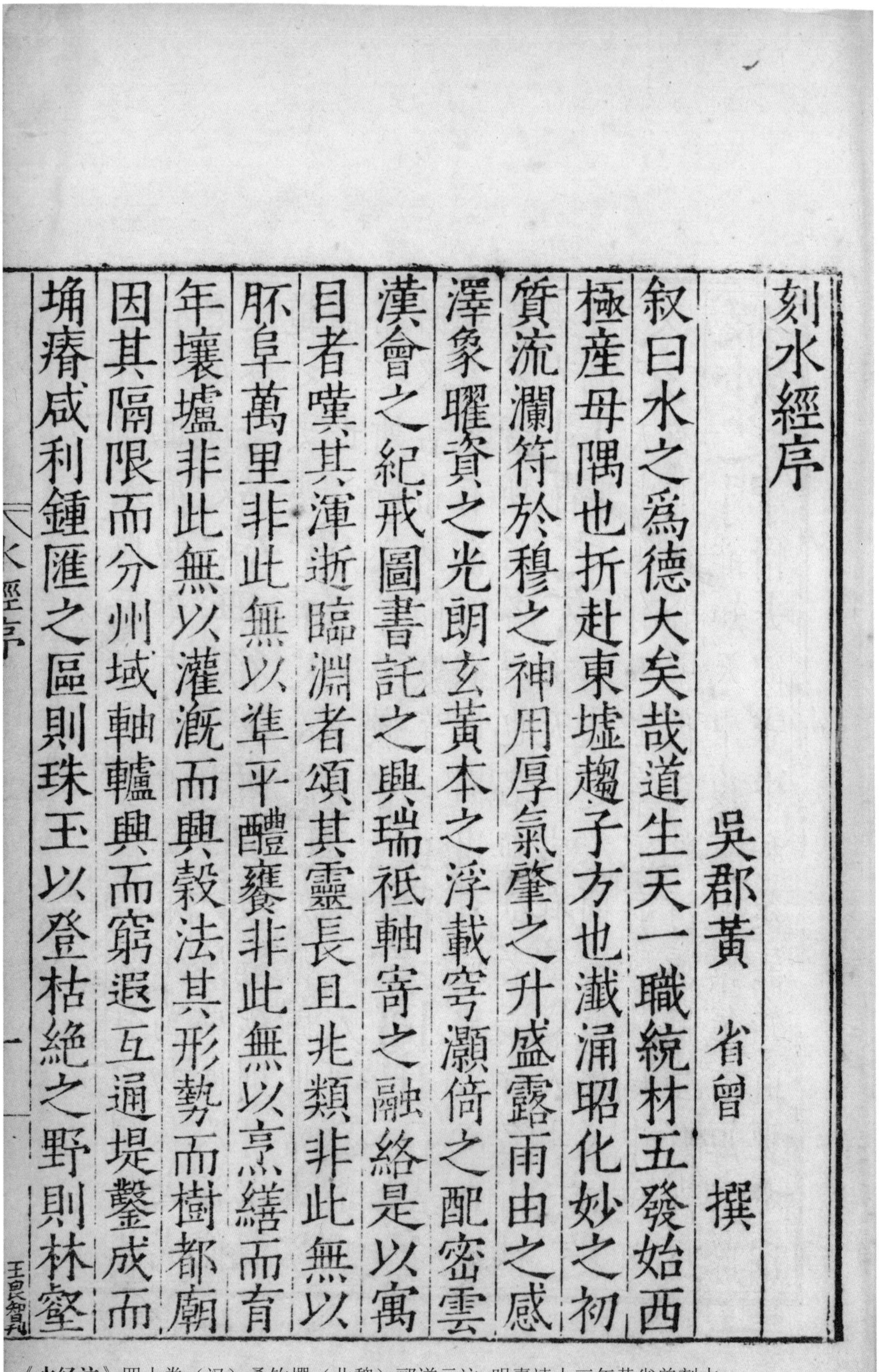

刻水經序

吳郡黃省曾撰

叙曰水之爲德大矣哉道生天一職統材五發始西極產母隅也折赴東墟趨子方也濊涌昭化妙之初質流瀾符於穆之神用厚氣肇之升盛露雨由之感澤象曜資之光朗玄黃本之浮載穹灝倚之配密雲漢會之紀戒圖書託之興瑞祗軸寄之融絡是以寓目者嘆其渾逝臨淵者須其靈長且北類非此無以脈阜萬里非此無以準平醴饔非此無以烹饎而育年壤墟非此無以灌漑而與穀法其形勢而樹都廟因其隔限而分州域軸轤與而窮遐互通堤鑿成而塉瘠咸利鍾滙之區則珠玉以登枯絕之野則林壑

水經序　一

《水经注》四十卷（汉）桑钦撰（北魏）郦道元注 明嘉靖十三年黄省曾刻本
棉纸 线装 框高20.3厘米 广16厘米
半页十二行 行二十字 白口 左右双栏
入选《国家珍贵古籍名录》

不毛函夏泰和則皇波逵貫坦平國紀封原劃畫則
百川斷裂洋然險防況其精通天步體轄人事海安
而知内寧河清而期聖出徙焉卜廢竭以表亡則代
運之隆衰而姓庶之災吉亦可觀也但畀赴其常决
疏爲順平成之績粲在夏書其宣導也必探夫源首
其排入也必極夫歸納以奠以敷號名俱炳厥後九
丘不傳四嶽埋緼周官存藪浸之畧爾雅開崐崘之
端若司馬遷之載河渠庾仲雍之筆江記偏係一方
匪兼八表况王澤寖消地象俱廢樂廣闢者湮其溝
洫便私謀者壅其湍泉公家釃激巨右改張是以啓
塞靡恒陵谷皆變洪鉅者失其包帶微纖者亂其營
緯紜紜訰訰莫之質竟也已故漢之桑欽特創此作

水經卷第一

漢桑欽撰　後魏酈道元注

河水一

崑崙墟在西北

三成爲崑崙丘崑崙說曰崑崙之山三級下曰樊桐一名板松二曰玄圃一名閬風上曰層城一名天庭是謂太帝之居

去嵩高五萬里地之中也

禹本紀與此同高誘稱河出崑山伏流地中萬三千里禹導而通之出積石山按山海經自崑崙至積石一千七百四十里自積石出隴西郡至洛準地志可五千餘里又按穆天子傳天子自崑山入

水經卷一　一

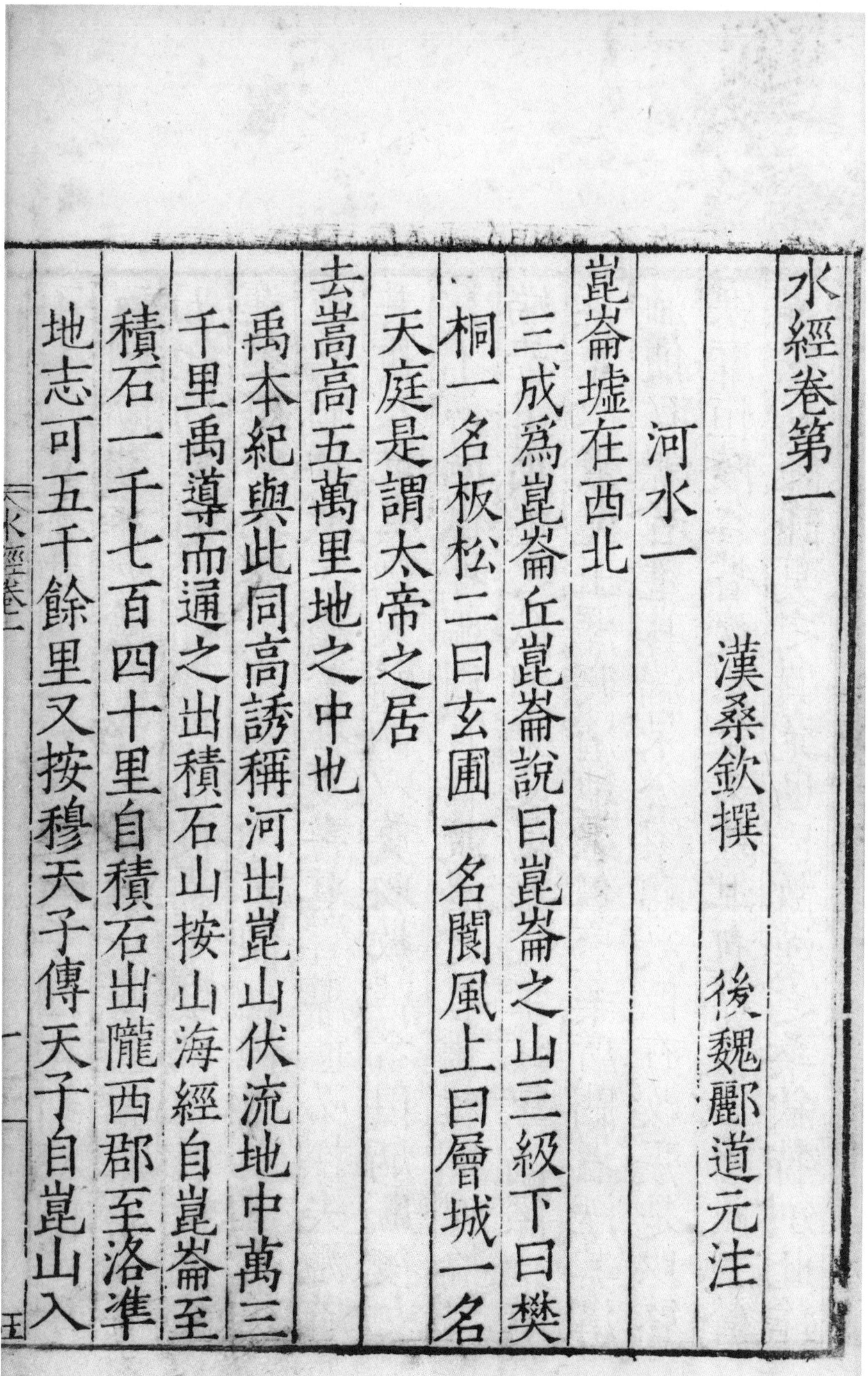

于宗周萬里西土之數自宗周瀍水以西北至于河宗之邦陽紆之山三千有四百里自陽紆西至河首四千里合七千四百里外國圖又云從大晉國正西七萬里得崑崙之墟諸仙居之數說不同道阻且長經記綿褫水陸路殊徑復不同淺見末聞非所詳究不能不聊述聞見以誌差違也

其高萬一千里

山海經稱方八百里高萬仞郭景純以爲自上二千五百餘里淮南子稱高萬一千一百里一十四步二尺六寸

河水

春秋說題辭曰河之爲言荷也荷精分布懷陰引

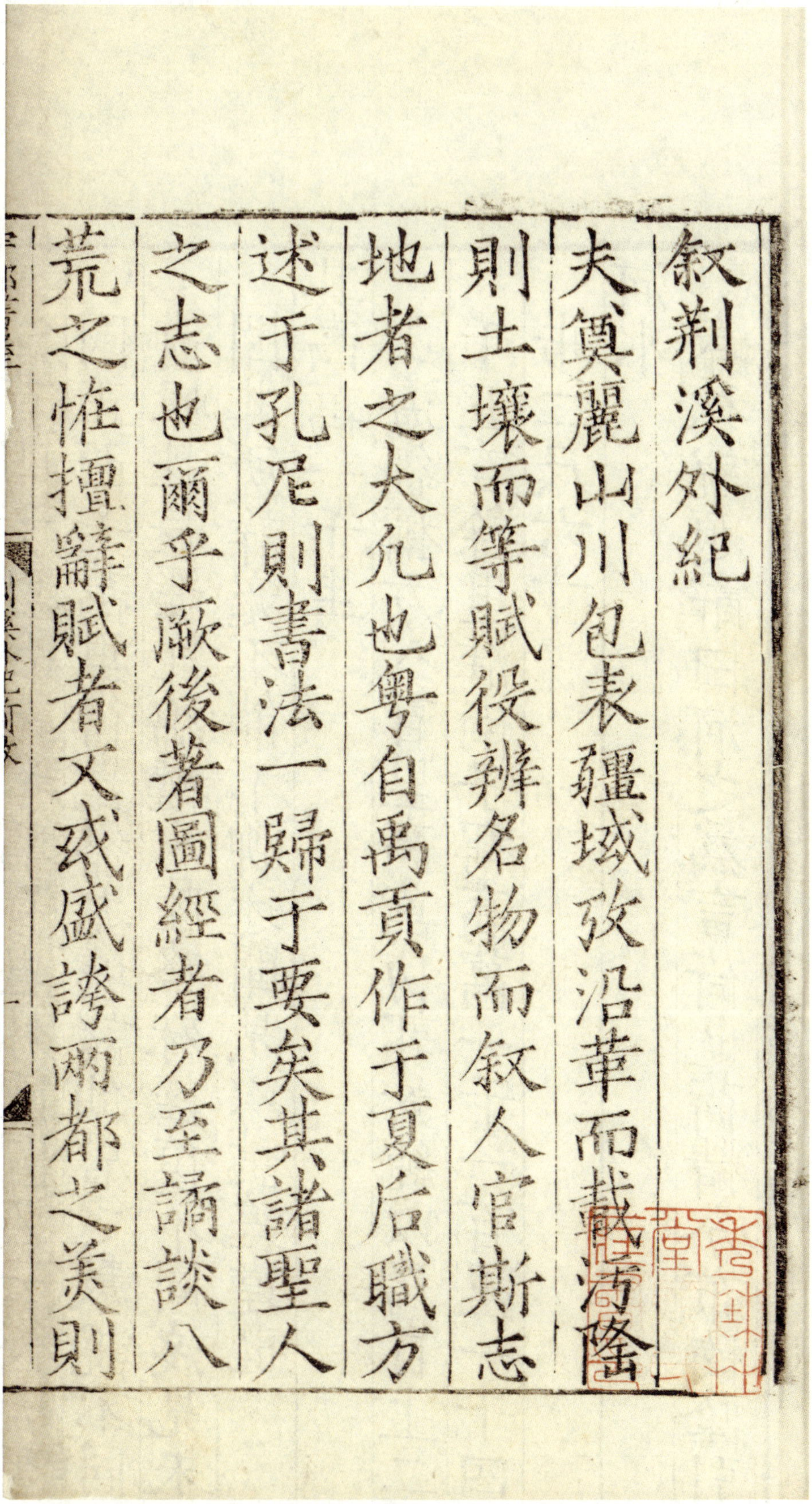

《**荆溪外纪**》二十五卷（明）沈敕撰（明）李文校
明嘉靖二十四年宇邨书屋刻本
棉纸 包背装 框高 20.1 厘米 广 14.1 厘米
半页十行 行二十二字 小字双行同 白口 左右双栏
入选《国家珍贵古籍名录》

叙事無補于詳矣其諸文人之志也爾乎夫廣輪之數大統之紀蓋皆目在綱中要焉可也一方之史一地之乘貴在文周事悉詳焉可也苟宜要而繁其失也則有靡蕪不剪之譏宜詳而畧其失也則有樞要弗撮之病至于體裁莫當而跡實鮮徵則将使觀者弗信謂之曰妄史辱國妄志辱

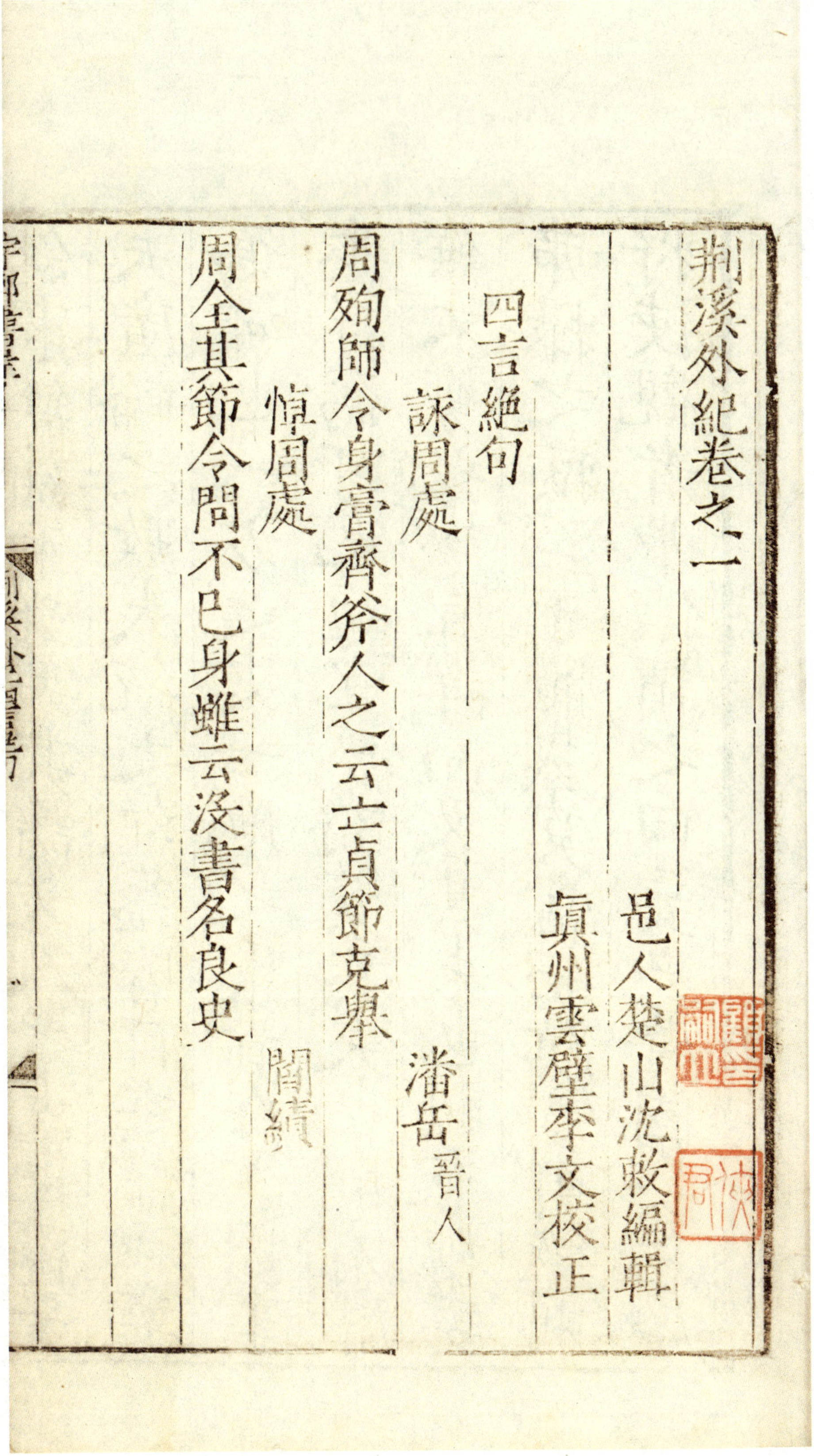

荆溪外紀卷之一

邑人楚山沈敕編輯

滇州雲壁李文校正

四言絶句

詠周處　潘岳　晉人

周殉師令身膏齊斧人之云亡貞節克舉

悼周處　閻續

周全其節令問不已身雖云沒書名良史

《荆溪外纪》 明嘉靖二十四年宇邨书屋刻本

荆溪外紀卷之一

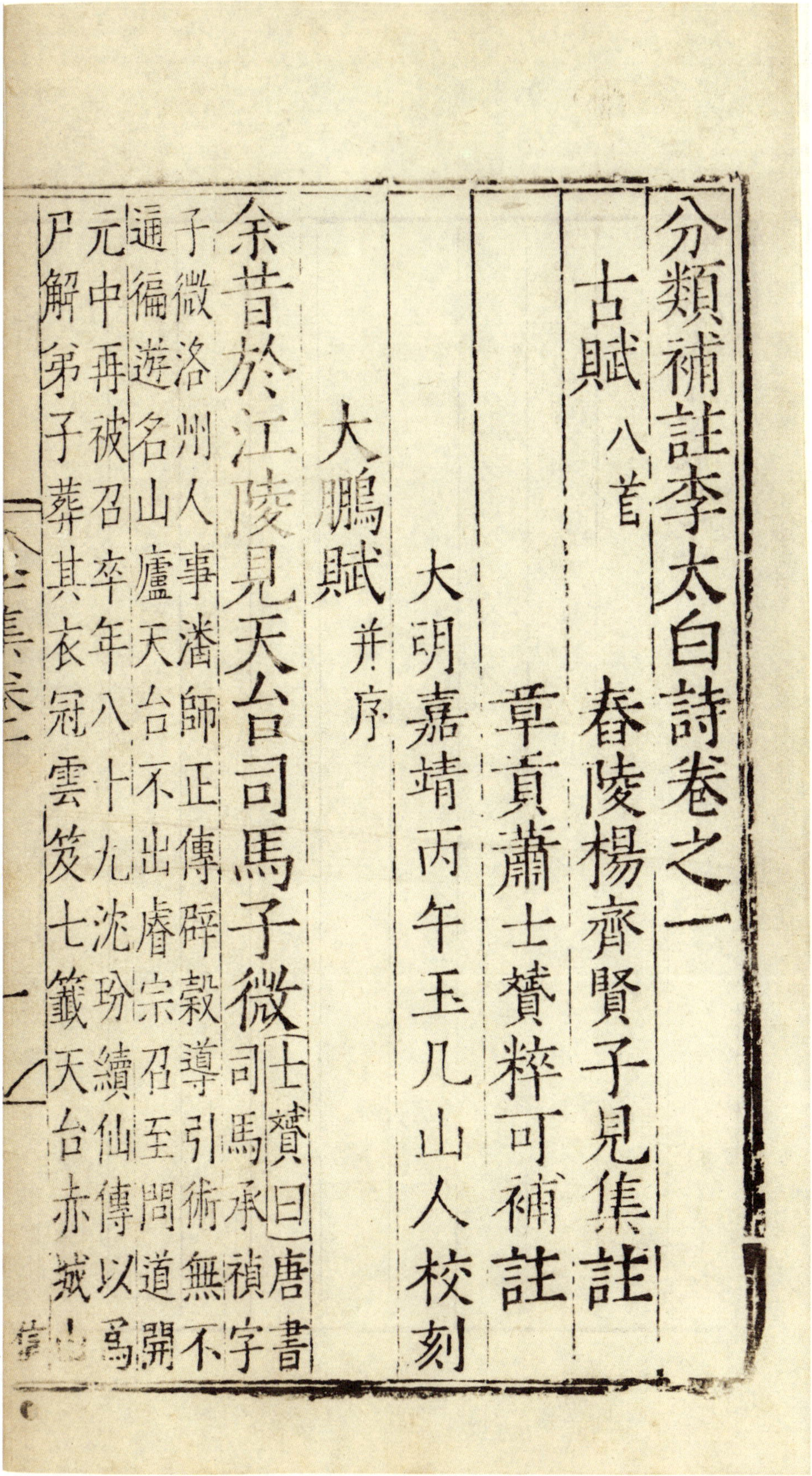
分類補註李太白詩卷之一　春陵楊齊賢子見集註
古賦八首　章貢蕭士贇粹可補註
大明嘉靖丙午玉几山人校刻
大鵬賦并序
余昔於江陵見天台司馬子微〔士贇曰〕唐書司馬承禎字
子微洛州人事潘師正傳辟穀導引術無不
通徧遊名山廬天台不出睿宗召至問道開
元中再被召卒年八十九沈玢續仙傳以爲
尸解弟子葬其衣冠雲笈七籤天台赤城山

《分类补注李太白诗》二十五卷（唐）李白撰（宋）杨齐贤集注
（元）萧士赟补注　明嘉靖二十五年玉几山人刻本
棉纸　线装　框高22厘米　广17.2厘米
半页八行　行十七字　小字双行同　白口　四周双栏

高一萬八千丈洞周回五百里名上清玉平
之天上應台宿故名曰天台在台州天台縣
謂余有仙風道骨可與神遊八極之表士贇曰列
子黃帝晝寢而夢遊於華胥氏之國在弇州
之西台州之北不知斯齊國幾千萬里蓋非
舟車之所及神遊而已又至人上窺青天下
潛黃泉揮斥八極神氣不變淮南子八紘之
外乃有八極
因著大鵬遇希有鳥賦以自廣此賦
已傳于世往往人間見之悔其少作未窮宏
達之旨中年棄之士贇曰張華叙東方朔神
異經曰崐崘有銅柱焉其
高入天所謂天柱圍三千里圓如削下有回
屋仙人九府治上有大鳥名曰希有南向張

《分类补注李太白诗》　明嘉靖二十五年玉几山人刻本

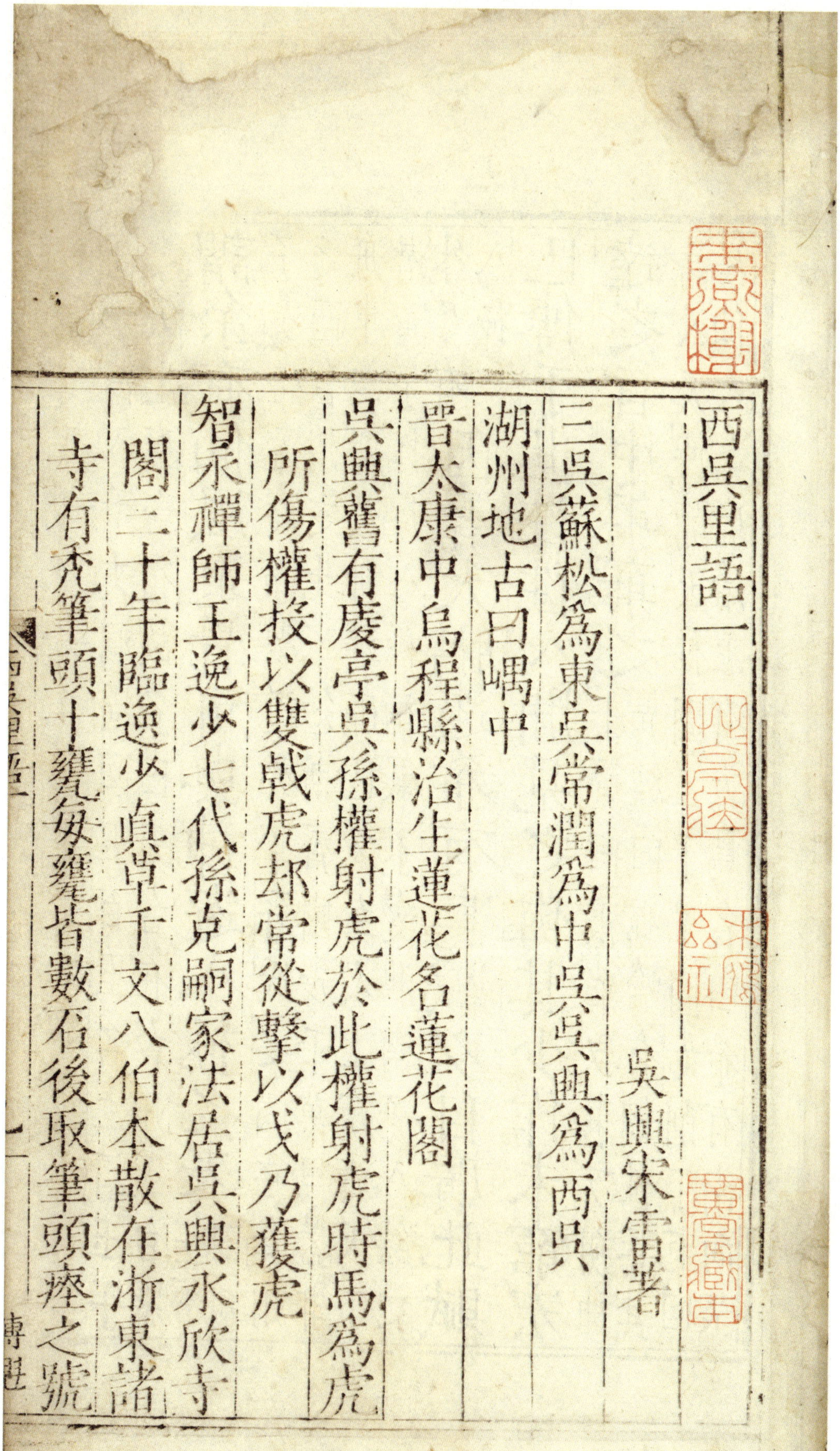

西吳里語一

吳興宋雷著

三吳蘇松爲東吳常潤爲中吳吳興爲西吳

湖州地古曰嵎中

晉太康中烏程縣治生蓮花名蓮花閣

吳興舊有慶亭吳孫權射虎於此權射虎時馬爲虎所傷權投以雙戟虎却常從擊以戈乃獲虎

智永禪師王逸少七代孫克嗣家法居吳興永欣寺閣三十年臨逸少眞草千文八伯本散在浙東諸寺有禿筆頭十甕每甕皆數石後取筆頭瘞之號

《**西吳里语**》四卷（明）宋雷撰 明嘉靖二十六年刻本
公文纸 线装 框高 18.8 厘米 广 14 厘米
半页十行 行二十字 白口 四周双栏 黄裳跋

退筆塚自製誌銘人來請書併請題額者如市所
居戶限穴穿乃用鐵葉裹之謂爲鐵門限人曰智
永研作臼到逸少若研穿可到鍾索也其徒智果
會稽人亦居永欣寺隋煬帝甚善之工書銘石其
爲瘦造次難類嘗謂永師曰和尚得右軍肉智果
得骨

吳興舊名紫金城又名極樂城堤曰平陽地曰餘安
軍曰虎狼

秦有烏氏程氏各善造酒合其姓爲烏程縣烏氏名
巾程氏名林張景陽七命云酒則荆南烏程是也

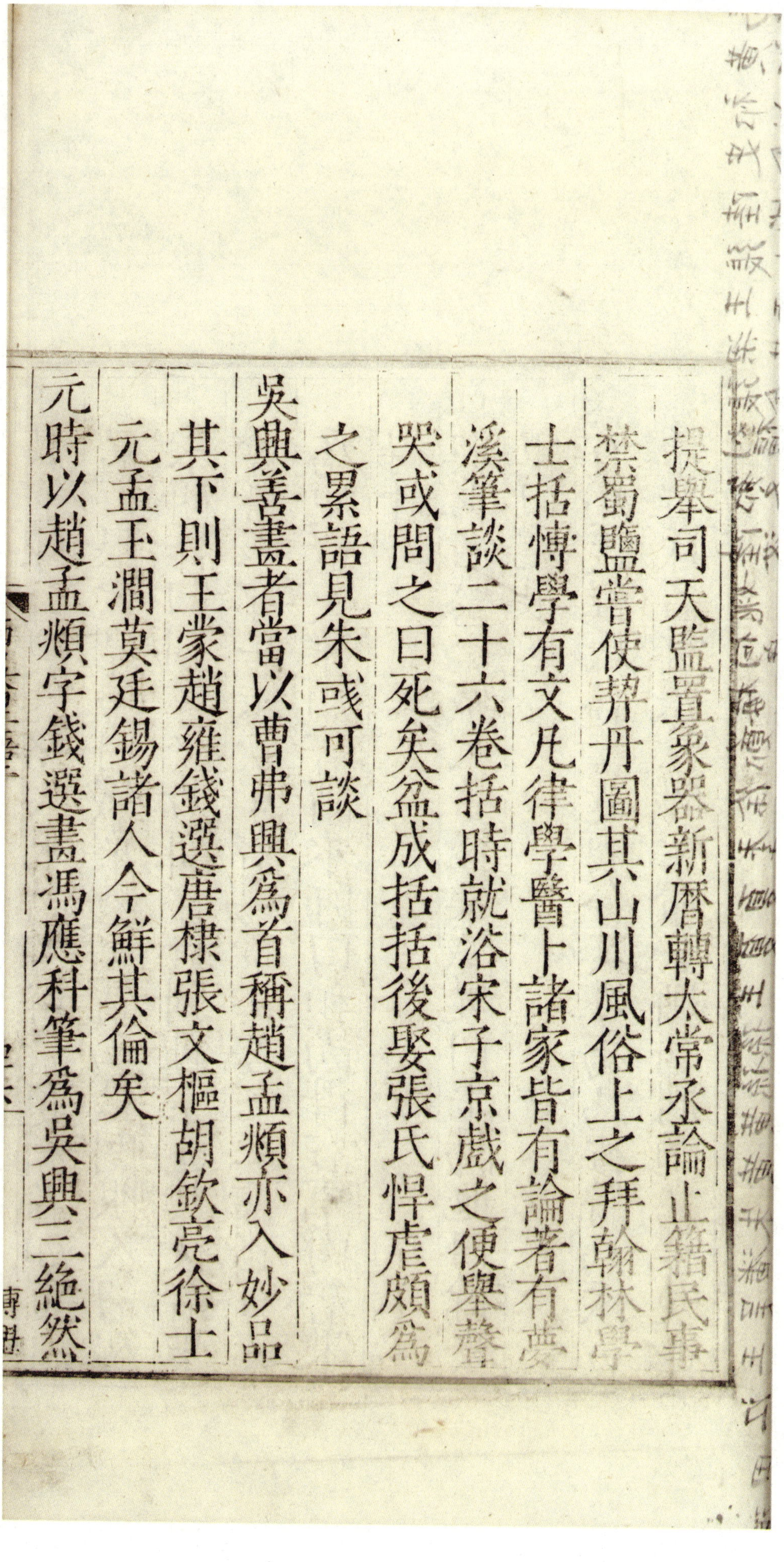
提舉司天監置象器新曆轉太常丞論止籍民事
禁蜀鹽嘗使契丹圖其山川風俗上之拜翰林學
士括博學有文凡律學醫卜諸家皆有論著有夢
溪筆談二十六卷括時就浴宋子京戲之便舉聲
哭或問之曰死矣盆成括括後娶張氏悍虐頗爲
之累語見朱彧可談
吳興善畫者當以曹弗興爲首稱趙孟頫亦入妙品
其下則王蒙趙雍錢選唐棣張文樞胡欽亮徐士
元孟玉澗莫廷錫諸人今鮮其倫矣
元時以趙孟頫字錢選畫馮應科筆爲吳興三絕然

孟頫書法宋人莫及騣騣然凌唐逼晉而畫品亦
入妙品選亦未若應科筆工焉能與比
王蒙字叔明號黃鶴山樵烏程人趙子昂外孫也善
於繪畫人得其片紙以為珍才氣豪邁詩文俊逸
識者評其聲價在子昂之下唐棣之上與趙仲穆
相亞云
唐棣字子華歸安人少從趙子昂學詩畫仕元為休
寧縣尹吳江州知州有休寧稿味外味稿
錢選字舜舉號玉潭宋景定進士攻詩尤善畫折枝
翎毛入妙但多畫美女嘗畫楊妃出浴圖人譏之

果然作詩端坐而逝後歸喪於湖與其兄淵柩同

葬於邑之張家山

宋熙寧十年湖州知州章惇卜葬母於長興周行累

日無所得夢有二人告之曰頭枕靈山脚踏白蓮

惇驚起待旦而行道問樵夫果得二山尋微路而

入忽有廟宇題曰張李二王惇駭異使葬師視之

穴在廟中遂禱以遷廟之意是夕大雷雨及旦廟

已遷於山之東北遂以葬其母惇爲宋之奸臣而

鬼亦畏之何耶

望洛山在德清胥洛中人永嘉中過江每作此山望

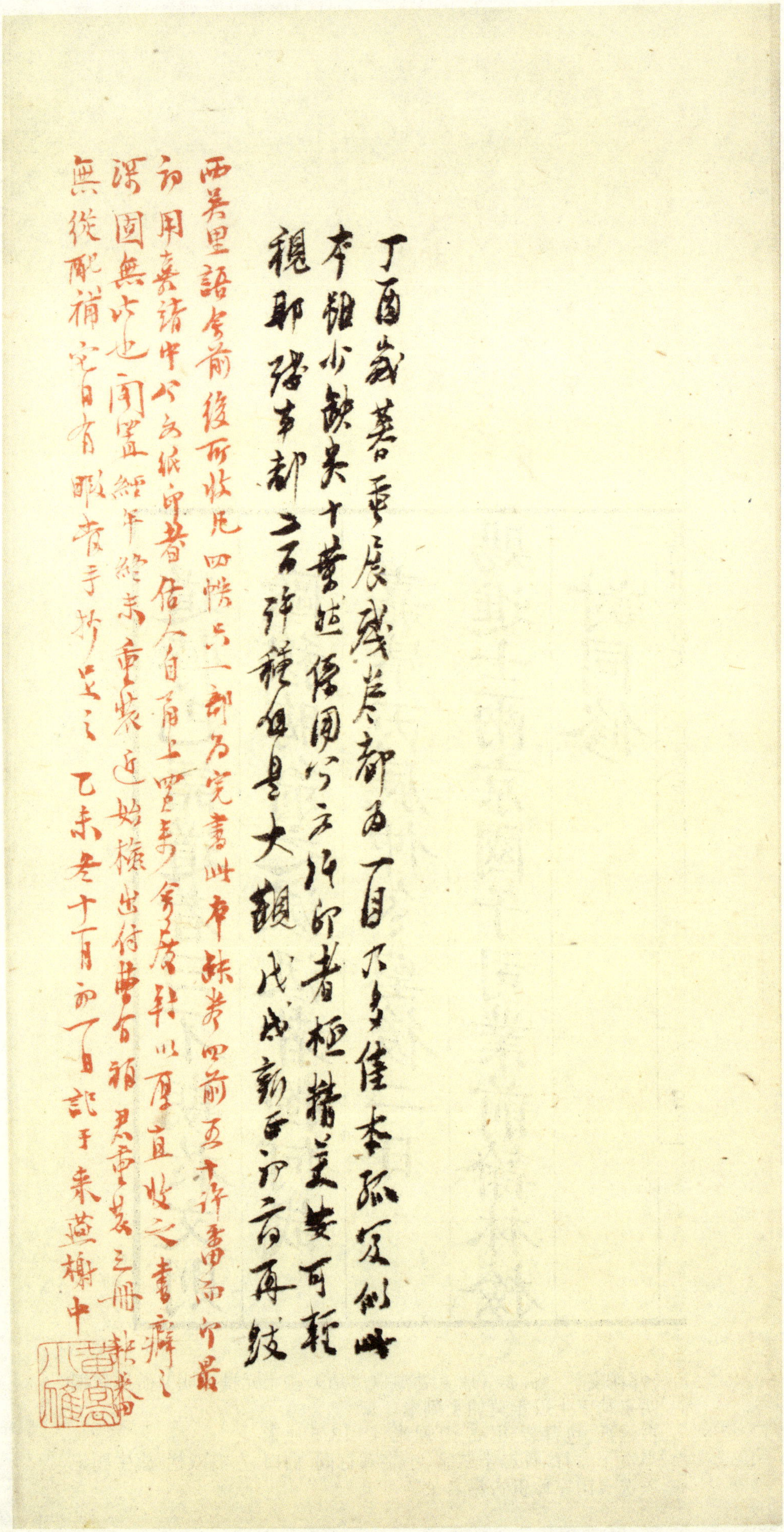
丁酉歲暮重展殘卷都西目下不多佳本孤寂對此
本鈕少缺矣十葉皆借用公文紙印者極精美要可乾
隱耶録本郡之石許種俱是大觀戊戌新正初六再跋

西吴里語余前後所收凡四帙其一部為完書此本缺卷四前五十許番而字最
初用嘉靖中公文紙印者佳人自有上四卷余為蒐以厚直收之書癖之
深固無此也閒置經年終未重裝近始檢出付黄吉甫君重裝之冊於番
無從配補它日有暇當手抄足之　乙未冬十月初一日記于来燕榭中

《西吴里语》　明嘉靖二十六年刻本

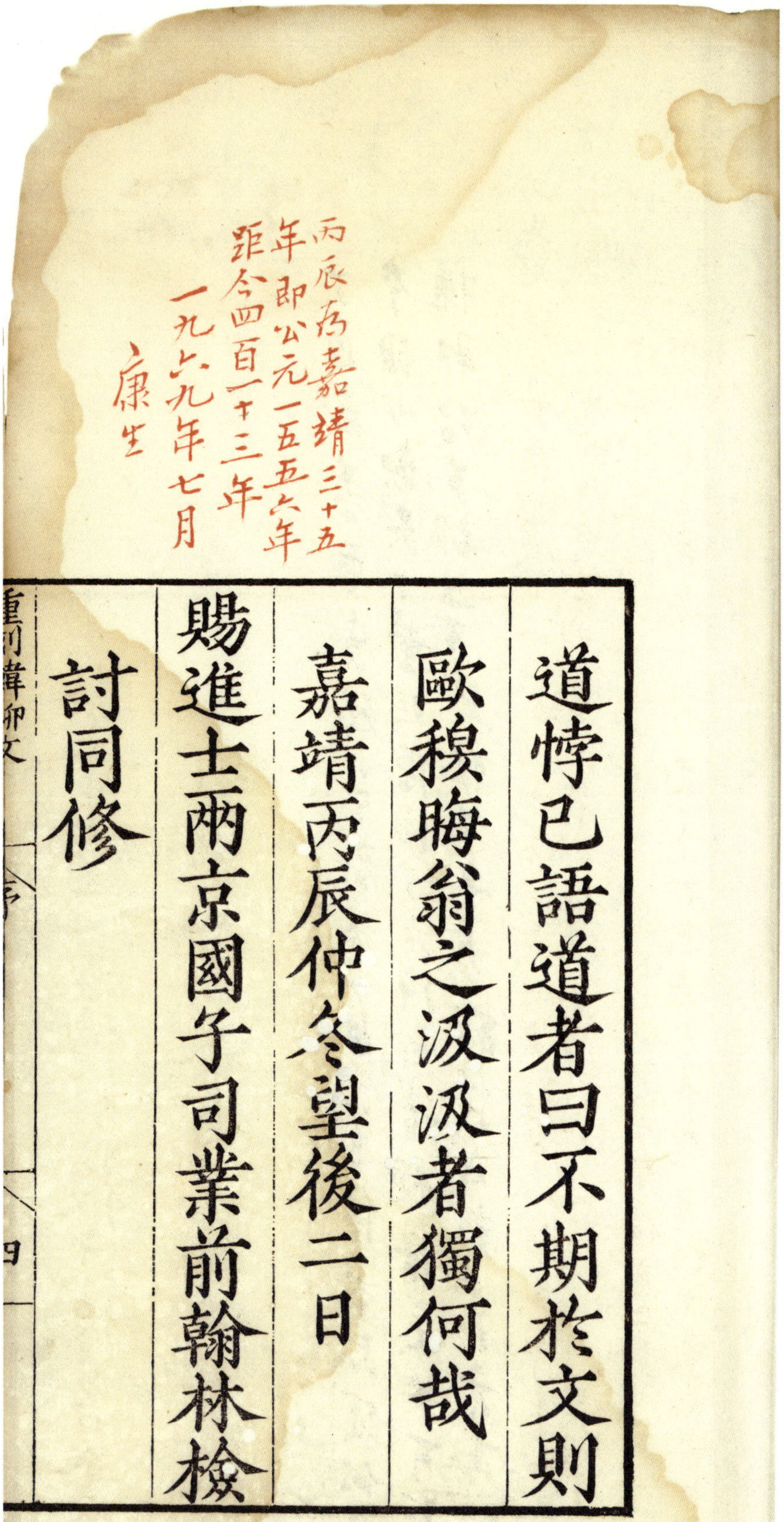

道悖已語道者曰不期於文則
歐穆晦翁之汲汲者獨何哉
嘉靖丙辰仲冬望後二日
賜進士兩京國子司業前翰林檢
討同修

重刊韓柳文

丙辰乃嘉靖三十五
年即公元一五五六年
距今四百一十三年
一九六九年七月
康生

《**韩柳文**》一百卷（唐）韩愈撰（唐）柳宗元撰（明）游居敬编
明嘉靖三十五年莫如士刻本
白棉纸 包背装 框高 19 厘米 广 13.5 厘米
半页十一行 行二十二字 小字双行同 白口 左右双栏 康生题记
入选《国家珍贵古籍名录》

國朝會典兼理

誥敕盱江王材書

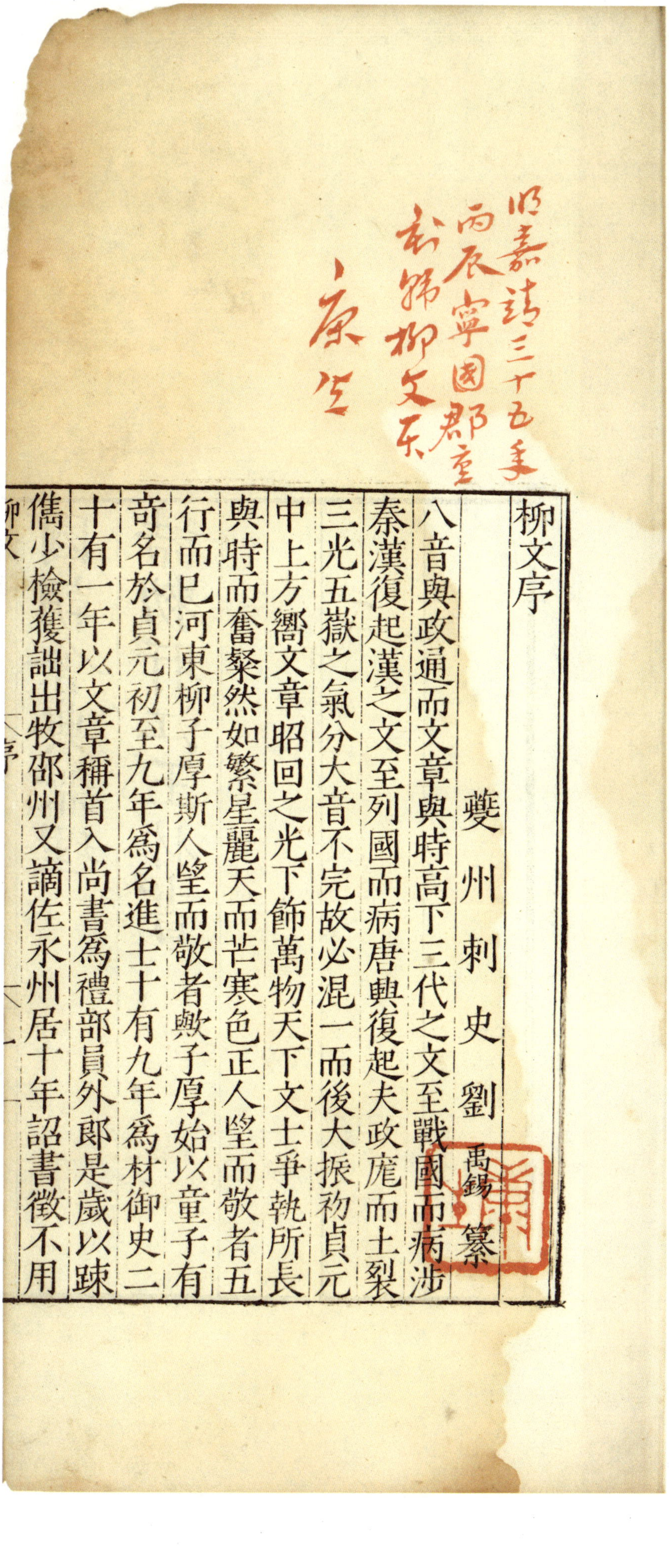

明嘉靖三十五年
丙辰寧國郡重
刻錦柳文本
康生

柳文序

夔州刺史劉禹錫纂

八音與政通而文章與時高下三代之文至戰國而病涉
秦漢復起漢之文至列國而病唐興復起夫政厖而土裂
三光五嶽之氣分大音不完故必混一而後大振初貞元
中上方嚮文章昭回之光下飾萬物天下文士爭執所長
與時而奮粲然如繁星麗天而芒寒色正人望而敬者五
行而已河東柳子厚斯人望而敬者歟子厚始以童子有
奇名於貞元初至九年爲名進士十有九年爲材御史二
十有一年以文章稱首入尚書爲禮部員外郎是歲以疎
儁少檢獲訕出牧邵州又謫佐永州居十年詔書徵不用

柳文　序　一

遂爲柳州刺史五歲不得召歸病且革留書抵其友中山劉禹錫曰我不幸卒以謫死以遺草累故人禹錫執書以泣遂編次爲四十五通行於世子厚之喪昌黎韓退之誌其墓且以書來弔曰哀哉若人之不淑吾嘗評其文雄深雅健似司馬子長崔蔡不足多也安定皇甫湜於文章少所推讓亦以退之言爲然凡子厚名氏與仕與年暨行巳之大方有退之之誌若祭文在今附于第一通之末云

柳文序 終

柳文卷之一

明巡按直隸監察御史新會莫如士重校

唐雅

獻平淮夷雅表

臣宗元言臣負罪竄伏違尚書牋奏十有四年聖恩寬宥
命守遐壤懷印曳紱有社有人臣宗元誠惑誠荷頓首頓
首伏惟睿聖文武皇帝陛下天造神斷克清大憝金鼓一
動萬方畢臣太平之功中（仲陟切）興之德推校千古無所與
讓因伏自忖度有方剛之力不得備戎行致死命況今已
無事思報國恩獨惟文章伏見周宣王時稱中興其道彰
大于後罕及然徵於詩大小雅其選徒出狩則車攻吉日

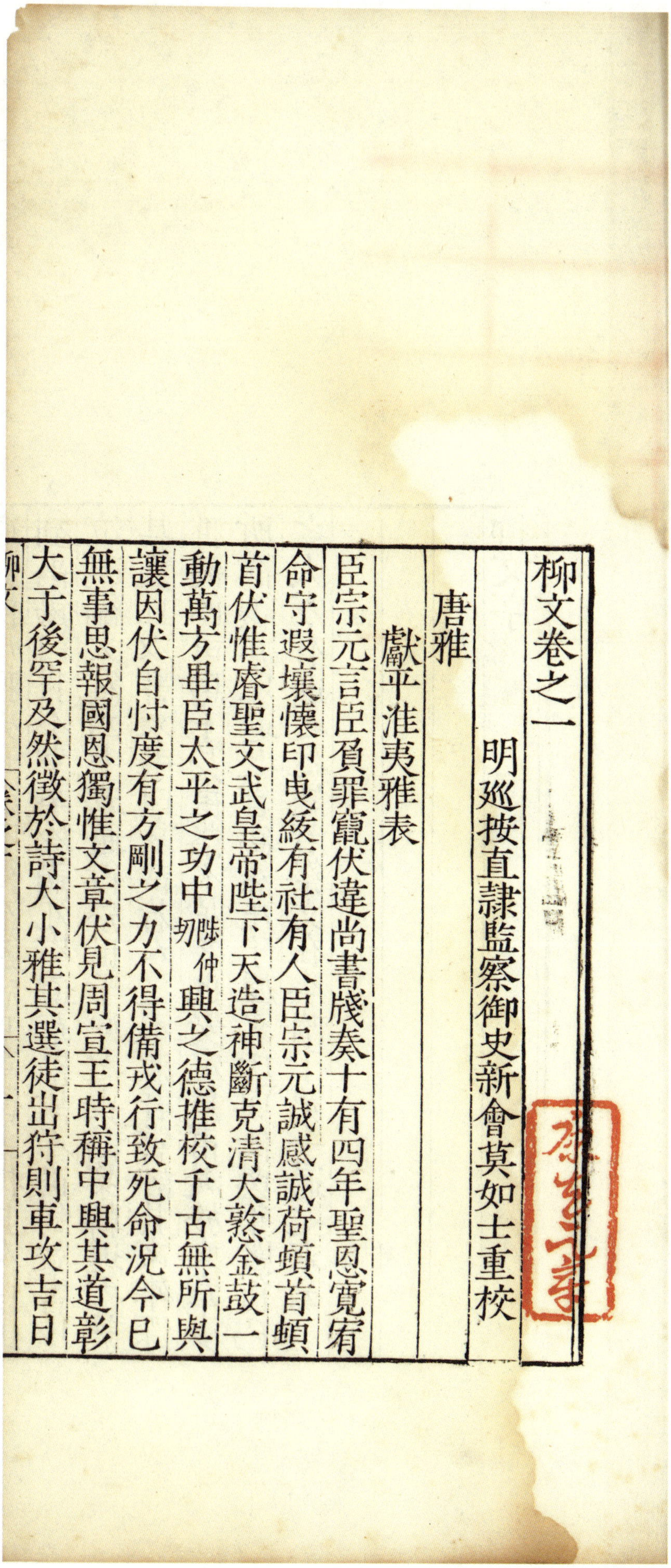

命官分土則崧高韓奕烝人南征北伐則六月采芑平淮
夷則江漢常武鏗鍧炳耀盪人耳目故宣王之形容與其
輔佐由今望之若神人然此無他以雅故也臣伏見陛下
自卽位以來平夏州夷劍南取江東定河北今又發自天
衷克翦淮右而大雅不作臣誠不佞然不勝憤踊伏以朝
多文臣不敢盡專數事謹撰平淮夷雅二篇雖不及尹吉
甫召穆公等庶施諸後代有以佐唐之光明謹昧死再拜
以獻臣宗元誠恐誠懼頓首頓首謹言

平淮夷雅二篇

皇武命丞相度董師集大功也○皇耆其武于溵于淮既
巾乃車環蔡其來狡衆昏囂甚毒于酲狂奔叫呶以干大

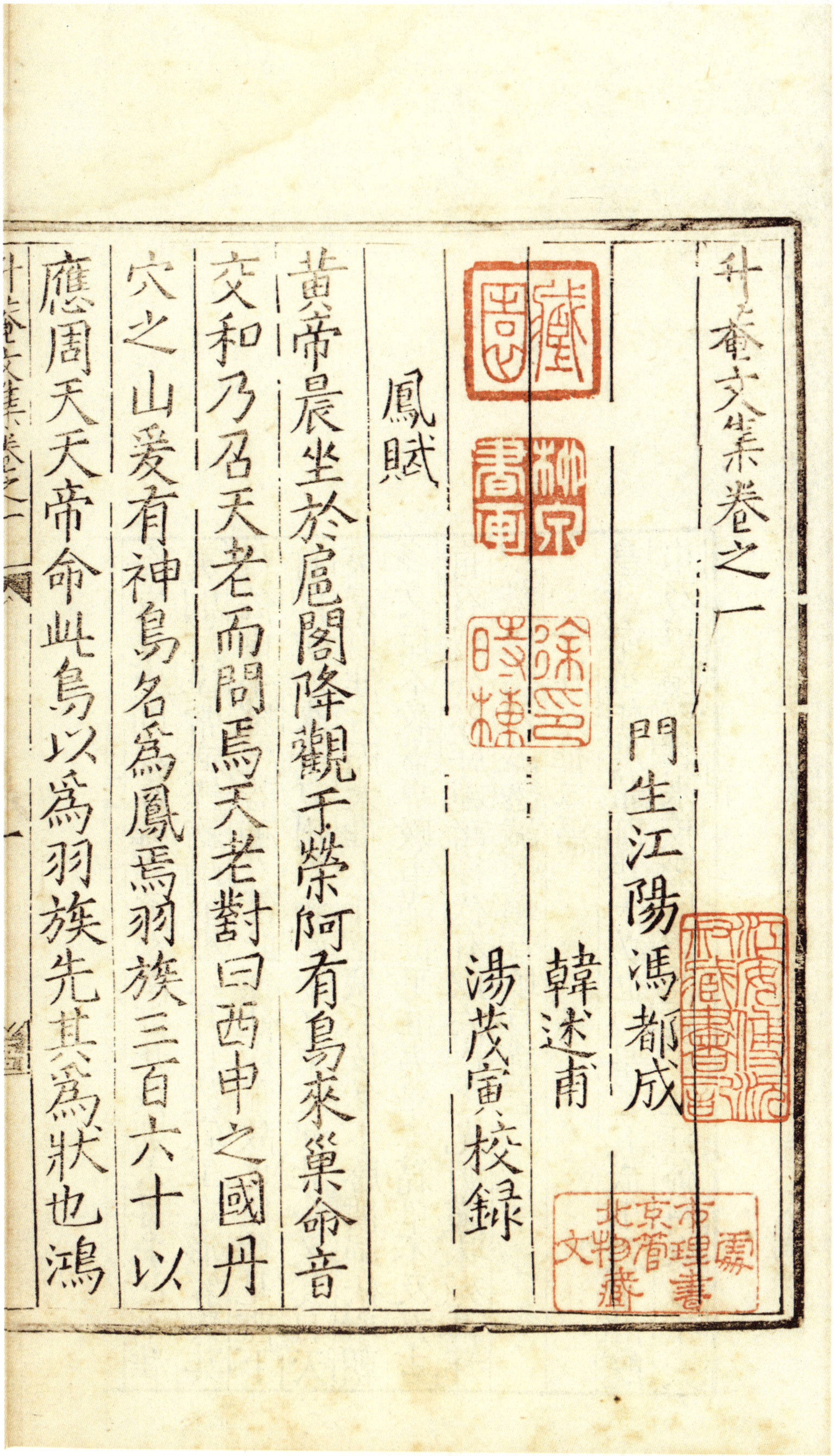

《**升庵文集**》十二卷（明）杨慎撰 明嘉靖三十六年宋少宇刻本
白棉纸 线装 框高 19.5 厘米 广 14.5 厘米
半页九行 行十八字 白口 四周双栏 徐时栋题记
入选《国家珍贵古籍名录》

前而麟後蛇頸而魚尾鸛顙而鴛腮龍文而龜
身燕頷而鷄味鶴植而麗化首翁戴仁也
嬰翁白堊抱義也斧翁赤丹負禮也胷翁石墨
蘊智也足下棰黃履信也厥像有六厥苞有九
六像維何頭僞天足像地日像在目月像在背
翼像曰風尾僞曰緯九苞維何口苞命眼合度
耳聰達舌屈伸色光彩冠短朱距兌鉤音激揚
腹文户天爲生食爰在積石其樹名曰瓊枝琦
玗琅玕以爲實琅玕之腴是曰離珠一人三頭

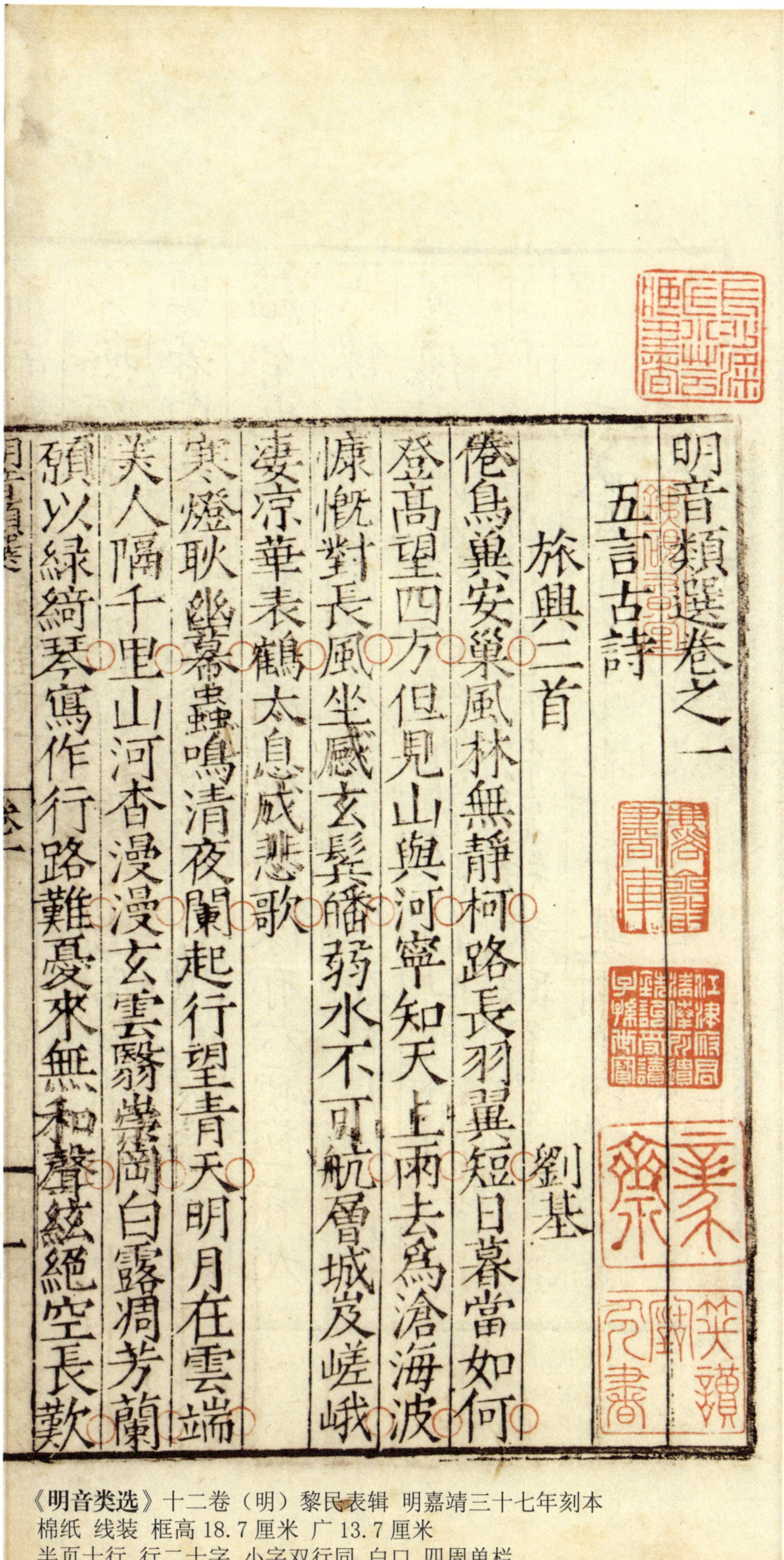
明音類選卷之一
五言古詩
旅興二首　劉基
倦鳥巢安巢風林無靜柯路長羽翼短日暮當如何
登高望四方但見山與河寧知天上雨去為滄海波
慷慨對長風坐感玄鬢皤弱水不可航層城岌嵯峨
淒凉華表鶴太息戚悲歌
寒燈耿幽幕蟲鳴清夜闌起行望青天明月在雲端
美人隔千里山河杳漫漫玄雲翳崇岡白露凋芳蘭
願以綠綺琴寫作行路難憂來無和聲絃絕空長歎

《明音类选》十二卷（明）黎民表辑 明嘉靖三十七年刻本
棉纸 线装 框高 18.7 厘米 广 13.7 厘米
半页十行 行二十字 小字双行同 白口 四周单栏

晨詣祥符寺

上馬鷄始鳴入寺鐘未歇草際起微風林端澹斜月
僧房湛幽寂假寐待明發松徑斷無人經聲在清樾

晚同方舟上人登師子巖作

落日下前峯輕烟生遠林雲霞媚餘姿松栢澹清陰
振策縱幽步披榛陟層岑槿花籬上明莎鷄草間吟
涼風自西來飃飃吹我襟榮華能幾時揺落方自今
逝川無停波急絃有哀音顧瞻望四方悵然愁思深

遠遊篇

三山六鼇背翠水扶桑東鷄鳴上海日海面玻瓈紅

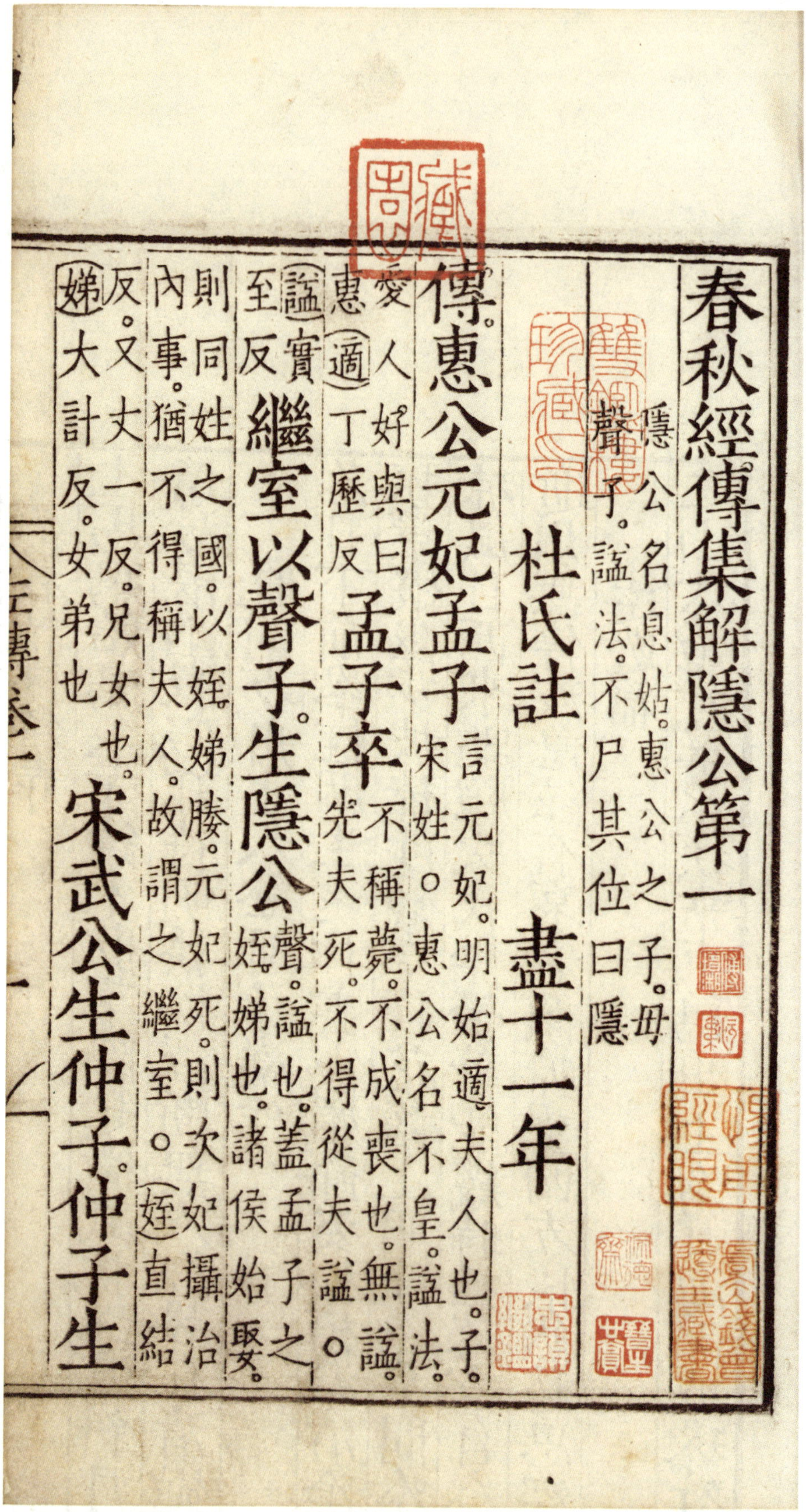

《**春秋经传集解**》三十卷（晋）杜预撰 明嘉靖覆元相台岳氏刻本
棉纸 线装 框高 20.3 厘米 广 13.7 厘米
半页八行 行十七字 小字双行同 白口 四周双栏
入选《国家珍贵古籍名录》

而有文在其手。曰爲魯夫人。故仲子歸于我婦人謂嫁曰歸。以手理自然成字。有若天命。故嫁之於魯。○婦人謂嫁曰歸。本或無曰字。此依公羊傳生桓公而惠公薨言歸魯而生男。惠公不以桓生之年薨是以隱公立而奉之隱公。繼室之子。當嗣世。以禎祥之故。追成父志。爲桓尚少。是以立爲大子。帥國人奉之。爲經元年春不書即位傳。○禎音貞。爲桓。于僞反。大舊大字皆作大。後大字皆放此

經元年。春。王正月隱公之始年。周王之正月也。凡人君即位。欲其體元以居正。故不言一年一月也。隱雖不即位。然攝行君事。故亦朝廟告朔也。告朔朝正例在

《**大学**》一卷《**中庸**》一卷《**论语**》二卷《**孟子**》二卷 明司礼监刻本
白棉纸 线装 框高 23 厘米 广 16.5 厘米
半页八行 行十四字 小字双行同 黑口 四周双栏
中国书店 2007 年自海外购回

中庸中者。不偏不倚。無過不及之名。庸。平常也。

子程子曰。不偏之謂中。不易之謂庸。中者。天下之正道。庸者。天下之定理。此篇乃孔門傳授心法。子思恐其久而差也。故筆之於書。以授孟子。其書始言一理。中散為萬事。末復合為一理。放之則彌六合。卷之則退藏於密。

大學 大舊音泰 今讀如字

子程子曰。大學孔氏之遺書。而初學入德之門也。於今可見古人爲學次第者。獨賴此篇之存。而論孟次之。學者必由是而學焉。則庶乎其不差矣。

大學之道。在明明德。在親民。在止於至善。知止而后有定。定而后能靜。靜

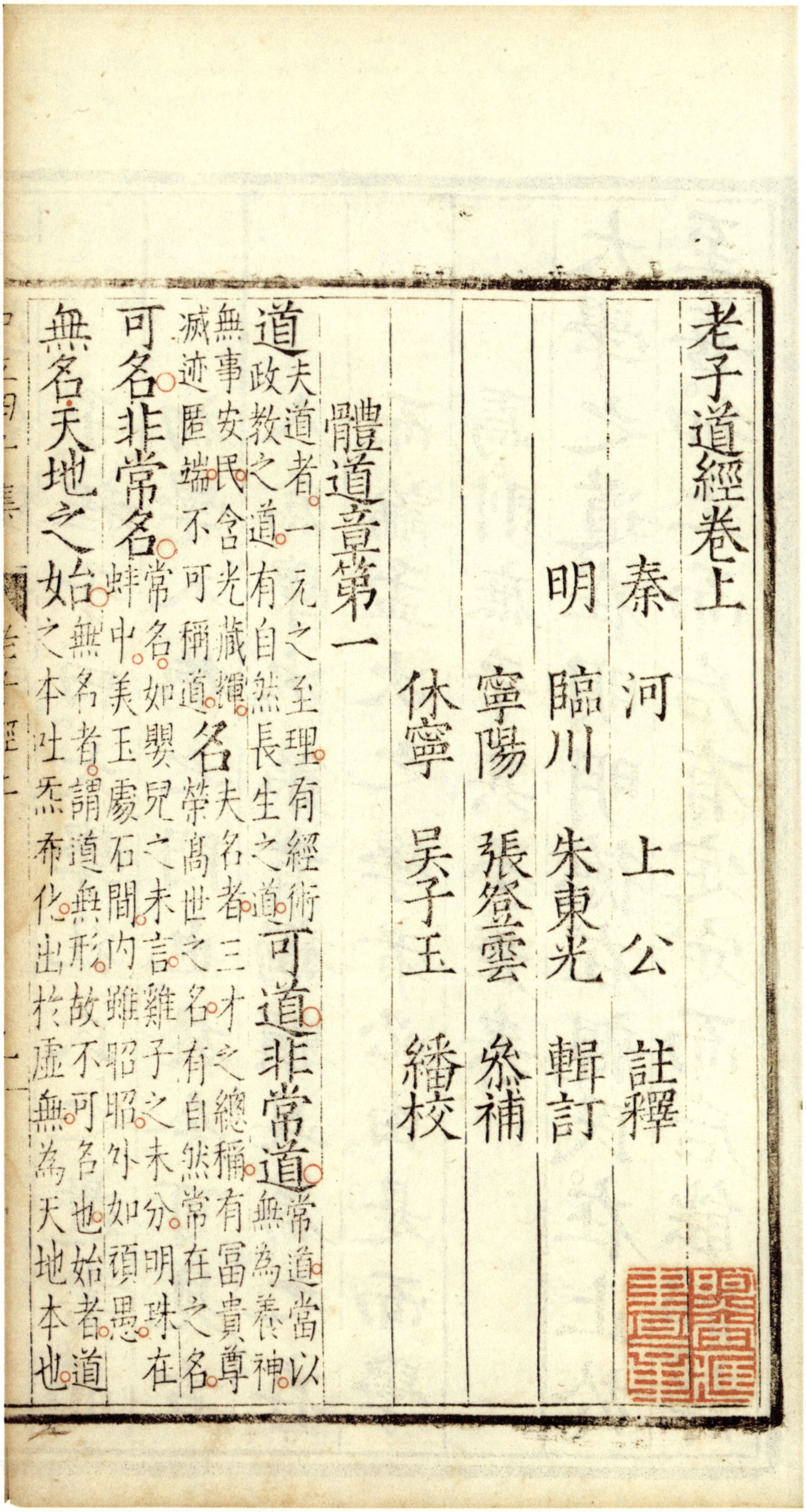

老子道經卷上

秦　河上公　註釋

明　臨川　朱東光　輯訂

寧陽　張登雲　叅補

休寧　吴子王　繙校

體道章第一

道[夫道者一元之至理有經術政教之道有自然長生之道]可道非常道[常道當以無為養神無事安民含光藏輝滅迹匿端不可稱道]名[夫名者三才之總稱有富貴尊榮高世之名有自然常在之名]可名非常名[常名如嬰兒之未言雞子之未分明珠在蚌中美玉處石間內雖昭昭外如頑愚]無名天地之始[無名者謂道無形故不可名也始者道之本吐氣布化出於虛無為天地本也]

《中都四子集》六十四卷（明）朱东光辑（明）张登云参补 明万历七年刻本
白棉纸 线装 框高21.5厘米 广14.8厘米
半页十行 行二十一字 小字双行同 白口 四周双栏

有名萬物之母有名謂天地有形位陰陽有剛柔是其有名也萬物母者天地含氣生萬物長大成熟如母之養子〔補〕有名與可名非相背戾可名則涉於兆有名則為常況謂之母非可名之比矣故常無欲以觀其妙妙要也人常無欲則可以觀道之要妙常有欲以觀其徼徼歸也常有欲之人可以觀世俗之所歸趣徼古弔反即竅字〔補〕一說常無常有句二欲字帶下讀此兩者同出而異名兩者謂有欲無欲同出者同出人心異名者所名各異名無欲者長存名有欲者亡身同謂之玄玄之又玄眾妙之門玄天也有生之初受炁於天玄之又玄者天中復有天之義人稟氣有厚薄得中和則生賢聖得錯亂則生貪淫能知天中復有天稟炁有厚薄除情去欲守中和是謂知道要之門戶也

養身章第二

天下皆知美之為美天下之人皆知自揚己美使顯彰也斯惡已故惡已之有危

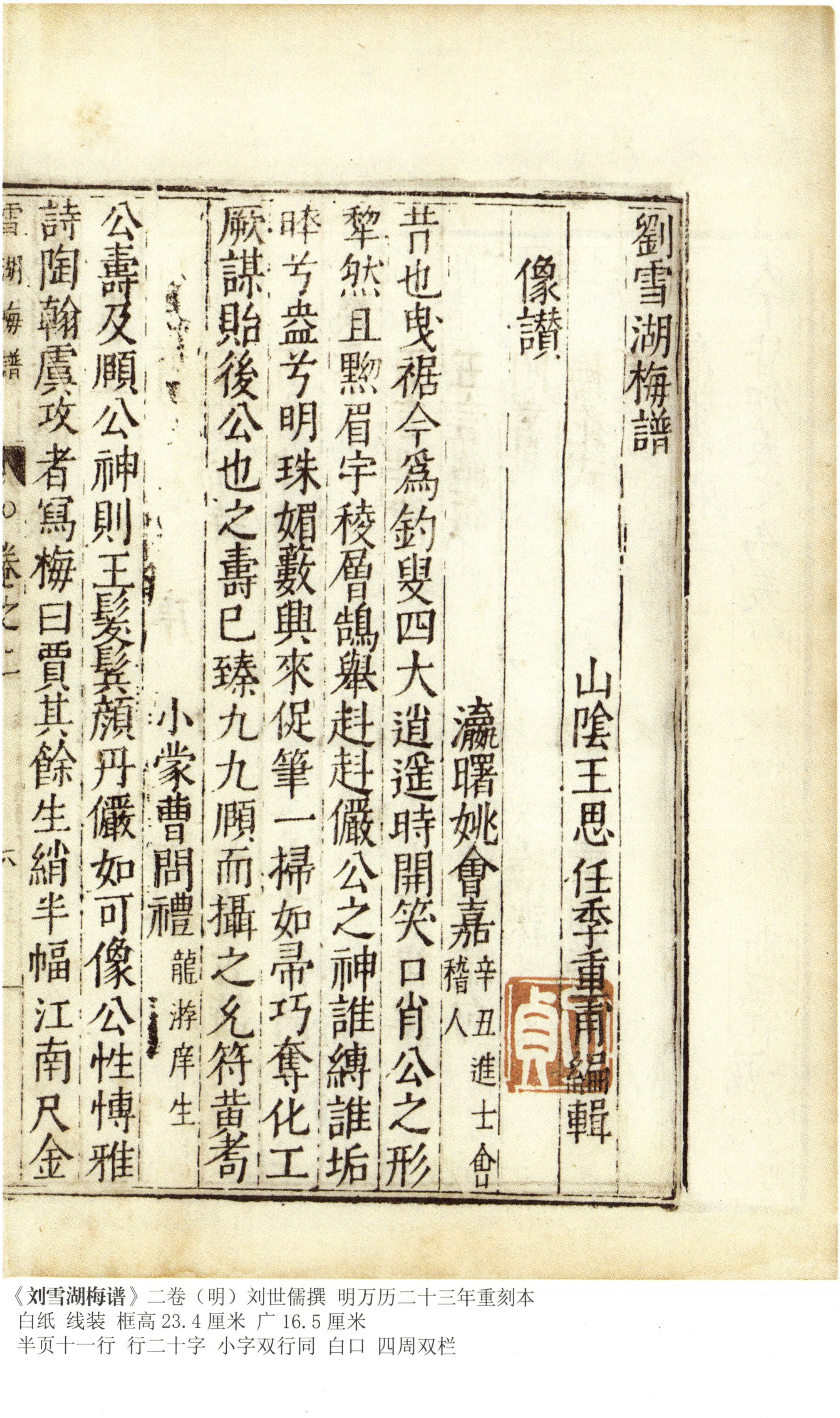
劉雪湖梅譜
山陰王思任季重甫編輯
像讚
瀛曙姚會嘉 辛丑進士會稽人
昔也曳裾今爲釣叟四大逍遥時開笑口肖公之形
犂然且黝眉宇稜層鵠舉赳赳儼公之神誰縛誰垢
眯兮盎兮明珠媚藪與來促筆一掃如帚巧奪化工
厥謀貽後公也之壽已臻九九順而攝之允符黃耇
小掌曹問禮 龍游庠生
公壽及順公神則王髮鬓顏丹儼如可像公性慱雅
詩陶翰虞攻者寫梅曰賈其餘生綃半幅江南尺金
雪湖梅譜 卷之一 六

《**刘雪湖梅谱**》二卷（明）刘世儒撰 明万历二十三年重刻本
白纸 线装 框高 23.4 厘米 广 16.5 厘米
半页十一行 行二十字 小字双行同 白口 四周双栏

人得其骨公得其神以傳不朽冠於古今此猶戔戔
品殊高絜

養川魏本 山陰儒士

滕六揚威滿空飛玉迷漫鑑湖難辨林麓先生駕舟
遨遊縱目色映道範寒侵僊骨趣出天然樂由自足
一葫蘆不換千鍾粟一扁舟不換黃金屋口不食天
祿身享蒼天福呼曰蓬萊山安期公允哉欣賛祝

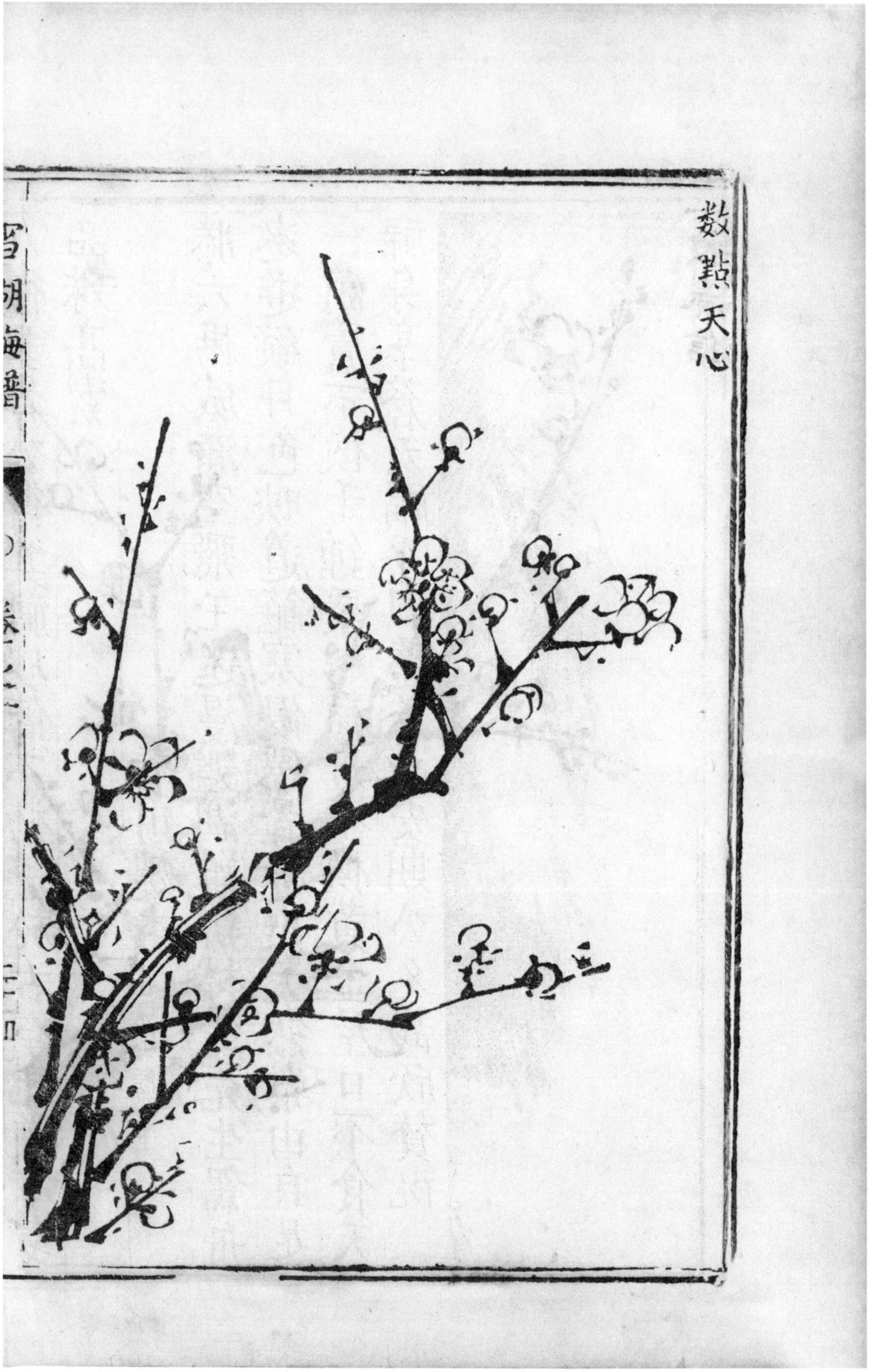
数點天心

珠胎乍裂

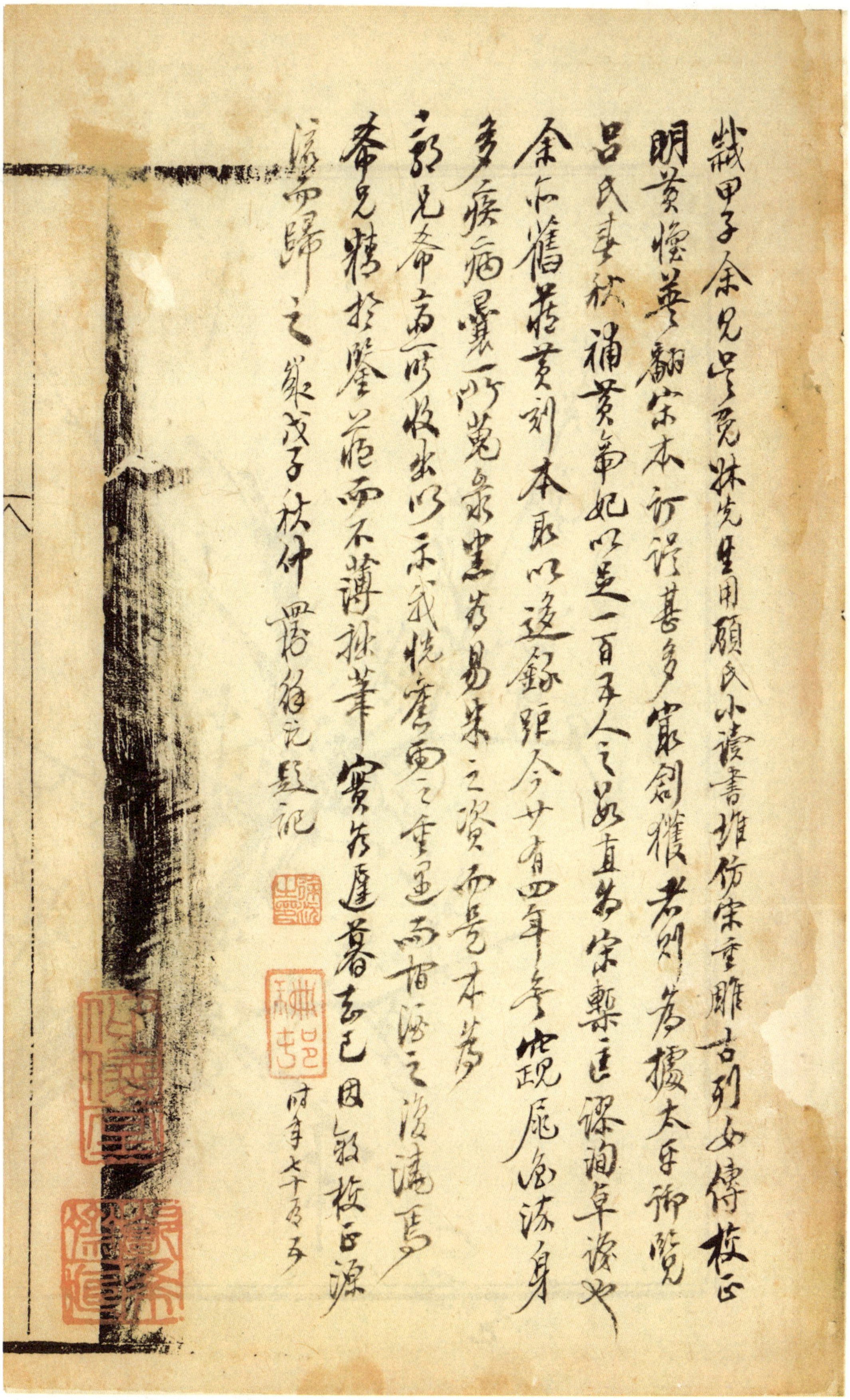

《**刘向古列女传**》八卷（汉）刘向撰 明万历三十四年唐锦池文林阁刻本
竹纸 线装 框高 19.2 厘米 广 14.3 厘米
半页十行 行二十字 白口 四周单栏

新安原板圖

文林閣唐錦池梓行

像古列女傳

《刘向古列女传》 明万历三十四年唐锦池文林阁刻本

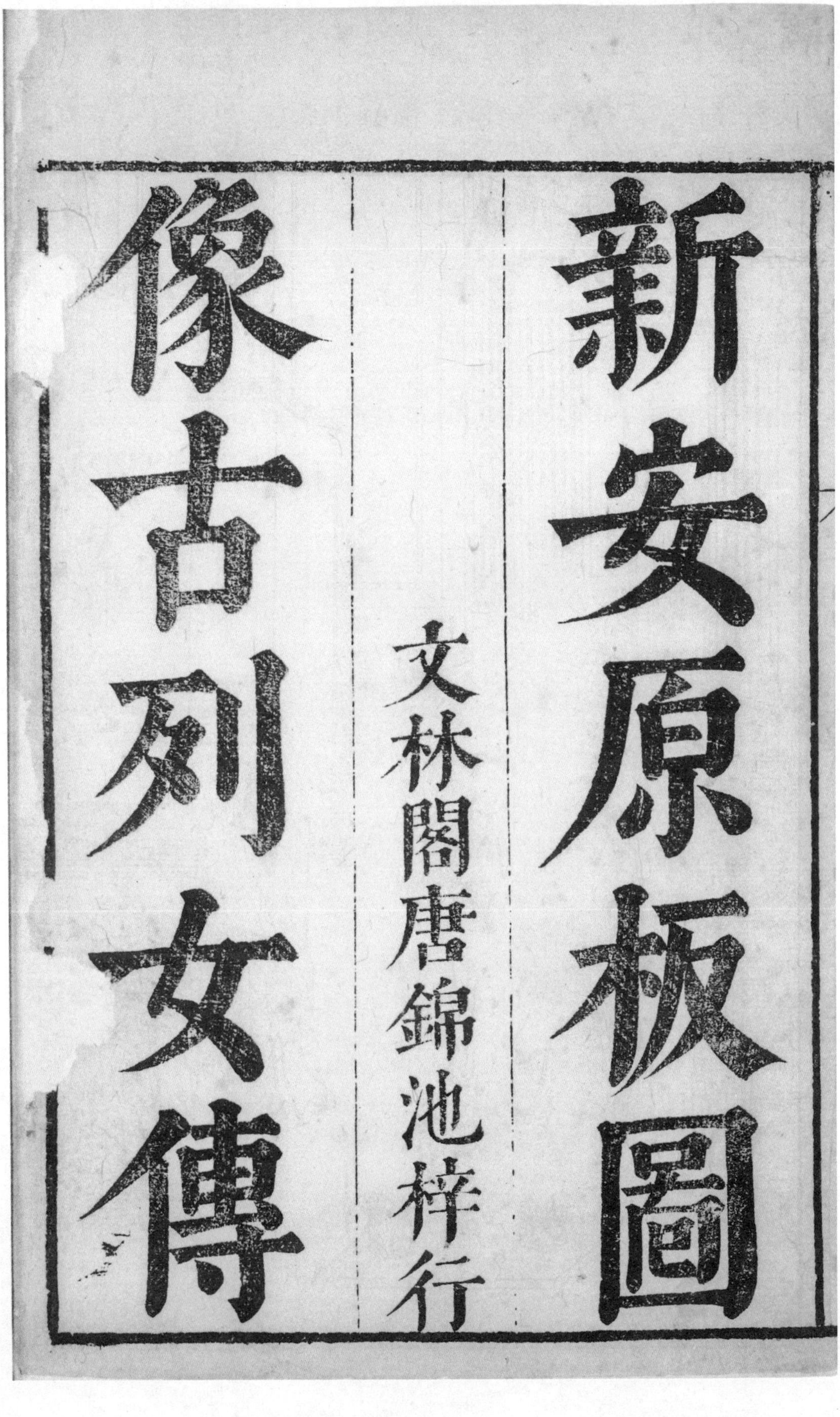

劉向古列女傳卷之一

母儀傳

有虞二妃

有虞二妃者帝堯之二女也長娥皇次女英舜父頑母嚚父號瞽叟弟曰象敖游於嫚舜能諧柔之承事瞽叟以孝母憎舜而愛象舜猶内治靡有姦意四嶽薦之於堯堯乃妻以二女以觀厥内二女承事舜於畎畝之中不以天子之女故而驕盈怠嫚猶謙謙恭儉思盡婦道瞽叟與象謀殺舜使塗廩舜歸告二女曰父母使我塗廩我其往二女曰往哉舜既治廩乃

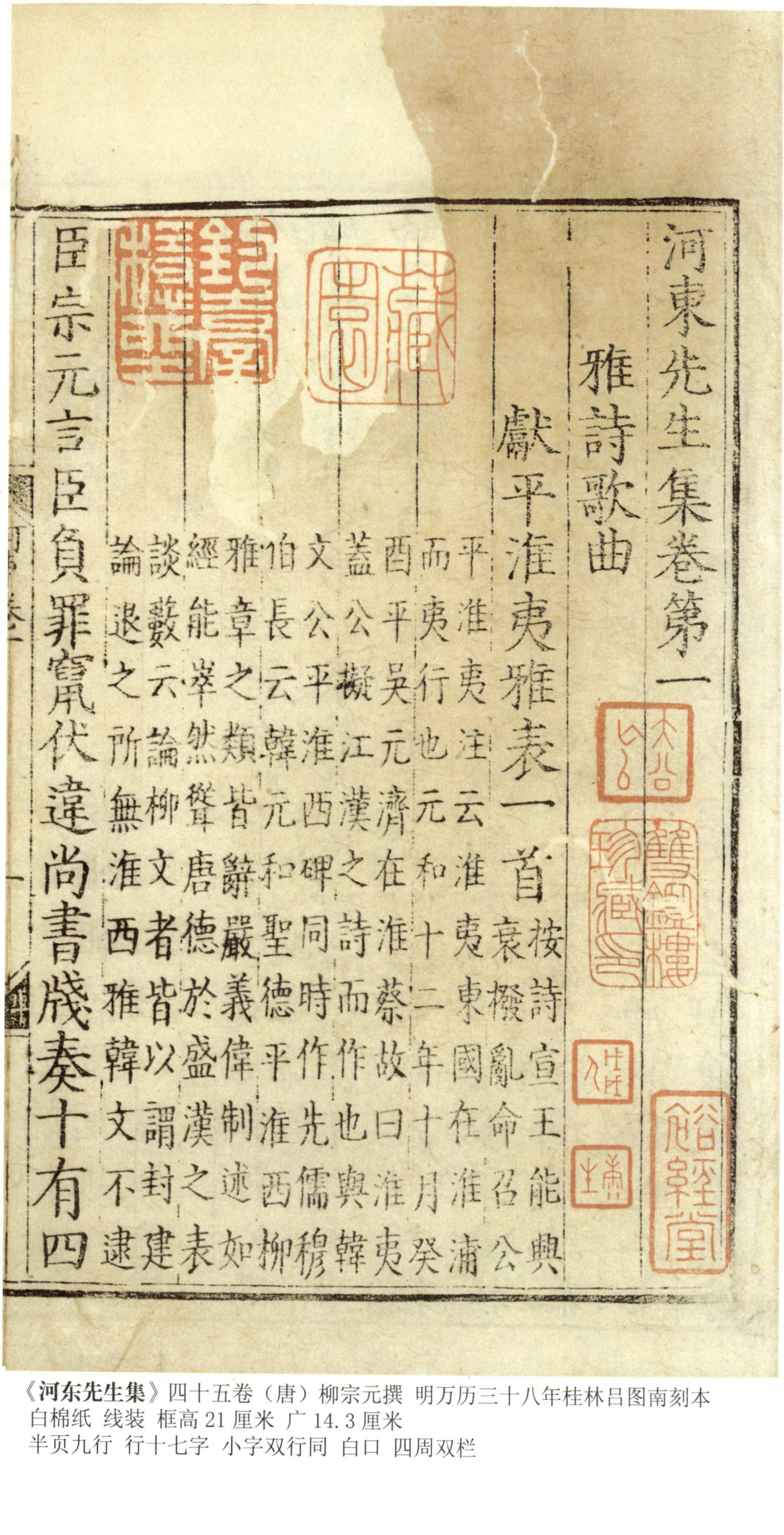

河東先生集卷第一

雅詩歌曲

獻平淮夷雅表一首

按詩宣王能興衰撥亂命召公平淮夷注云淮夷東國在淮浦而夷行也元和十二年十月癸酉平吳元濟在淮蔡故曰淮夷西蓋公擬江漢之詩而作也與韓文公平淮西碑同時作先儒穆伯長云韓元和聖德平淮西柳雅章之類皆辭嚴義偉制述如經能崒然聳唐德於盛漢之表談藪云論柳文者皆以謂封建論退之所無淮西雅韓文不逮

臣宗元言臣負罪竄伏違尚書牋奏十有四

《**河东先生集**》四十五卷（唐）柳宗元撰　明万历三十八年桂林吕图南刻本
白棉纸　线装　框高 21 厘米　广 14.3 厘米
半页九行　行十七字　小字双行同　白口　四周双栏

年禮部郎官掌尚書牋奏公永貞元年自禮部員外郎貶邵州刺史再貶永州司馬元和十年召至京師又出爲柳州刺史至是元和十三年爲十四年故云聖恩寬宥周官司刺掌三宥三赦之法一宥曰不識二宥曰過失三宥曰遺忘命守遐壤謂元和十年三月爲柳州刺史也懷印曳紱紱綬也有社有人論語有民人焉有社稷焉臣宗元誠感誠荷頓首頓首

伏惟睿聖文武皇帝陛下天造神斷克清大憝憝惡也書康誥曰元惡大憝此謂平吳元濟也憝徒對切金鼓一動萬方畢臣太平之功中興之德推校千古無所與讓臣伏自忖度忖度字見孟子王曰詩云它人有心予忖度之度徒

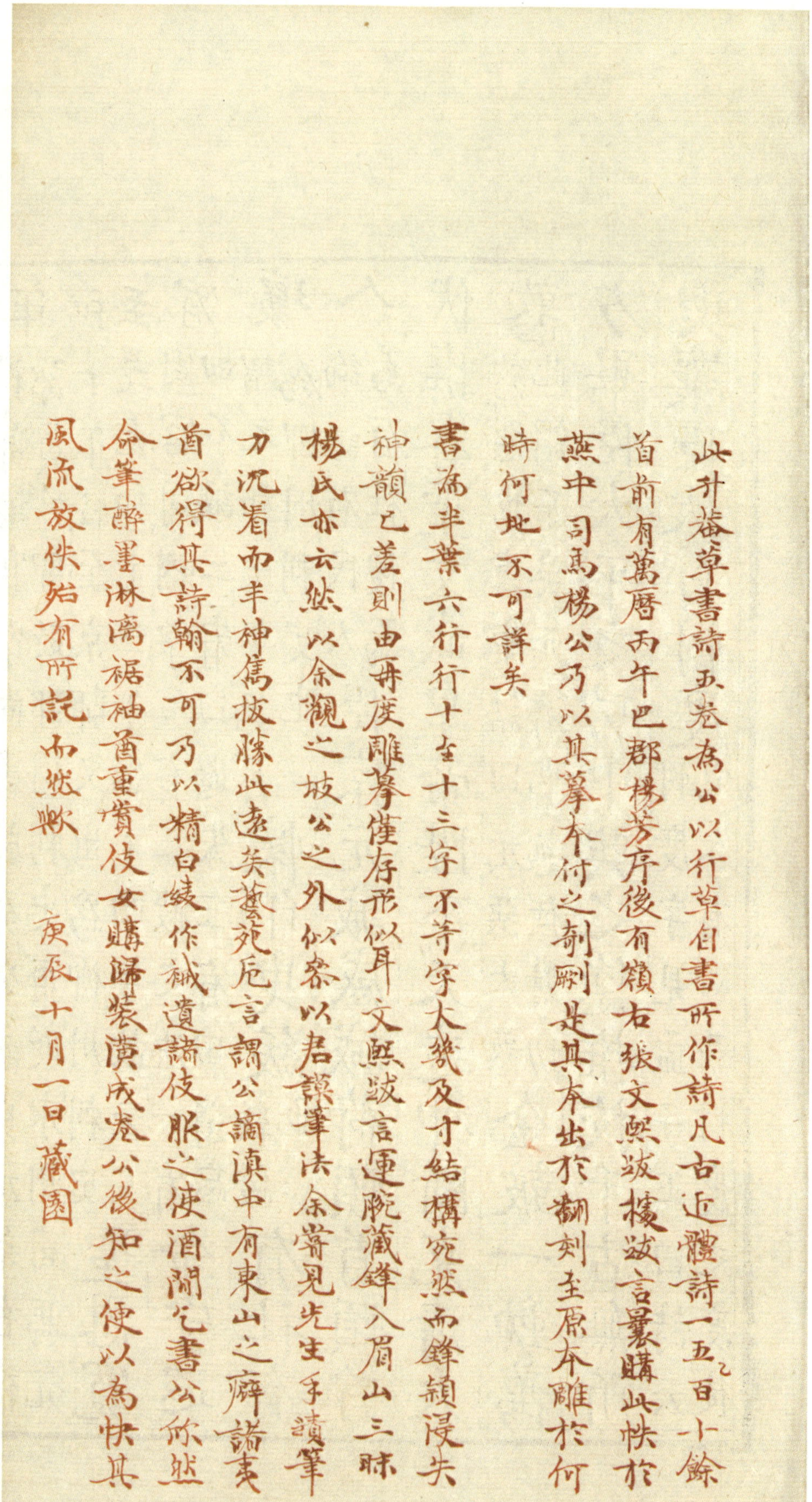

此升菴草書詩五卷為公以行草自書所作詩凡古近體詩一五百十餘
首前有萬曆丙午巴郡楊芳序後有嶺右張文熙跋據跋言曩購此帙於
燕中司馬楊公乃以其摹本付之剞劂是其本出於翻刻至原本雕於何
時何地不可詳矣
書為半葉六行行十一字十三字不等字大幾及寸結構宛然而鋒穎浸失
神韻已差則由再度雕摹僅存形似耳文熙跋言運腕藏鋒入眉山三昧
楊氏亦云然以余觀之坡公之外似參以君謨筆法余嘗見先生手蹟筆
力沉着而半神雋拔勝此遠矣藝苑卮言謂公謫滇中有東山之癖諸夷
酋欲得其詩翰不可乃以精白綾作襪遺諸伎服之使酒間乞書公欣然
命筆醉墨淋漓裙袖酋重賞伎女購歸裝潢成卷公後知之便以為快其
風流放佚殆有所託而然歟
庚辰十月一日藏園

《杨升庵诗》五卷（明）杨慎撰 明万历刻本
白棉纸 线装 框高 19.8 厘米 广 14.1 厘米
半页六行 行十一字 小字双行 行十五字 白口 四周双栏 傅增湘题记

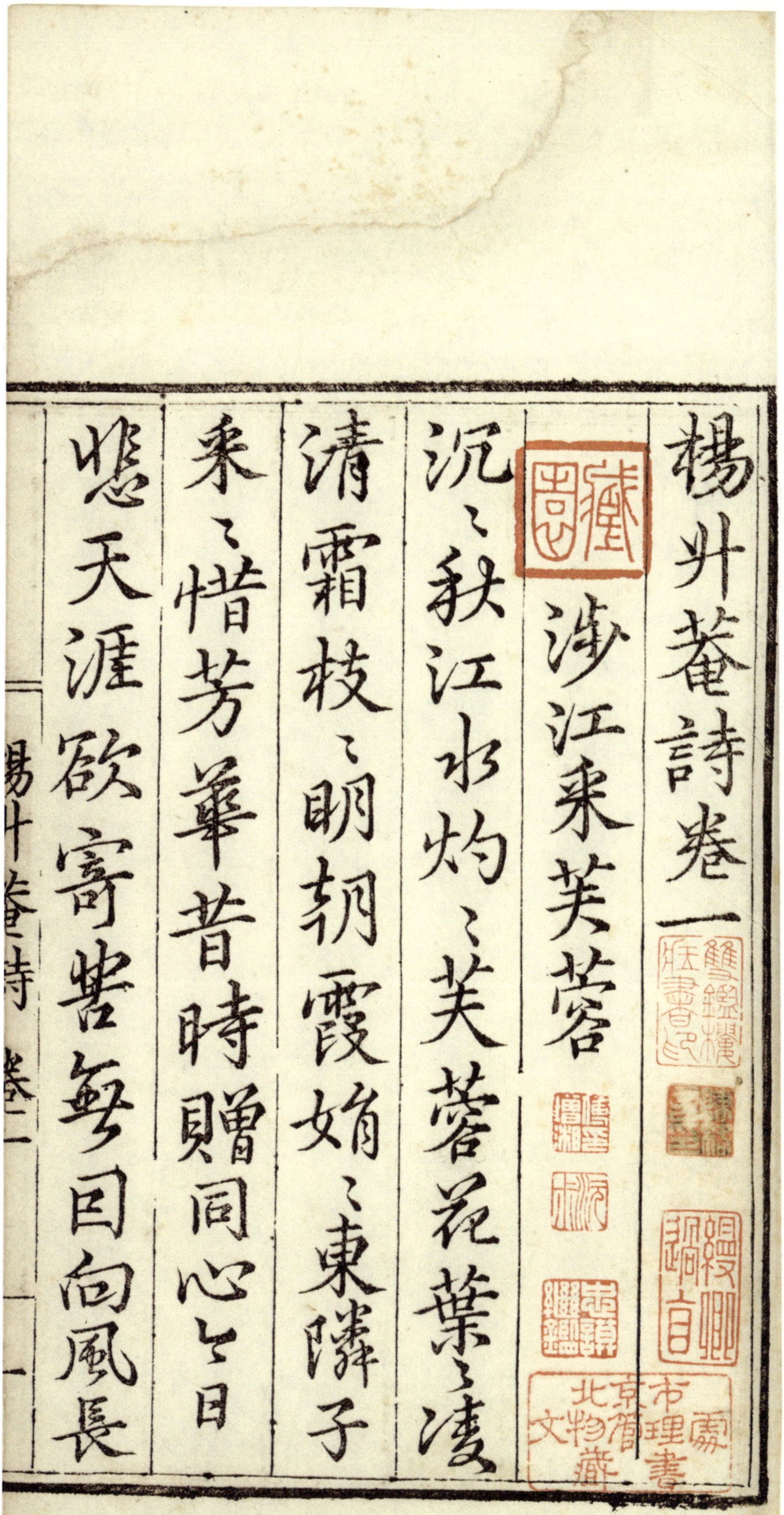

楊升菴詩卷一

涉江采芙蓉

沉沉秋江水灼灼芙蓉花葉葉凌
清霜枝枝明朝霞娟娟東隣子
采采惜芳華昔時贈同心日日
悲天涯欲寄無因向風長

楊升菴詩　卷一　一

欵嗟 別 方思道云置之十九首中亦復何

雙燕曲

有鳥名飛燕雄雌自相將飲君玉池水巢君文杏梁美人當軒坐綠窗羅衣裳請君驅除之君憐不君傷雖生八九子

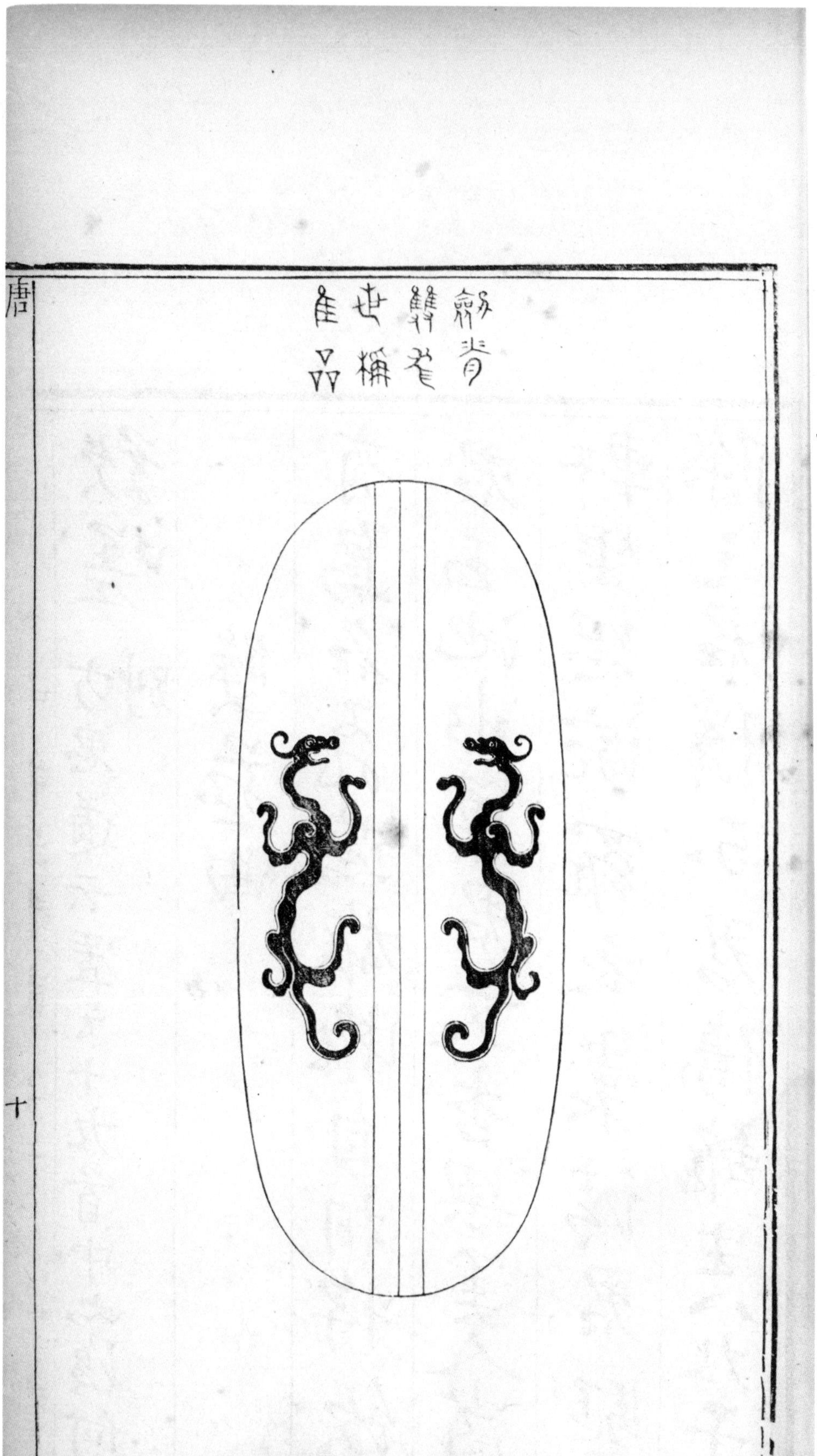

《**墨海**》（明）方瑞生撰 明刻本
棉纸 线装 框高 20.8 厘米 广 13.4 厘米 白口 四周双栏

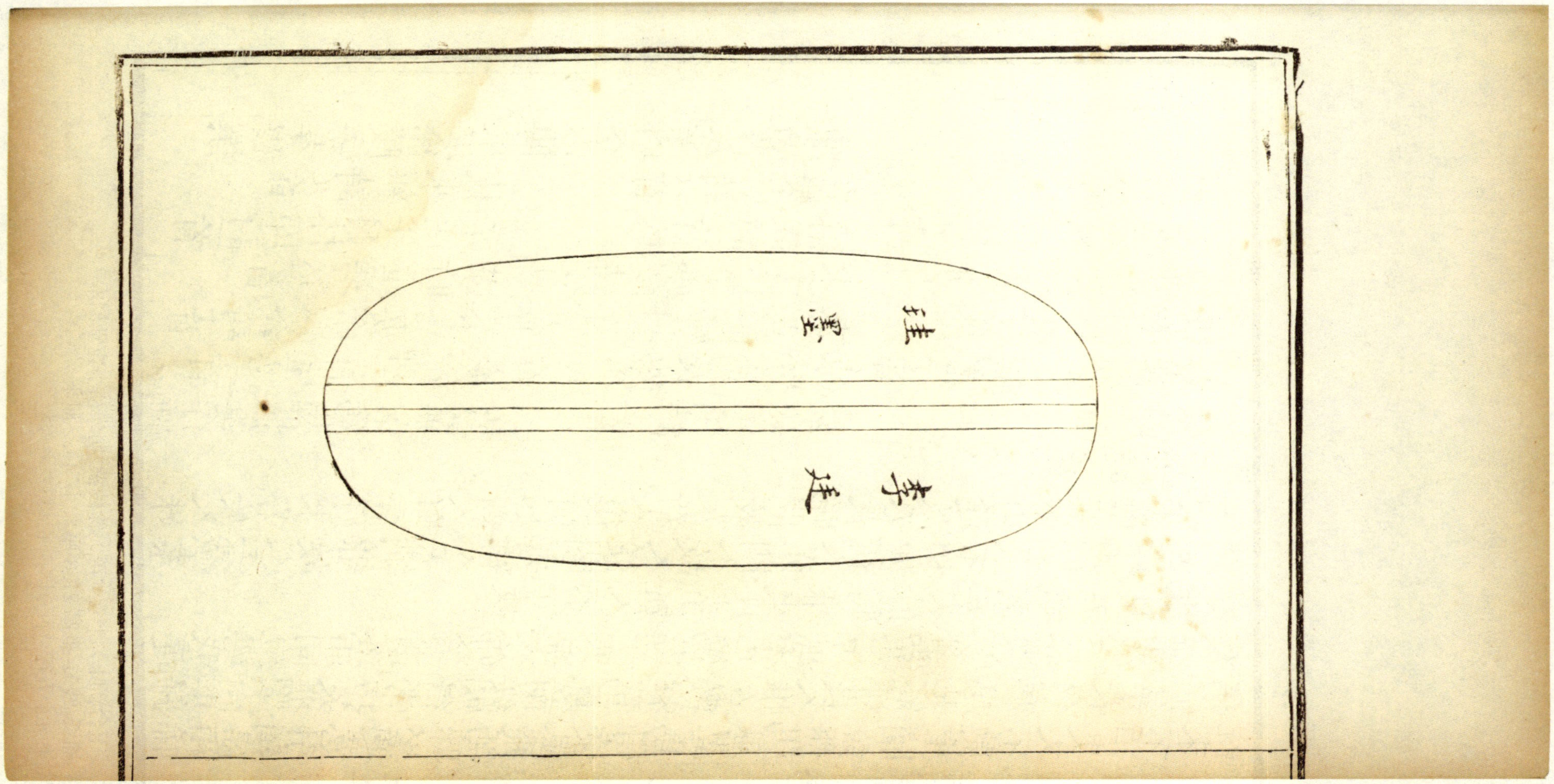
李廷
珪墨

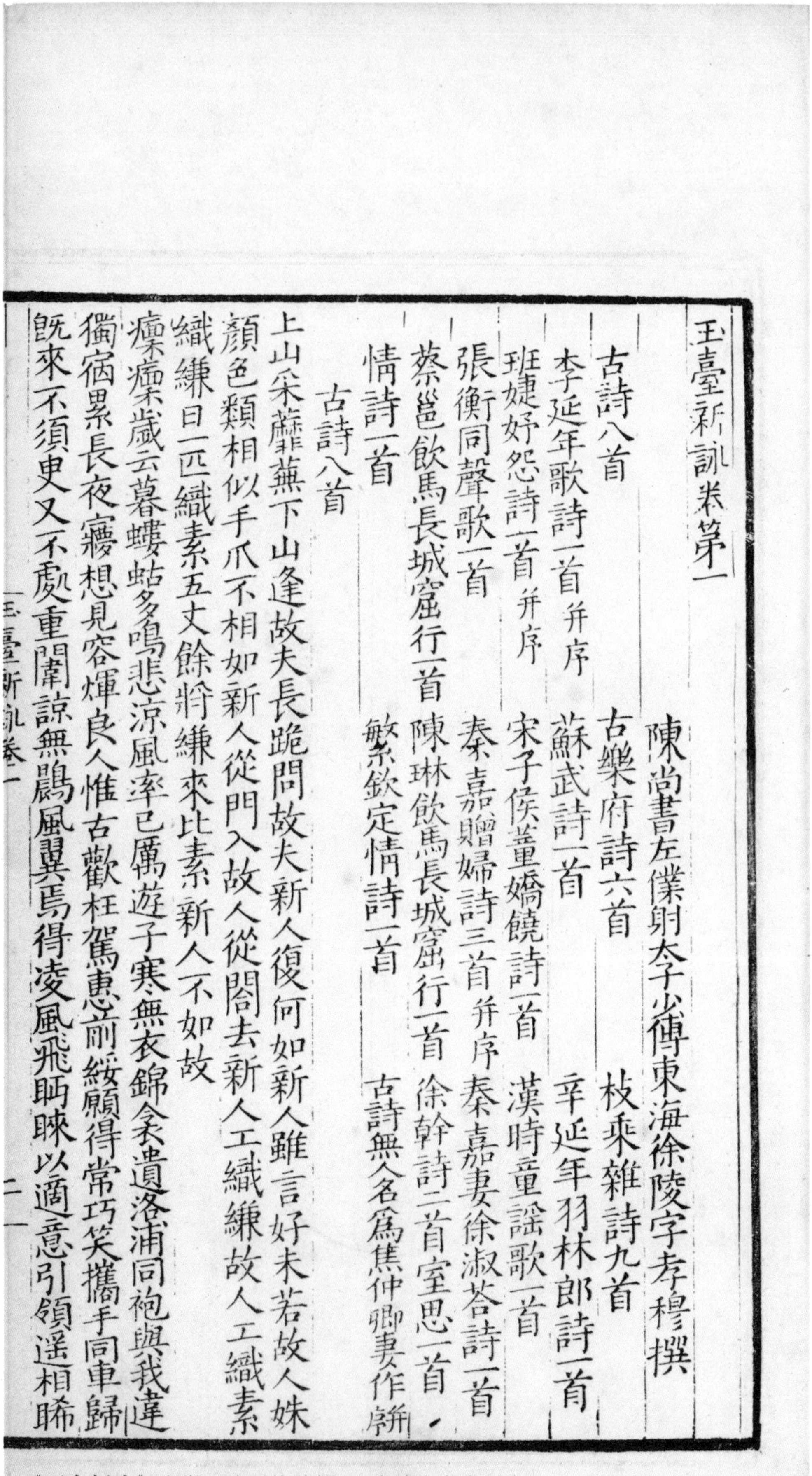
玉臺新詠卷第一

陳尚書左僕射太子少傅東海徐陵字孝穆撰

古詩八首　古樂府詩六首　枚乘雜詩九首
李延年歌詩一首并序　蘇武詩一首　辛延年羽林郎詩一首
班婕妤怨詩一首并序　宋子侯董嬌饒詩一首　漢時童謠歌一首
張衡同聲歌一首　秦嘉贈婦詩三首并序　秦嘉妻徐淑荅詩一首
蔡邕飲馬長城窟行一首　陳琳飲馬長城窟行一首　徐幹詩二首室思一首、
情詩一首　繁欽定情詩一首　古詩無人名爲焦仲卿妻作并序

古詩八首

上山采蘼蕪下山逢故夫長跪問故夫新人復何如新人雖言好未若故人姝顏色類相似手爪不相如新人從門入故人從閤去新人工織縑故人工織素織縑日一匹織素五丈餘將縑來比素新人不如故

凜凜歲云暮螻蛄夕鳴悲涼風率已厲遊子寒無衣錦衾遺洛浦同袍與我違獨宿累長夜夢想見容輝良人惟古歡枉駕惠前綏願得常巧笑攜手同車歸既來不須臾又不處重闈諒無鷐風翼焉得凌風飛眄睞以適意引領遥相睎

玉臺新詠卷一　二

《**玉台新咏**》十卷（陈）徐陵撰　明崇祯小宛堂刻本
棉纸　线装　框高21.3厘米　广14.2厘米
半页十五行　行三十字　白口　左右双栏

從倚懷感傷垂涕霑雙扉

冉冉孤生竹結根泰山阿與君爲新婚菟絲附女蘿菟絲生有時夫婦會有宜
千里遠結婚悠悠隔山陂思君令人老軒車來何遲傷彼蕙蘭花含英揚光輝
過時而不采將隨秋草萎君亮執高節賤妾亦何爲

孟冬寒氣至北風何慘慄愁多知夜長仰觀衆星列三五明月滿四五蟾兔缺
客從遠方來遺我一書札上言長相思下言久離别置書懷袖中三歲字不滅
一心抱區區懼君不識察

客從遠方來遺我一端綺相去萬餘里故人心尚尔文彩雙鴛鴦裁爲合歡被
著以長相思縁以結不解以膠投漆中誰能别離此

四坐且莫諠願聽歌一言請説銅鑪器崔嵬象南山上枝以松柏下根據銅盤
彫文各異類離婁自相聯誰能爲此器公輸與魯班朱火然其中青煙颺其間
從風入君懷四坐莫不歎香風難久居空令蕙草殘

悲與親友别氣結不能言贈子以自愛道遠會見難人生無幾時顛沛在其間
念子棄我去新心有所歡結志青雲上何時復來還

穆穆清風至吹我羅裳裾青袍似春草長條隨風舒朝登津梁山褰裳望所思

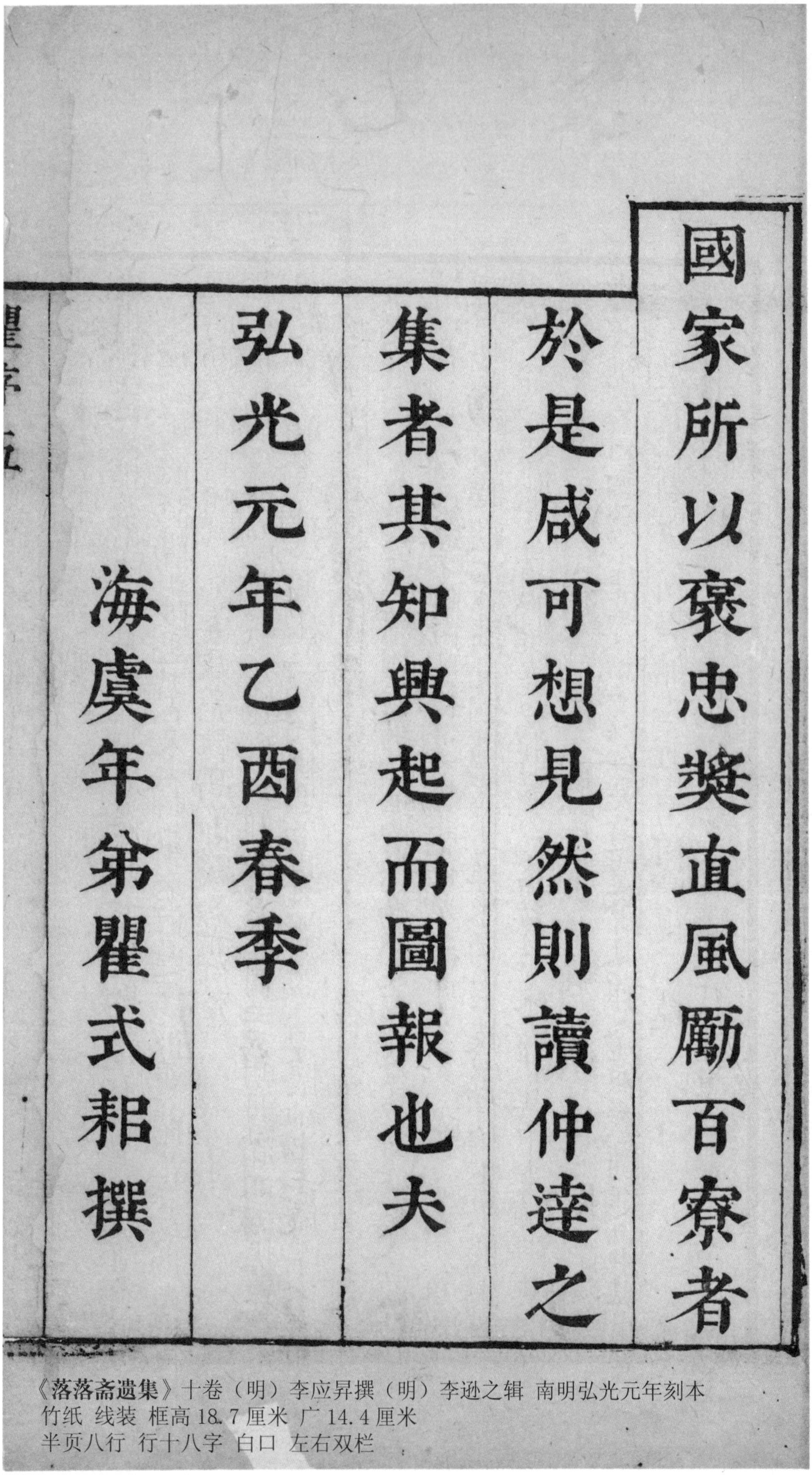
國家所以褒忠獎直風厲百寮者
於是咸可想見然則讀仲達之
集者其知興起而圖報也夫
弘光元年乙酉春季
海虞年弟瞿式耜撰

《落落斋遗集》十卷（明）李应昇撰（明）李逊之辑 南明弘光元年刻本
竹纸 线装 框高 18.7 厘米 广 14.4 厘米
半页八行 行十八字 白口 左右双栏

冒序五

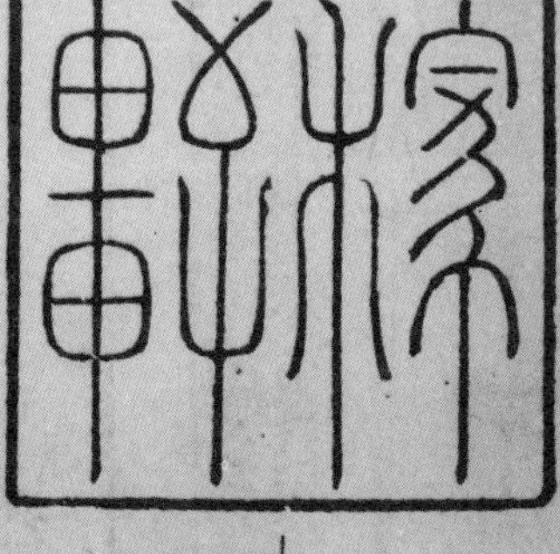

落落齋遺集卷一

江陰李應昇仲達著

男遜之輯

奏疏上

中外之憂未釋上下之志宜通敬矢微忱

仰贊

聖明勵精之治疏

臣聞蘇軾有言天下之患非經營禍亂之

落落齋遺集　卷一　一

足憂而養安無事之可畏夫果其無事也
厝火未然處堂自快識者猶緦緦憂之況
乎以養安無事之習居禍亂方興之會上
淵默而聞聲下拱手以觀望巧者取富貴
以去黠者微閃爍其間上下之交既睽則
憂患之來未可一二數也人君之尊豈高
拱無言神明獨斷之謂哉如太陽之方升
晶光注射則陰翳消如重門之洞開內外

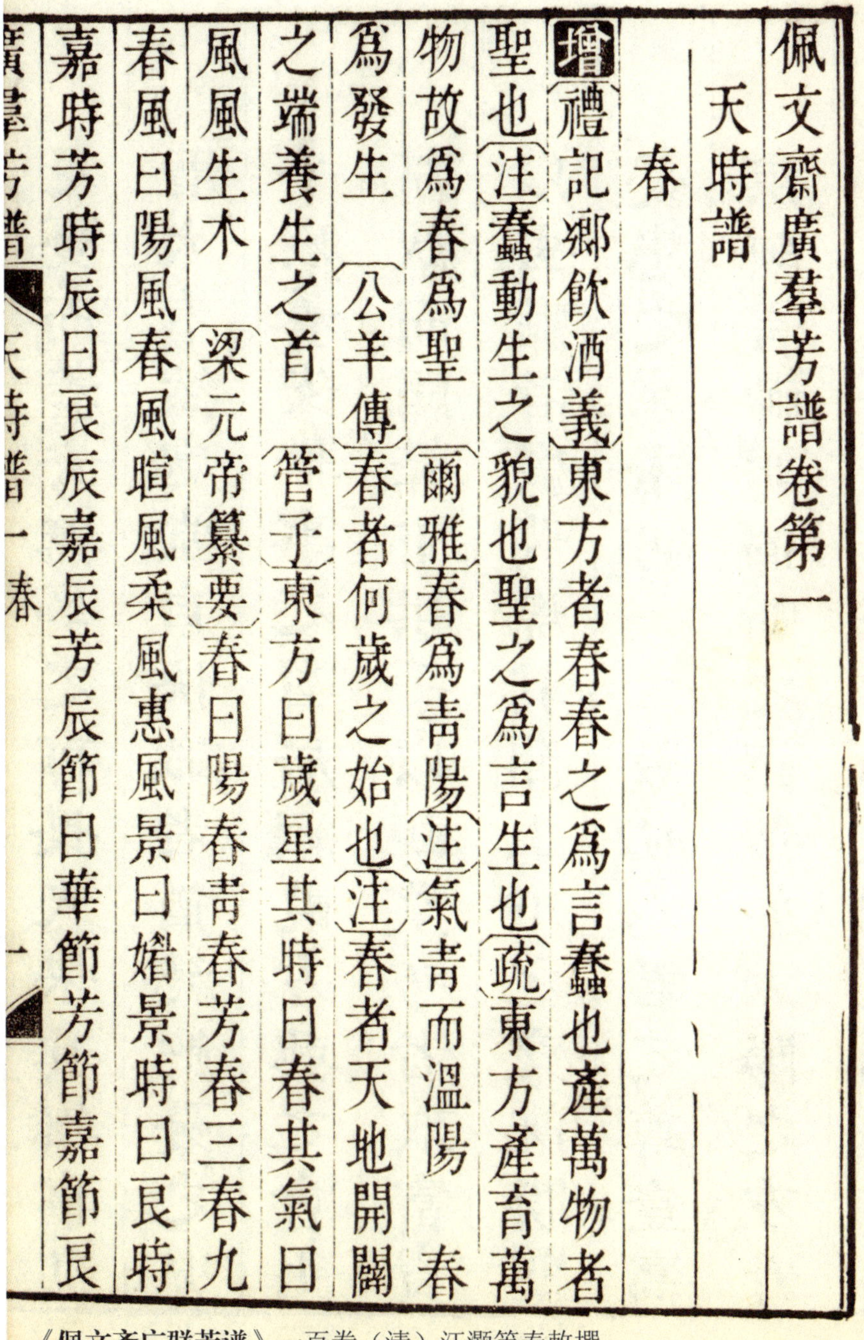

佩文齋廣羣芳譜卷第一

天時譜

春

增禮記鄉飲酒義東方者春春之爲言蠢也產萬物者聖也注蠢動生之貌也聖之爲言生也疏東方產育萬物故爲春爲聖　爾雅春爲青陽注氣青而溫陽　春爲發生　公羊傳春者何歲之始也注春者天地開闢之端養生之首　管子東方曰歲星其時曰春其氣曰風風生木　梁元帝纂要春曰陽春青春芳春三春九春風曰陽風春風暄風柔風惠風景曰媚景時曰良時嘉時芳時辰曰良辰嘉辰芳辰節曰華節芳節嘉節良

廣羣芳譜　天時譜一春　一

《佩文斋广群芳谱》一百卷（清）汪灏等奉敕撰
清康熙四十一年内府刻本
开化纸 线装 框高17.4厘米 广11.6厘米
半页十一行 行二十一字 白口 左右双栏

節韶節淑節草曰弱草芳草芳卉木曰華木華樹芳樹陽樹林曰茂林芳林

彙考 原 詩小雅春日遲遲卉木萋萋倉庚喈喈采蘩祁祁 增 詩正義周成王太平之時于春時親耕籍田以勸農桑又祈求社稷使年豐 周禮天官內宰上春詔王后帥六宮之人而生穜稑之種而獻之于王 注 先種後熟曰穜後種先熟曰稑 史記叔孫通傳孝惠帝曾春出遊離宮叔孫生曰古者有春嘗果方今櫻桃熟可獻願陛下出因取櫻桃獻宗廟上許之諸果獻由此興 原 前漢書文帝紀元年三月詔曰方春和時草木羣生之物皆有以自樂 增 律曆志少陽者東方東動也

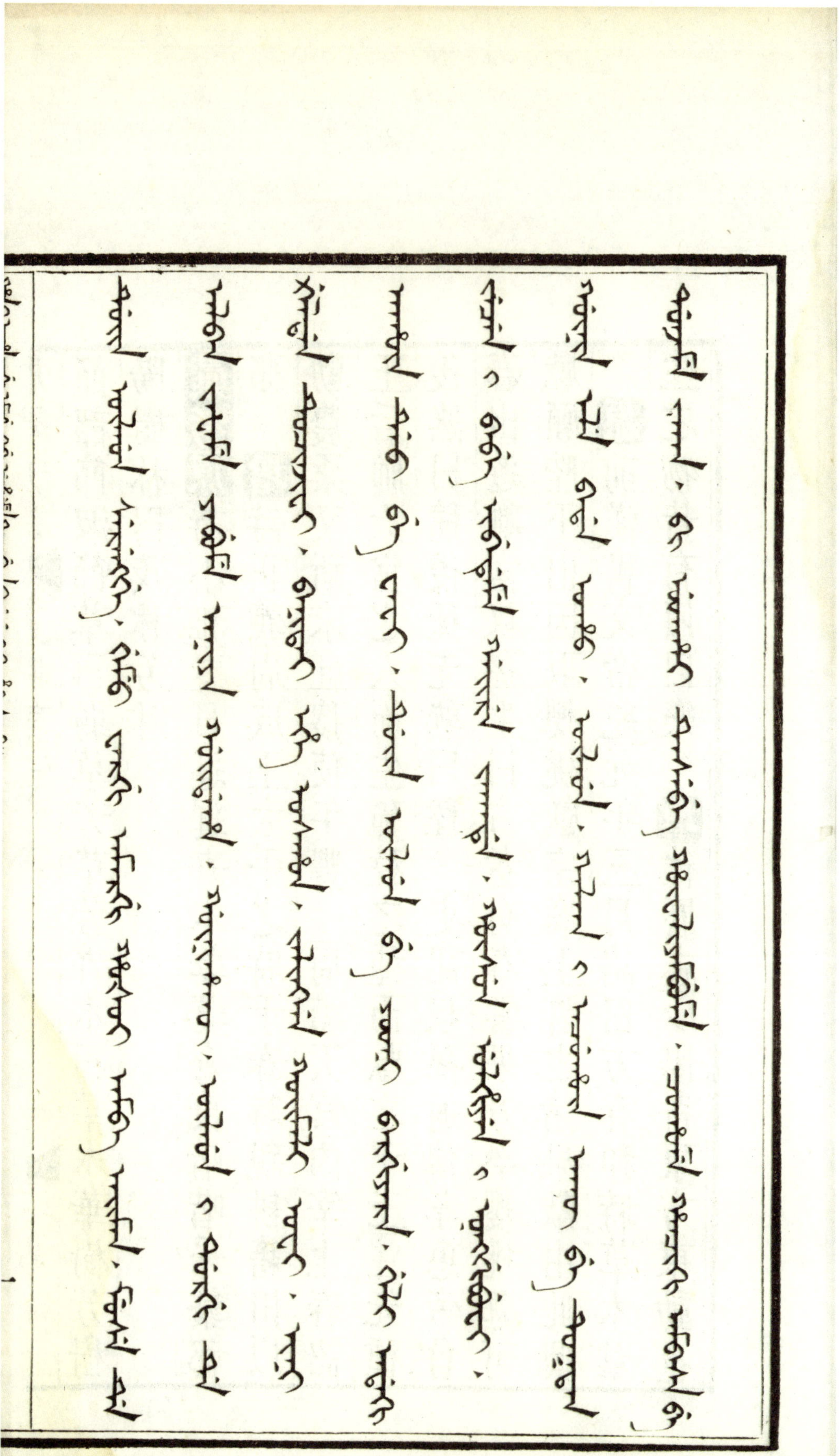

《亲征平定朔漠方略》（满文）四十八卷（清）温达等撰 清康熙四十七年内府刻本
开化纸 线装 框高 24.1 厘米 广 16.8 厘米
白口 四周双栏

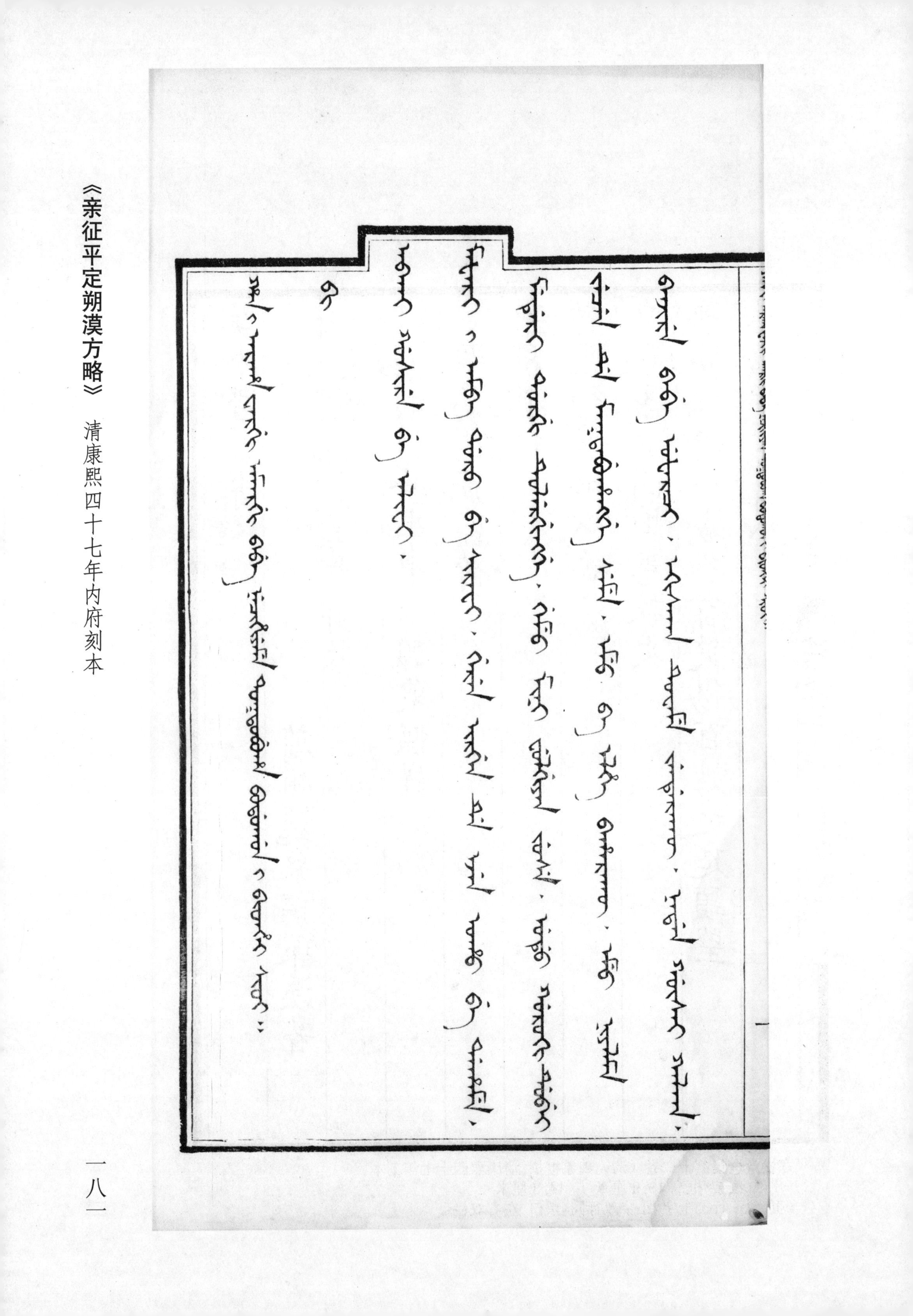

[illegible]

[illegible]

[illegible]

[illegible]

[illegible]

[illegible]

[illegible]

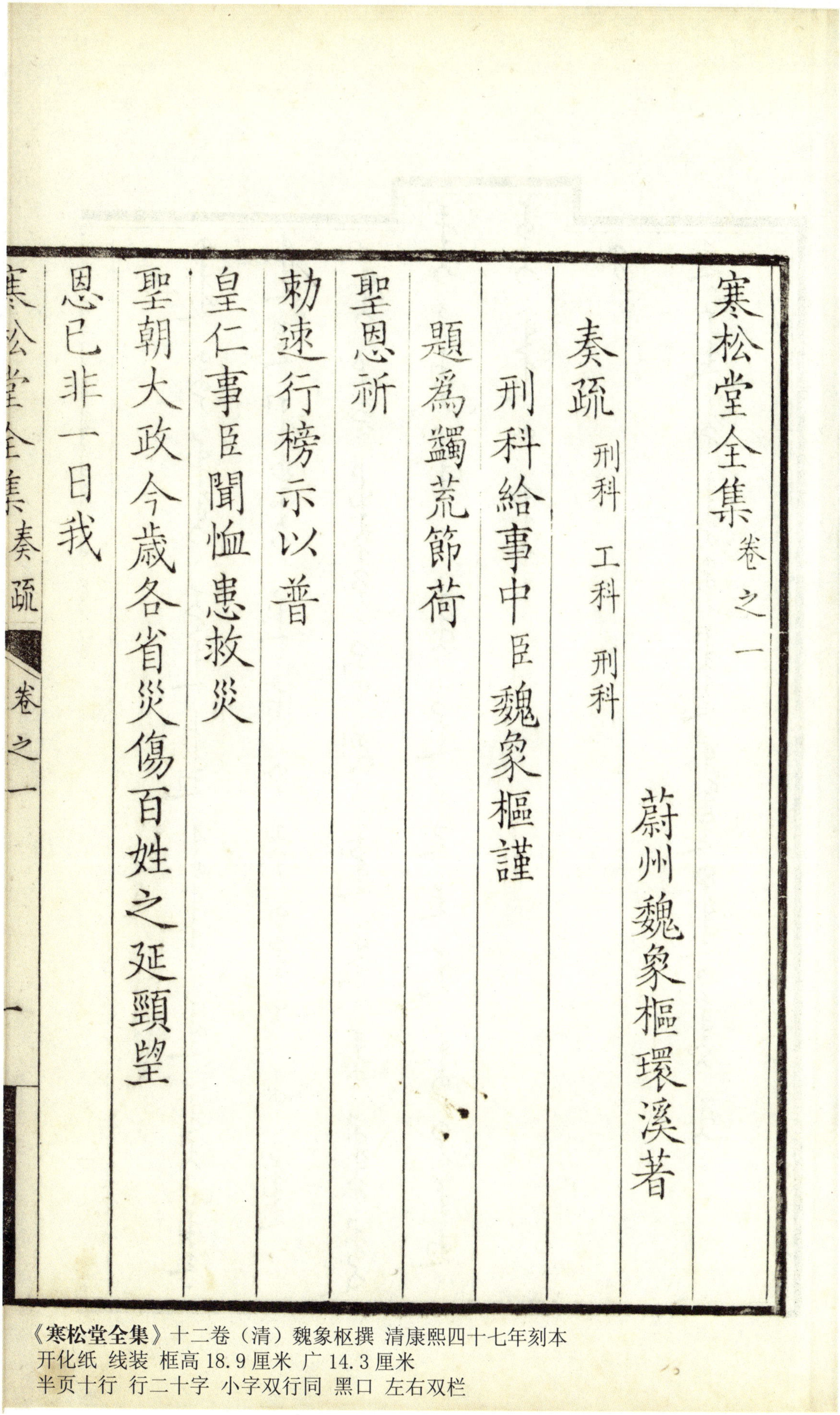

寒松堂全集卷之一

蔚州魏象樞環溪著

奏疏 刑科 工科 刑科

刑科給事中臣魏象樞謹

題爲蠲荒節荷

聖恩祈

勅速行榜示以普

皇仁事臣聞恤患救災

聖朝大政今歲各省災傷百姓之延頸望

恩已非一日我

寒松堂全集奏疏 卷之一 一

《**寒松堂全集**》十二卷（清）魏象枢撰 清康熙四十七年刻本
开化纸 线装 框高 18.9 厘米 广 14.3 厘米
半页十行 行二十字 小字双行同 黑口 左右双栏

皇上軫念民生即於疏
聞之日遣員查勘酌量蠲恤業已節次報部題覆矣
臣思地有近遠報有遲速其被災極重未經勘
報者想部臣自能速催核
請以杜明季徵後補還吏侵書兌之弊即今
明旨既下而自計部以及撫按自撫按以及道府州
縣上下咨移必非旦夕可達若不先張榜示使
小民共見共聞竊恐追呼之下徵收朦溷
德意遲留將
朝廷浩蕩之恩究不得實有沾被也伏祈

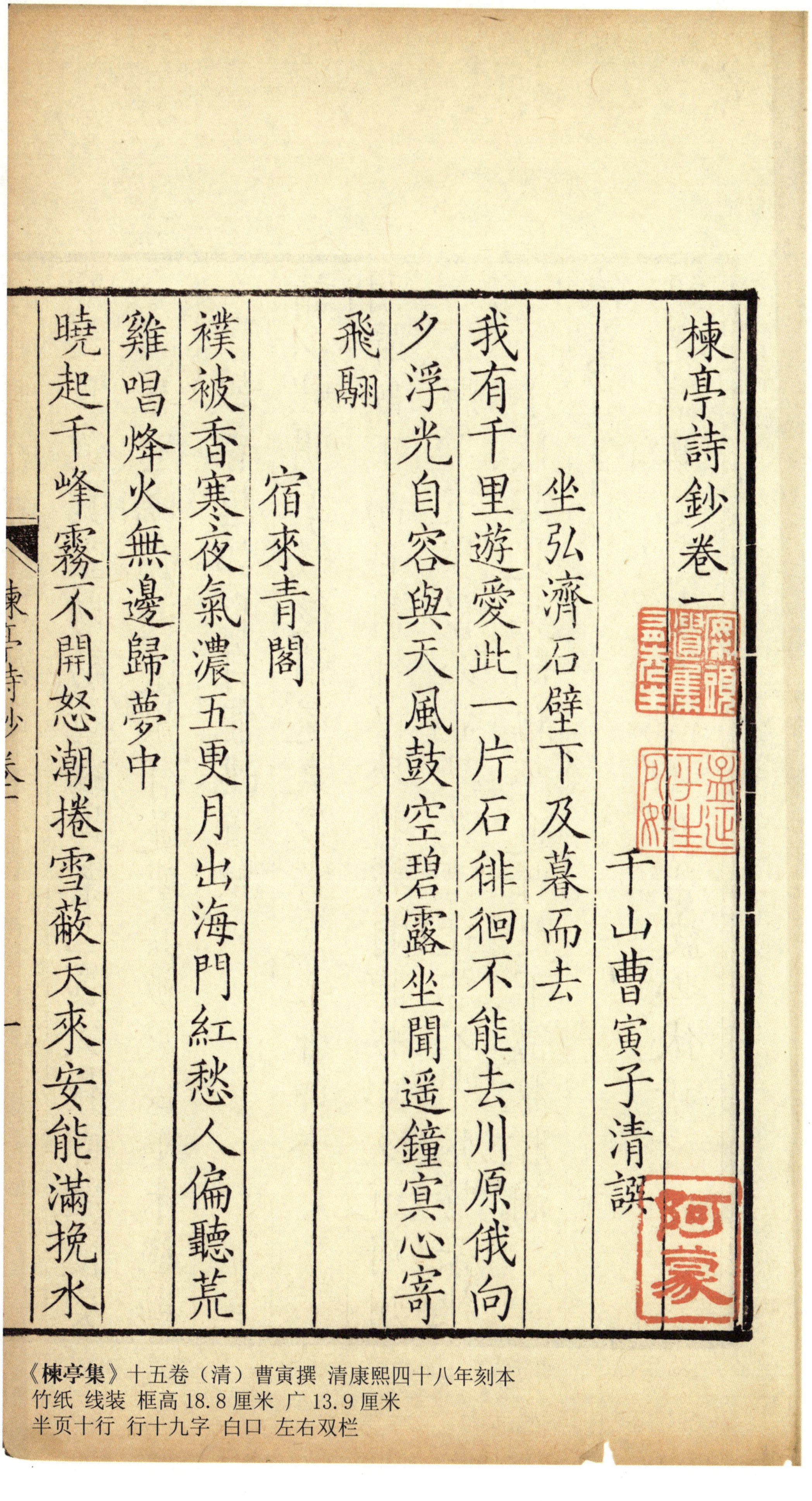

楝亭詩鈔卷一

千山曹寅子清譔

坐弘濟石壁下及暮而去

我有千里遊愛此一片石徘徊不能去川原俄向

夕浮光自容與天風鼓空碧露坐聞遥鐘宜心寄

飛翮

宿來青閣

襆被香寒夜氣濃五更月出海門紅愁人偏聽荒

雞唱烽火無邊歸夢中

曉起千峰霧不開怒潮捲雪蔽天來安能滿挽水

《**楝亭集**》十五卷（清）曹寅撰 清康熙四十八年刻本

竹纸 线装 框高 18.8 厘米 广 13.9 厘米

半页十行 行十九字 白口 左右双栏

犀弩直射山陰白馬回（時馬寇猖獗）

夢春曲

鴻雁歸矣可奈何春月脈脈生微波樓船萬石臨中河飲酒逐景歡笑多翠袖出簾露纖手綠鬟紫蘭夜香久寶瑟聲寒漏未央及春行樂猶恐後月落長河白烟起美人歌歇春風裏夢轉微聞芳杜香碧盡江南一江水

春日過顧赤方先生寓居

見因季子到堦前堂上先生尚晏眠逆旅藥香花覆地長安日暖夢朝天開軒把臂當三月脫帽論

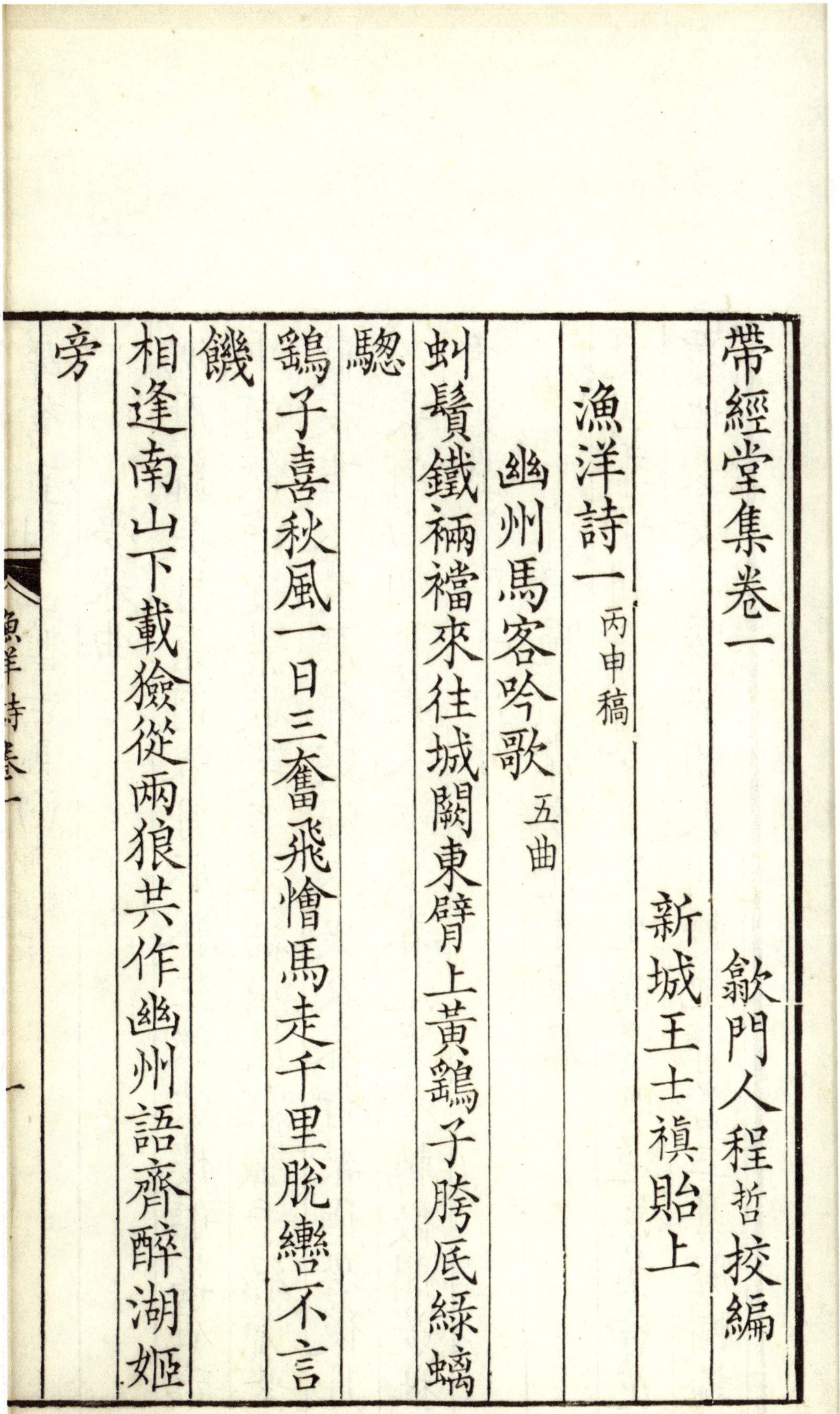

帶經堂集卷一　歙門人程哲校編

新城王士禛貽上

漁洋詩一 丙申稿

幽州馬客吟歌 五曲

虯鬚鐵裲襠來往城闕東臂上黄鷂子胯底綠螭驄

鷂子喜秋風一日三奮飛憎馬走千里脫韁不言饑

相逢南山下載獫從兩狼共作幽州語齊醉湖姬旁

漁洋詩卷一　一

《带经堂全集》九十二卷（清）王士禛撰 程哲校编
清康熙四十九年歙县程氏七略书堂刻本
开化纸 线装 框高 18.6 厘米 广 14 厘米
半页十行 行十九字 小字双行同 白口 左右双栏

鵾雞持作絃鼉皮持作鼓前行單廸歌後行渾脫
舞
三月慕容城枝棘齊蕟花有錢更打馬無錢作交
賒

企喻歌四曲

漠北樹葉黃菆子淩天飛前見黃羊奔後見蒼鶻
追
兩臂谿子弩勝於雙角弓八尺紅叱撥不數睚眦
龍
驄馬鐵連錢一日窮九邊鶴尾鐵鉦鉡一日窮九

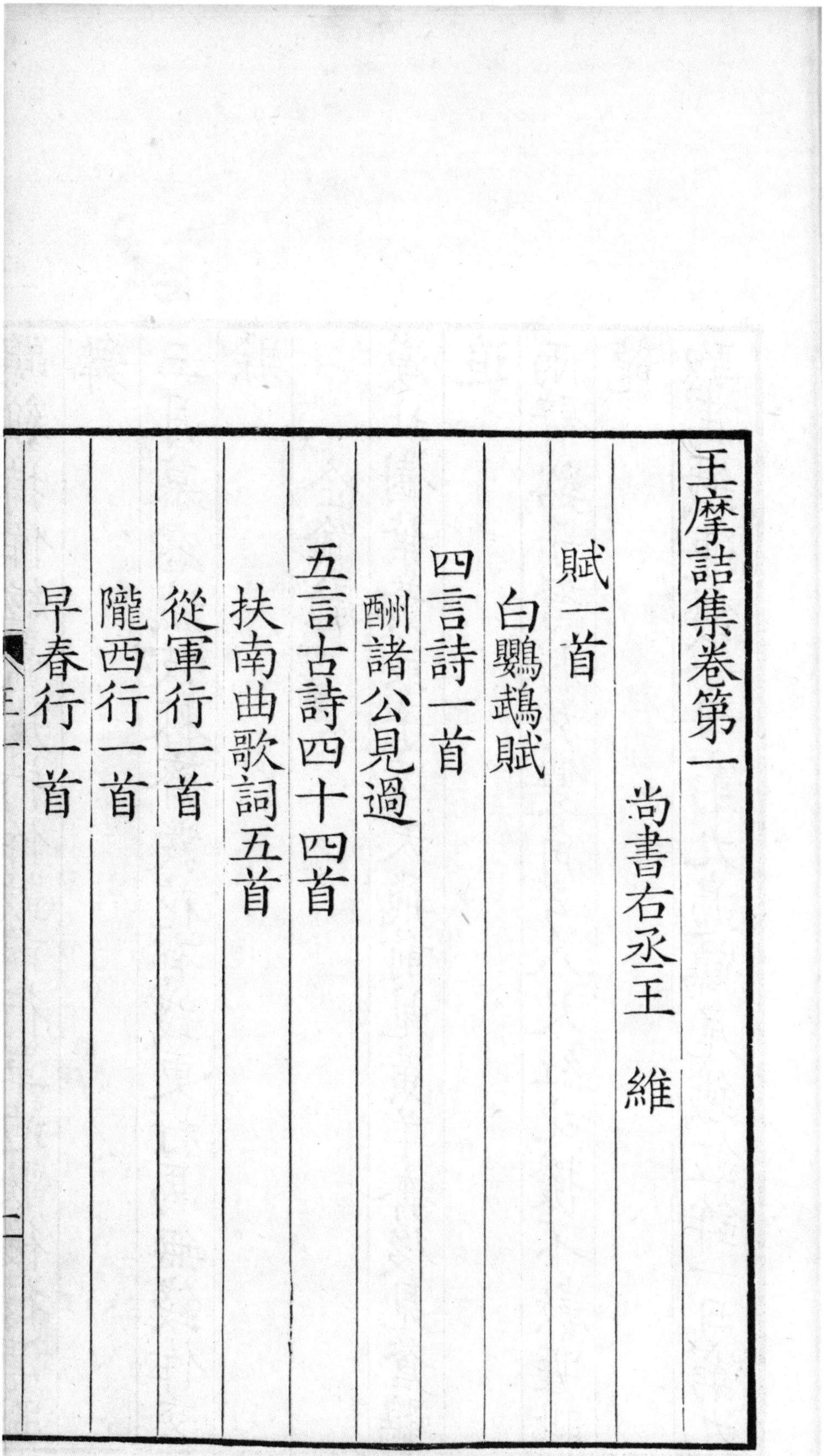

王摩詰集卷第一　　尚書右丞王　維

賦一首

白鸚鵡賦

四言詩一首

酬諸公見過

五言古詩四十四首

扶南曲歌詞五首

從軍行一首

隴西行一首

早春行一首

《**王摩诘集**》六卷（唐）王维撰《**韦苏州集**》十卷（唐）韦应物撰
清康熙五十七年项氏玉渊堂刻本
开化纸 线装 框高 18 厘米 广 13.6 厘米
半页十一行 行二十一字 小字双行同 黑口 四周单栏

奉和聖製登降聖觀與宰臣同望應制一首

奉和聖製御春明樓臨右相園亭賦樂賢詩應制一首

奉和聖製送不蒙都護兼鴻臚卿歸安西應制一首

瓜園詩一首并序

同盧拾遺過韋給事東山別業二十韻給事首春休沐維已陪遊及乎是行亦預聞命會無車馬不果斯諾一首

和使君五郎西樓望遠思歸一首

訓黎居士浙江作一首

春中田園作一首

過李揖宅一首

飯覆釜山僧一首

謁璿上人一首 并序

賦

白鸚鵡賦

若夫名依西域族本南海同朱喙之清音變綠衣於素彩惟兹鳥之可貴諒其美之斯在夫其入翫於人見珍奇質狎蘭房之妖女去桂林之雲日易喬枝以羅袖代危巢以瓊室慕侶方遠依人永畢託言語而雖通顧形影而非匹經過珠網出入金鋪單鳴而應隻影長孤偶

白鷴於池側對皓鶴於庭隅愁混色而難辨願知名而自呼明心有識懷思無極芳樹絶想雕梁撫翼時銜花而不言每投人以方息慧性孤禀雅容非飾含火德之明輝被金方之正色至如海燕呈瑞有玉筐之可依山雞學舞向寶鏡而知歸皆羽毛之偉麗奉日月之光輝豈憐兹鳥地遠形微色凌紈質彩奪繒衣深籠久閉喬木長違儻見借其羽翼與遷鶯而共飛

四言詩

酬諸公見過

嗟余未喪哀此孤生屏居藍田薄地躬耕歲晏輸稅以奉粢盛晨往東皐草露未晞暮看煙火負擔來歸我聞

韋蘇州集卷第一　　蘇州刺史韋　應物

古賦一首

冰賦

雜擬二十一首

擬古詩十二首

雜體五首

與友生野飲效陶體一首

效何水部二首

效陶彭澤一首

燕集二十一首

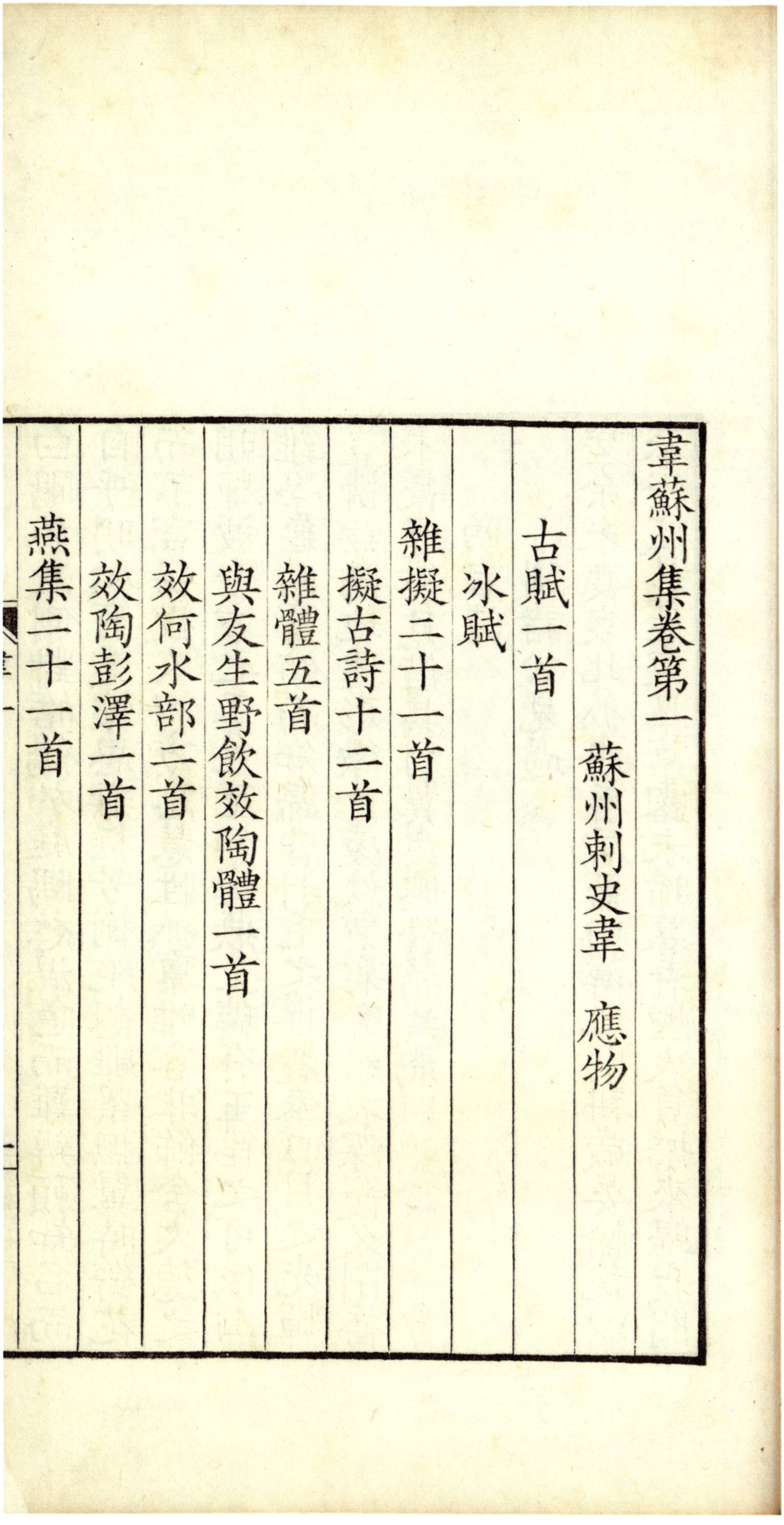

大梁亭會李四栖梧作一首

燕李録事一首

淮上喜會梁川故人一首

揚州偶會前洛陽盧耿主簿一首

賈常侍林亭燕集一首

月夜會徐十一草堂一首

移疾會詩客元生與釋子法朗因貽諸曹一首

慈恩伽藍清會一首

夜偶詩客操公作一首

與韓庫部會王祠曹宅一首

晦日處士叔園林燕集一首

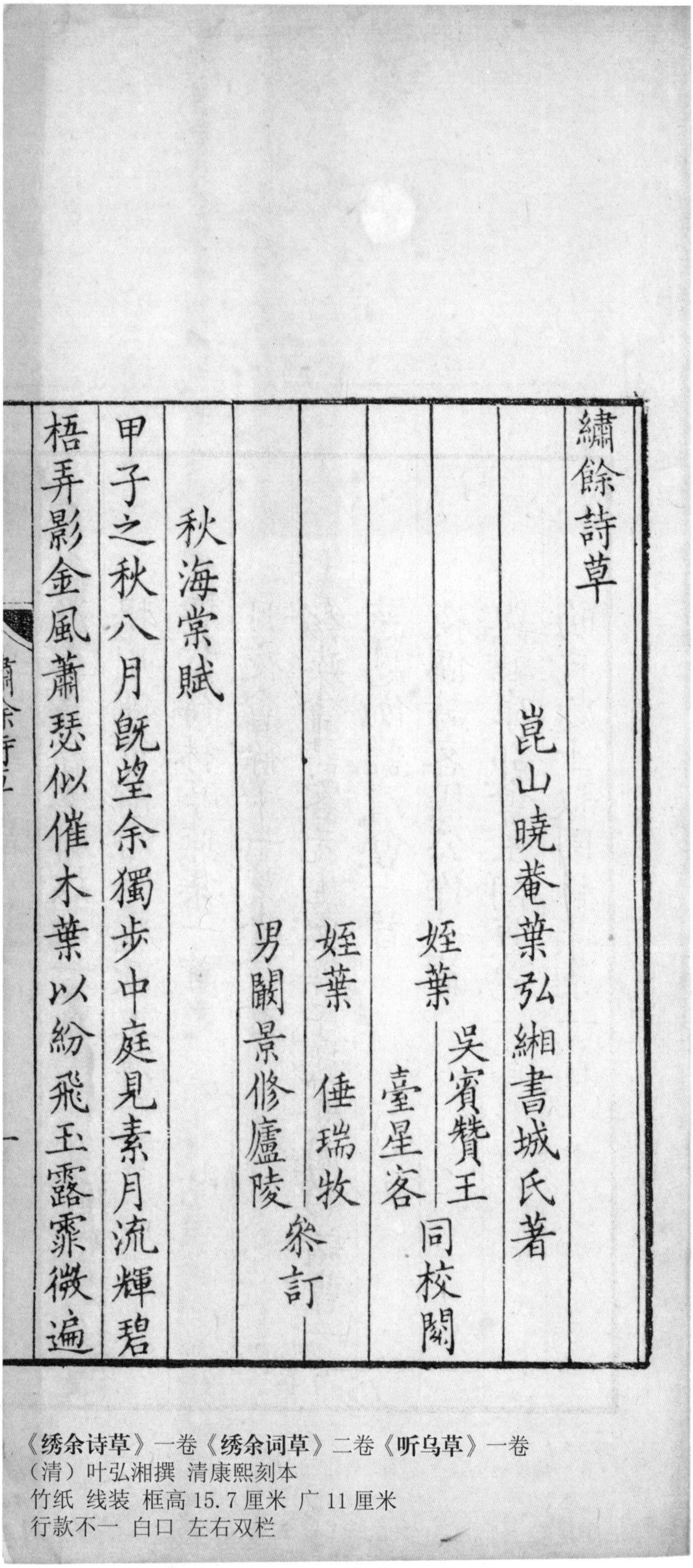

《**绣余诗草**》一卷《**绣余词草**》二卷《**听乌草**》一卷
（清）叶弘湘撰 清康熙刻本
竹纸 线装 框高 15.7 厘米 广 11 厘米
行款不一 白口 左右双栏

挹秋花而散綺蛩吟助悶雁唳增愁有秋海棠者
怯不禁風獨嫣然於曲欄之畔若有怨焉惟兹珍
草三秋巳發芳葩柔枝而間密蕋綠葉而共丹花
杏頰舒嬌偏生秋節檀心吐秀懶鬬春華何郎之
傅粉兮臨晨巫女之含脂兮待夕芙蓉雖艷比來
覺少妖嬈楊桺雖輕並去嫌無麗色籠曉景以遲
遲帶落霞而寂寂舞蝶乍來而復去流螢時暗而
還明常伴秋宵之離雁不隨春日之啼鶯真同綉
被鄂君冰肌綽約何異錦幃南子媚態輕盈對月

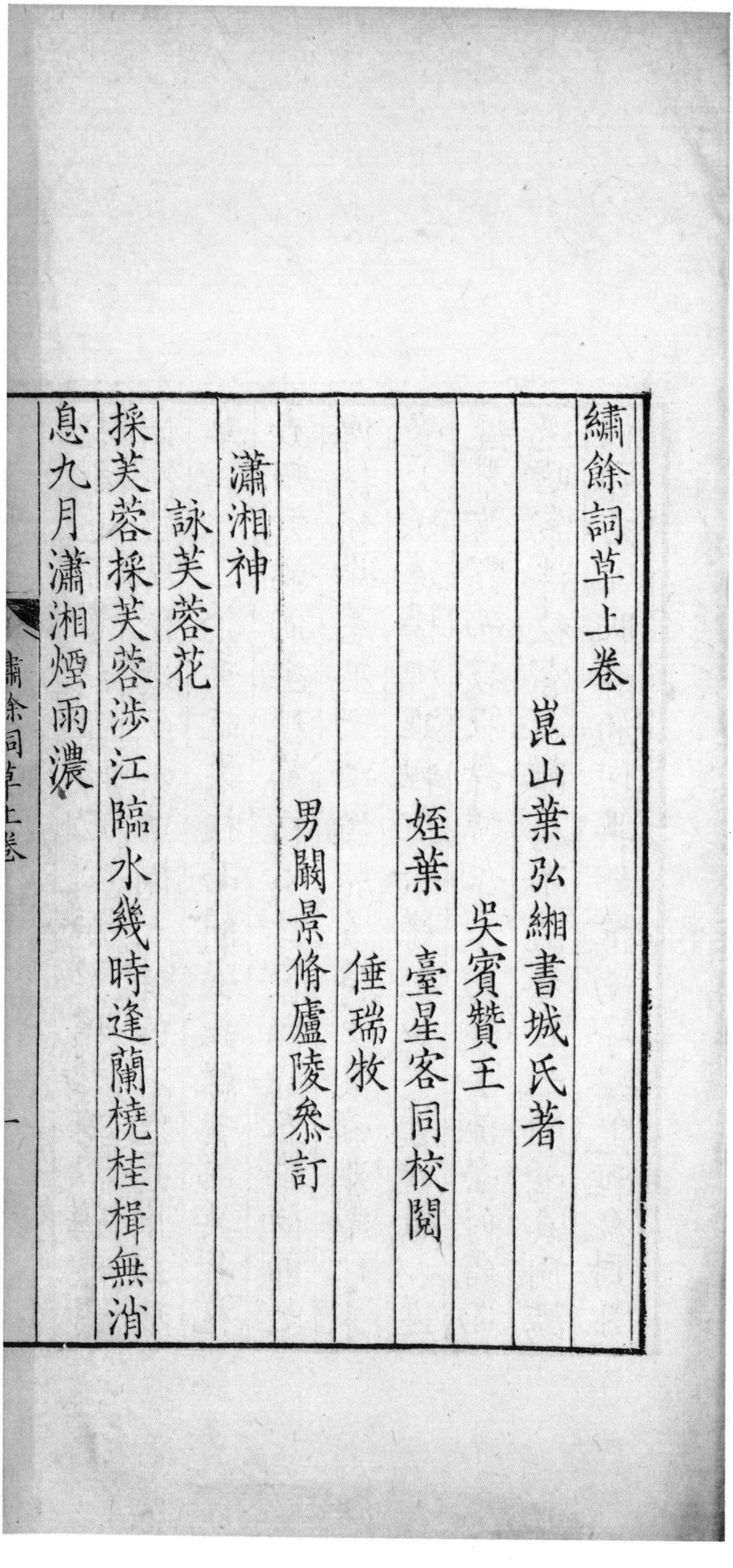

繡餘詞草上卷
崑山葉弘緗書城氏著
吳賓贊王
姪葉　臺星客同校閱
倕瑞牧
男闕景脩盧陵叅訂
瀟湘神
詠芙蓉花
採芙蓉採芙蓉涉江臨水幾時逢蘭橈桂楫無消
息九月瀟湘煙雨濃

繡餘詞草上卷　一

題畫芙蓉花

畫芙蓉畫芙蓉添箇秋禽白間紅而今休歎相逢
少畫裏相逢更不同

望江南

秋思

人別後獨自倚牕紗畫譜嬾圖連理樹繡牀羞刺
並頭花愁思近來加
人別後錦字倩誰傳心逐雨花臺上客情牽桃葉
渡頭船終日悶懨懨

和篆鴻弟端午詞六闋

聽鳥草

崑山曉菴葉弘緗書城氏著

姪葉臺星客 吴賓贊王 同校閱

姪葉倕瑞牧

男闢景修盧陵同叅訂

和履成弟暨蘭谷蕊言兩妹之韻

壯志全消任屈伸自歌自嘯度三春牽蘿補屋甘
終隱插柳爲牆恰稱貧歲月易過雙鬢改園林重
復一番新年來略識閒中趣冷眼看他得意人

又

欲晤眞詮苦未能病魔貧鬼轉相增非關傷感身

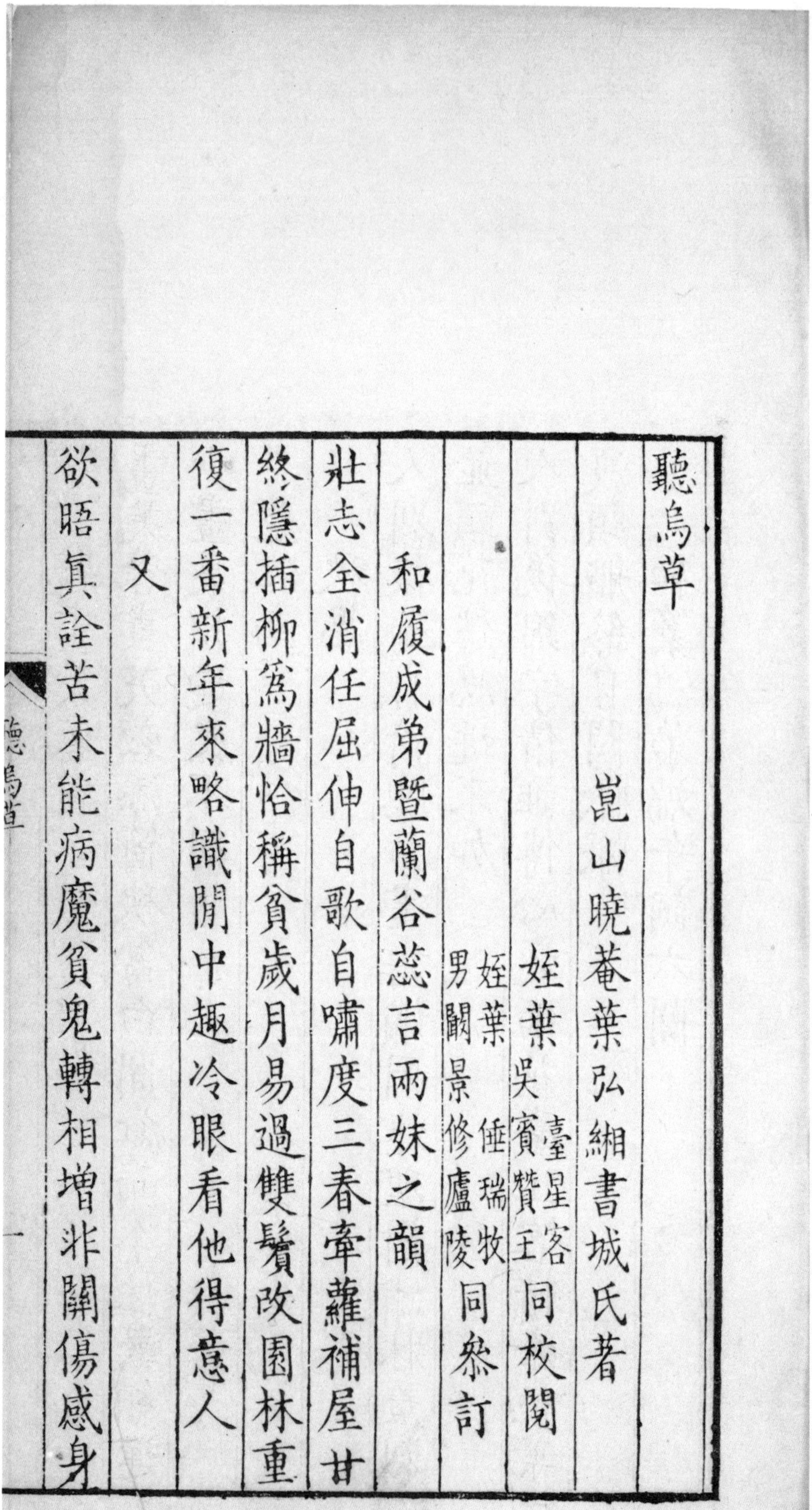

多嬾縱少儲糧志亦矜羨子才高難更續慚予句拙不堪謄梨花著雨東風裏獨掩柴門對一燈

又

生涯久已類沉淪酗酒哦詩是散人鶯據柳枝啼北牖蝶騎花片過西鄰長齋不用雞爲黍稔歲何須桂作薪一覺繩牀春臥穩有誰喚起踏芳塵

又

終日悠悠若繫匏年來傷悼為同胞玉樓風暖春初到金谷香銷淚又拋客歲孔氏妹遽捐館舍故云剩有落花堆屋角嬾移雜卉種堂坳但吟遺稾因時利不問窮通

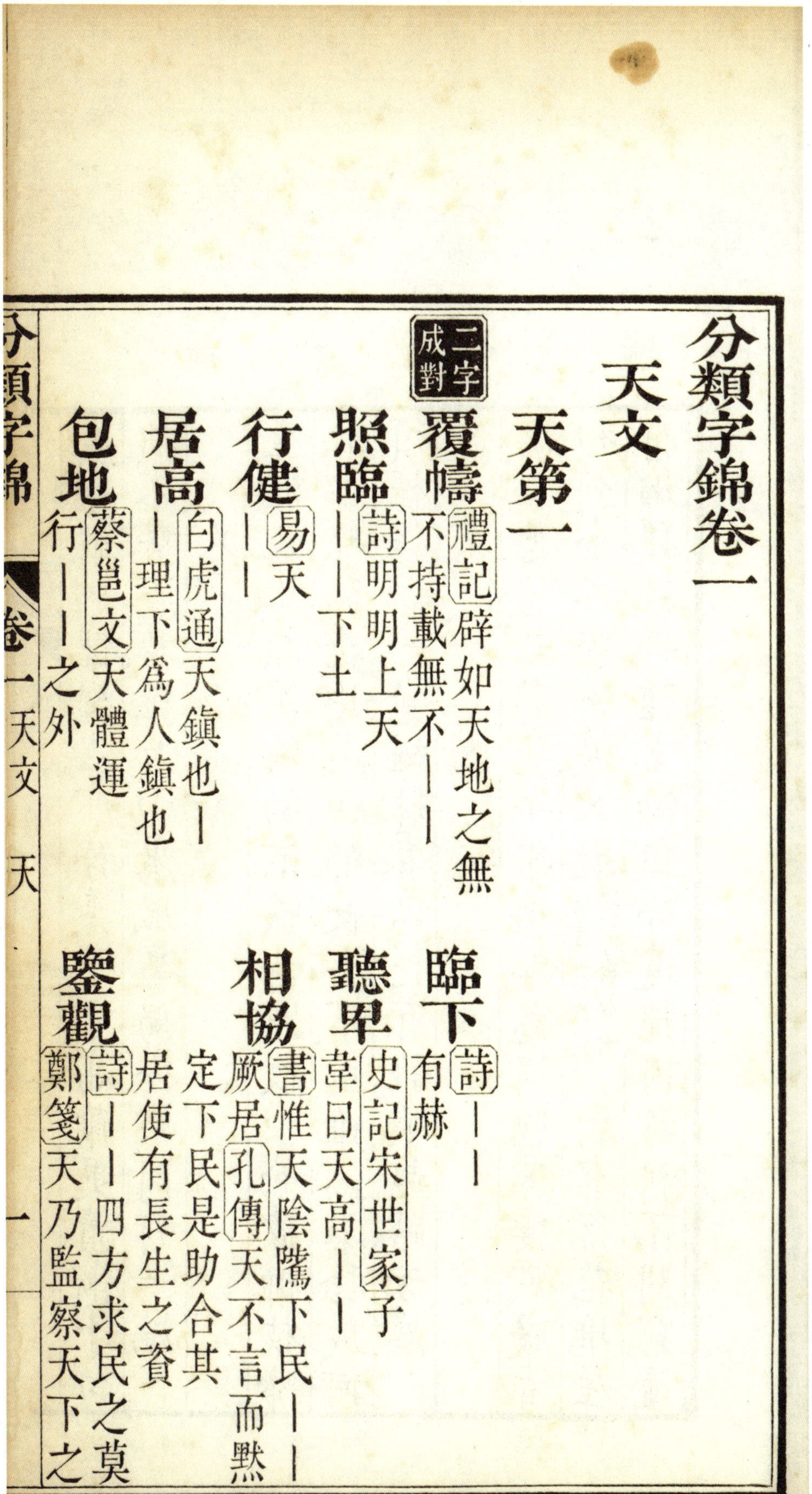

分類字錦卷一

天文

天第一

二字成對

覆幬【禮記】辟如天地之無不持載無不——

照臨【詩】明明上天——下土

行健【易】天——

居高【白虎通】天鎮也——理下爲人鎮也

包地【蔡邕文】天體運行——之外

臨下【詩】——有赫

聽卑【史記宋世家】子韋曰天高——

相協【書】惟天陰騭下民——厥居【孔傳】天不言而默定下民是助合其居使有長生之資

鑒觀【詩】——四方求民之莫【鄭箋】天乃監察天下之

分類字錦　卷一　天文　天　一

《分类字锦》六十四卷（清）张廷玉编 清康熙六十一年内府刻本
罗纹纸 线装 框高 19 厘米 广 12.5 厘米
半页八行 行二十四字 小字双行同 白口 四周双栏

秉陽　禮記天丨丨垂日星泉國求民之定

下濟　易天道丨丨而光明

大冶　莊子造化爲丨丨

左旋　蔡邕文天丨丨出地上

洪鈞　杜甫詩一氣轉丨丨

淨綠　王起披霧見青天賦卷冥冥之丨丨

不息　禮記著丨丨者天也

輕清　易乾鑿度丨丨者上爲天重濁者下爲地

無端　文子天圓而丨丨

碧落　宋史樂志炎精之神飛轡丨丨

六氣　左傳天有丨丨以降生五味註陰陽風雨晦明

青冥　楚辭上有丨丨之長天

十端　春秋繁露天有丨丨謂天地人陰陽金木水火土

太素　班固幽通賦皓爾丨丨曷渝色兮

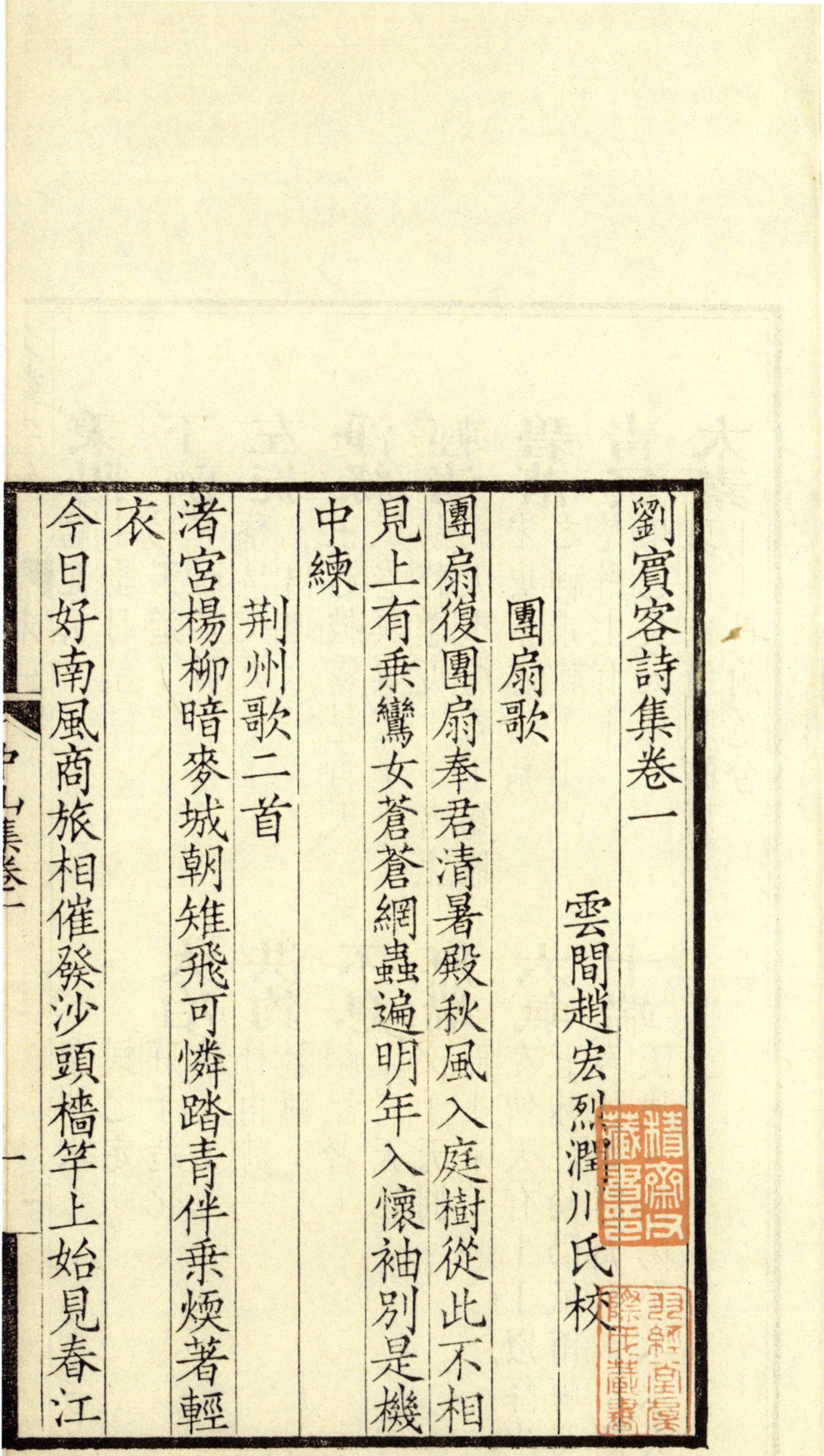

劉賓客詩集卷一

雲間趙宏烈澹川氏校

團扇歌

團扇復團扇奉君清暑殿秋風入庭樹從此不相見上有乘鸞女蒼蒼網蟲遍明年入懷袖別是機中練

荊州歌二首

渚宮楊柳暗麥城朝雉飛可憐踏青伴乘熛著輕衣

今日好南風商旅相催發沙頭檣竿上始見春江

《**刘宾客诗集**》九卷（唐）刘禹锡撰（清）赵宏烈校
清雍正元年华亭赵氏涵碧斋校刻本
竹纸 线装 框高 16.2 厘米 广 12 厘米
半页十行 行十九字 黑口 左右双栏

闊

紀南歌

風煙紀南城塵土荆門路天寒多獵騎走上樊姬

墓

宜城歌

野水遶空城行塵起孤驛荒臺側生樹石碣陽鐫

額靡靡度行人温風吹宿麥

順陽歌

朝辭官軍驛前望順陽路野水齧荒墳秋蟲鏤官

樹曾聞天寶末胡馬西南鶩城守魯將軍拔城從

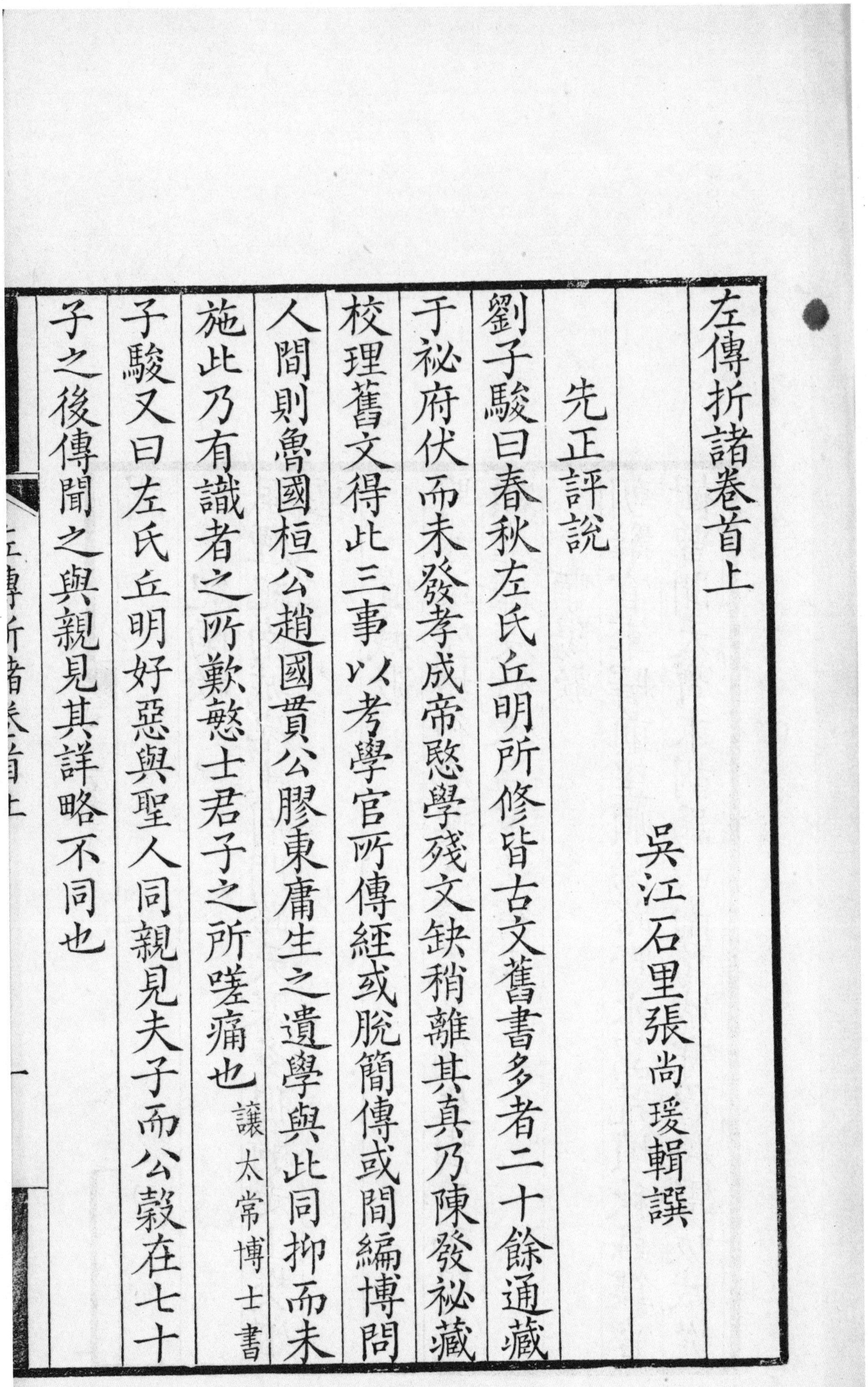

左傳折諸卷首上

吳江石里張尚瑗輯譔

先正評說

劉子駿曰春秋左氏丘明所修皆古文舊書多者二十餘通藏于祕府伏而未發孝成帝愍學殘文缺稍離其真乃陳發祕藏校理舊文得此三事以考學官所傳經或脫簡傳或間編博問人間則魯國桓公趙國貫公膠東庸生之遺學與此同抑而未施此乃有識者之所歎愍士君子之所嗟痛也 讓太常博士書

子駿又曰左氏丘明好惡與聖人同親見夫子而公穀在七十子之後傳聞之與親見其詳略不同也

左傳折諸卷首上　一

《三传折诸》四十卷（清）张尚瑗撰 清雍正二年刻本
竹纸 线装 框高 19.6 厘米 广 14.2 厘米
半页十行 行二十四字 黑口 四周单栏

揚子雲曰左氏曰品藻司馬文正公注曰品第善惡藻飾其事
法言重黎篇
班孟堅曰仲尼以魯周公之國禮文備物史官有法故與左丘
明觀其史記據行事仍人道因興以立功就敗以成罰假日月
以定歷數藉朝聘以正禮樂有所褒諱貶損不可書見口授弟
子弟子退而異言丘明恐弟子各安其意以失其真故論本事
而作傳明夫子不以空言說經也漢書藝文志
王仲任曰魯共王壞孔子教授堂以為宮得佚春秋三十篇左
氏傳也公羊高穀梁寘胡毋氏皆傳春秋各門異戶獨左氏傳
為近得實太史公漢之通人也左氏之言與二書合公羊穀梁

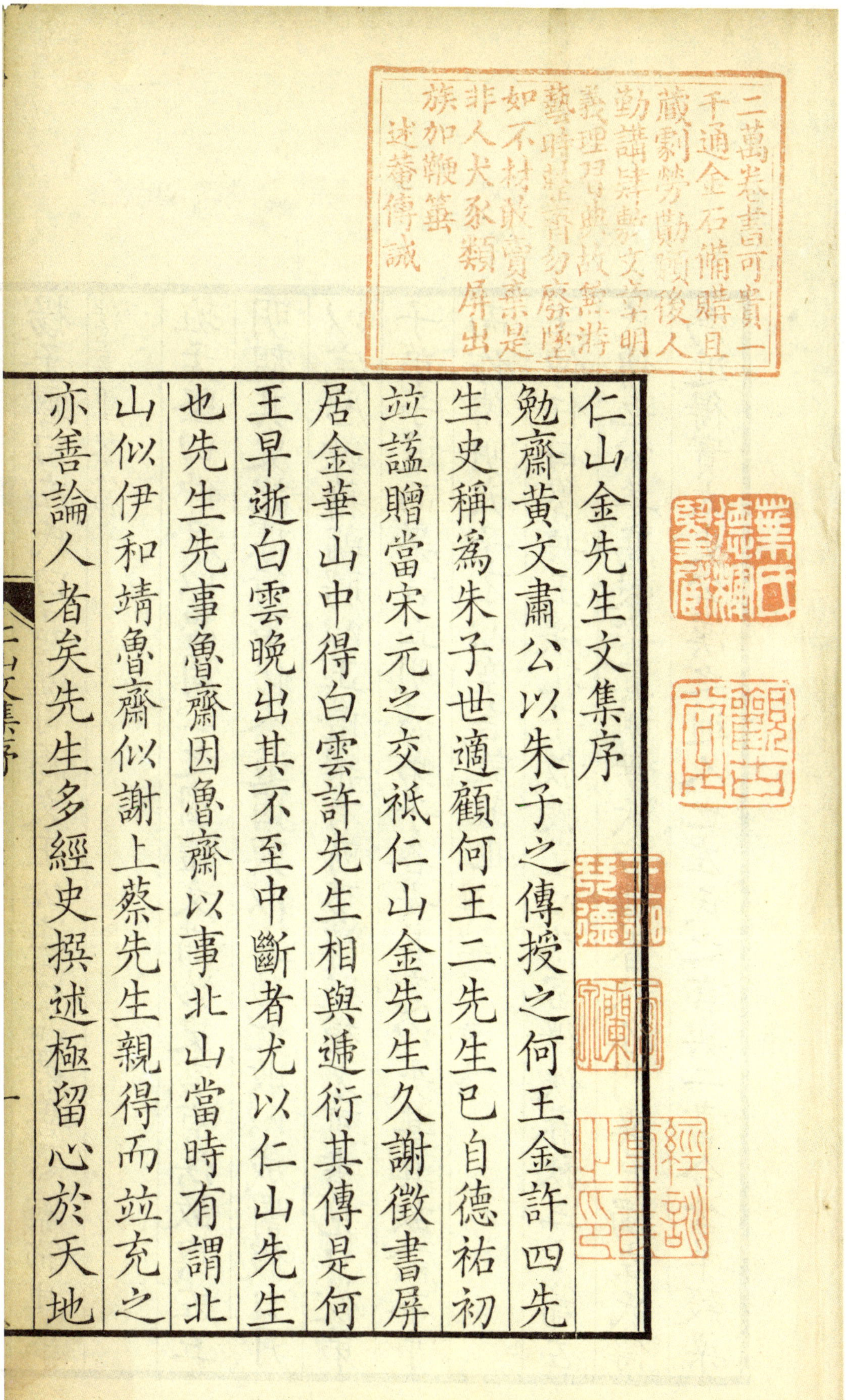

仁山金先生文集序

勉齋黃文肅公以朱子之傳授之何王金許四先生史稱爲朱子世適顧何王二先生已自德祐初竝謚贈當宋元之交祗仁山金先生久謝徵書屛居金華山中得白雲許先生相與遞衍其傳是何王早逝白雲晚出其不至中斷者尤以仁山先生也先生先事魯齋因魯齋以事北山當時有謂北山似伊和靖魯齋似謝上蔡先生親得而竝充之亦善論人者矣先生多經史撰述極留心於天地

《**仁山金先生文集**》四卷（元）金履祥撰（清）金弘勋校辑 清雍正三年春晖堂刻本

竹纸 线装 框高 17.6 厘米 广 12.3 厘米

半页九行 行十九字 小字双行不等 白口 左右双栏

兵田禮樂陰陽略見之本傳中世儒無從窺其奥
向使得行其志出其平生所學措之政事則乾祐
淳熙之治未必不可復也及宋末襄樊師急先生
應時相聘進奇策歷歷可據以行柄國不用實爲
可惜然先生憂世立教千古爲昭矣史稱先生所
著極廣即通鑑前編一種舉司馬文正劉祕書紀
事折衷於書詩禮春秋法戒深嚴且不獲家有其
書今觀集中著述講易則直窮羲畫談理則嫡派
新安裁酌制度則有深衣外傳弔服加麻諸議而

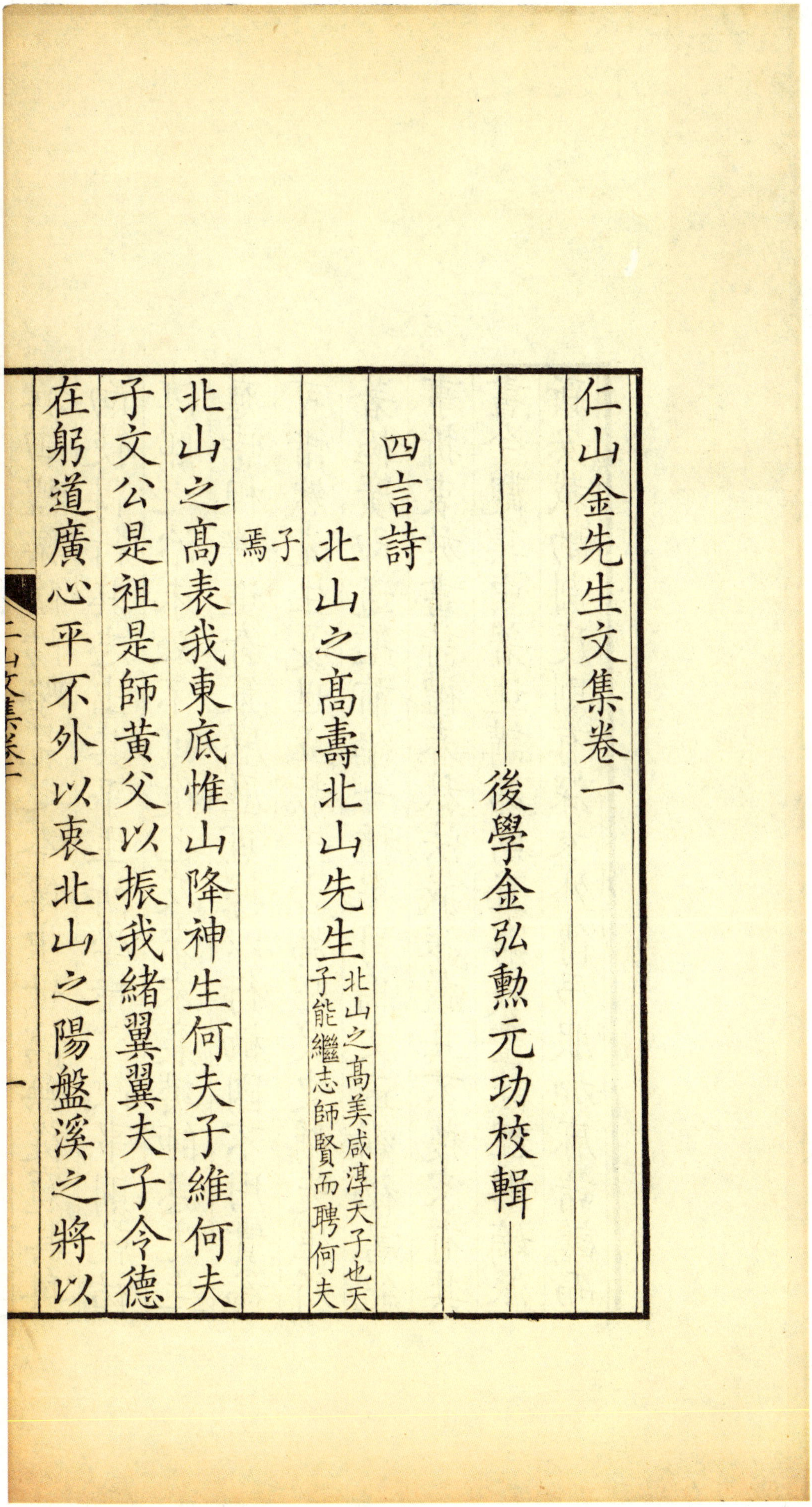

仁山金先生文集卷一

後學金弘勳元功校輯

四言詩

北山之高壽北山先生（北山之高美咸淳天子也天子能繼志師賢而聘何夫子焉）

北山之高表我東底惟山降神生何夫子維何夫子文公是祖是師黄父以振我緒翼翼夫子令德在躬道廣心平不外以衷北山之陽盤溪之將以

仁山文集卷一　一

處以安不驕不亢昔在理宗維道之崇既表程朱亦躋呂張謂爾夫子纘程朱緒卿士率連百辟咸譽咨爾夫子設教於鄉即命於家長此泮宮夫子曰辭辭是好爵玉几藁揚燕翼是託明明天子丕承皇考曰求多聞曰咨有道天子曰都咨爾夫子爲世宗儒來游來歌東觀石渠夫子曰止臣非索隱士各有志亦既耄只天子曰猷咨爾夫子汝予交修講殿維帷爾優爾游夫子曰道惟帝之蹈臣何容力亦聿既耄天子曰吁鴻飛冥冥罔終棄予

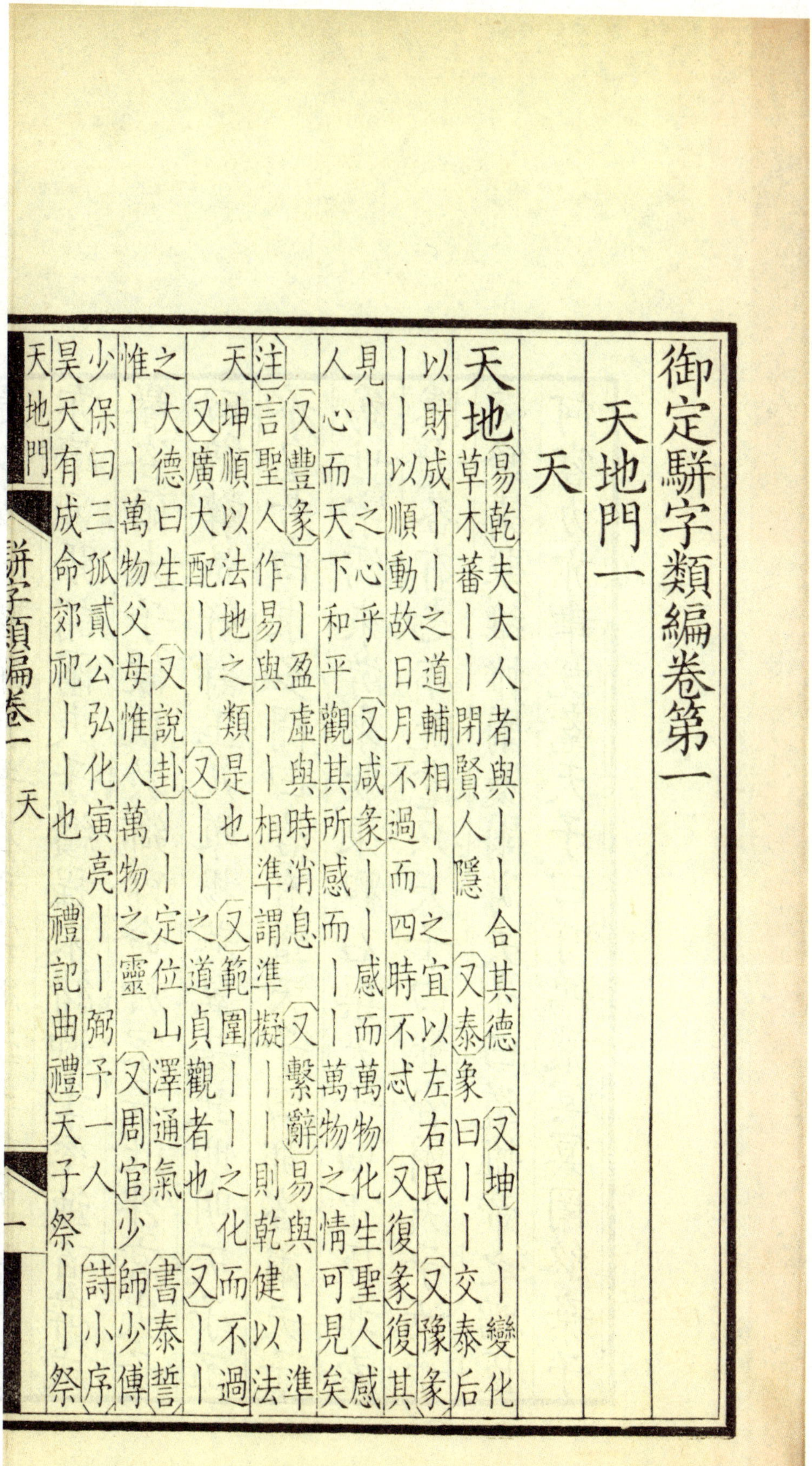

御定騈字類編卷第一

天地門一

天

天地〔易乾〕夫大人者與||合其德〔又坤〕||變化草木蕃||閉賢人隱〔又泰〕象曰||交泰后以財成||之道輔相||之宜以左右民〔又豫〕象||以順動故日月不過而四時不忒〔又復〕象復其見||之心乎〔又咸〕象||感而萬物化生聖人感人心而天下和平觀其所感而||萬物之情可見矣〔又豐〕象||盈虛與時消息〔又繫辭〕易與||準〔注〕言聖人作易與||相準謂準擬||則乾健以法天坤順以法地之類是也〔又〕範圍||之化而不過〔又〕廣大配||〔又〕||之道貞觀者也〔又〕||之大德曰生〔又說卦〕||定位山澤通氣〔書泰誓〕惟||萬物父母惟人萬物之靈〔又周官〕少師少傅少保曰三孤貳公弘化寅亮||弼予一人〔詩小序〕昊天有成命郊祀||也〔禮記曲禮〕天子祭||祭

天地門

騈字類編卷一　天

一

《御定骈字类编》二百四十卷（清）张廷玉等编 清雍正六年内府刻本
太史连纸 线装 框高 17.5 厘米 广 11.8 厘米
半页十行 行二十一字 小字双行同 黑口 四周双栏

四方祭山川又禮運故聖人作則必以丨丨爲本
又樂記大樂與丨丨同和大禮與丨丨同節注言順丨
丨之氣與其數又中庸致中和丨丨位焉萬物育焉
又能盡物之性則可以贊丨丨之化育可以贊丨丨
之化育則可以與丨丨參矣又鄉飲酒義賓主象丨
丨也周禮大司徒日至之景尺有五寸謂之地中丨丨
丨之所合也四時之所交也風雨之所會也陰陽之所
和也左傳禮之可以爲國也久矣與丨丨並注有丨
丨則禮義與又經緯丨丨曰文孟子其爲氣也至
大至剛以直養而無害則塞乎丨丨之間周語夫利
百物之所生也丨丨之所載也而或專之其害多矣丨
又其餘以均分公侯伯子男使各有寧宇以順及丨
無逢其災害史記孟子傳騶衍深觀陰陽消息而作
怪迂之變終始大聖之篇十餘萬言先序今以上至黃
帝學者所共術大並世盛衰因載其禨祥度制推而遠
之至丨丨未生窈冥不可考而原也先列中國名山大
川通谷禽獸水土所殖物類所珍因而推之及海外人
之所不能睹稱引丨丨剖判以來五德轉移治各有宜
而符應若茲又賈誼傳且夫丨丨爲爐兮造化爲工
陰陽爲炭兮萬物爲銅又匈奴傳中行說令單于遺

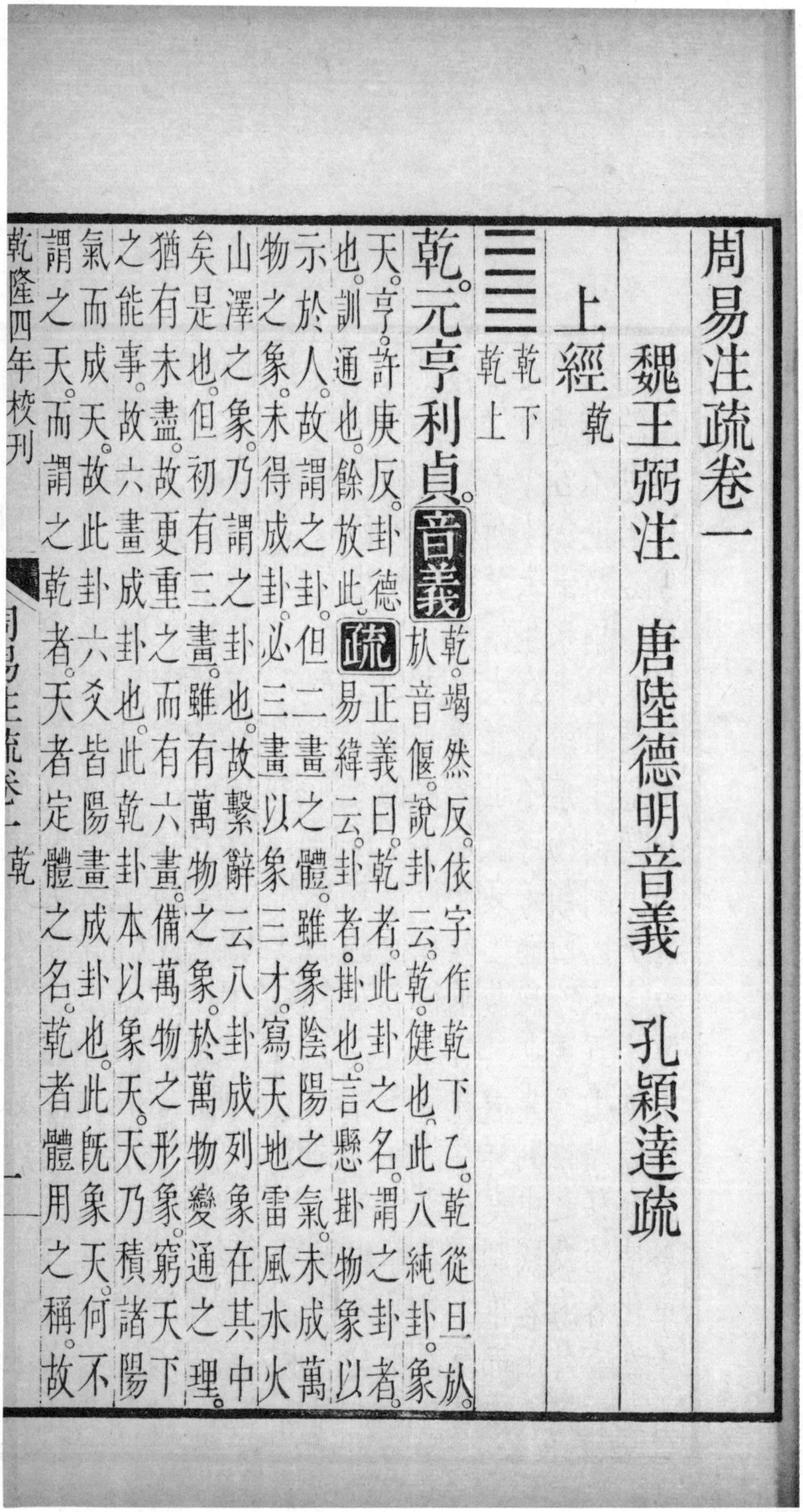
周易注疏卷一
魏王弼注　唐陸德明音義　孔穎達疏
上經　乾
☰ 乾下乾上
乾元亨利貞【音義】乾竭然反依字作乾下乙乾從旦㫃
㫃音偃說卦云乾健也此八純卦象
天亨許庚反卦德【疏】正義曰乾者此卦之名謂之卦者
也訓通也餘放此易緯云卦者掛也言懸掛物象以
示於人故謂之卦但二畫之體雖象陰陽之氣未成萬
物之象未得成卦必三畫以象三才寫天地雷風水火
山澤之象乃謂之卦也故繫辭云八卦成列象在其中
矣是也但初有三畫雖有萬物之象於萬物變通之理
猶有未盡故更重之而有六畫備萬物之形象窮天下
之能事故六畫成卦也此乾卦本以象天天乃積諸陽
氣而成天故此卦六爻皆陽畫成卦也此既象天何不
謂之天而謂之乾者天者定體之名乾者體用之稱故
乾隆四年校刊
周易注疏卷一　乾　一

《**十三经注疏**》三百九十三卷 清乾隆四年至十二年武英殿刻本
竹纸 线装 框高 22.6 厘米 广 15.2 厘米
半页十行 行二十一字 小字双行同 白口 左右双栏

說卦云乾健也言天之體以健爲用聖人作易本以教人欲使人法天之用不法天之體故名乾不名天也天以健爲用者運行不息應化无窮此天之自然之理故聖人當法此自然之象而施人事亦當應物成務云爲不已終日乾乾无時懈倦所以因天象以敎人事於物象言之則純陽也天也於人事言之則君也父也以其居尊故在諸卦之首爲易理之初但聖人名卦體例不同或則以物象而爲卦名者若否泰剝頤鼎之屬是也或以象之所用而爲卦名者卽乾坤之屬是也如此之類多矣雖取物象乃以人事而爲卦名者卽家人歸妹謙履之屬是也所以如此不同者但物有萬象人有萬事若執一事不可包萬物之象若限局一象不可總萬有之事故名有隱顯辭有踳駮不可一例求之不可一類取之故繫辭云上下无常剛柔相易不可爲典要韓康伯注云不可立定準是也元亨利貞者是乾之四德也子夏傳云元始也亨通也利和也貞正也言此卦之德有純陽之性自然能以陽氣始生萬物而得元始亨通能使物性和諧各有其利又能使物堅固貞正得終此卦自然令物有此四種使得其所故謂之四德言聖人亦當法此卦而行善道以長萬物物得生存而爲元

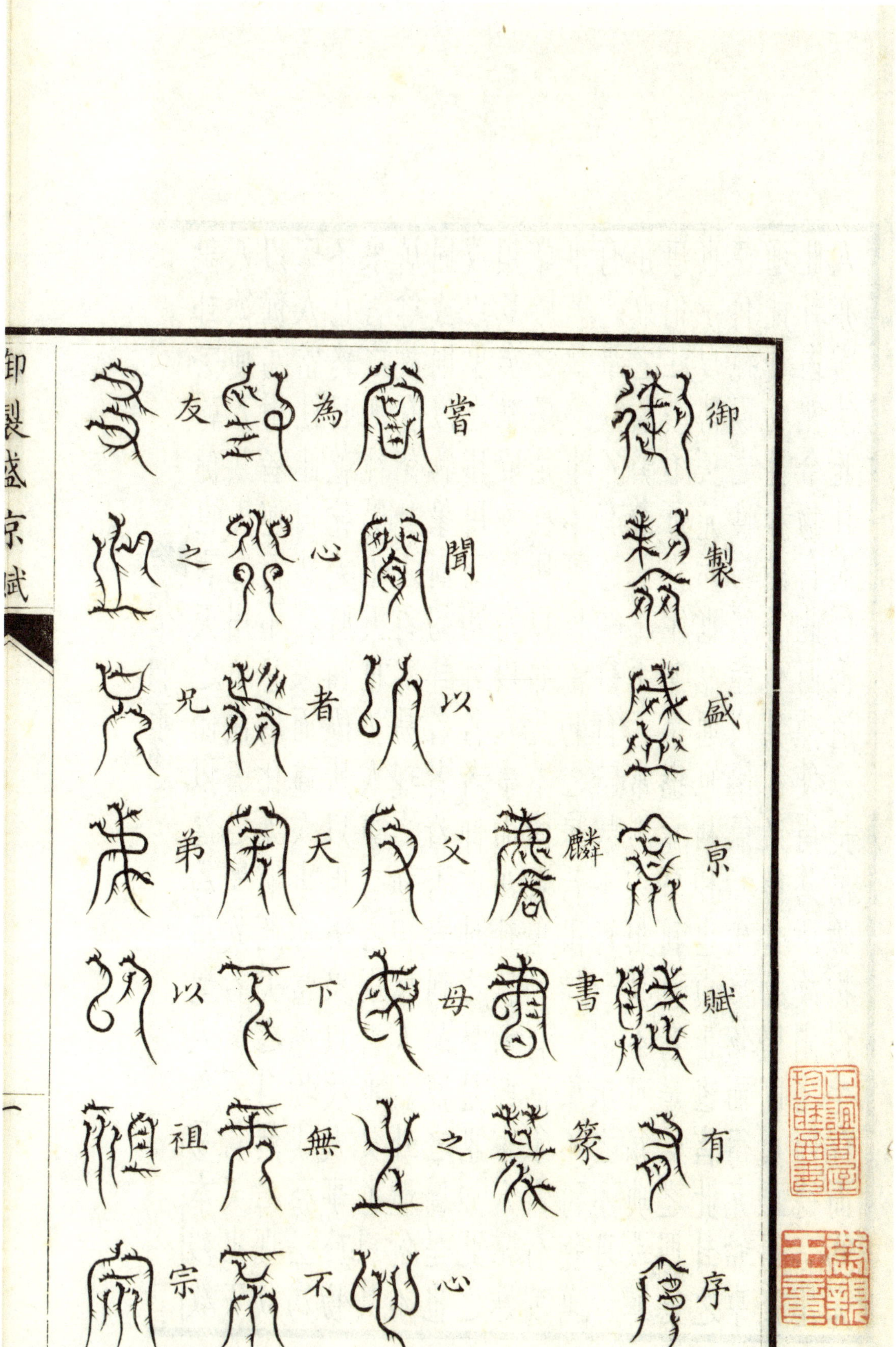

御製盛京賦有序

麟書篆

嘗聞以父母之心

為心者天下無不

友之兄弟以祖宗

御製盛京賦　一

《御制盛京赋满汉三十二篆》三十二卷（清）弘历撰（清）傅恒等编校
清乾隆十三年武英殿刻本
开化纸 线装 框高 21.8 厘米 广 16.7 厘米
半页五行 行七字 小字单行同 白口 四周双栏

之心為心者天下
無不睦之族人以
天地之心為心者
天下無不愛之民
物斯言也人盡宜

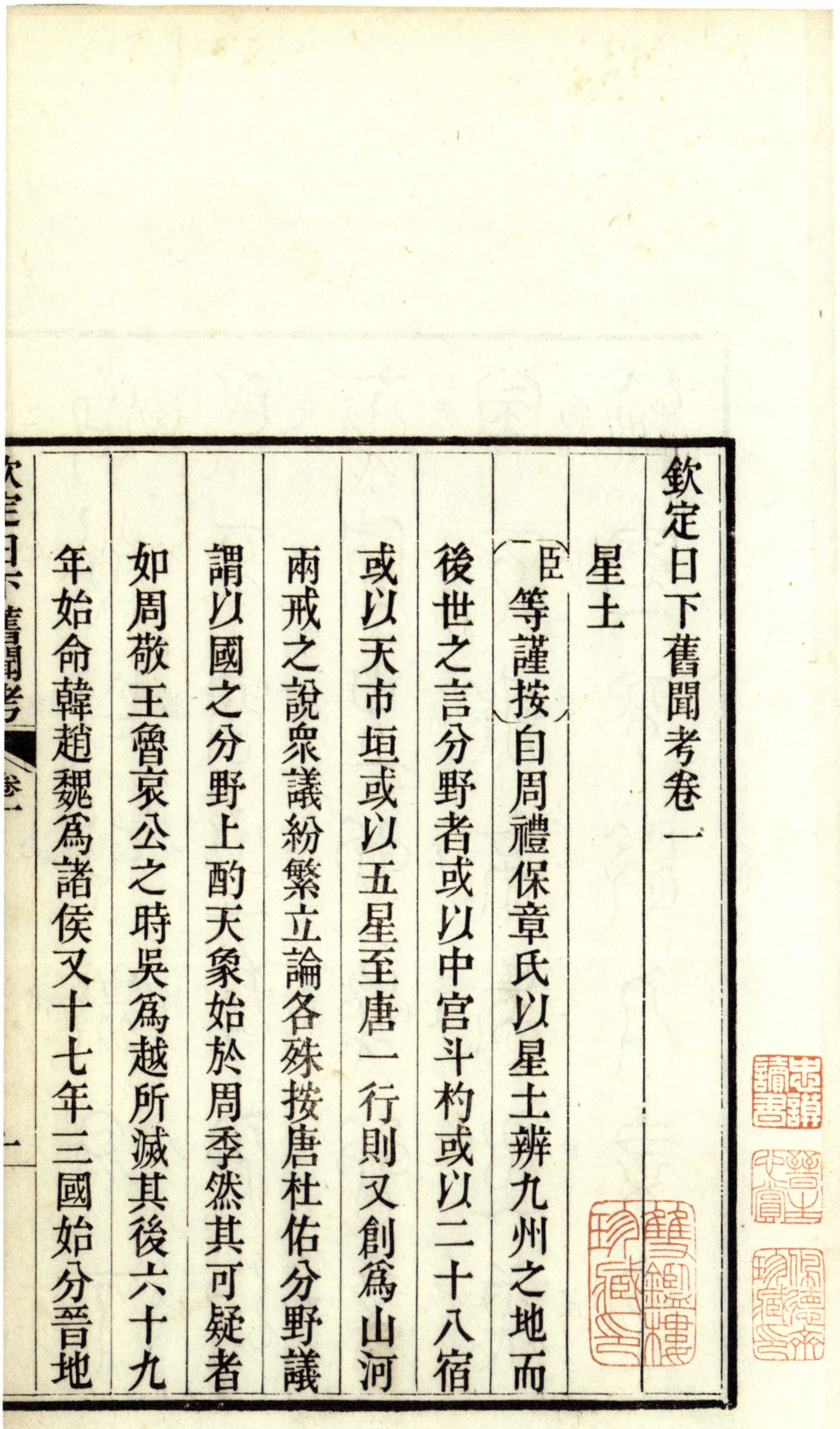

欽定日下舊聞考卷一

星土

(臣)等謹按自周禮保章氏以星土辨九州之地而後世之言分野者或以中宮斗杓或以二十八宿或以天市垣或以五星至唐一行則又創爲山河兩戒之說衆議紛緊立論各殊按唐杜佑分野議謂以國之分野上酌天象始於周季然其可疑者如周敬王曾哀公之時吳爲越所滅其後六十九年始命韓趙魏爲諸侯又十七年三國始分晉地

欽定日下舊聞考　卷一　一

《欽定日下旧闻考》一百六十卷（清）于敏中等奉敕编 清乾隆武英殿刻本
开化纸 线装 框高 18.7 厘米 广 14.5 厘米
半页九行 行二十一字 小字双行同 白口 四周双栏

又五十六年越爲楚滅當吳未亡時列國尚有數十韓魏趙又未爲諸侯自吳滅至分晉凡八十八年時旣不同何以預分十二國之躔次乃班固漢書地理志皇甫謐帝王世紀則分區域以配星躔取不同時之十二國强配之實所未審又如房星爲宋分野東平須昌壽張屬焉然其地在濟東屬魯本非宋分又如星紀躔次爲吳越分野然星紀在於東北而吳越實在東南至其地分則或多或少鶉首極多鶉火極狹蓋甘石之書本由假托後

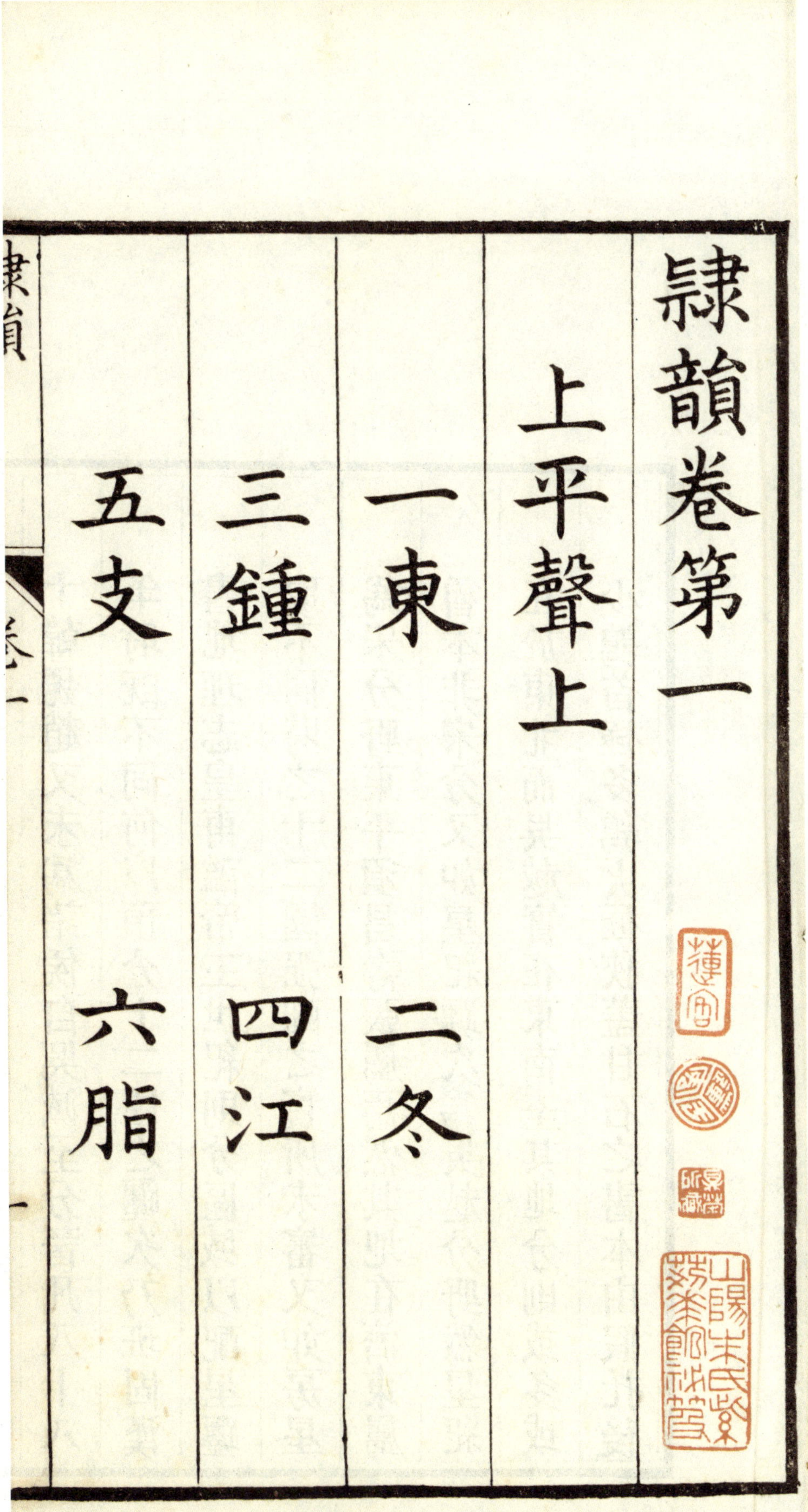
隸韻卷第一
上平聲上
一東　二冬
三鍾　四江
五支　六脂

《**隶韵**》十二卷（宋）刘球撰（清）翁方纲考证 清嘉庆十五年秦恩复刻本
开化纸 线装 框高 22.5 厘米 广 14.3 厘米
半页五行 字数不等 白口 四周单栏

隸韻 卷一

七之 八微

九魚 十虞

一東

東 德紅切

東 靈臺碑

東 靈臺碑陰

東 韓勑碑陰

東 樊毅脩華嶽碑

東 東海廟碑

東 馮緄碑

東 張公神碑

東 孔彪碑

東 楊統碑

東 費鳳碑陰

東 楊淮碑

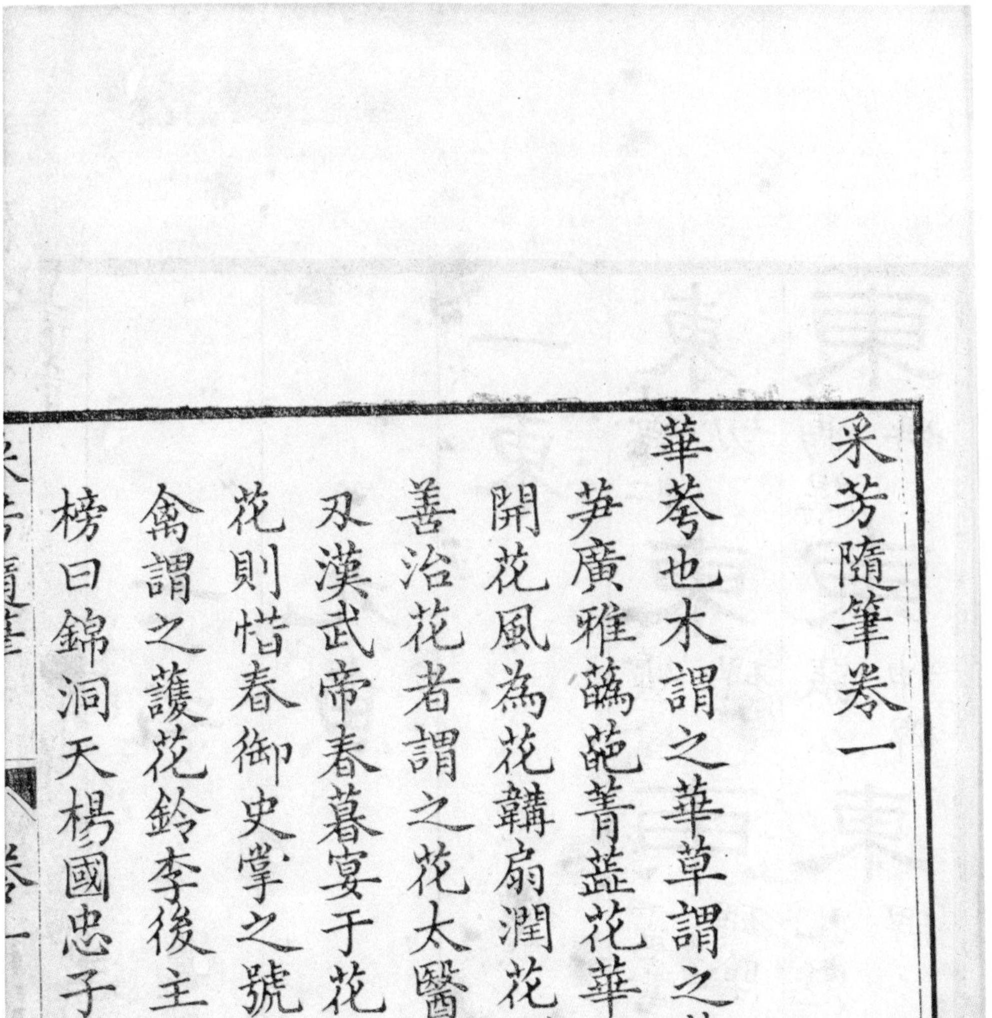

采芳隨筆卷一

北平查　彬伯埜輯

華荂也木謂之華草謂之榮榮而不實謂之英華初生爲芛廣雅蘤葩菁蕋花華也花蒂曰跗花足也根曰花當開花風爲花韉扇潤花雨爲花沐浴風雨斷送爲花刑善治花者謂之花太醫花下不宜焚香故名香爲花劍及漢武帝春暮宴于花下嘗爲百花舞唐穆宗宮中護花則惜春御史掌之號曰括春寧王花時綴金鈴以驚禽謂之護花鈴李後主梁棟窻壁並作隔筒密插雜花榜曰錦洞天楊國忠子弟以名花植檻中以板爲底木

采芳隨筆　卷一　一

《采芳随笔》二十四卷（清）查彬撰 清嘉庆十九年刻本
白纸 线装 框高 20.3 厘米 广 14.8 厘米
半页十行 行二十二字 白口 左右双栏

為輪目為移春檻宗測春遊山谷以奇花繫于帶上而
圖其形狀名聚芳圖百花帶今京師臘月即買牡丹梅
花緋桃探春諸花皆貯煖屋以火烘之所謂堂花又名
唐花瓜菜皆可烘唐人詩曰內園分得溫湯水二月中
旬已進瓜蓋漢唐已然矣魏夫人弟子黃令徵善種花
一名花姑為花神一曰花神乃女夷也花未開曰蓓蕾
又為葧又為葰壯人謂之孤藩如孤都即宋景所云脈
肬嬌盛曰旖旎樹木分散曰離披草繁盛為芊蘡蔥蘢
草弱隨風曰靃靡桑麻滿野曰鋪菜花葉參差曰狎獵
木枝重累曰欐桅草木之葉殘瘁曰菸邑柳謂之絲楸

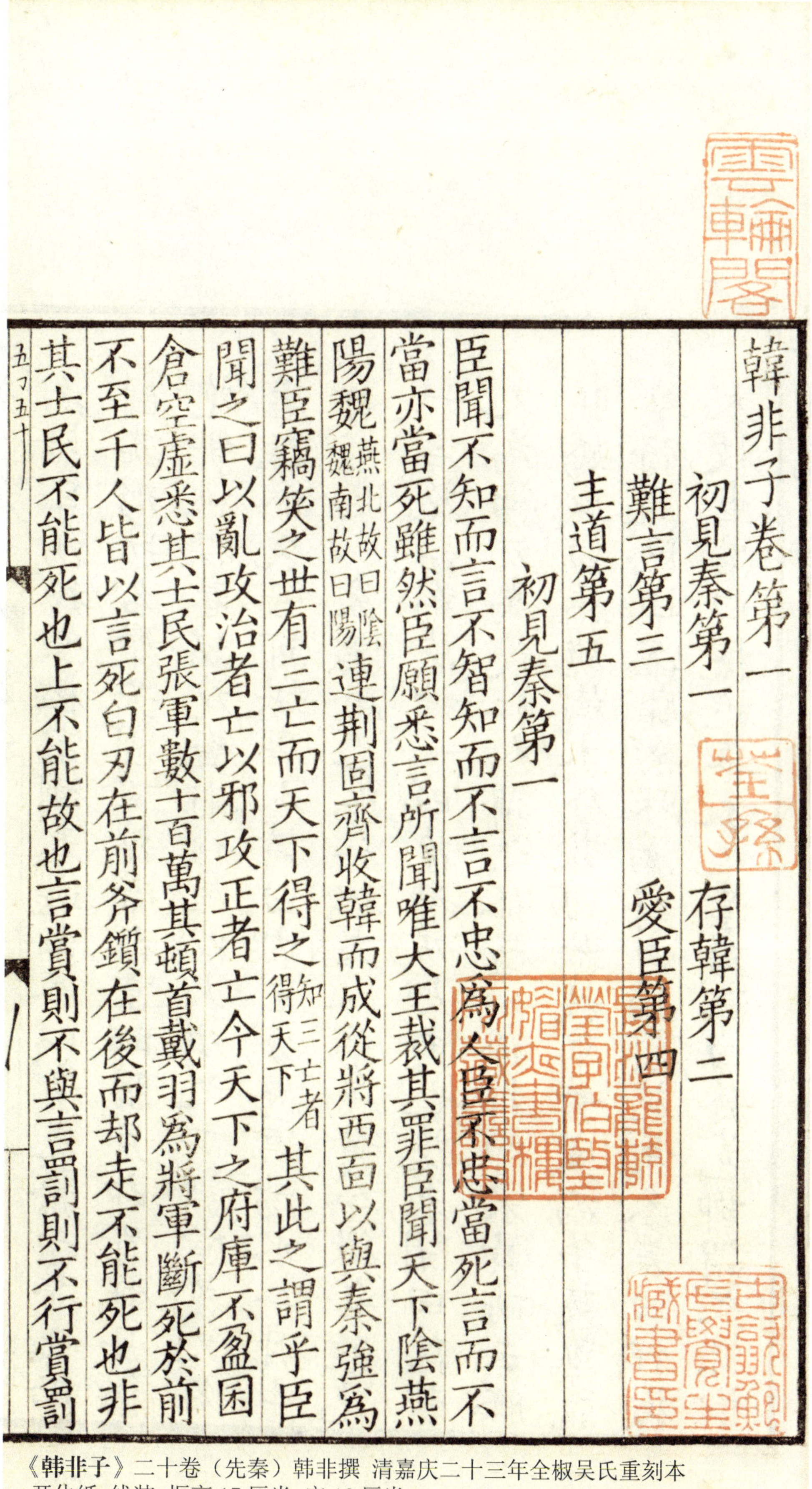

韓非子卷第一

初見秦第一　存韓第二

難言第三　愛臣第四

主道第五

初見秦第一

臣聞不知而言不智知而不言不忠爲人臣不忠當死言而不當亦當死雖然臣願悉言所聞唯大王裁其罪臣聞天下陰燕陽魏（燕北故曰陰魏南故曰陽）連荆固齊收韓而成從將西面以與秦強爲難臣竊笑之世有三亡而天下得之（知三亡者得天下）其此之謂乎臣聞之曰以亂攻治者亡以邪攻正者亡今天下之府庫不盈囷倉空虛悉其士民張軍數十百萬其頓首戴羽爲將軍斷死於前不至千人皆以言死白刃在前斧鑕在後而却走不能死也非其士民不能死也上不能故也言賞則不與言罰則不行賞罰

《韩非子》二十卷（先秦）韩非撰 清嘉庆二十三年全椒吴氏重刻本

开化纸 线装 框高 17 厘米 广 12 厘米

半页十三行 行二十四字 小字双行同 黑口 四周单栏

不信故士民不死也今秦出號令而行賞罰有功無功相事也出其父母懷衽之中生未嘗見寇耳聞戰頓足徒裼犯白刃蹈鑪炭斷死於前者皆是也夫斷死與斷生者不同而民爲之者是貴奮死也夫一人奮死可以對十十可以對百百可以對千千可以對萬萬可以尅天下矣今秦地折長補短方數千里名師數十百萬秦之號令賞罰地形利害天下莫若也以此與天下天下不足兼而有也是故秦戰未嘗不尅攻未嘗不取所當未嘗不破開地數千里此其大功也然而兵甲頓士民病蓄積索田疇荒囷倉虛四鄰諸侯不服霸王之名不成此無異故其謀臣皆不盡其忠也臣敢言之往者齊南破荆東破宋西服秦北破燕中使韓魏土地廣而兵強戰尅攻取詔令天下齊之清濟濁河足以爲限長城巨防足以爲塞齊五戰之國也謂五破國也一戰不尅而無齊爲樂毅破齊於濟西由此觀之夫戰者萬乘之存亡也

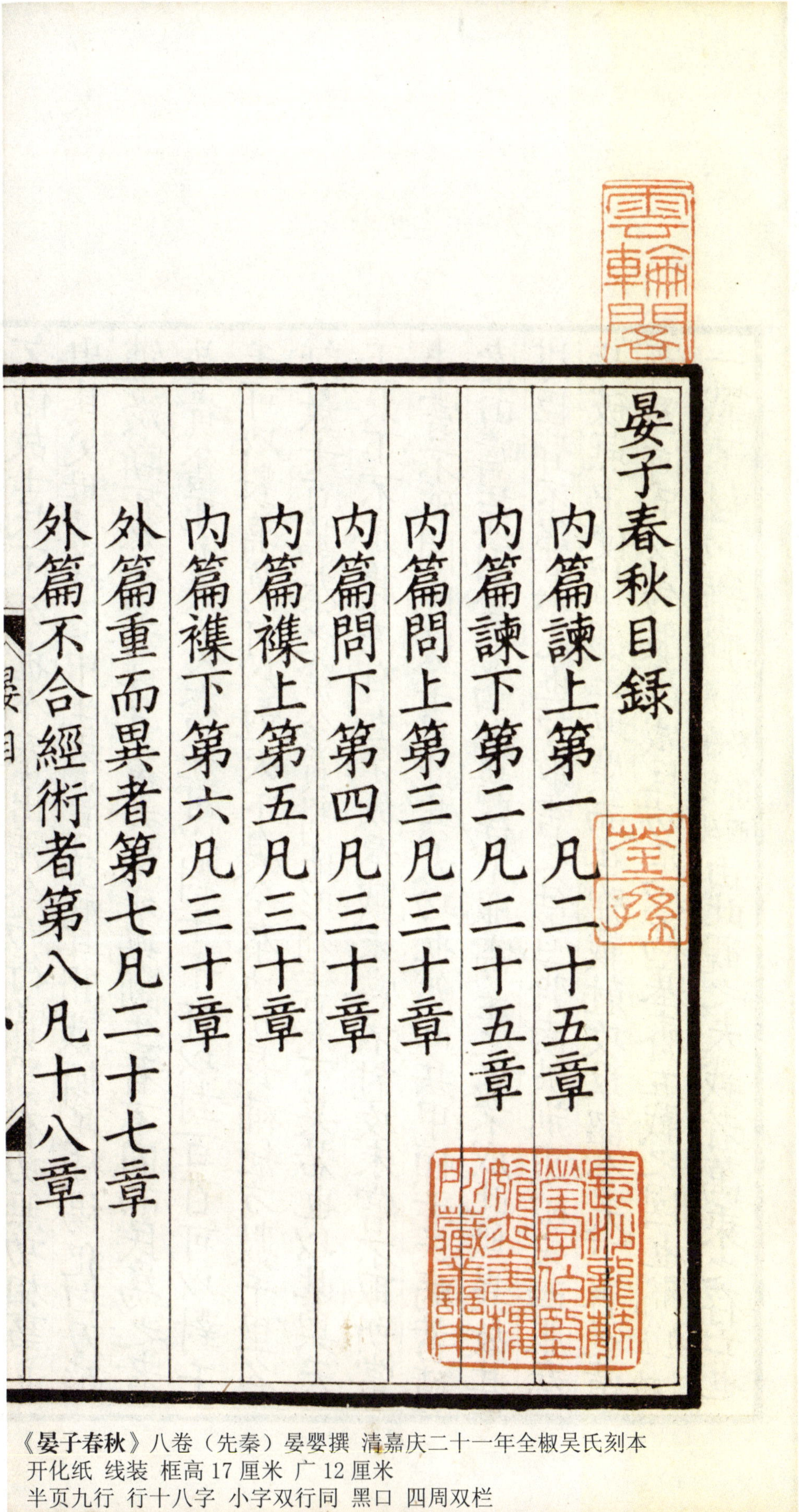

晏子春秋目錄
内篇諫上第一凡二十五章
内篇諫下第二凡二十五章
内篇問上第三凡三十章
内篇問下第四凡三十章
内篇襍上第五凡三十章
内篇襍下第六凡三十章
外篇重而異者第七凡二十七章
外篇不合經術者第八凡十八章

《晏子春秋》八卷（先秦）晏婴撰 清嘉庆二十一年全椒吴氏刻本
开化纸 线装 框高 17 厘米 广 12 厘米
半页九行 行十八字 小字双行同 黑口 四周双栏

右晏子凡内外八篇總二百十五章
護左都水使者光祿大夫臣向言所校中書晏子十一篇臣向謹與長社尉臣參校讎太史書五篇臣向書一篇參書十三篇凡中外書三十篇爲八百三十八章除復重二十二篇六百三十八章定著八篇二百一十五章外書無有三十六章中書無有七十一章中外皆有以相定中書以夭爲芳又爲備先爲牛章爲長如此類者多謹頗略椾皆已定以殺青書可繕寫晏子

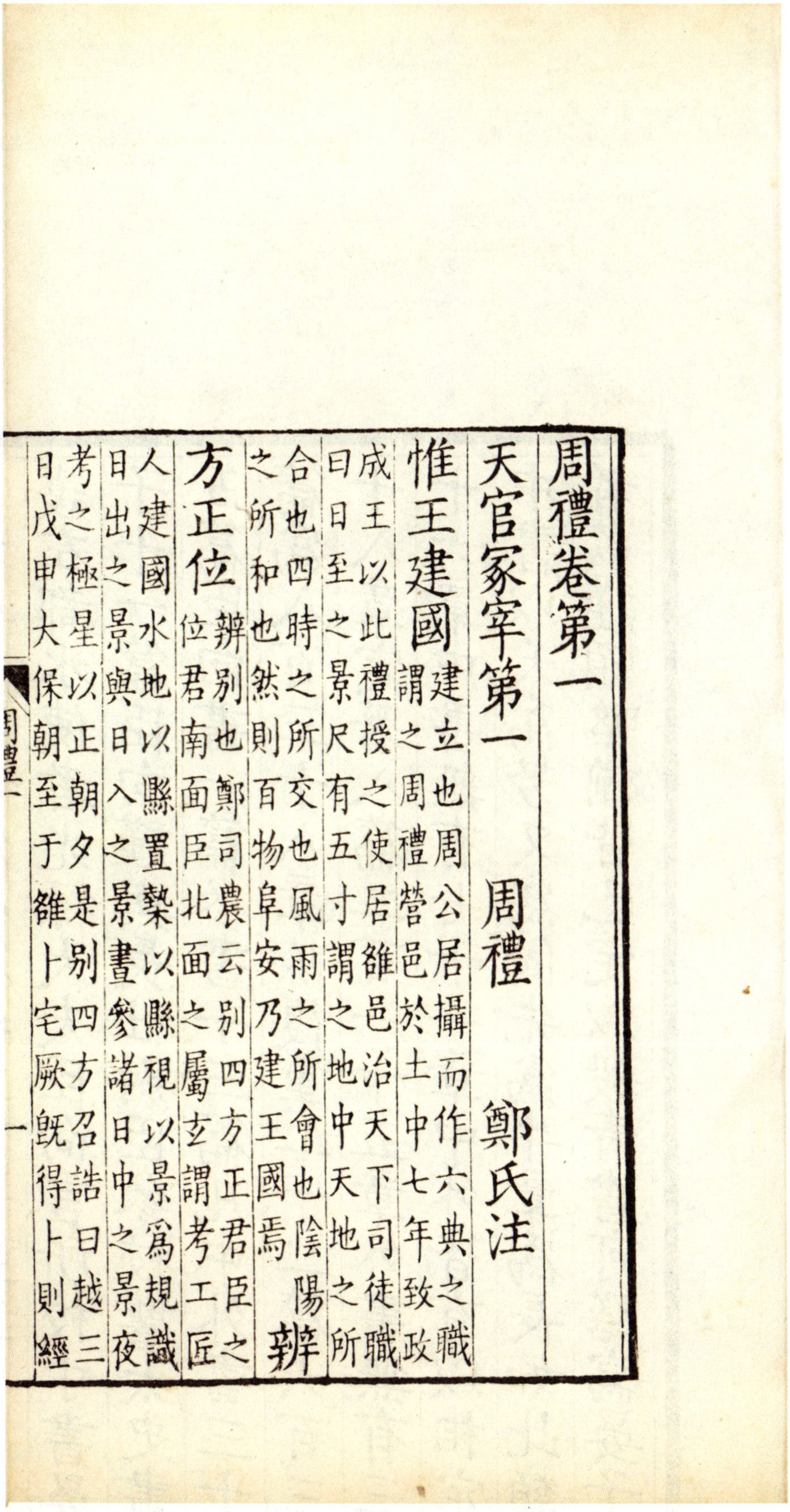

周禮卷第一

天官冢宰第一　周禮　鄭氏注

惟王建國建立也周公居攝而作六典之職謂之周禮營邑於土中七年致政成王以此禮授之使居雒邑治天下司徒職曰日至之景尺有五寸謂之地中天地之所合也四時之所交也風雨之所會也陰陽之所和也然則百物阜安乃建王國焉辨方正位辨別也鄭司農云別四方正君臣之位君南面臣北面之屬玄謂考工匠人建國水地以縣置槷以縣視以景爲規識日出之景與日入之景晝參諸日中之景夜考之極星以正朝夕是別四方召誥曰越三日戊申大保朝至于雒卜宅厥既得卜則經

周禮一　一

《士礼居丛书》二十四种（清）黄丕烈辑 清嘉庆道光间黄氏刻本
白纸 线装 行款不等
《周礼》十二卷札一卷（汉）郑玄注
框高 17.6 厘米 广 12.1 厘米
半页八行 行十七字 小字双行同 白口 左右双栏

營越三日庚戌大保乃以庶殷攻位於雒汭越五日甲寅位成正位謂此定宮廟**體國經野**體猶分也經謂爲之里數鄭司農云營國方九里國中九經九緯左祖右社面朝後市野則九夫爲井四井爲邑之屬是也**設官分職**鄭司農云置冢宰司徒宗伯司馬司寇司空各有所職而百事舉**以爲民極**極中也令天下之人各得其中不失其所**乃立天官冢宰使帥其屬而掌邦治以佐王均邦國**掌主也邦治王所以治邦國也佐猶助也鄭司農云邦治謂揔六官之職也故大宰職曰掌建邦之六典以佐王治邦國六官皆揔屬於冢宰故論語曰君薨百官揔己以聽於冢宰言冢宰於百官無所不主爾雅曰冢大也冢

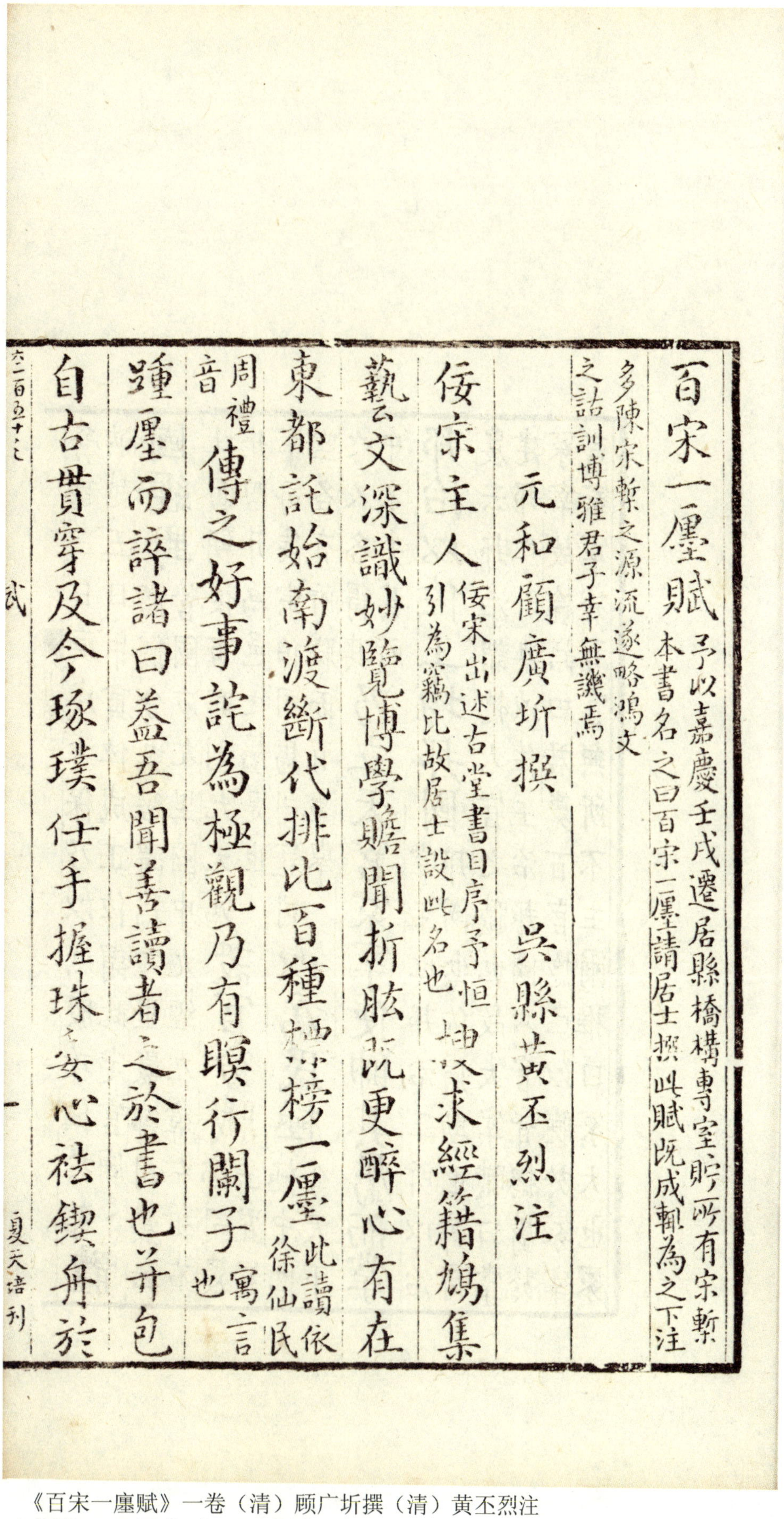

百宋一廛賦 予以嘉慶壬戌遷居縣橋構專室貯所有宋槧本書名之曰百宋一廛請居士撰此賦既成輒為之下注多陳宋槧之源流遂略鴻文之詁訓博雅君子幸無譏焉

元和顧廣圻撰　吳縣黃丕烈注

佞宋主人 佞宋出述古堂書目序予恒坤引為竊比故居士設此名也 搜求經籍鳩集

藝文深識妙覽博學聸聞折肱既更醉心有在

東都訖始南渡斷代排比百種標榜一廛 此讀依徐仙民周禮音

傳之好事詫為極觀乃有瞑行闒子 寓言也

踵廛而辭諸曰蓋吾聞善讀者之於書也并包

自古貫穿及今琢璞任手握珠之安心祛鍥舟於

六一百五十之　貳　一　夏天培刊

《百宋一廛赋》一卷（清）顾广圻撰（清）黄丕烈注
框高 19.4 厘米 广 14.4 厘米
半页九行 行十八字 小字双行不等 白口 左右双栏

來編悟斷輪於往牒敏超閱肆識過亡箧縱有隋唐叅軸漢魏油素尚將規檢迴泬刋落抵捂是知惡札非苦俗本何病值擿獲佳遭鉛斯正且夫相變者埶遞運者時殺簡忽其告謝鏤版適以方滋而乃峻立畦畛強分堂室豈貴遠而賤近抑嗷名而吐實辱在下風感此莫釋敢效其愚髙明盍擇主人造然未有以云也時則思適居士存焉居士姓顧名廣圻元和縣學生喜校書皆有依據絕無鑿空其持論謂凡天下書皆當以不校校之深有取於邢子才日思誤書更是一適語以之自号云將盱衡而語爰有睟其容曰

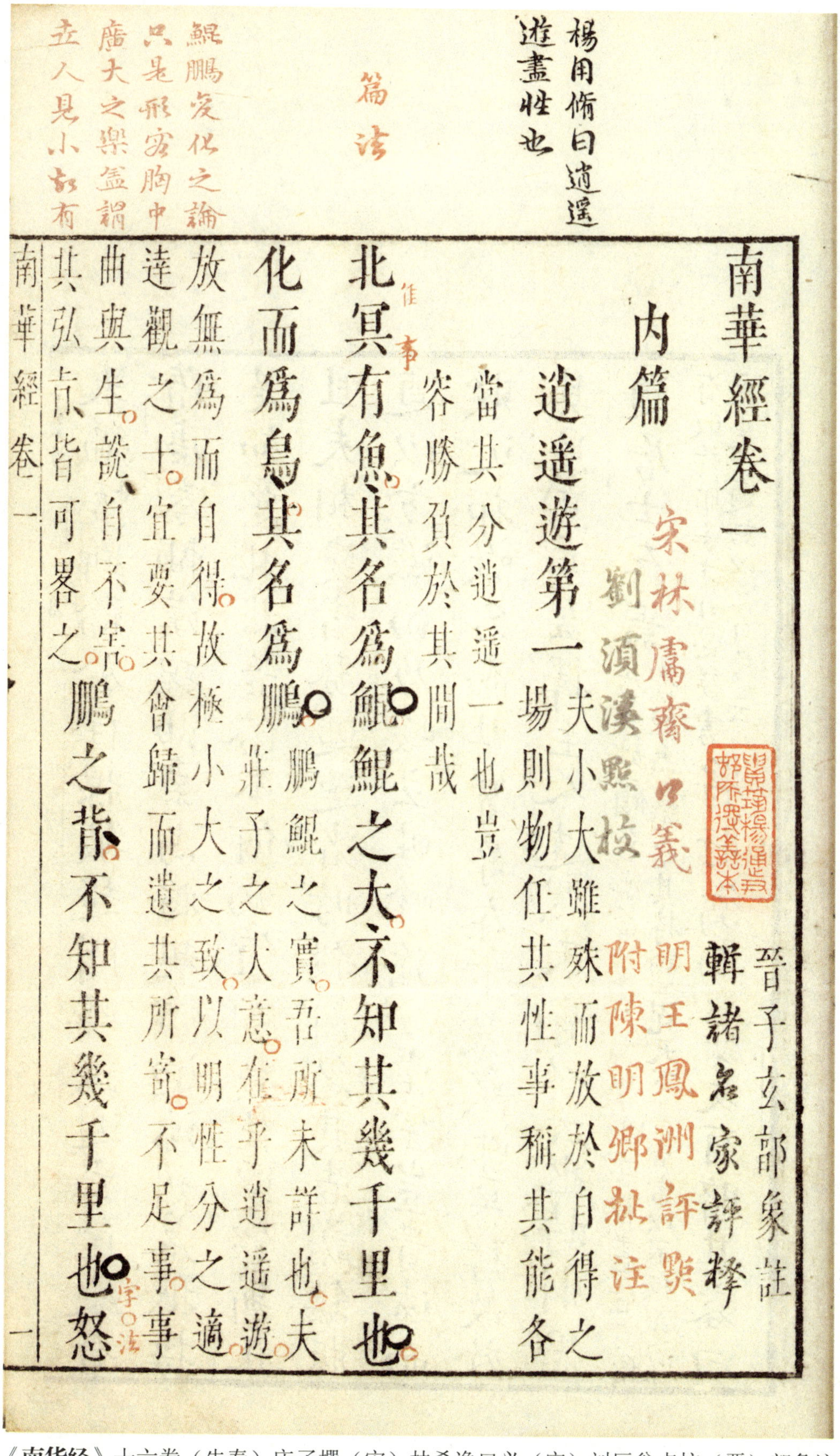

《**南华经**》十六卷（先秦）庄子撰（宋）林希逸口义（宋）刘辰翁点校（晋）郭象注（明）王世贞评点（明）陈仁锡批注 明万历三十六年凌氏刻五色套印本
白棉纸 线装 框高 20.4 厘米 广 14.7 厘米
半页八行 行十八字 小字双行同 白口 四周单栏 莫棠题记 张照跋
入选《国家珍贵古籍名录》

微奥乎至理者不能與於生之所謂達也

他語言皆有斟酌出入類與

譬如木之在山伐而用之毀也以之作室則成矣譬如用藥以之咀之分也合而和之可以成劑有筋有角而後成弓 則成而筋角則毀 秦不亡則漢不興漢雖成而秦則

道通爲一也其分也成也夫物或此以爲散而彼以爲成其成也毀也我之所謂成而彼或謂之毀凡物無成與毀復通爲一夫成毀者生於自見而不見彼也故無成與毀猶無是與非也唯達者知通爲一爲是不用而寓諸庸庸也者用也用也者通也通也者得也夫達者無滯於一方故忽然自忘而寄當於自用自用者莫不條暢而自得也適得而幾矣幾盡也至理盡於自得也因是已達者因而不作已而不知其然謂之道夫達者之因是豈知因爲善而因之哉不知所以因而自因耳故謂之道也勞神明爲一而不知其同也謂

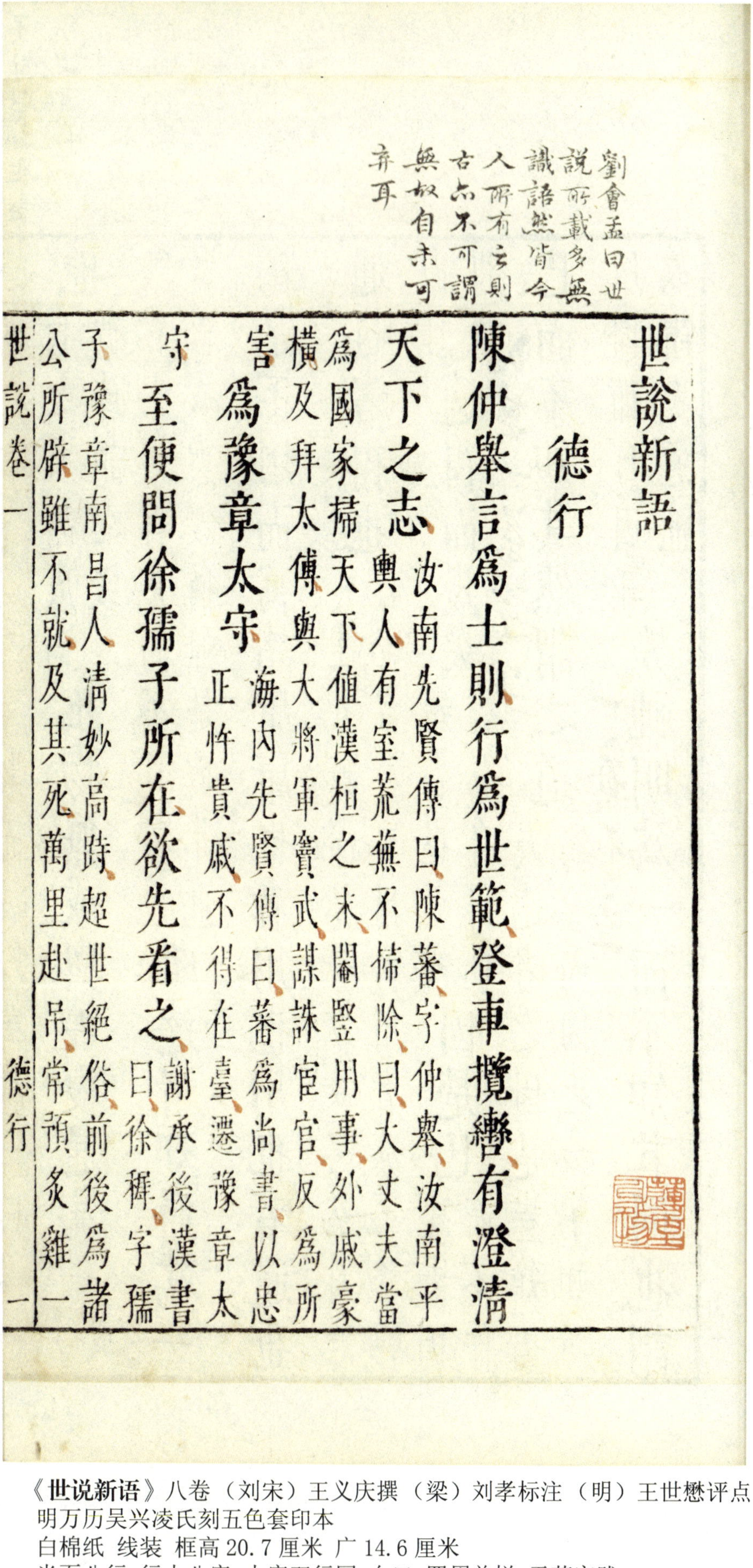
劉會孟曰世說所載多無識語然皆今人所有之則古亦不可謂無奴自未可弃耳
世說新語
德行
陳仲舉言爲士則行爲世範登車攬轡有澄清
天下之志汝南先賢傳曰陳蕃字仲舉汝南平輿人有室荒蕪不掃除曰大丈夫當爲國家掃天下值漢桓之末閹豎用事外戚豪橫及拜太傅與大將軍竇武謀誅宦官反爲所害爲豫章太守海內先賢傳曰蕃爲尚書以忠正忤貴戚不得在臺遷豫章太守
至便問徐孺子所在欲先看之謝承後漢書曰徐稺字孺子豫章南昌人清妙高時超世絕俗前後爲諸公所辟雖不就及其死萬里赴弔常預炙雞一
世說卷一　德行　一

《**世说新语**》八卷（刘宋）王义庆撰（梁）刘孝标注（明）王世懋评点
明万历吴兴凌氏刻五色套印本
白棉纸 线装 框高 20.7 厘米 广 14.6 厘米
半页八行 行十八字 小字双行同 白口 四周单栏 于莲客跋

劉應登曰謂陳欲便看孺子而主簿欲其俟人廨後

隻以綿漬酒中暴乾以裹雞徑到所赴冢隧外以水漬綿斗米飯白茅爲藉以雞置前醊酒畢留謁郎去不見喪主

主簿白羣情欲府君先入廨陳曰武王式商容之閭席不暇煖許叔重曰商容殷之賢人老子師也車上跽曰式吾之禮賢有何不可袁宏漢紀曰蕃在豫章爲稺獨設一榻去則懸之見禮如此

周子居常云吾時月不見黃叔度則鄙吝之心已復生矣子居別見典畧曰黃憲字叔度汝南愼陽人時論者咸云顏子復生而族出孤鄙父爲牛醫頴川荀季和執憲手曰足下吾師範也後見袁奉高曰卿國有顏子寧知之

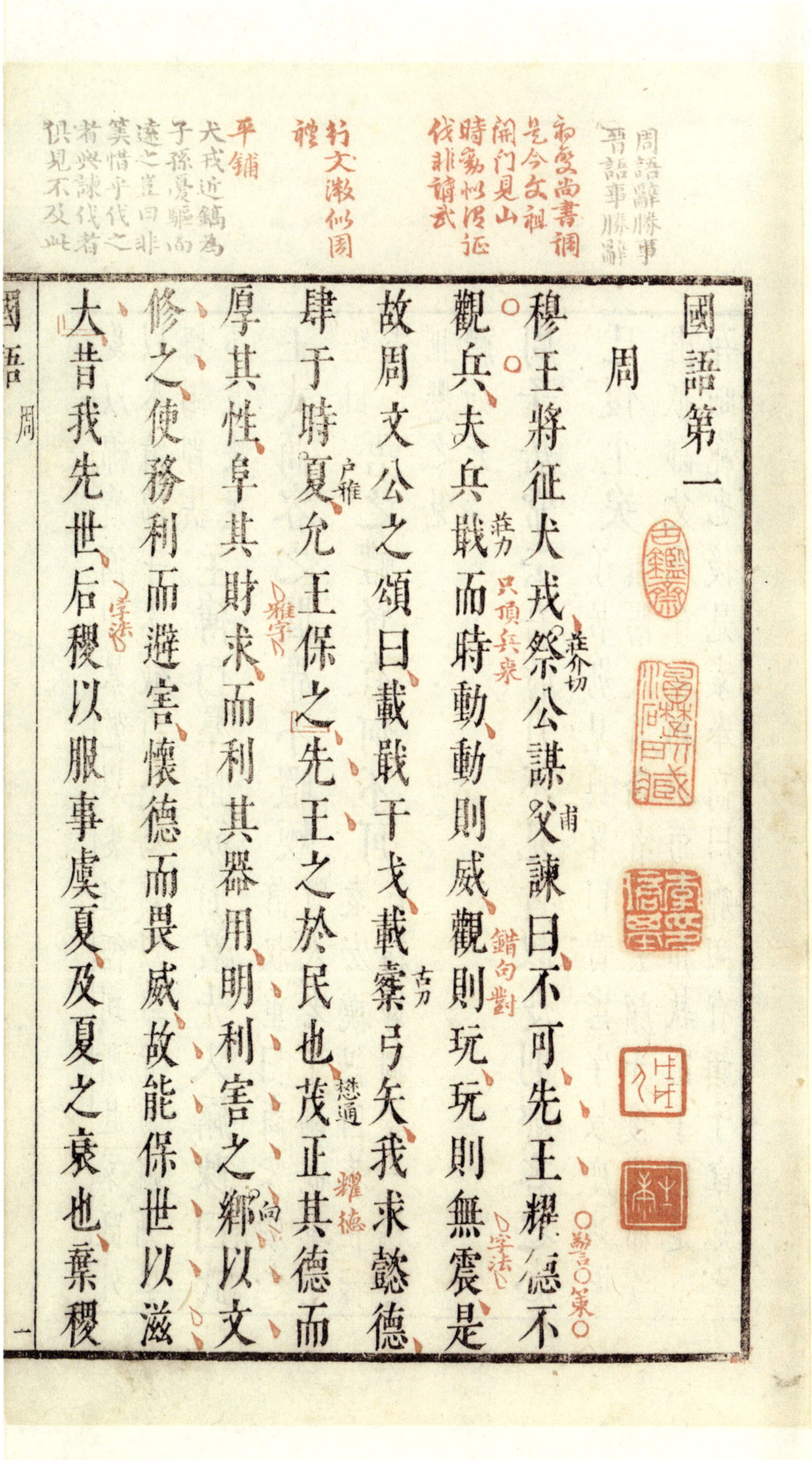

國語第一

周

穆王將征犬戎祭公謀父諫曰不可先王耀德不觀兵夫兵戢而時動動則威觀則玩玩則無震是故周文公之頌曰載戢干戈載櫜弓矢我求懿德肆于時夏允王保之先王之於民也茂正其德而厚其性阜其財求而利其器用明利害之鄉以文修之使務利而避害懷德而畏威故能保世以滋大昔我先世后稷以服事虞夏及夏之衰也棄稷

國語 周 一

《国语》九卷（吴）韦昭注《战国策》十二卷（汉）刘向撰 明万历闵氏刻三色套印本
白棉纸 线装 框高 21.1 厘米 广 15.2 厘米
半页九行 行十九字 小字双行同 白口 四周单栏

翟或作狄
閒古間字語
中凡間俱作
閒說文亦無
閒字

錯綜法

凡原評字法
俱用點恐其
混於句讀易
以尖圈不
注評

夫音扶後凡
語端及助語
夫字並同不
再音

國語

弗務我先王不窋用失其官而自竄於戎翟之閒
不敢怠業時序其德纂修其緒修其訓典朝夕恪
勤守以惇篤奉以忠信奕世載德不忝前人至於
武王昭前之光明而加之以慈和事神保民莫不
欣喜商王帝辛大惡於民庶民弗忍欣戴武王以
致戎於商牧是先王非務武也勤恤民隱而除其
害也夫先王之制邦內甸服邦外侯服侯衞賓服
蠻夷要服戎翟荒服甸服者祭侯服者祀賓服者
享要服者貢荒服者王日祭月祀時享歲貢終王

竹律　字法　字法　字法　指事　雅字　典故　戢而時動　雅字

周之無王久矣
此東西周君耳
非周王也周王
久已寄食于東
西周矣

戰國策第一

西周

考王封弟揭於河南。是爲河南桓公。實西周之始。時則東有王。西有公。而東西之名猶未立也。桓公生威公。威公生惠公。惠公別封少子班於鞏。以奉王。號東周。沒亦謚惠。時則西有公。東亦有公。二公雖各有所食。而周尚爲一。至顯王二年。趙韓分周爲二。二周公治之。於是王直寄焉而已矣。鮑氏攷之不確。卽以西周爲王。故此係以安王赧王。而東周係以惠公。彼西周桓威惠武等公。著在史冊。獨不見乎。安王實居東周。可係之西周乎

安王

嚴氏爲賊而陽豎與焉道周周君留之十四日載

是短文字然非有意爲簡亦只是意盡言止

一本客謂周君曰正語之

亦是辭命但小變左氏法然意態猶彷彿似之

甚削有簡法然不是鍊之使簡只是取緊要意書之餘悉棄去亦不緣飾襯帖却正以此見削

以乘車駟馬而遺之韓使人讓周周君患之客謂周君正語之曰寡人知嚴氏之爲賊而陽豎與之故留之十四日以待命也小國不足以容賊君之使又不至是以遣之也

殺人不以道曰賊嚴遂殺韓相傀是也豎小使韓策陽豎道周出亡過周也

赧王

周共太子死有五庶子皆愛之而無適立也司馬翦謂楚王曰何不封公子咎（皐）而爲之請太子左成謂司馬翦曰周君不聽是公之智困而交絕於周

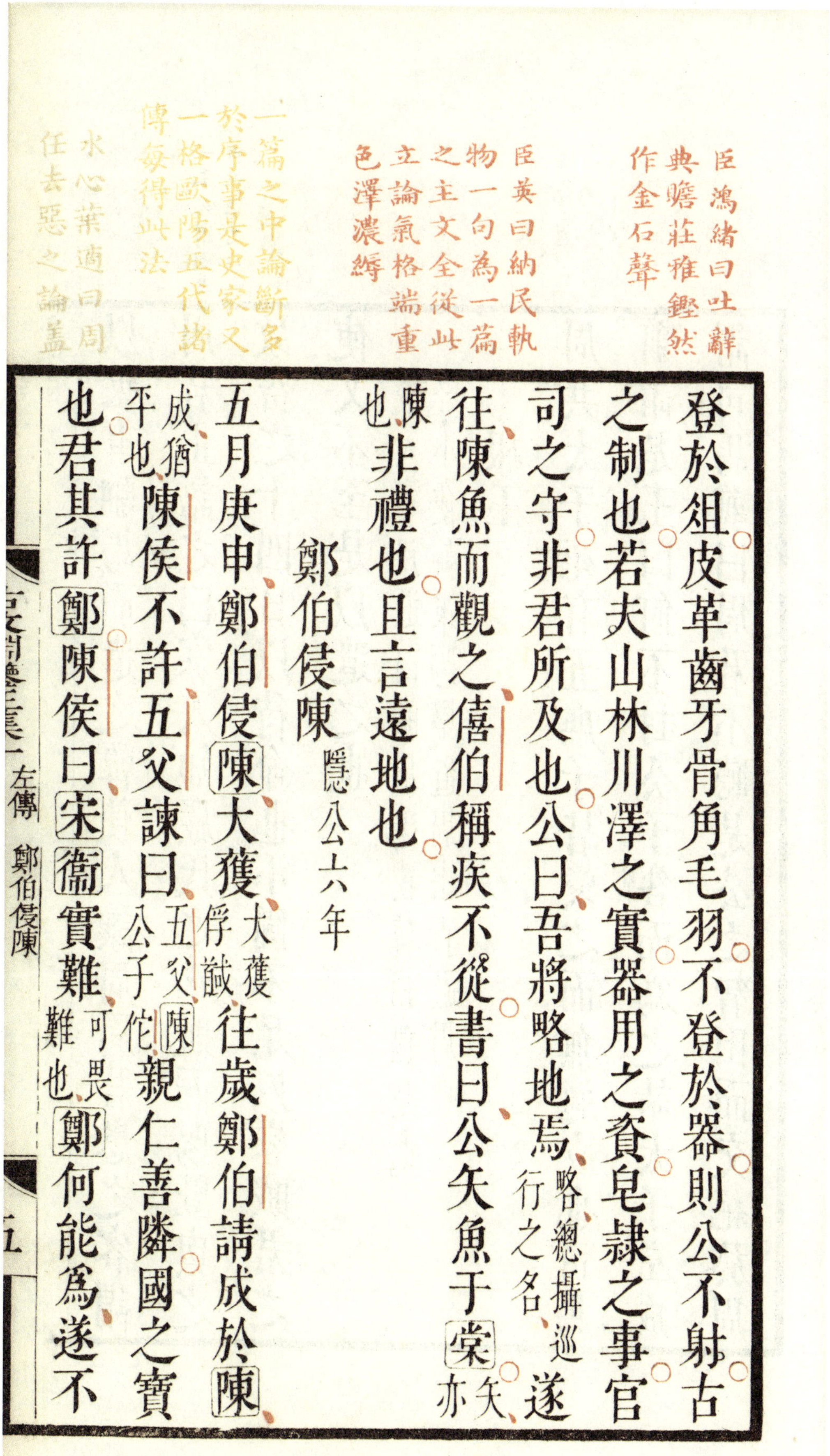

臣鴻緒曰吐辭典贍莊雅鏗然作金石聲

臣英曰納民軌物一句為一篇之主文全從此立論氣格端重色澤濃縟

一篇之中論斷多於序事是史家又一格歐陽五代諸傳每得此法

水心葉適曰周任去惡之論蓋

登於俎皮革齒牙骨角毛羽不登於器則公不射古之制也若夫山林川澤之實器用之資皁隸之事官司之守非君所及也公曰吾將略地焉（略總攝巡行之名）遂往陳魚而觀之僖伯稱疾不從書曰公矢魚于棠（矢亦陳也）非禮也且言遠地也

鄭伯侵陳　隱公六年

五月庚申鄭伯侵陳大獲（大獲俘馘）往歲鄭伯請成於陳（成猶平也）陳侯不許五父諫曰（五父陳公子佗）親仁善鄰國之寶也君其許鄭陳侯曰宋衛實難（可畏難也）鄭何能為遂不

古文淵鑒卷一　左傳　鄭伯侵陳　五

《古文渊鉴》六十四卷（清）徐乾学等辑 清康熙二十四年内府刻四色套印本
开化纸 线装 框高 19.5 厘米 广 14.2 厘米
半页九行 行二十字 小字双行同 黑口 四周单栏

謂自心與行事罪過處當力鋤治斷絕使善道日增長後世反施之於人豈惟不能去惡又助惡矣

臣乾學曰陳侯昧于親仁善隣之義所謂長惡自及也左氏辭義嚴正垂戒切矣

鄭莊公入人之國而不利其土地雖怵於齊魯猶庶幾能以私自克者君

許君子曰善不可失惡不可長其陳桓公之謂乎長惡不悛從自及也悛止也從隨也雖欲救之其將能乎商書曰惡之易也如火之燎於原不可鄉邇其猶可撲滅言不可撲滅周任有言曰周任周大夫爲國家者見惡如農夫之務去草焉芟夷蘊崇之絕其本根勿使能殖則善者信矣芟刈也夷殺也蘊積也崇聚也○芟所銜反蘊紆粉反

鄭伯命大夫百里居許隱公十一年

夏公會鄭伯于郲謀伐許也郲鄭地許姜姓堯四岳伯夷之後鄭伯將伐許五月甲辰授兵於大宮大宮鄭祖廟也蓋授兵車於祖廟也凡出

子許其有禮亦善善長之義也

致所王宗沐曰詳覽莊公之言不敢以許自為功似讓能況能久有許似反已況能禋祀許似慮遠吾其能與許爭似憂遠然其卒曰不惟許之為亦聊以固吾圉也則自為自利之心不覺自發露矣要之殘忍陰忌莊公

師必告於祖廟而奉遷廟之主以行公孫閼與潁考叔爭車公孫閼鄭大夫潁考叔挾輈以走輈車轅也子都拔棘以逐之子都公孫閼棘戟也及大逵弗及子都怒逵道方九軌也秋七月公會齊侯鄭伯伐許庚辰傅于許潁考叔取鄭伯之旗蝥弧以先登蝥弧旗名○蝥亡侯反子都自下射之顛瑕叔盈又以蝥弧登瑕叔盈鄭大夫周麾而呼曰君登矣鄭師畢登壬午遂入許許莊公奔衛齊侯以許讓公公曰君謂許不共故從君討之許既伏其罪矣雖君有命寡人弗敢與聞乃與鄭人鄭伯使許大夫百里奉許叔以居許東偏東偏東鄙

古文淵鑒正集一　左傳　鄭伯命百里居許　六

也

曰天禍許國鬼神實不逞於許君而假手於我寡人寡人唯是一二父兄不能共億其敢以許自爲功乎寡人有弟不能和協而使餬其口於四方（弟共叔段也餬鬻也）其況能久有許乎吾子其奉許叔以撫柔此民也吾將使獲也佐吾子（公孫獲鄭大夫）若寡人得沒於地天其以禮悔禍於許無寧茲許公復奉其社稷（無寧寧也）唯我鄭國之有請謁焉如舊昏媾其能降以相從也無滋他族實偪處此以與吾鄭國爭此土也吾子孫其覆亡之不暇而況能禋祀許乎（潔齊以享謂之禋）寡人之使吾

臣菼曰討貳含服文能道情遂若裏言

臣士奇曰慮遠憂深周詳婉至守國之權謀脩辭之上品

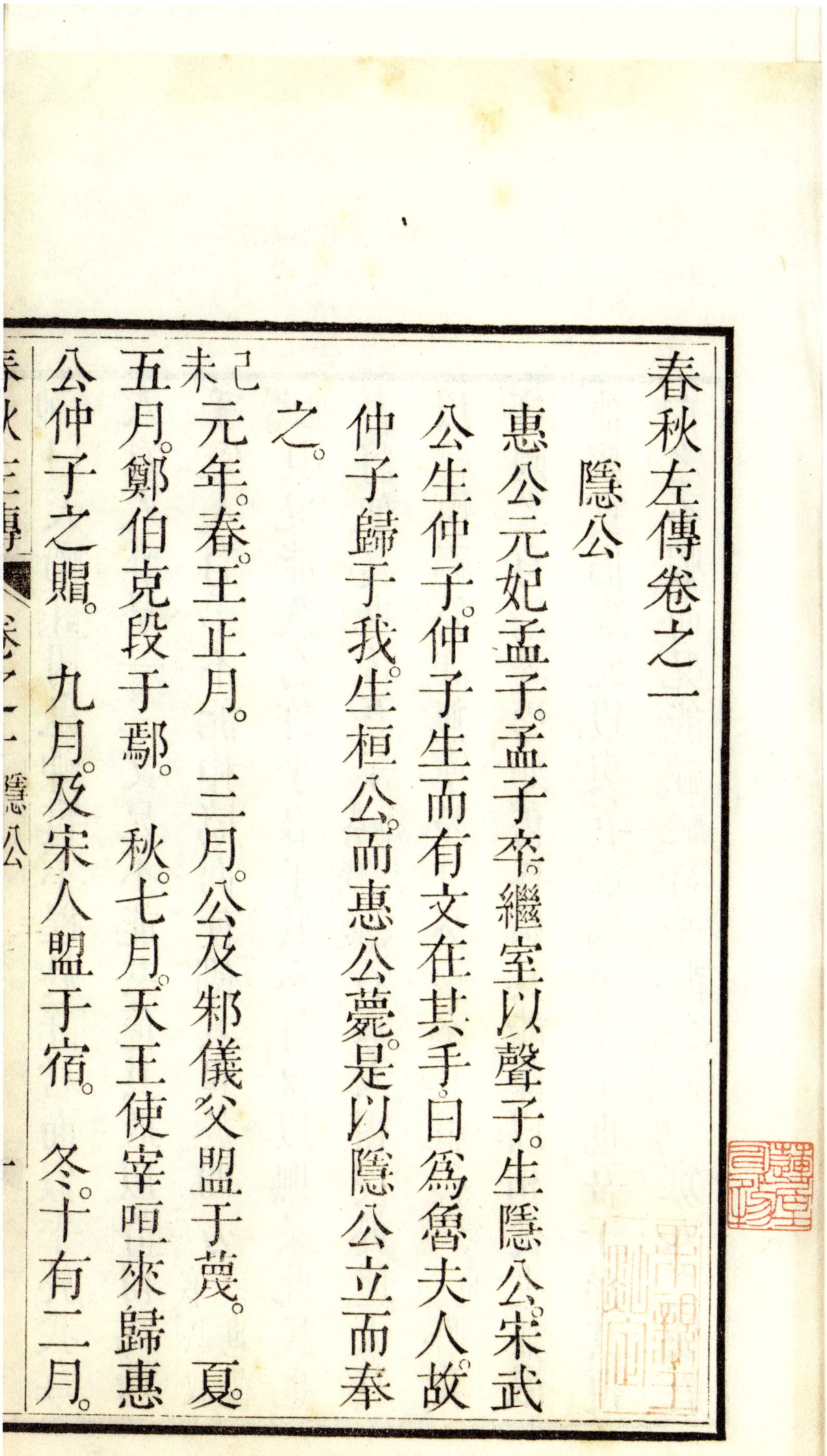

春秋左傳卷之一

隱公

惠公元妃孟子。孟子卒。繼室以聲子。生隱公。宋武公生仲子。仲子生而有文在其手。曰爲魯夫人。故仲子歸于我。生桓公。而惠公薨。是以隱公立而奉之。

己未元年。春。王正月。 三月。公及邾儀父盟于蔑。 夏五月。鄭伯克段于鄢。 秋。七月。天王使宰咺來歸惠公仲子之賵。 九月。及宋人盟于宿。 冬。十有二月。

春秋左傳 卷之一 隱公 一

《春秋左传》十七卷（明）汪道昆撰 清雍正十三年果亲王府刻四色套印本
开化纸 线装 框高 18.6 厘米 广 12.5 厘米
半页九行 行二十字 白口 四周双栏

祭伯來。　公子益師卒。
元年春王周正月不書即位攝也。　三月公及邾
儀父盟于蔑邾子克也未王命故不書爵曰儀父
貴之也公攝位而欲求好于邾故爲蔑之盟。　夏
四月費伯帥師城郎不書非公命也　初鄭武公
娶于申曰武姜生莊公及共叔段莊公寤生驚姜
氏故名曰寤生遂惡之愛共叔段欲立之亟請于
武公公弗許及莊公即位爲之請制公曰制巖邑
也虢叔死焉佗邑唯命請京使居之謂之京城大

所以敗也故春蒐夏苗秋獮冬狩皆于農隙以講
事也三年而治兵入而振旅歸而飲至以數軍實
昭文章明貴賤辨等列順少長習威儀也鳥獸之
肉不登于俎皮革齒牙骨角毛羽不登于器則公
不射古之制也若夫山林川澤之實器用之資皁
隸之事官司之守非君所及也公曰吾將略地焉
遂往陳魚而觀之僖伯稱疾不從書曰公矢魚于
棠非禮也且言遠地也　曲沃莊伯以鄭人邢人
伐翼王使尹氏武氏助之翼侯奔隨　夏葬衛桓

公。衛亂是以緩。　四月。鄭人侵衛牧。以報東門之役。衛人以燕師伐鄭。鄭祭足。原繁。洩駕。以三軍軍其前。使曼伯與子元潛軍軍其後。燕人畏鄭三軍。而不虞制人。六月。鄭二公子。以制人敗燕師于北制。君子曰。不備不虞。不可以師。　曲沃叛王。秋。王命虢公伐曲沃。而立哀侯于翼。　衛之亂也。郕人侵衛。故衛師入郕。　九月。考仲子之宮。將萬焉。公問羽數于衆仲。對曰。天子用八。諸侯用六。大夫四。士二。夫舞所以節八音而行八風。故自八以下。公

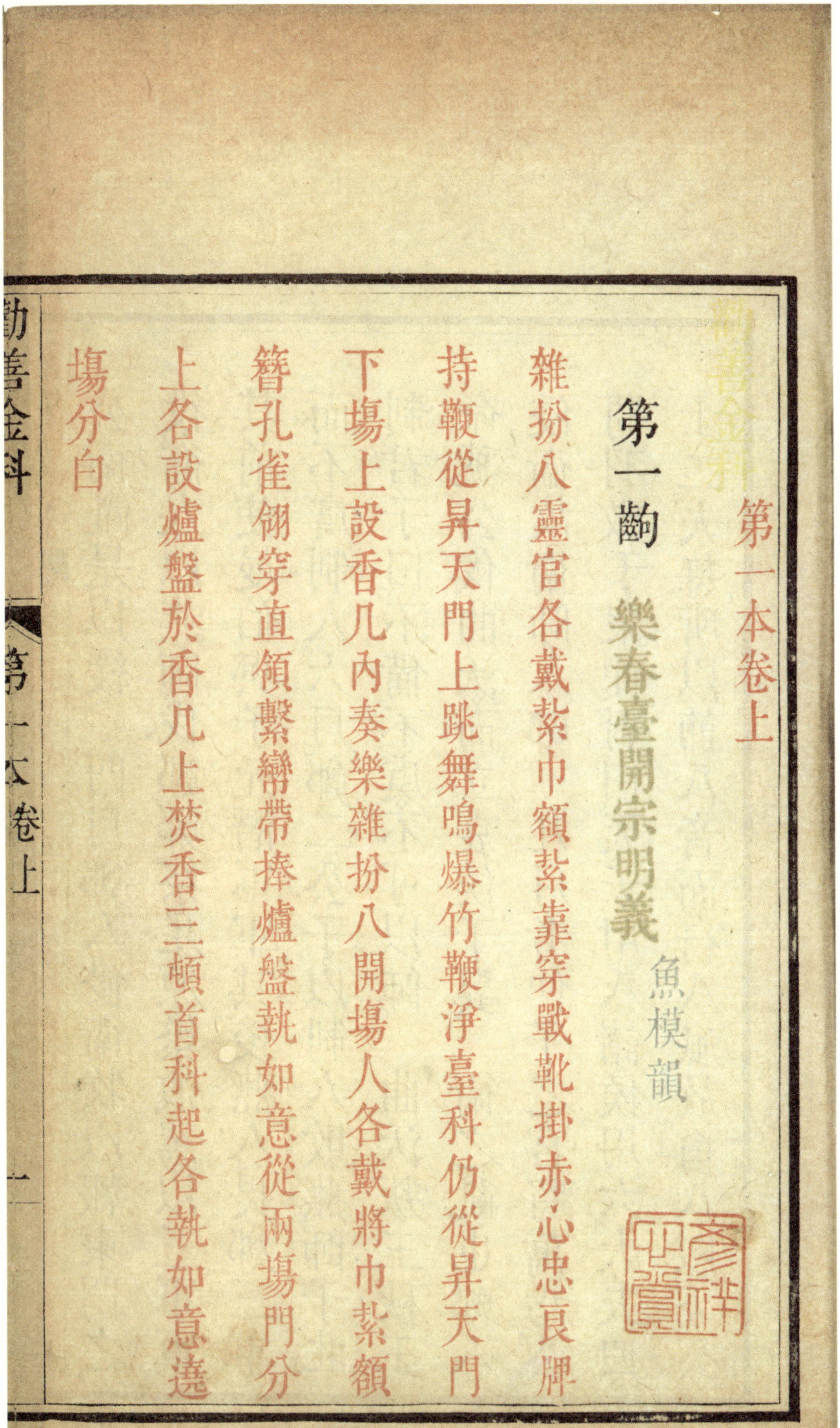
勸善金科

第一本卷上

第一齣　樂春臺開宗明義

魚模韻

雜扮八靈官各戴紮巾額紥靠穿戰靴掛赤心忠良牌持鞭從昇天門上跳舞鳴爆竹鞭淨臺科仍從昇天門下場上設香几內奏樂雜扮八開場人各戴將巾紥額簪孔雀翎穿直領繫鑾帶捧爐盤執如意從兩場門分上各設爐盤於香几上焚香三頓首科起各執如意遶場分白

勸善金科　第一本　卷上

《劝善金科》二十卷首一卷（清）张照等撰 清乾隆武英殿刻五色套印本
竹纸 线装 框高 21 厘米 广 14.5 厘米
半页八行 行二十二字 白口 四周双栏

河山一統　日月雙丸　閱盡風雲世路
剖破藩籬　洞觀今古　喚醒愚頑氓庶　莫被貪
嗔誤　歎人情變幻　雨翻雲覆　請細看　聰明智
巧　盡屬衰草寒烟荒土　無辱亦無榮　江上漁翁
山間樵父　多少蠅頭奪利　蝸角爭名　總是一
番虛度　暗室虧心　難逃天網　到底行藏敗露
重把宮商譜　莫認做　旖旎清歌妙舞　試娓娓
塵世窮通　幽冥禍福　迷津施渡　人應悟　大家

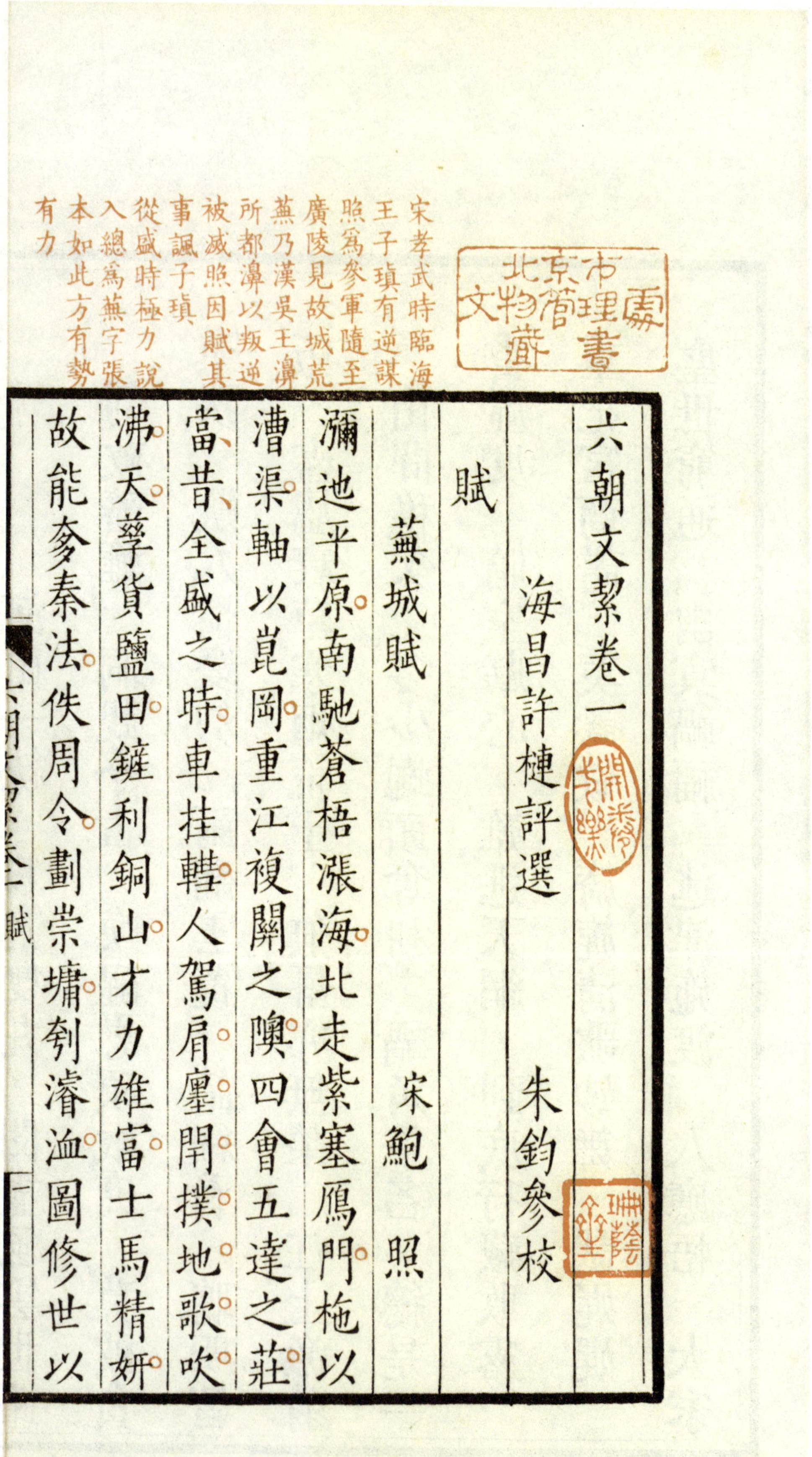

宋孝武時臨海王子頊有逆謀照爲參軍隨至廣陵見故城荒蕪乃漢吳王濞所都濞以叛逆被滅照因賦其事諷子頊

從盛時極力說入總爲蕪字張本如此方有勢有力

六朝文絜卷一

海昌許槤評選　朱鈞參校

賦

蕪城賦　宋　鮑照

瀰迆平原，南馳蒼梧漲海，北走紫塞鴈門。柂以漕渠，軸以崑岡。重江複關之隩，四會五達之莊。當昔全盛之時，車挂轊，人駕肩，廛閈撲地，歌吹沸天。孳貨鹽田，鏟利銅山，才力雄富，士馬精妍。故能奓秦法，佚周令，劃崇墉，刳濬洫，圖修世以

《六朝文絜》四卷（清）许梿评选　清道光五年享金宝石斋刻朱墨套印本
开化纸　线装　框高 17.1 厘米　广 11.5 厘米
半页九行　行十八字　黑口　左右双栏

筆筆從城字洗發此名手勝人處

休命是以版築雉堞之殷井幹烽櫓之勤格高五嶽袤廣三墳崒若斷岸矗似長雲制磁石以禦衝糊赬壤以飛文觀基扃之固護將萬祀而一君出入三代五百餘載竟瓜剖而豆分澤葵依井荒葛罥塗壇羅虺蜮階鬬麏鼯木魅山鬼野鼠城狐風嘷雨嘯昏見晨趨饑鷹厲吻寒鴟嚇雛伏虣藏虎乳血飡膚崩榛塞路崢嶸古馗白楊早落塞草前衰稜稜霜氣蔌蔌風威孤蓬自振驚沙坐飛灌莽杳而無際叢薄紛其相依

極言其蕪於濃腴中仍見奇陗絕不易得

無故而飛曰坐飛坐字鍊

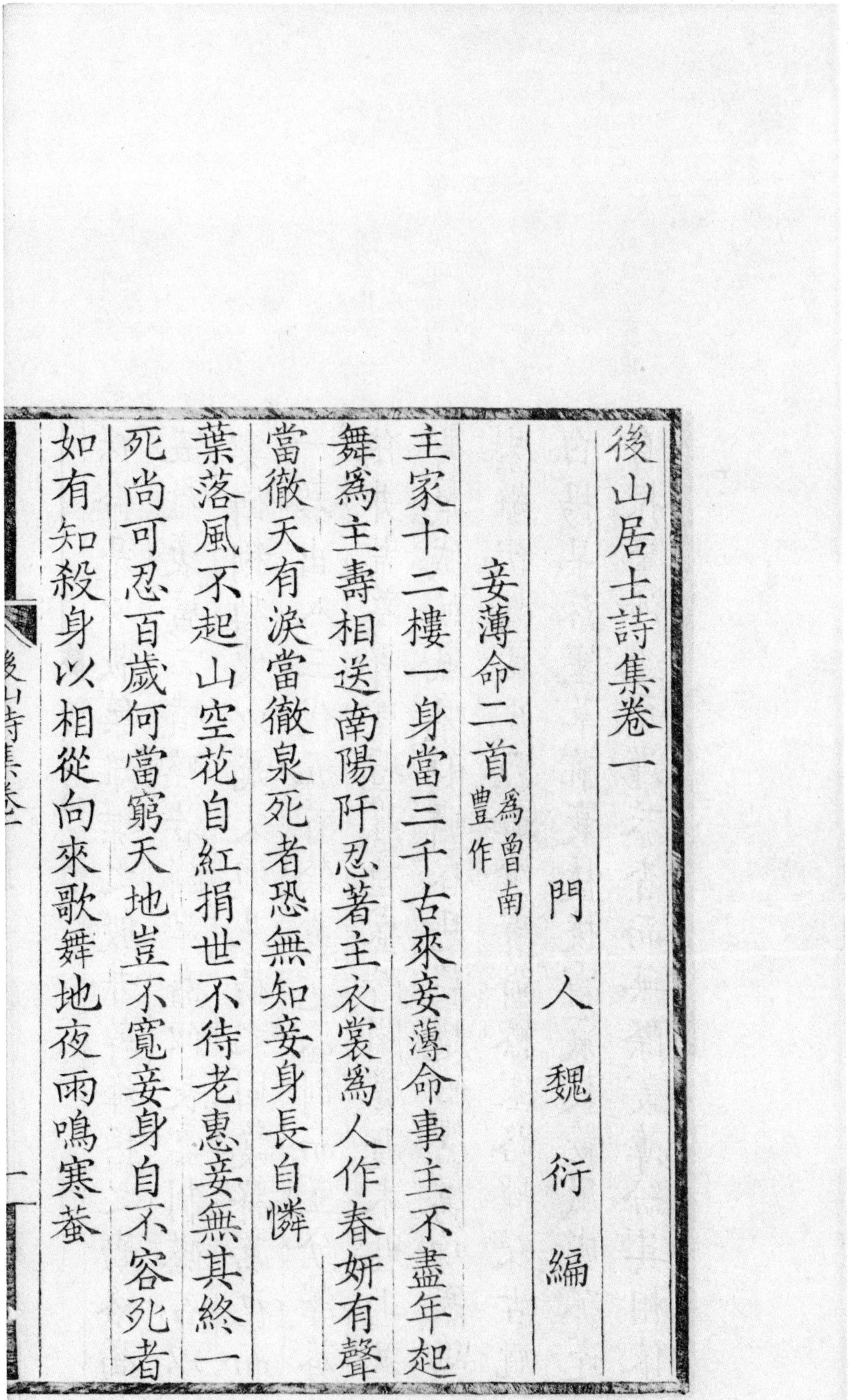

後山居士詩集卷一

門人魏衍編

妾薄命二首爲曾南豐作

主家十二樓一身當三千古來妾薄命事主不盡年起舞爲主壽相送南陽阡忍著主衣裳爲人作春妍有聲當徹天有淚當徹泉死者恐無知妾身長自憐

葉落風不起山空花自紅捐世不待老惠妾無其終一死尚可忍百歲何當窮天地豈不寬妾身自不容死者如有知殺身以相從向來歌舞地夜雨鳴寒蛩

後山詩集卷一　一

《后山居士诗集》六卷（宋）陈师道撰 清雍正三年陈唐木活字印本
竹纸 线装 框高 17.4 厘米 广 12.4 厘米
半页九行 行二十一字 小字双行同 黑口 左右双栏

送外舅郭大夫槩西川提刑

丈人東南來復作西南去連年萬里別更覺貧賤苦王事有期程親年當喜懼畏與妻子別已復迫曛暮何者最可憐兒生未知父盜賊非人情蠻夸正狼顧功名何用多莫作分外慮萬里早歸來九折慎馳騖嫁女不離家生男已當戶曲逆老不侯知人公豈誤

送内

麀麌顧其子燕雀各有隨與子爲夫婦五年三別離兒女豈不懷母老妹已笄父子各從母可喜亦可悲關河

直齋書錄解題卷一
宋　陳　振　孫　撰
易類
周易注六卷略例一卷繫辭注三卷
魏尚書郎山陽王弼輔嗣注上下經撰畧例晉太常
潁川韓康伯注繫辭說序雜卦自漢以來言易者多
溺於象占之學至弼始一切掃去暢以義理於是天
下後世宗之餘家盡廢然王弼好老氏魏晉談元自
弼輩倡之易有聖人之道四焉去三存一於道闕矣
直齋書錄解題　卷一　一

《直斋书录解题》二十二卷（宋）陈振孙撰 清乾隆武英殿聚珍版印本
开化纸 线装 框高 19.4 厘米 广 12.6 厘米
半页九行 行二十一字 小字双行同 白口 四周双栏

況其所謂辭者又雜以異端之說乎范甯謂其罪深於桀紂誠有以也弼父業長緒本王粲族兄凱之子粲二子坐事誅文帝以業嗣粲弼死時年二十餘

古易十二卷

出翰林學士睢陽王洙原叔家上下經惟載爻辭外卦辭一彖辭二大象三小象四文言五上繫六下繫七說卦八序卦九雜卦十葉石林以爲此卽藝文志所謂古易十二篇者也案隋唐志皆無古易之目當亦是後人依倣錄之爾

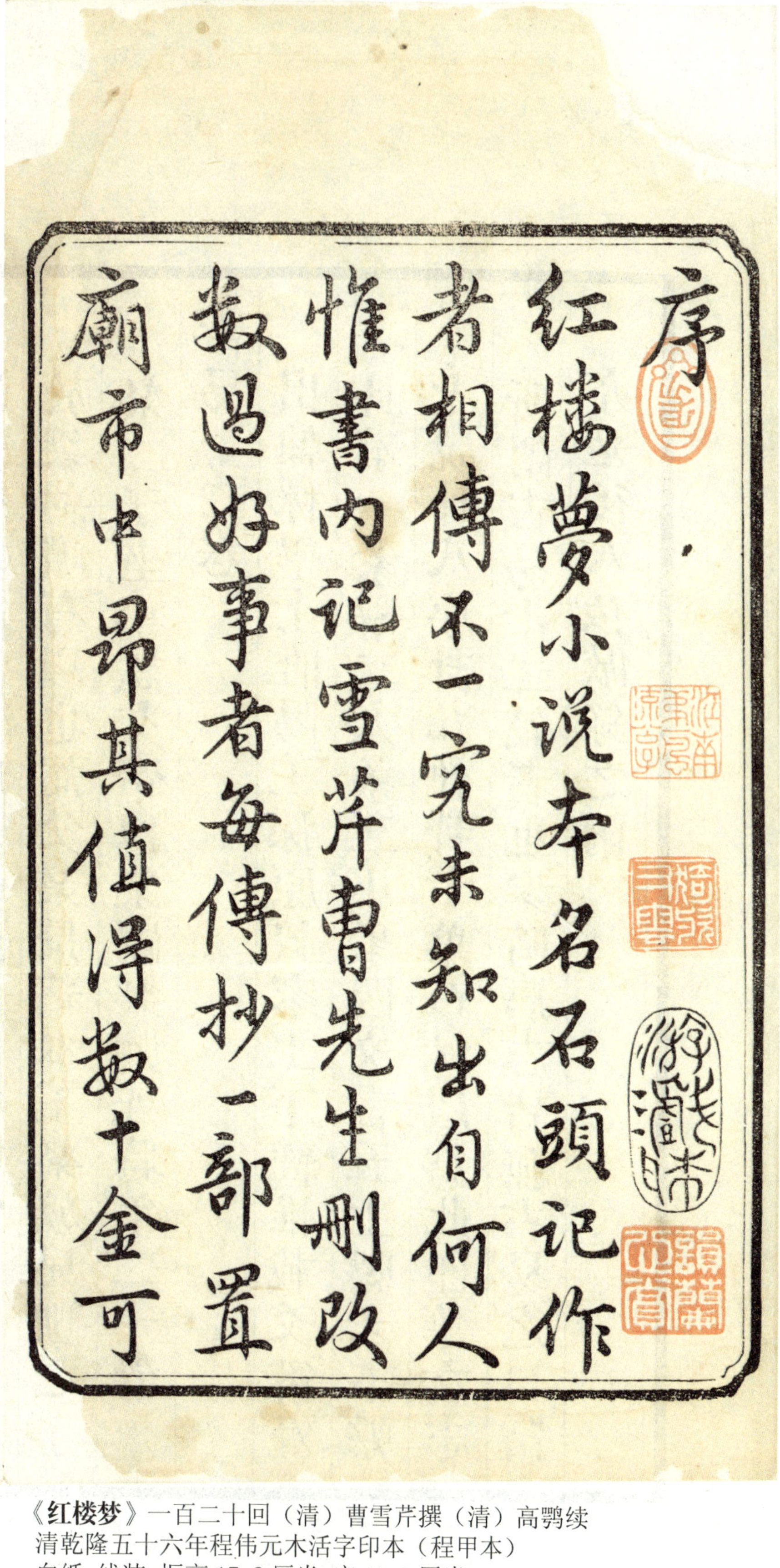

《红楼梦》一百二十回（清）曹雪芹撰（清）高鹗续
清乾隆五十六年程伟元木活字印本（程甲本）
白纸 线装 框高 17.2 厘米 广 11.7 厘米
半页十行 行二十四字 白口 四周单栏

謂不脛而走者矣然原目一百廿卷
今所傳秖八十卷殊非全本卽間
稱有全部者及檢閱仍秖八十
卷讀者頗以爲憾不佞以是書
旣有百廿卷之目豈無全璧爰
爲竭力搜羅自藏書家甚至

收見寶爲幸遂襄其役工既
竣并識端末以告閱者
時
乾隆辛亥冬至後五日鐵嶺
高鶚敘并書

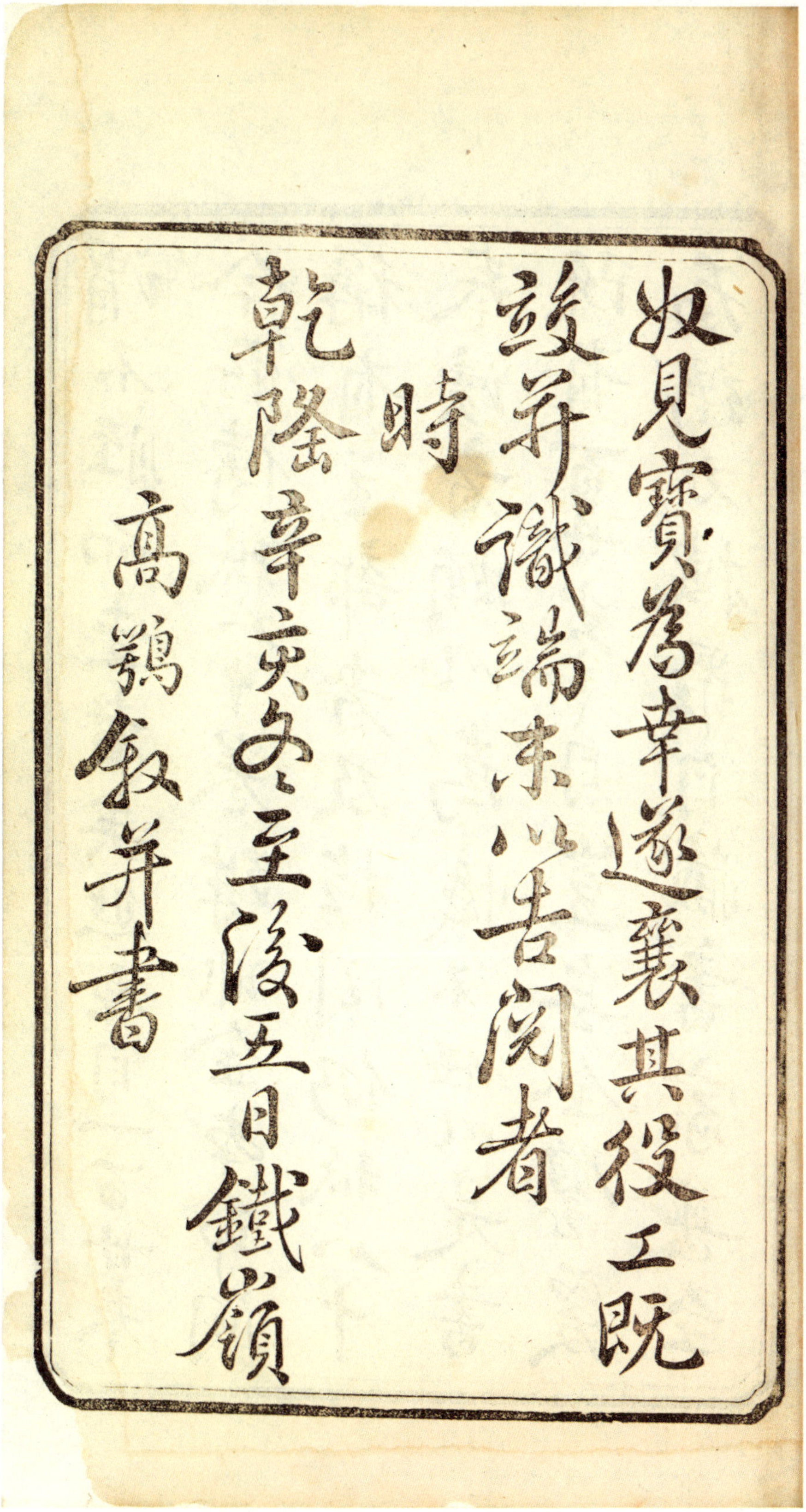

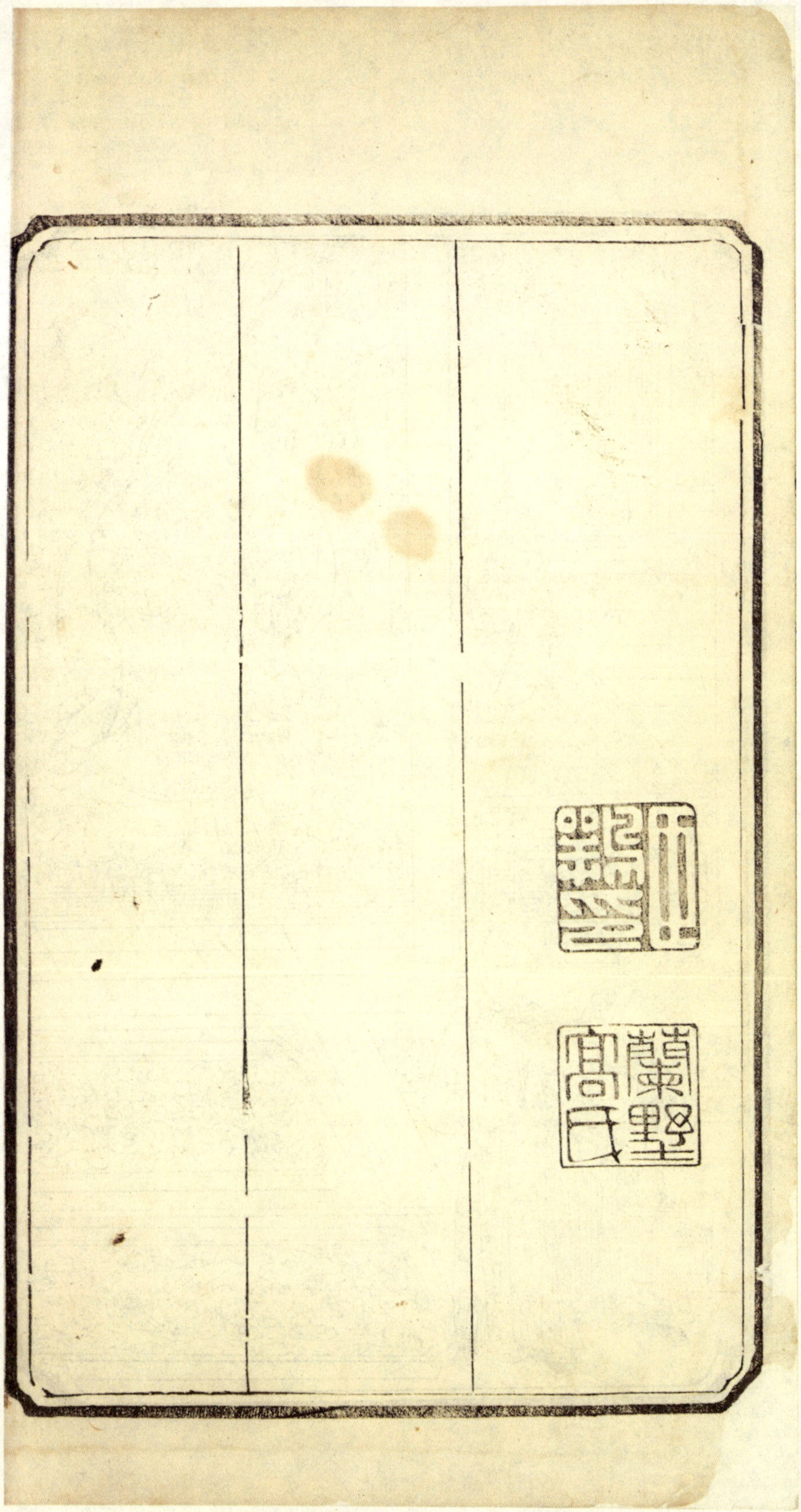

《红楼梦》清乾隆五十六年程伟元木活字印本（程甲本）

元春

六

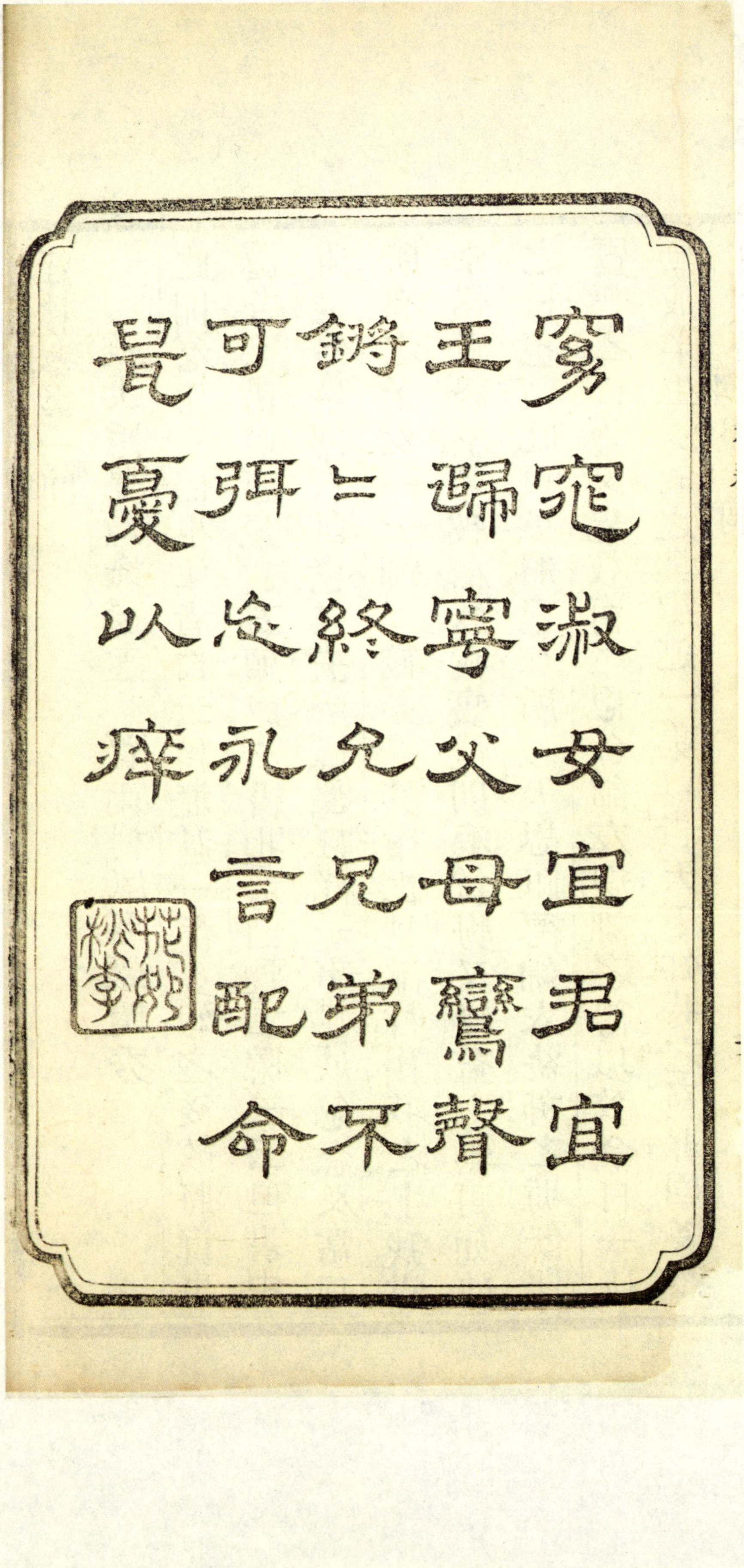
窈窕淑女宜君宜
王歸寧父母鸞聲
鏘〻終兄見弟不
可弭忘永言配命
曷憂以瘁

《红楼梦》清乾隆五十六年程伟元木活字印本（程甲本）

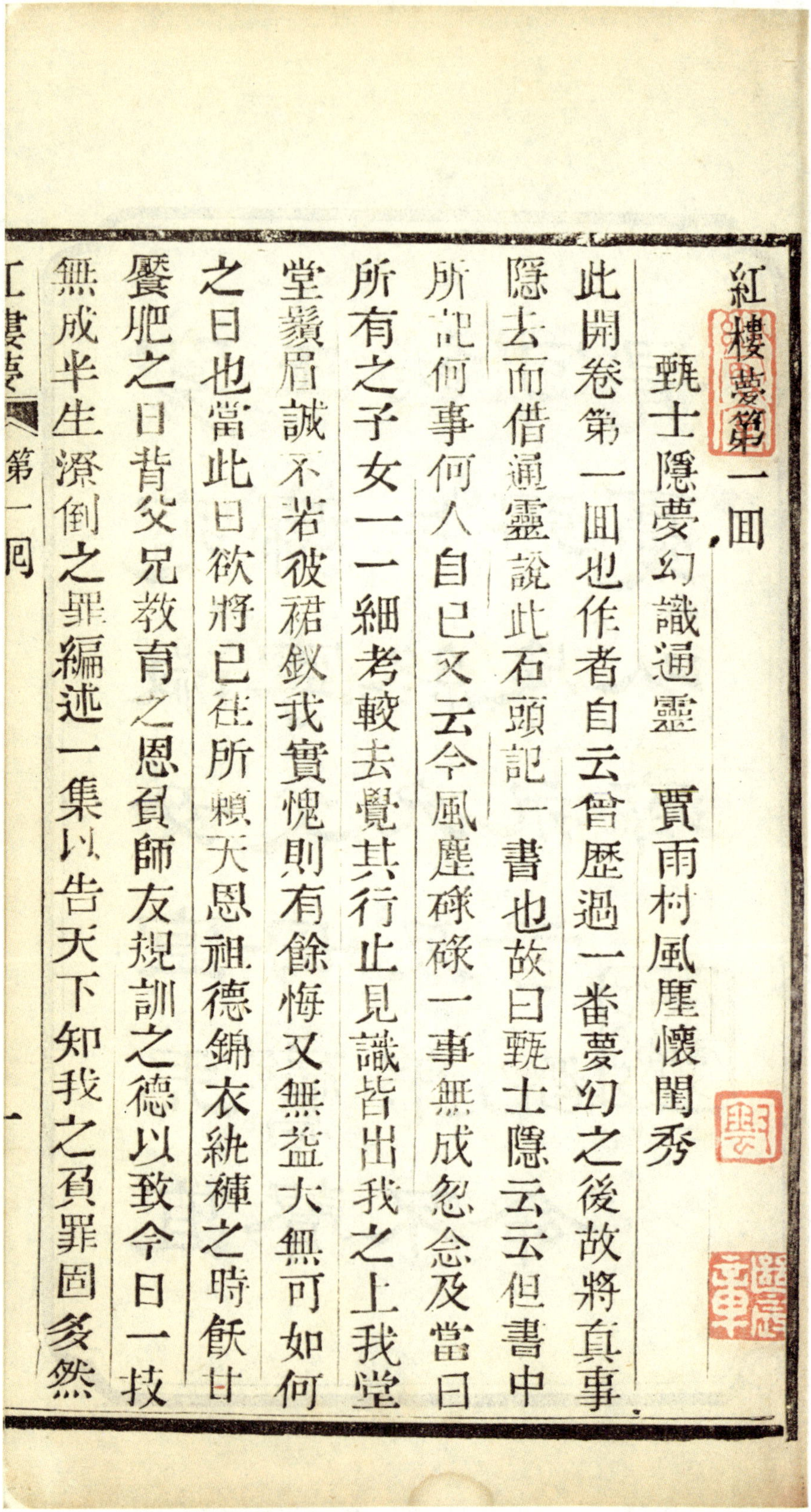
紅樓夢第一回

甄士隱夢幻識通靈　賈雨村風塵懷閨秀

此開卷第一回也作者自云曾歷過一番夢幻之後故將真事隱去而借通靈說此石頭記一書也故曰甄士隱云云但書中所記何事何人自己又云今風塵碌碌一事無成忽念及當日所有之女子一一細考較去覺其行止見識皆出我之上我堂堂鬚眉誠不若彼裙釵我實愧則有餘悔又無益大無可如何之日也當此日欲將已往所賴天恩祖德錦衣紈袴之時飫甘饜肥之日背父兄教育之恩負師友規訓之德以致今日一技無成半生潦倒之罪編述一集以告天下知我之負罪固多然

紅樓夢　第一回　一

閨閣中歷歷有人萬不可因我之不肖自護己短一并使其泯滅也故當此蓬牖茅椽繩床瓦竈未足妨我襟懷況對着晨風夕月堦柳庭花更覺潤人筆墨雖我不學無文又何妨用假語村言敷演出來亦可使閨閣昭傳復可破一時之悶醒同人之目不亦宜乎故曰賈雨村云云更於篇中間用夢幻等字却是此書本旨兼寓提醒閱者之意看官你道此書從何而起說來雖近荒唐細玩深有趣味却說那女媧氏煉石補天之時於大荒山無稽崖煉成高十二丈見方二十四丈大的頑石三萬六千五百零一塊那媧皇只用了三萬六千五百塊单单剩下一塊未用棄在青埂峰下誰知此石自經煅煉之後靈性已通自

《红楼梦》一百二十回（清）曹雪芹撰（清）高鹗续
清乾隆五十七年程伟元木活字印本（程乙本）
白纸 线装 框高 17.2 厘米 广 11.7 厘米
半页十行 行二十四字 白口 四周单栏

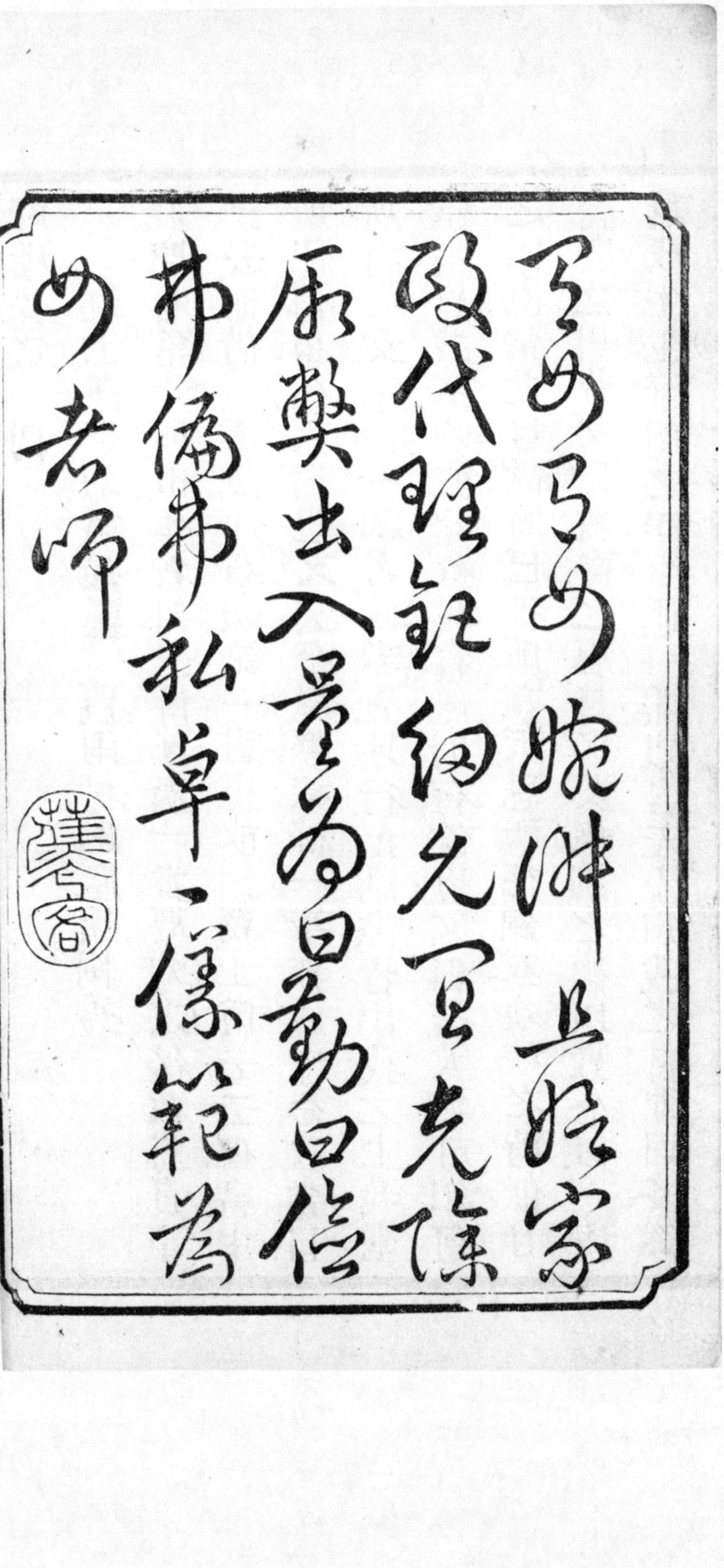

《红楼梦》清乾隆五十七年程伟元木活字印本（程乙本）

紅樓夢第一回

甄士隱夢幻識通靈　賈雨村風塵懷閨秀

此開卷第一回也作者自云曾歷過一番夢幻之後故將真事隱去而借通靈說此石頭記一書也故曰甄士隱云云但書中所記何事何人自已又云今風塵碌碌一事無成忽念及當日所有之女子一一細考較去覺其行止見識皆出我之上我堂堂鬚眉誠不若彼裙釵我實愧則有餘悔又無益大無可如何之日也當此日欲將已往所賴天恩祖德錦衣紈袴之時飫甘饜肥之日背父兄教育之恩負師友規訓之德以致今日一技無成半生潦倒之罪編述一集以告天下知我之負罪固多然

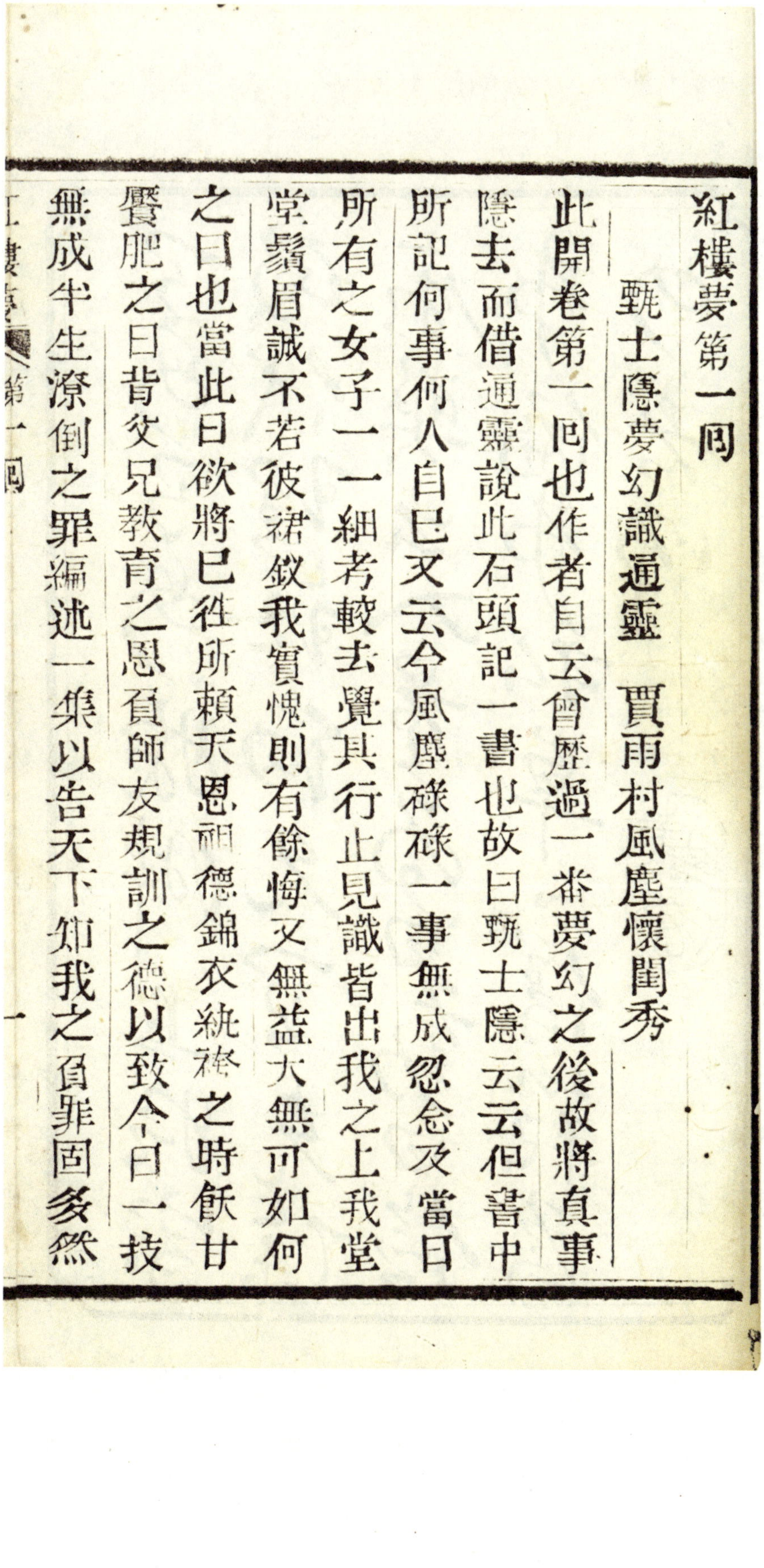

閨閣中歷歷有人萬不可因我之不肖自護已短一并使其泯滅也所以蓬牖茅椽繩床瓦竈並不足妨我襟懷況那晨風夕月堦柳庭花更覺得潤人筆墨我雖不學無文又何妨用假語村言敷演出來亦可使閨閣昭傳復可破一時之悶醒同人之目不亦宜乎故曰賈雨村云云更於篇中間用夢幻等字却是此書本旨兼寓提醒閱者之意看官你道此書從何而起說來雖近荒唐細玩頗有趣味却說那女媧氏煉石補天之時於大荒山無稽崖煉成高十二丈見方二十四丈大的頑石三萬六千五百零一塊那媧皇只用了三萬六千五百塊單單剩下一塊未用棄在青埂峯下誰知此石自經煅煉之後靈性已通自

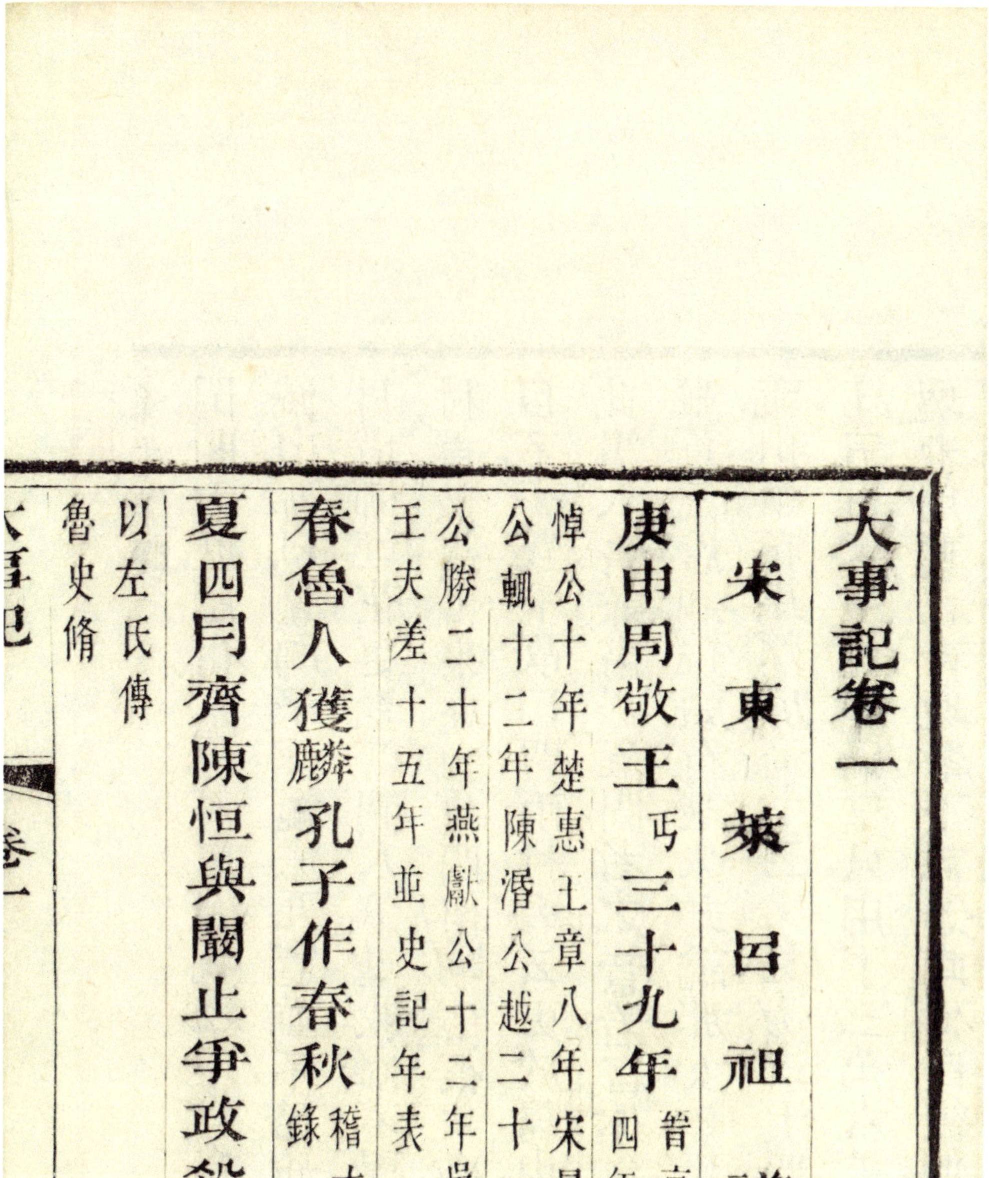

大事記卷一

宋東萊呂祖謙伯恭撰

庚申周敬王三十九年晉哀公蔣十四年齊簡公壬四年晉定公午三十一年秦悼公十年楚惠王章八年宋景公頭曼三十六年衛出公輒十二年陳湣公越二十一年蔡成侯朔十年鄭聲公勝二十年燕獻公十二年吳王夫差十五年並史記年表

春魯人獲麟孔子作春秋稽古錄

夏四月齊陳恒與闞止爭政殺止遂執簡公置於舒州

以左氏傳

魯史脩

大事記　卷一　一

《大事记》十五卷（宋）吕祖谦撰 清嘉庆武英殿聚珍版印本
竹纸 线装 框高 18.8 厘米 广 14.3 厘米
半页八行 行二十一字 小字双行同 白口 四周双栏

五月庚申朔日有食之 魯史

宋向魋謀弑景公不克入於曹以叛 以魯史左傳脩 莒郊公狂

魏 通鑑外記

六月宋向魋自曹出奔衛 魯史

齊陳恒弑簡公於舒州立簡公弟驁而相之遂專國權

孔子沐浴朝魯哀公請討之不果從 以魯史史記年表論撰脩

冬有星孛 魯史

魯饑 外紀

《大事记》清嘉庆武英殿聚珍版印本

《**南疆绎史勘本**》四十卷（清）温睿临撰（清）李瑶勘定 清道光七年李氏泥活字印本
竹纸 线装 框高22.3厘米 广15.5厘米
半页九行 行二十字 黑口 四周双栏

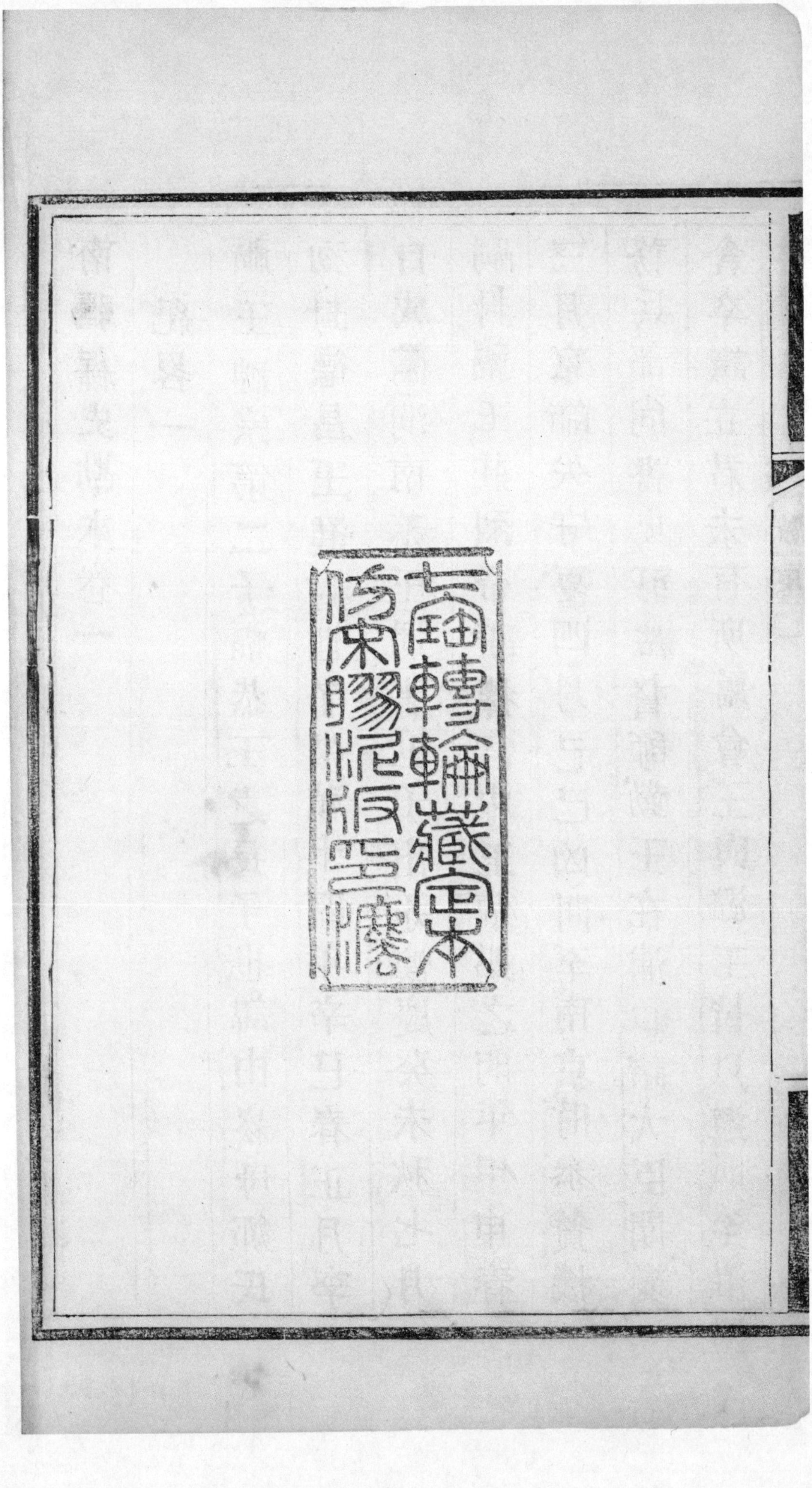

《南疆绎史勘本》 清道光七年李氏泥活字印本

南疆繹史勘本卷一

紀畧一

福王神宗第二子福恭王之長子也諱由崧母鄒氏初封德昌王進封世子崇禎十四年辛巳春正月李自成陷河南恭王遇害世子出走懷慶癸未秋七月嗣封福王莊烈帝手擇宮中玉帶賜之明年甲申春三月京師失守夏四月己巳凶問至南京時叅贊機務兵部尚書史可法督師勤王在浦口諸大臣聞變倉卒議立君未有所屬會王與潞王皆以避賊至淮

上潞王諱常淓穆宗之後有賢名大臣意多在潞王
以福王立恐修釁三案也移牒可法可法遂還南京
而鳳陽總督馬士英遺書諸臣言福王爲神宗孫倫
序當立守備南京魏國公徐弘基提督操江誠意伯
劉孔昭等南京戶部尚書高弘圖工部尚書程註都
察院右都御史張愼言掌翰林院事詹事府詹事姜
曰廣等南京守備掌司禮監務太監韓贊周等集議
於朝兵部右侍郎呂大器兼署禮兵二部印頓筆不
肯下吏科給事中李沾厲聲言今日有異議者死之

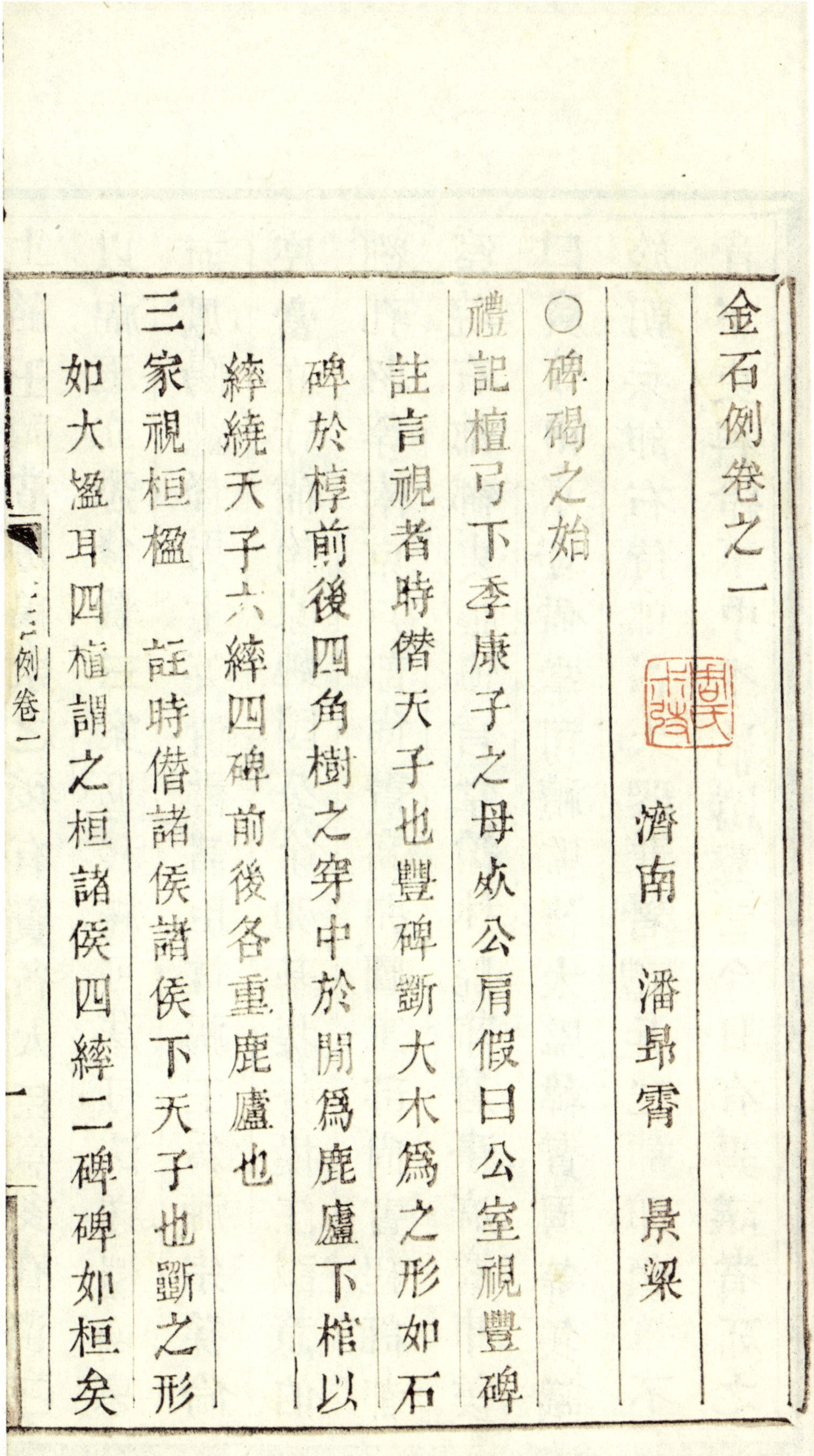
金石例卷之一
濟南 潘昂霄 景梁
○碑碣之始
禮記檀弓下季康子之母死公肩假曰公室視豐碑
註言視者時僭天子也豐碑斲大木爲之形如石
碑於椁前後四角樹之穿中於閒爲鹿盧下棺以
繂繞天子六繂四碑前後各重鹿盧也
三家視桓楹 註時僭諸侯諸侯下天子也斲之形
如大楹耳四植謂之桓諸侯四繂二碑碑如桓矣
金石例卷一

《校补金石例四种》十七卷（清）李瑶辑 清道光十三年李氏泥活字印本
白纸 线装 框高 21.2 厘米 广 15 厘米
半页九行 行二十字 黑口 左右双栏

大夫二綍二碑士二綍無碑　疏視比擬之辭也
斵大木爲之形如石碑者禮廟庭有碑故祭義云
牲入麗于碑儀禮每云當碑揖此云豐碑故知斵
大木爲碑也云於椁前後四角樹之者謂椁前後
及兩旁樹之角落相望故云非正當椁四角也云
穿中於閒爲鹿盧者謂穿去碑中之木令使空於
空閒著鹿盧兩頭各入碑木云下棺以綍繞者綍
卽紼也人各背碑負紼末頭聽鼓聲以漸却行而
下之案春秋天子有隧以羨道下棺所以用碑者

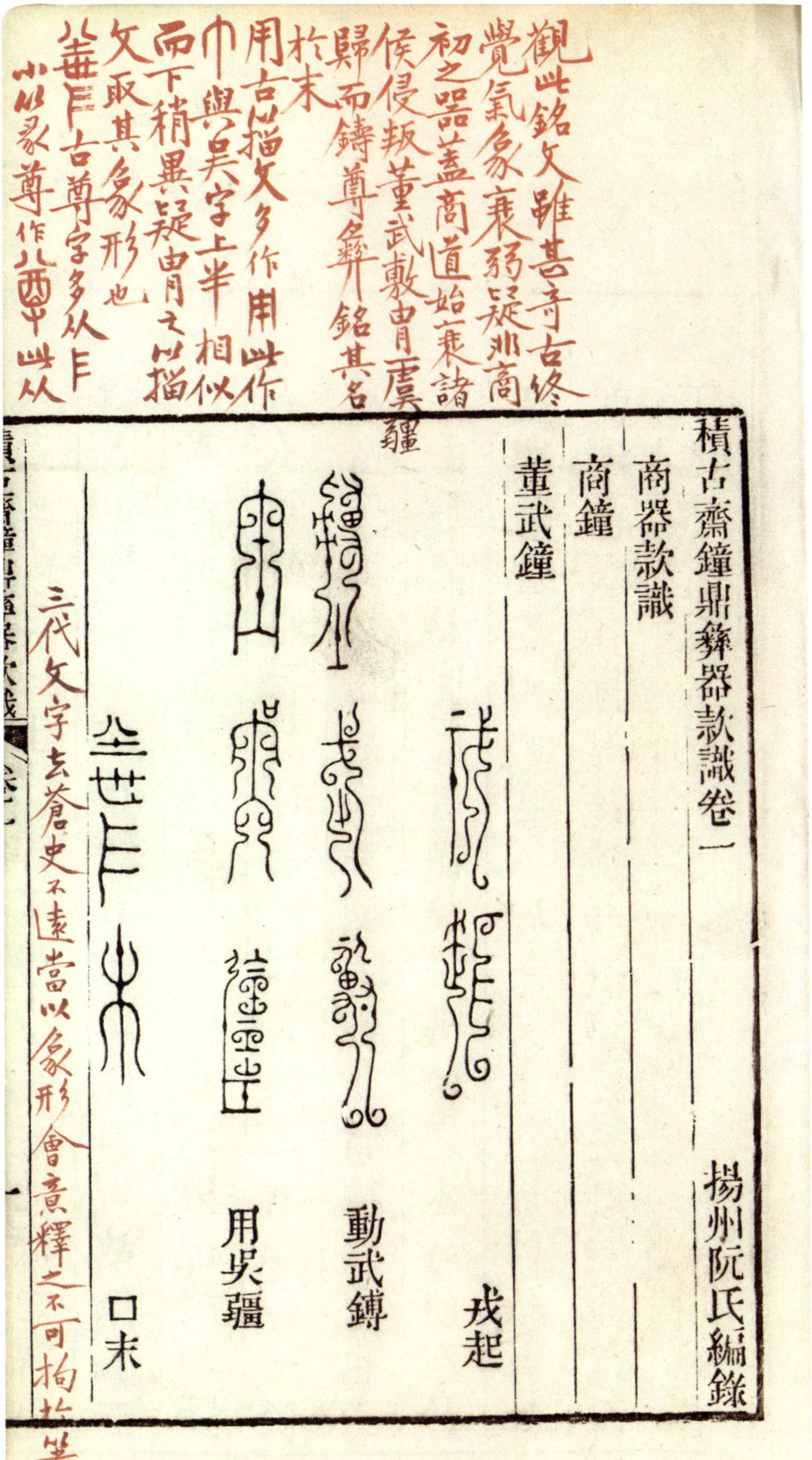
積古齋鐘鼎彝器款識卷一
揚州阮氏編錄
商器款識
商鐘
董武鐘
戎起
動武鑄
用昊疆
口末

觀此銘文雖甚奇古終覺氣象衰弱疑非商初之器蓋商道始衰諸侯侵叛董武敦冑虞疆歸而鑄尊彝銘其名於末用古籀文多作用此作巾與吳字上半相似而下稍異疑冑之以籀文取其象形也
無尸古尊字多从尸小从象尊作[illegible]此从

三代文字去蒼史不遠當以象形會意釋之不可拘於筆畫也

《积古斋钟鼎彝器款识》十卷（清）阮元编录 清嘉庆九年刻本
白纸 线装 框高 19.1 厘米 广 15 厘米
半页十二行 行二十二字 小字双行同 白口 四周单栏 吴大澂题记批校并跋
王同愈跋 赵时棡跋

蓋形乃剥落所致
作尊最近古之名器
總謂尊彝

右董武鐘鉦間銘六字兩欒四字右欒弟一字不可識此
與下二器皆據宋王氏復齋鐘鼎款識搨本摹入冊內款
識五十九種皆復齋所輯搨本中有畢良史跋識十五器
乃秦熺之物此外周師旦鼎楚公鐘虢姜鼎亦一德格天
閣中之物其餘數十種則朱敦儒劉炎張詔洪遂等人所
藏其方城范氏古鐘及末葉楚公鐘乃石公弼所藏北宋
搨本復齋得之續于冊後者也復齋名厚之字順伯諸暨
人乾道三年進士歷官淮西通判改江東提刑直顯謨閣
致仕見兩浙名賢錄復齋與朱子同列僞學之籍見慶元
黨禁中興編年別有復齋碑錄已散佚宋陳思寶刻叢編
引之去年元得此冊于吳門陸氏既加考釋摹刻矣今編
是書亦并載入以有搨本可據也海鹽吳侃叔東發云動

謂劉歆銅尺者即余今所定之莽尺于此可見莽所造錢布無不精美也元謂慮俿建初尺獨長二分考建初六年乃後漢章帝即位之六年辛巳距建武五十餘年矣時代既殊尺有贏羨不害其爲同也

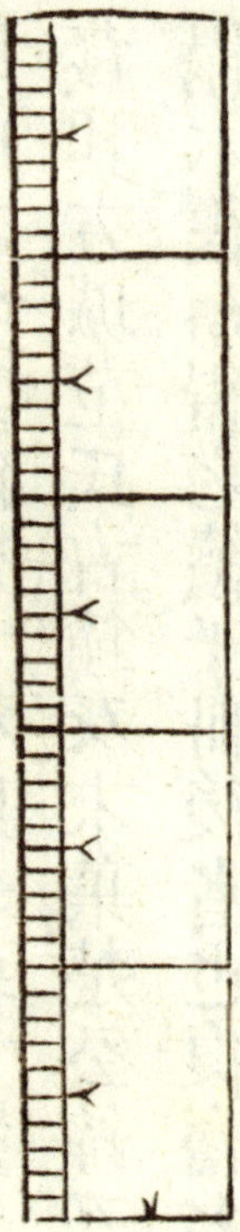

右晉尺之半于此倍之可得其全度

自秦以下諸器款識大澂藏其器者十有八九故不復贅辭也 老窓記

此蕙齋師撫粤時所手批時方銳意山谷書體也南
方卑溼又值荔子登新靡日不啖遂患溼疾有以果
性温熱為言者輒曰坡翁日啖三百吾才及半耳師治
事精勤不作無益故雖病並程不即安如此是書今歸
高要翁插架要翁富藏弃多秘籍此其鱗爪耳異書
通段古人所難況余家
處鄉村與要翁未親襟
抱遂介陳君巨來為余商借方自笑並浪乃未幾而
巨來携書至矣拂几展對如親丈席而要翁之惠而
好我與巨兄之不遺在遠古誼深情具並感已讀竟
為書數語述之以識欣遇戊辰七月廿三日王同愈書
於南翔鄉之槎南艸堂時年七十又四

虞山鮑廷爵叔衡重校刊

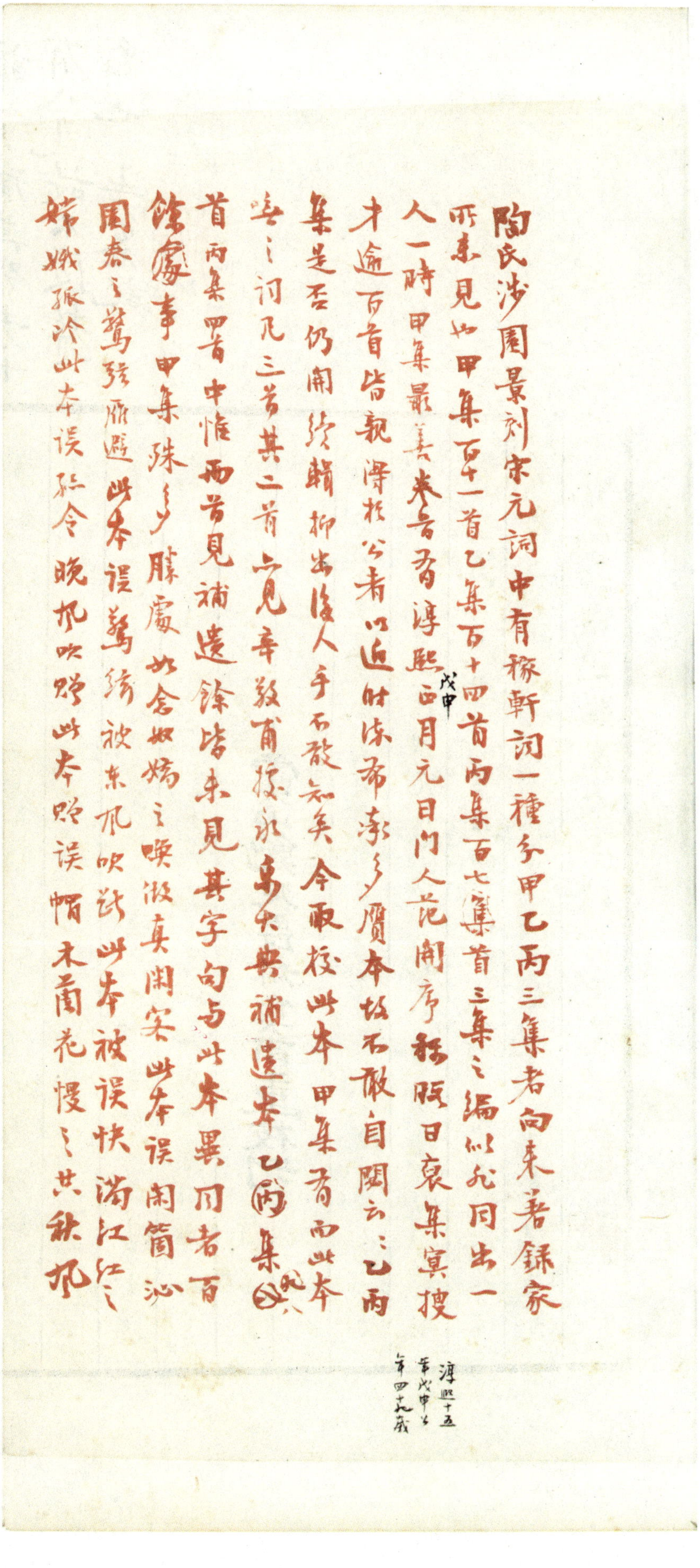
陶氏涉園景刻宋元詞中有稼軒詞一種分甲乙丙三集者向未著錄家
所未見也甲集百十一首乙集百十四首丙集百七首三集之編以同出一
人一時甲集最善卷首有淳熙戊申正月元日門人范開序稱頃日裒集冥搜
才逾百首皆親得於公者以近時流布漸多贗本故不敢自閟云云乙丙
集是否仍開續輯抑出後人手不敢知矣今取校此本甲集有而此本
無之詞凡三首其二首亦見辛敢甫校永樂大典補遺本乙丙集
首丙集四首中惟兩首見補遺餘皆未見其字句與此本異同者百
餘處事甲集殊少勝處如念奴嬌之嘆微寒閑宴此本誤閑窗沁
園春之鶯弦雁邊此本誤鶯絃被東風吹散此本被誤快滿江紅之
嫦娥振冷此本誤孤令晚風吹夢此本吹誤帽木蘭花慢之共秋風

淳熙十五年戊申公年四十九歲

《**稼轩长短句**》十二卷（宋）辛弃疾撰 清光绪十四年王鹏运刻本
白纸 线装 框高 14.1 厘米 广 10.7 厘米
半页九行 行十六字 白口 左右双栏 梁启超批校题跋
《**稼轩词补遗**》一卷（宋）辛弃疾撰 民国十一年朱祖谋刻本
竹纸 线装 框高 14.5 厘米 广 11 厘米
半页十一行 行二十一字 黑口 左右双栏 梁启超批校题跋

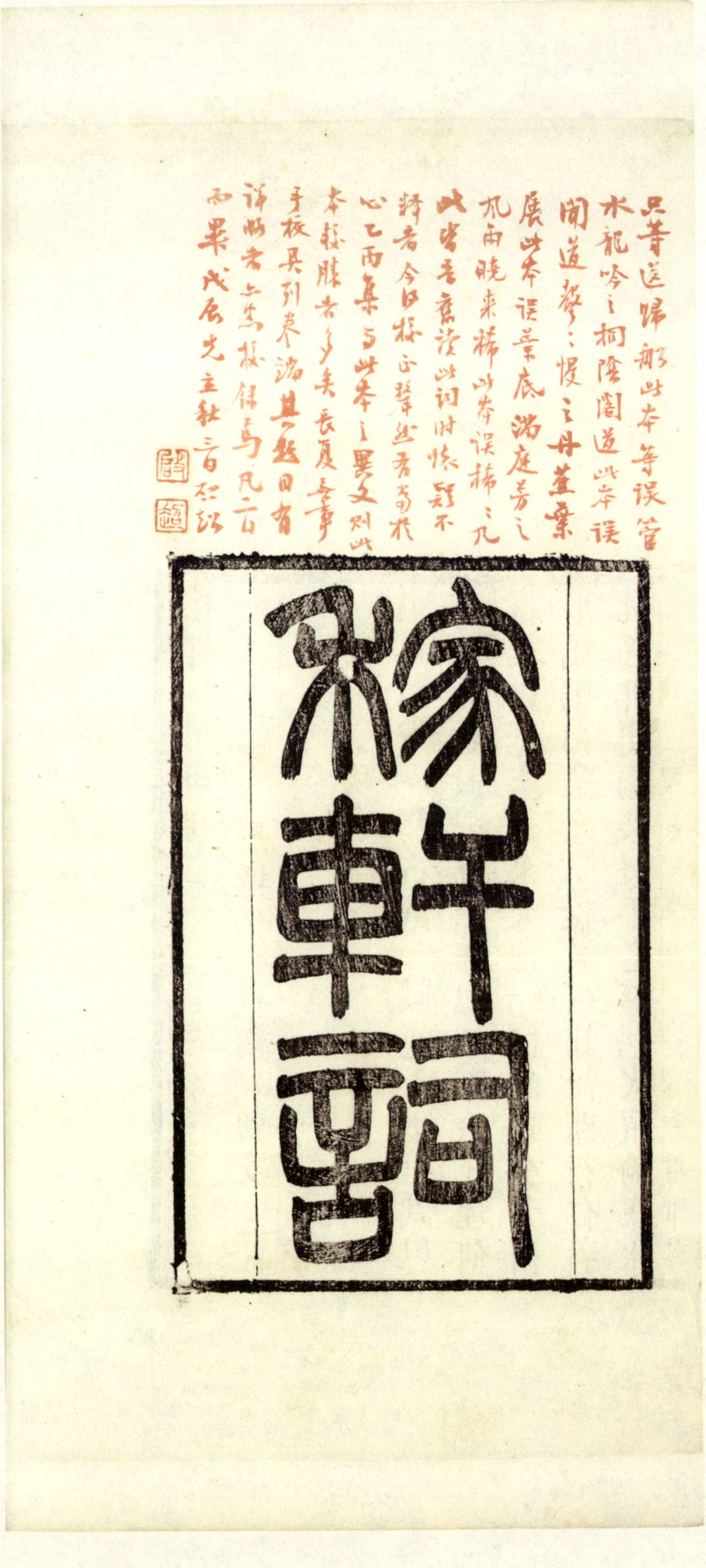
稼軒詞

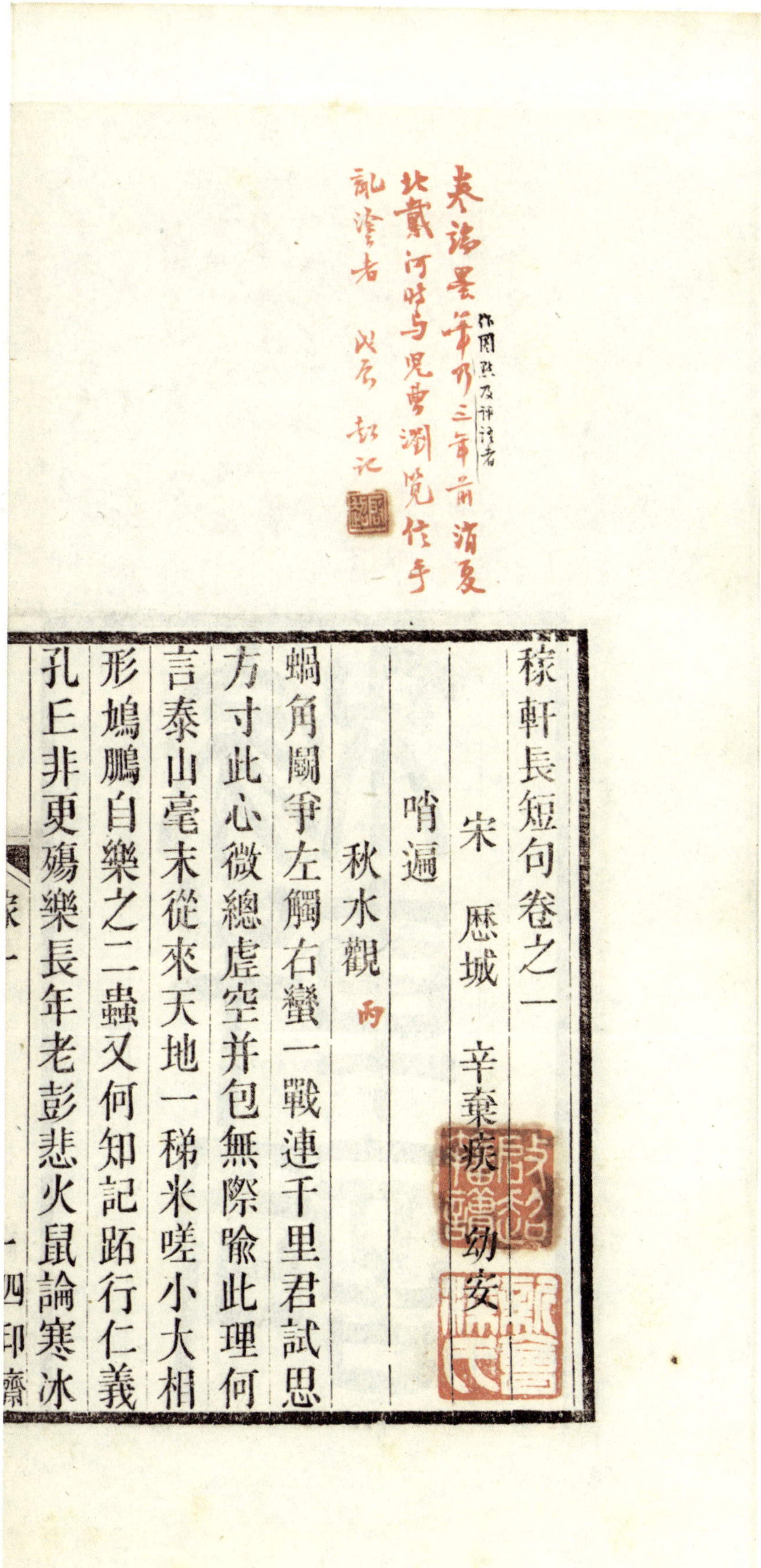
夾諸墨筆（作圈點及評注者）乃三年前消夏北戴河時與兒曹瀏覽信手亂塗者 以孝 叔記

稼軒長短句卷之一
宋 歷城 辛棄疾 幼安
哨遍
秋水觀
蝸角鬬爭左觸右蠻一戰連千里君試思
方寸此心微總虛空并包無際喻此理何
言泰山毫末從來天地一稊米嗟小大相
形鳩鵬自樂之二蟲又何知記跖行仁義
孔丘非更殤樂長年老彭悲火鼠論寒冰

稼一 一 四印齋

蠶語熱定誰同異　噫貴賤隨時連城纔換一羊皮誰與齊萬物莊周吾夢見之正商略遺篇翩然顧笑空堂夢覺題秋水有客問洪河百川灌雨涇流不辨涯涘於是焉河伯欣然喜以天下之美盡在已渺滄溟望洋東視逡巡向若驚歎謂我非逢子大方達觀之家未免長見悠然笑耳此堂之水幾何其但清溪一曲而已

用前韻

《稼轩长短句》　清光绪十四年王鹏运刻本

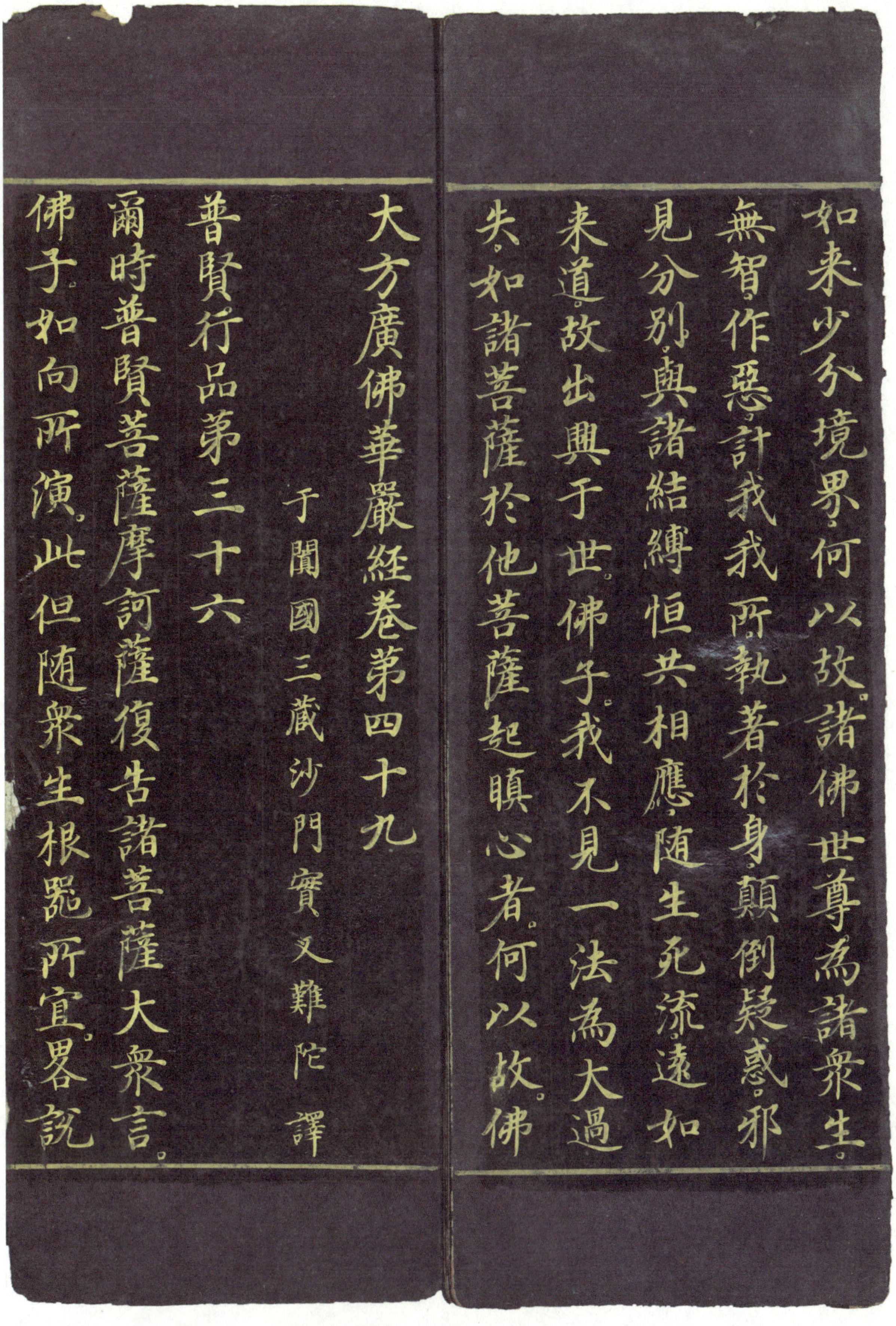

如來少分境界。何以故。諸佛世尊為諸衆生。
無智作惡。計我我所。執著於身。顛倒疑惑。邪
見分別。與諸結縛恒共相應。隨生死流遠如
來道。故出興于世。佛子。我不見一法為大過
失。如諸菩薩於他菩薩起瞋心者。何以故。佛

大方廣佛華嚴經卷第四十九
于闐國三藏沙門實叉難陀譯
普賢行品第三十六
爾時普賢菩薩摩訶薩復告諸菩薩大衆言。
佛子。如向所演。此但隨衆生根器所宜。畧說

《**大方广佛华严经**》八十卷 明宣德十年泥金写本
藏青纸 经折装 框高 24.2 厘米 广 11 厘米
半页五行 行十七字

《大方广佛华严经》 明宣德十年泥金写本

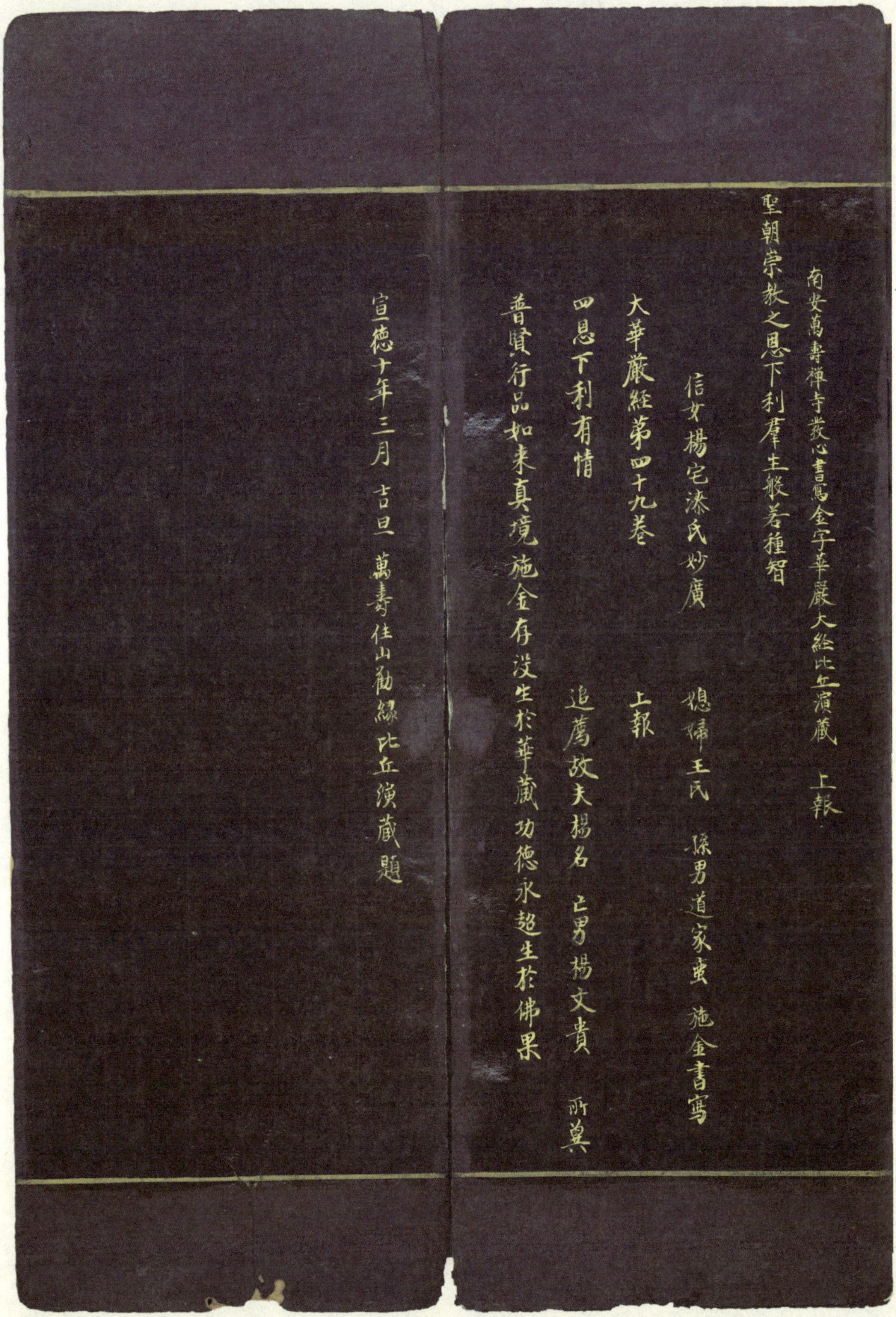

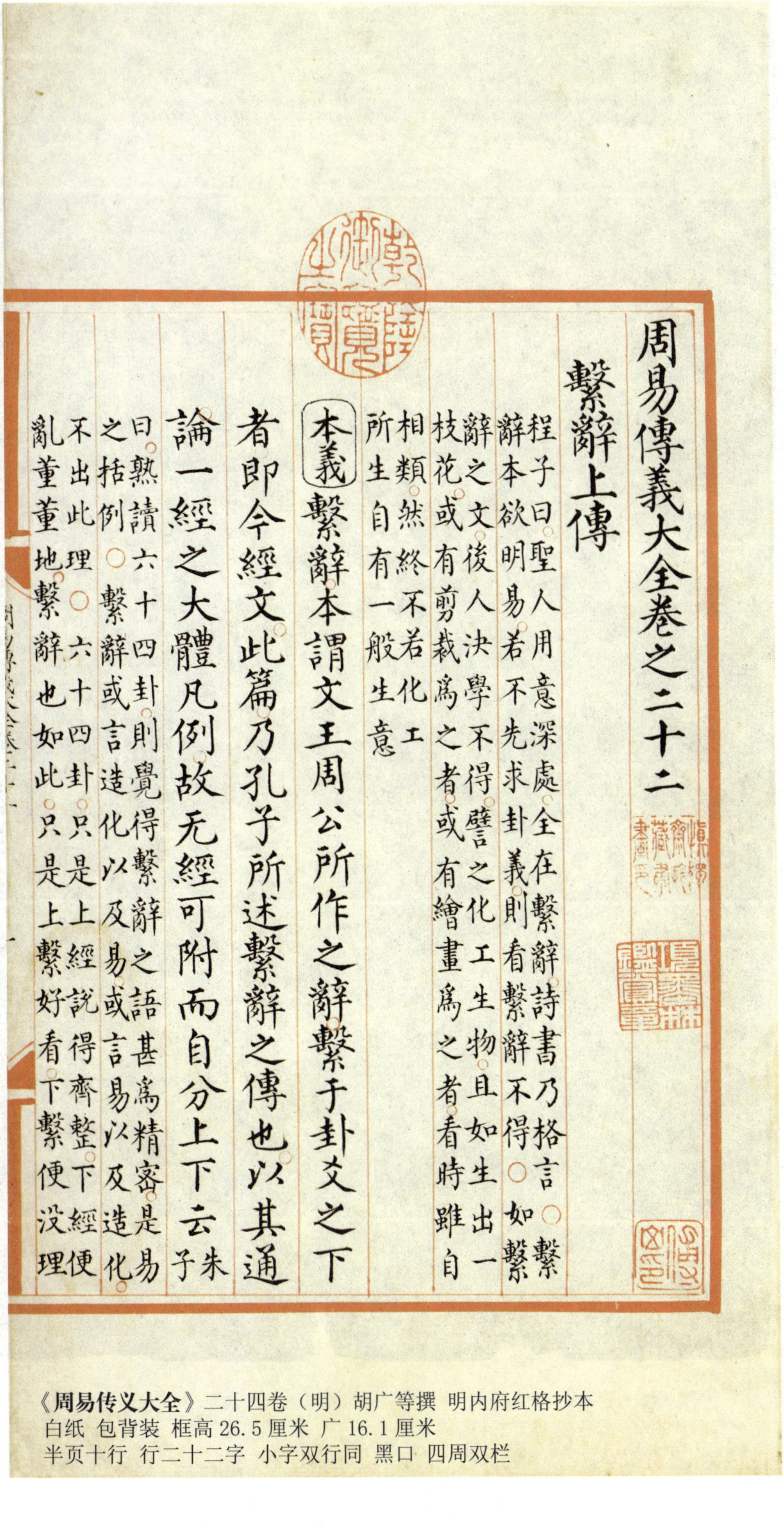

周易傳義大全卷之二十二

繫辭上傳

程子曰聖人用意深處全在繫辭詩書乃格言○繫辭本欲明易若不先求卦義則看繫辭不得○如繫辭之文後人決學不得譬之化工生物且如生出一枝花或有剪裁爲之者或有繪畫爲之者看者雖自相類然終不若化工所生自有一般生意

本義 繫辭本謂文王周公所作之辭繫于卦爻之下者即今經文此篇乃孔子所述繫辭之傳也以其通論一經之大體凡例故无經可附而自分上下云 朱子曰熟讀六十四卦則覺得繫辭之語甚爲精密是易之括例○繫辭或言造化以及易或言易以及造化不出此理○六十四卦只是上經說得齊整下經便亂董董地繫辭也如此只是上繫好看下繫便沒理

《周易传义大全》二十四卷（明）胡广等撰 明内府红格抄本
白纸 包背装 框高 26.5 厘米 广 16.1 厘米
半页十行 行二十二字 小字双行同 黑口 四周双栏

會○雙湖胡氏曰繫辭傳中言聖人繫辭者六曰聖人設卦觀象繫辭焉而明吉凶曰聖人有以見天下之動繫辭焉以斷其吉凶者凡兩出曰繫辭焉所以告也曰繫辭焉以盡其言曰繫辭焉而命之皆指文王周公卦爻辭言也若繫辭上下傳則是孔子統論一經之卦爻大體凡例如論先聖作易之由則見於包羲氏仰觀俯察及易有太極及河圖洛書數章如論用易之法則見於大衍之數五十章與夫卦爻之剛柔象數之變化三極之道幽明之故鬼神之情狀皆搜抉无隱若徒有上下經而无繫辭傳則象數之學不明理義之微莫顯易亦竟无以致用於萬世而適乎仁義中正之歸矣其有稱大傳者因太史公引天下同歸而殊塗一致而百慮爲易大傳蓋太史公受易楊何何之屬自著易傳行世故稱孔子者曰大傳以別之耳○雲峯胡氏曰上下繫各十二章始皆言易簡終皆言易在德行不在言辭示人學易之要深切矣

天尊地卑乾坤定矣卑高以陳貴賤位矣動靜有常剛柔

珍贵古籍图录

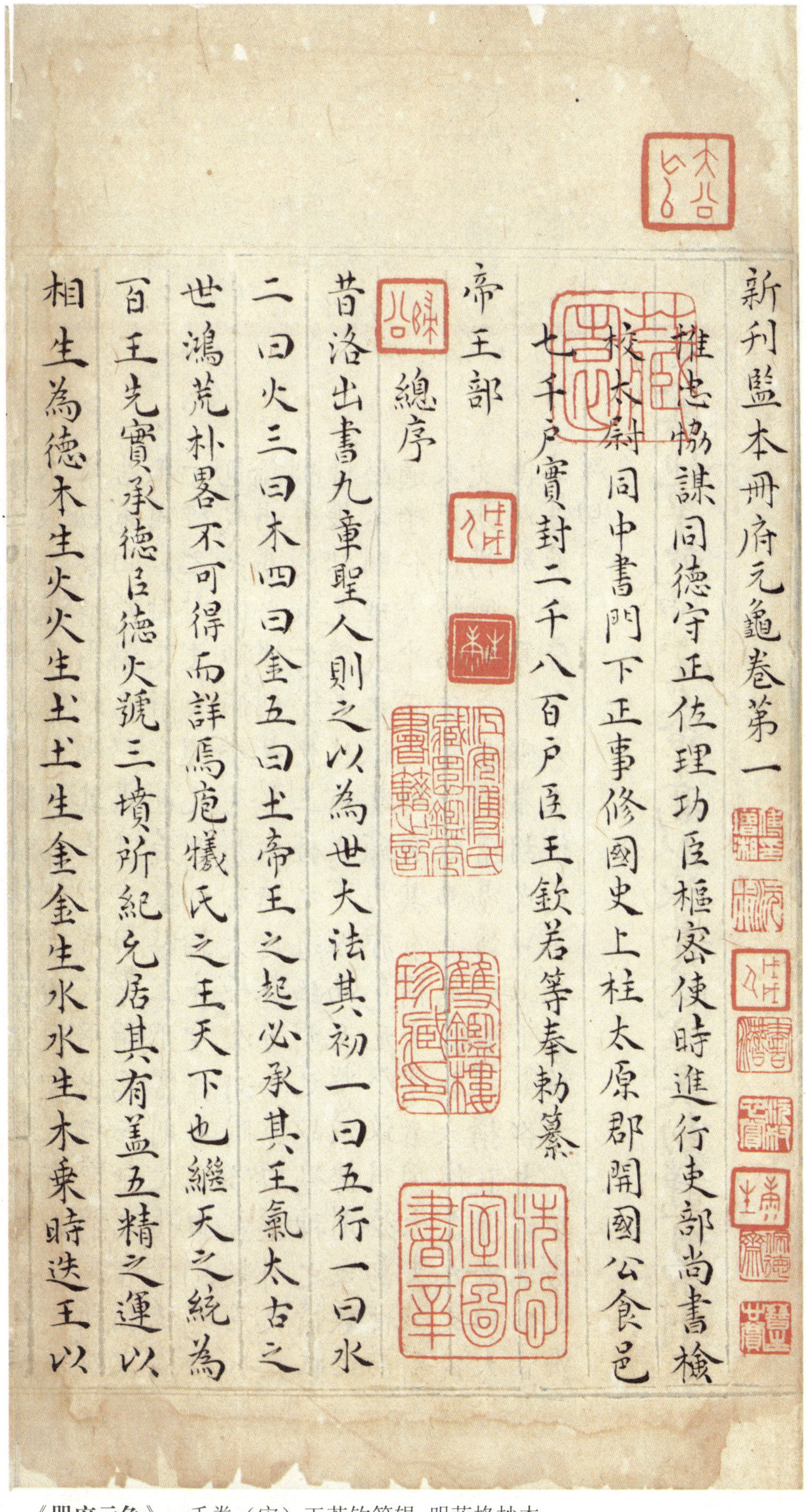
新刊監本册府元龜卷第一
推忠協謀同德守正佐理功臣樞密使時進行吏部尚書檢
校太尉同中書門下正事修國史上柱太原郡開國公食邑
七千戶實封二千八百戶臣王欽若等奉勅纂
帝王部
總序
昔洛出書九章聖人則之以為世大法其初一曰五行一曰水
二曰火三曰木四曰金五曰土帝王之起必承其王氣太古之
世鴻荒朴畧不可得而詳焉庖犧氏之王天下也繼天之統為
百王先實承德㠯德火號三墳所紀允居其首蓋五精之運以
相生為德木生火火生土土生金金生水水生木乘時迭王以

《**册府元龟**》一千卷（宋）王若钦等辑　明蓝格抄本
棉纸　线装　框高 22.5 厘米　广 16 厘米
半页十一行　行二十四字　小字双行同　白口　四周双栏

昭統緒故創業受命之主必推本乎曆數叅考徵應稽其行次
上承天統春秋之大居正貴其體元而建極也前志之論閏位
謂其非次而不當也共工氏任智刑以御九域伯而不王雖承
太昊之後而不盡五德之序神農氏以火承木故為炎帝軒轅
有土德之瑞故號黃帝少昊以金德王故號曰金天氏顓頊以
水德王號曰高陽氏帝嚳以水德王號曰高辛氏帝堯以火德
王號曰陶唐氏帝舜以土德王號曰有虞氏而上皆承運更起
應期正位參列五辰之次而魁當統紀至於正朔服色之改度
戎祀朝會之所尚紀籍斯逸罕德而述焉夏后氏受有虞之禪
是謂金德正用建寅其色尚黑商湯伐夏以水德王正建丑其
色尚白周武以土德王正用建子其色尚赤三代之際各居其

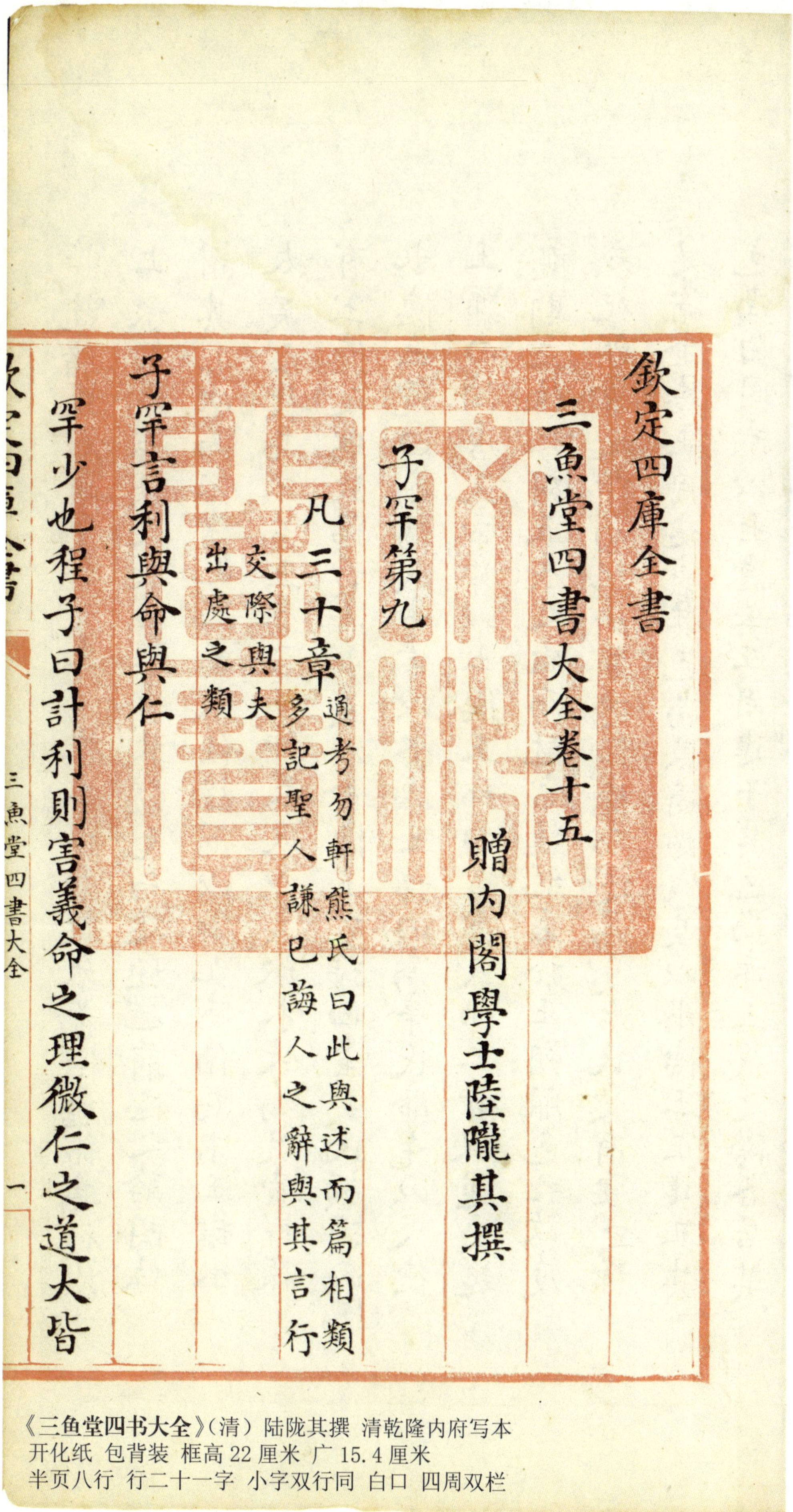

欽定四庫全書

三魚堂四書大全卷十五

贈内閣學士陸隴其撰

子罕第九

凡三十章 通考勿軒熊氏曰此與述而篇相類多記聖人謙已誨人之辭與其言行交際與夫出處之類

子罕言利與命與仁

罕少也程子曰計利則害義命之理微仁之道大皆

欽定四庫全書　三魚堂四書大全　一

《三鱼堂四书大全》(清)陆陇其撰 清乾隆内府写本
开化纸 包背装 框高22厘米 广15.4厘米
半页八行 行二十一字 小字双行同 白口 四周双栏

夫子所罕言也龜山楊氏曰夫子對問仁多矣曰罕言者蓋言求仁之方而已仁之本體則未嘗言○朱子曰罕言者不是不言特罕言之耳罕言利者蓋凡做事只循這道理做去利自在其中矣如利涉大川利用行師聖人豈不言利但所以罕言者正恐人求之則害義矣○命只是一箇命有以理言者有以氣言者天之所以賦與人者是理也人之所以壽夭窮通者是氣也理精微而難言氣數又不可盡委之而至於廢人事故聖人罕言之也仁之理至大數言之不惟使人躐等亦使人有玩之之心蓋舉口便說仁人便自不把當事了○問竊謂夫子罕言者乃放於利而行之利若利用出入乃義之所安處曰利用出入之利亦不可去尋討尋討著便是放於利之利如言利物足以和義只云利物不言自利又曰只元亨利貞之利亦不可計較計較著即害義為義之人只知有義而已不知利之為利○勿軒

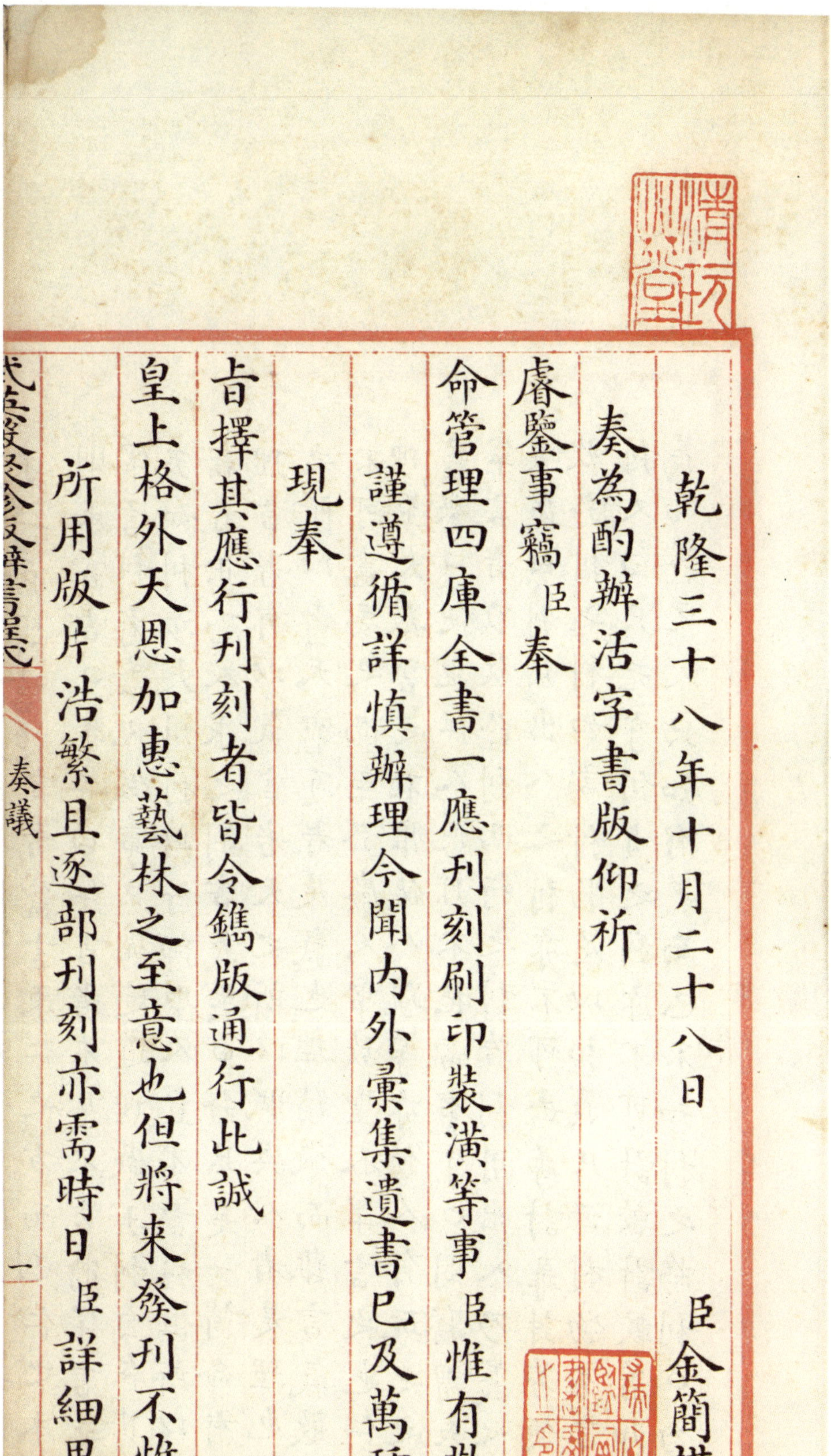
乾隆三十八年十月二十八日　臣金簡謹
奏為酌辦活字書版仰祈
睿鑒事竊臣奉
命管理四庫全書一應刊刻刷印裝潢等事臣惟有敬
謹遵循詳慎辦理今聞內外彙集遺書已及萬種
現奉
旨擇其應行刊刻者皆令鐫版通行此誠
皇上格外天恩加惠藝林之至意也但將來發刊不惟
所用版片浩繁且逐部刊刻亦需時日臣詳細思

武英殿聚珍版辦書程式　奏議　一

《武英殿聚珍版办书程式》一卷（清）金简撰 清乾隆内府稿本
白纸 线装 框高 19.4 厘米 广 12.5 厘米
半页九行 行二十一字 白口 四周双栏
入选《国家珍贵古籍名录》

維莫若刻做棗木活字套版一分刷印各種書籍

比較刊版工料省簡懸殊臣謹按

御定佩文詩韻詳加選擇除生僻字不常見於經傳者

不收集外計應刊刻者約六千數百餘字此內虛

字以及常用之熟字每一字加至十字或百字不

等約共需十萬餘字又預備小註應刊之字亦照

大字每一字加至十字或百字不等約需五萬餘

字大小合計不過十五萬餘字遇有發刻一切書

籍只須將槽版照底本一擺即可刷印成卷倘其

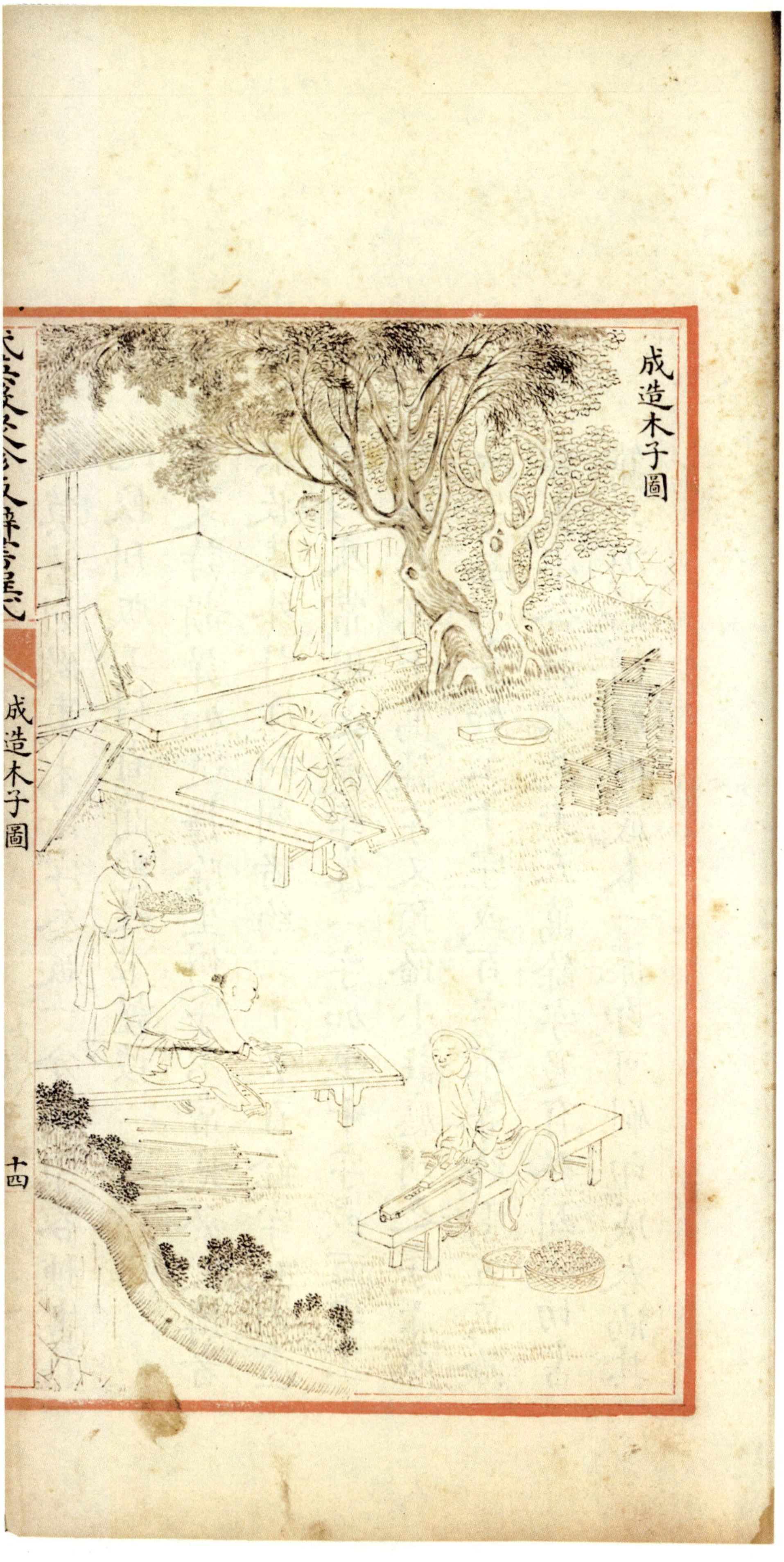
成造木子圖
成造木子圖
十四

木槽銅漏子式

《**书经图说**》清光绪红格抄彩绘本
皮纸 线装 框高 24.1 厘米 广 16 厘米
半页六行 行十六字 小字双行十五字 白口 四周双栏

嗚呼嗣王祗厥身念哉聖謨洋洋嘉言孔
彰惟上帝不常作善降之百祥作不善降
之百殃爾惟德罔小萬邦惟慶爾惟不德
罔大墜厥宗

此一幅圖是寫伊尹訓太甲之終稱天
人以申儆也伊尹曰嗚呼我王其懔此

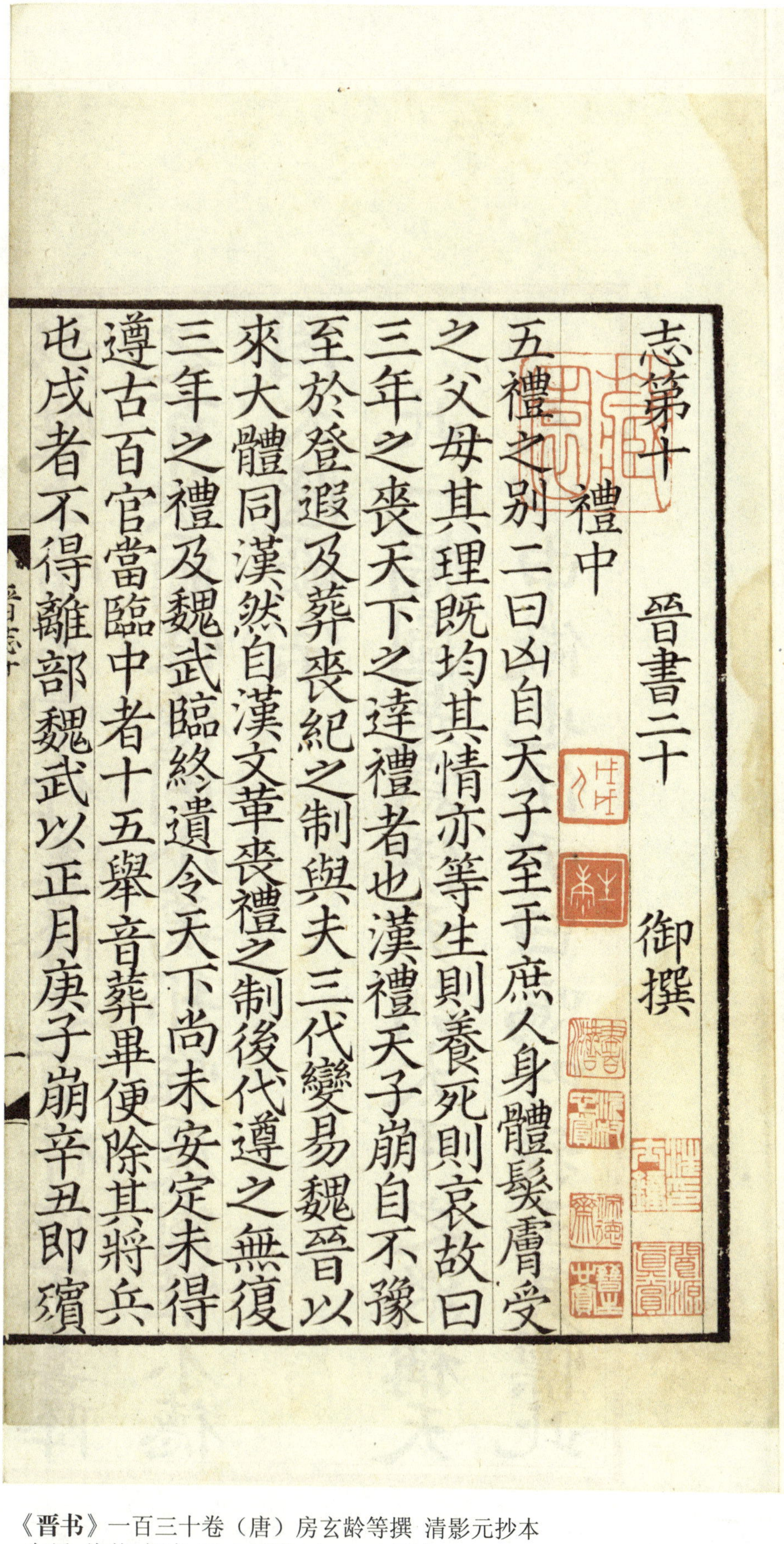
志第十　晉書二十　御撰
禮中
五禮之別二曰凶自天子至于庶人身體髮膚受
之父母其理既均其情亦等生則養死則哀故曰
三年之喪天下之達禮者也漢禮天子崩自不豫
至於登遐及葬喪紀之制與夫三代變易魏晉以
來大體同漢然自漢文革喪禮之制後代遵之無復
三年之禮及魏武臨終遺令天下尚未安定未得
遵古百官當臨中者十五舉音葬畢便除其將兵
屯戍者不得離部魏武以正月庚子崩辛丑即殯

《晋书》一百三十卷（唐）房玄龄等撰 清影元抄本
白纸 线装 框高 19.2 厘米 广 13.7 厘米
半页十行 行十九字 白口 左右双栏

是月丁卯而葬是為不踰月也及宣帝景帝之崩並從權制文帝之崩國内服三日武帝亦遵漢魏之典既葬除喪然猶深衣素冠降席撤膳太宰司馬孚太傅鄭冲太保王祥太尉何曾司徒領中領軍司馬望司空荀顗車騎將軍賈充尚書令裴秀尚書僕射武陔都護大將軍郭建侍中郭綏中監荀勗中軍將軍羊祜等曰臣聞禮典軌度豐殺隨時虞夏商周咸不相襲蓋有由也大晉紹承漢魏有革有因期於足以興化而已故未得皆返太素同規上古也陛下既以俯遵漢魏降喪之典以濟時

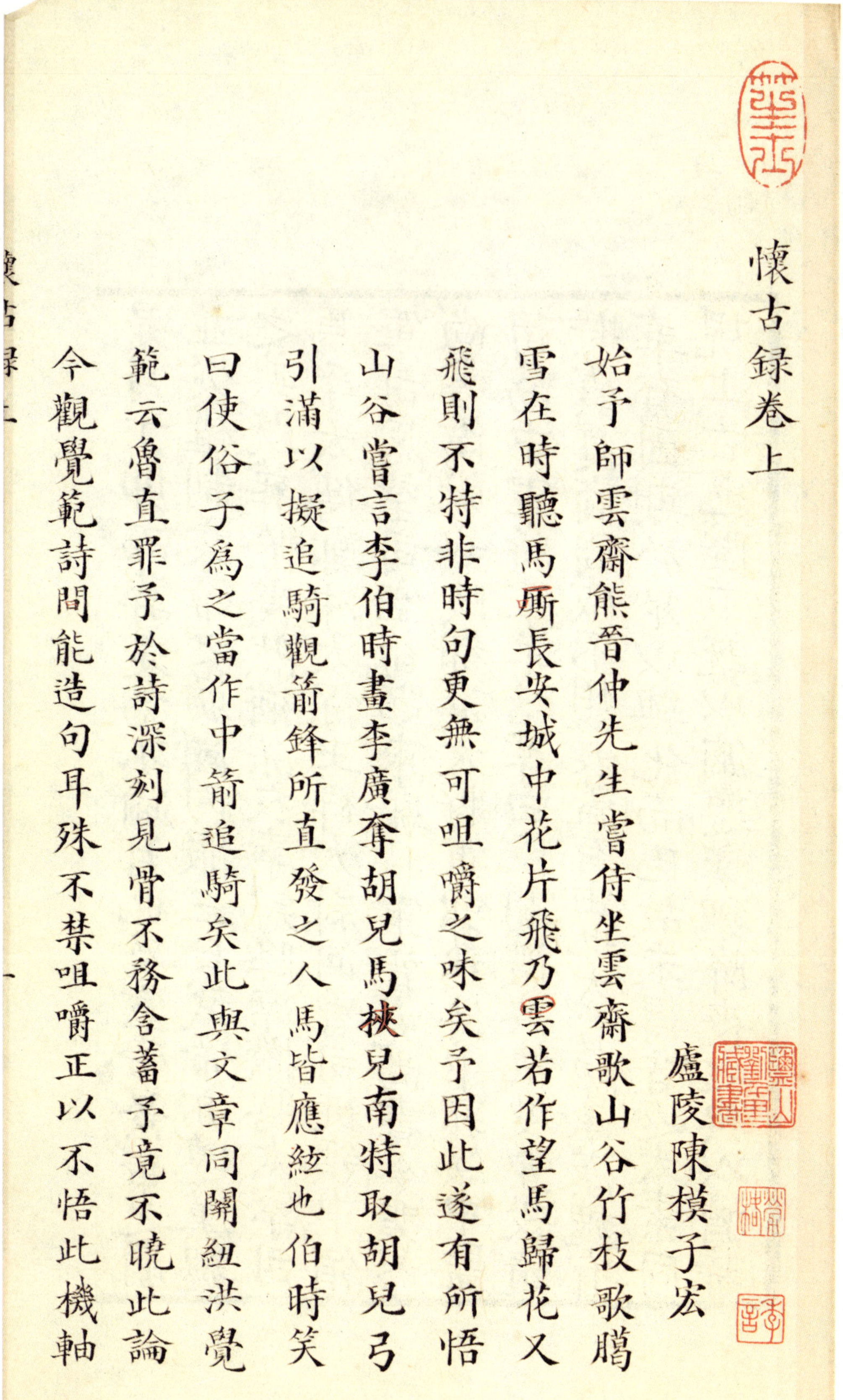

懷古録卷上

盧陵陳模子宏

始予師雲齋熊晉仲先生嘗侍坐雲齋歌山谷竹枝歌膓
雪在時聽馬嘶長安城中花片飛乃雲若作望馬歸花又
飛則不特非時句更無可咀嚼之味矣予因此遂有所悟
山谷嘗言李伯時畫李廣奪胡兒馬挾兒南特取胡兒弓
引滿以擬追騎觀箭鋒所直發之人馬皆應紘也伯時笑
曰使俗子爲之當作中箭追騎矣此與文章同關紐洪覺
範云魯直罪予於詩深刻見骨不務含蓄予竟不曉此論
今觀覺範詩問能造句耳殊不禁咀嚼正以不悟此機軸

懷古録上　一

《**怀古录**》三卷（宋）陈模撰 清劳格抄校本
竹纸 线装 保艾跋

得其皮者也
今之言詩者皆知尊杜工部而杜詩之所以好者則未必
能知之夫有是物可見而能詠狀之者已難矣至於物之
不可見者而能詠狀其意者則尤難也只如詠馬東坡賦
韓幹馬云後有八匹顧且行微流赴吻若有聲前者既齊
出林鶴後者欲涉鶴俛啄最後一匹馬中龍不嘶不動尾
搖風已自奇拔然不過與工部是何意態雄且傑駿尾蕭
稍朔風起可憐九馬爭神駿顧視清高氣深穩毛爲綠縹
兩耳黃眼有紫焰雙瞳方等句相馳騁耳至如是日牽來
赤墀下迥立閶闔生長風斯須九重真龍出一洗萬古凡

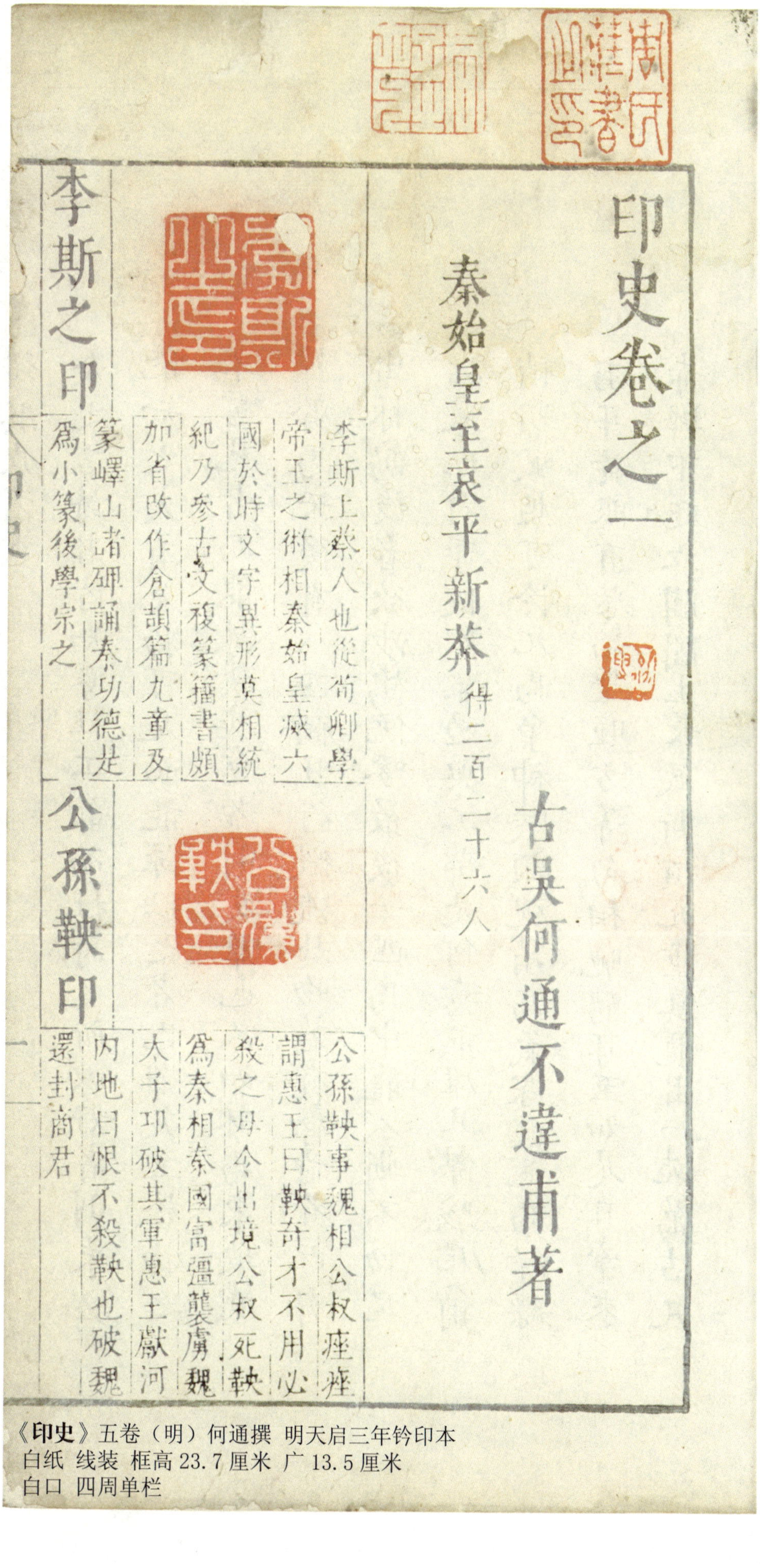
印史卷之一
古吳何通不違甫著
秦始皇至哀平新莽得二百二十六人
李斯上蔡人也從荀卿學帝王之術相秦始皇滅六國於時文字異形莫相統紀乃參古文複篆籀頗加省改作倉頡篇九章及篆嶧山諸碑誦秦功德是爲小篆後學宗之
李斯之印
公孫鞅事魏相公叔痤痤謂惠王曰鞅奇才不用必殺之毋令出境公叔死鞅爲秦相秦國富彊襲虜魏太子卬破其軍惠王獻河內地曰恨不殺鞅也破魏還封商君
公孫鞅印

《**印史**》五卷（明）何通撰 明天启三年钤印本
白纸 线装 框高 23.7 厘米 广 13.5 厘米
白口 四周单栏

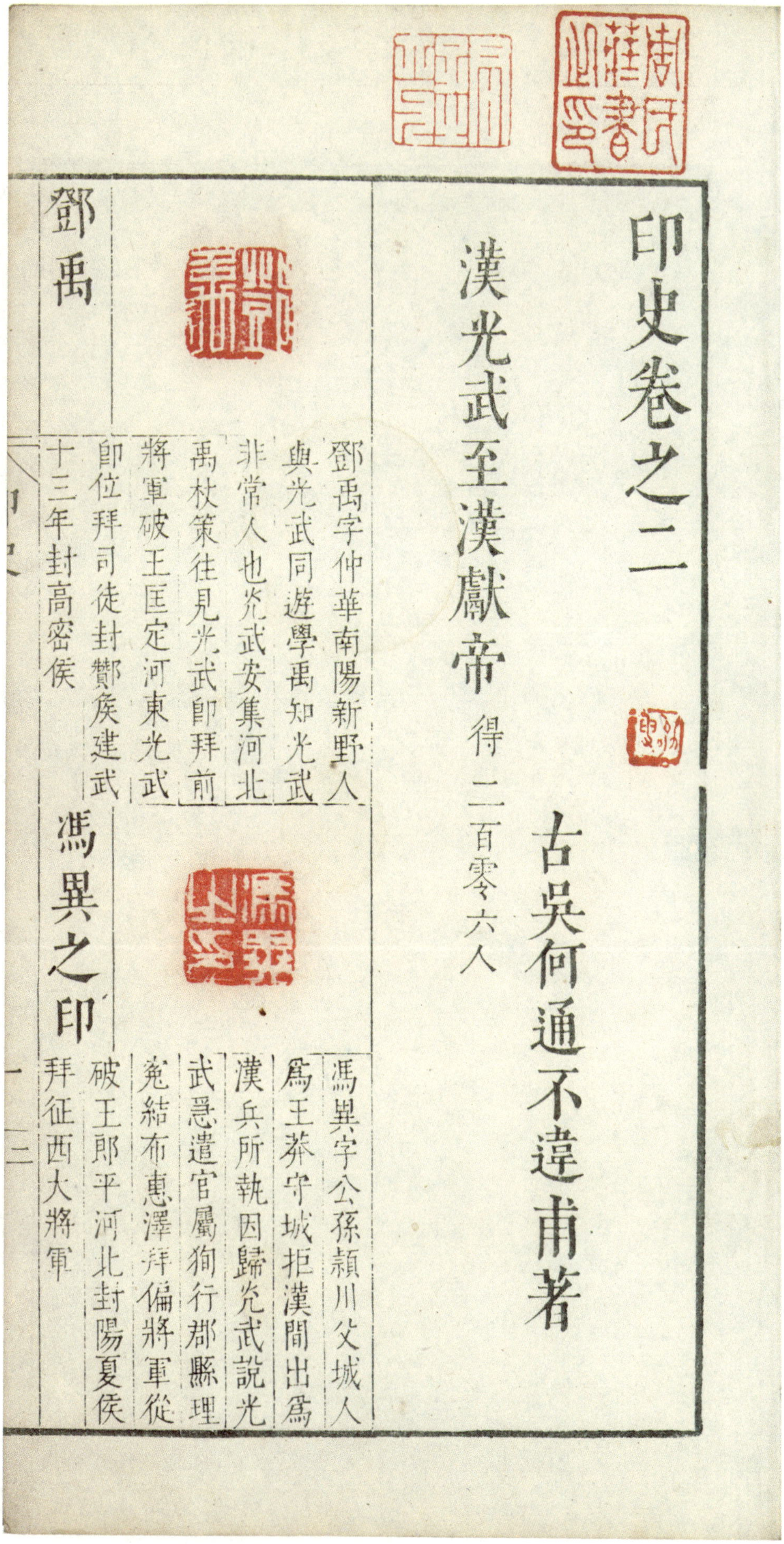

印史卷之二

漢光武至漢獻帝 得二百零六人

古吳何通不違甫著

鄧禹

鄧禹字仲華南陽新野人與光武同遊學禹知光武非常人也光武安集河北禹杖策往見光武卽拜前將軍破王匡定河東光武卽位拜司徒封酇侯建武十三年封高密侯

馮異之印

馮異字公孫潁川父城人爲王莽守城拒漢間出爲漢兵所執因歸光武說光武急遣官屬徇行郡縣理冤結布惠澤拜偏將軍從破王郎平河北封陽夏侯拜征西大將軍

印史 二

《印史》 明天启三年钤印本

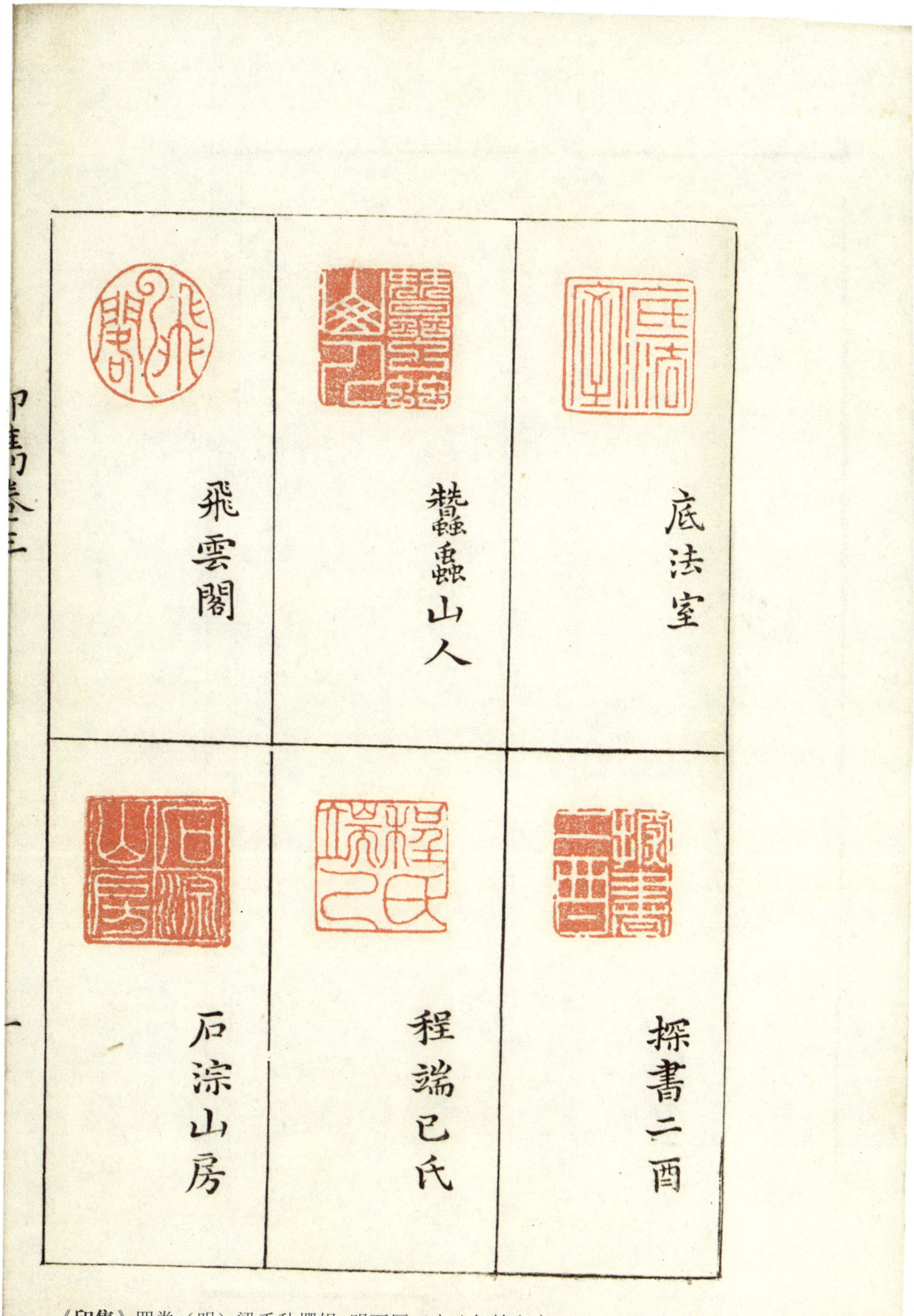
底法室
蠹蟲山人
飛雲閣
探書二酉
程端己氏
石淙山房

《印雋》四卷（明）梁千秋撰辑 明万历三十八年钤印本
白纸 线装 框高 20.3 厘米 广 13.5 厘米
白口 四周单栏

學歐舫

眉間白豪

李

佞佛齋

文梓莊

十六觀禪

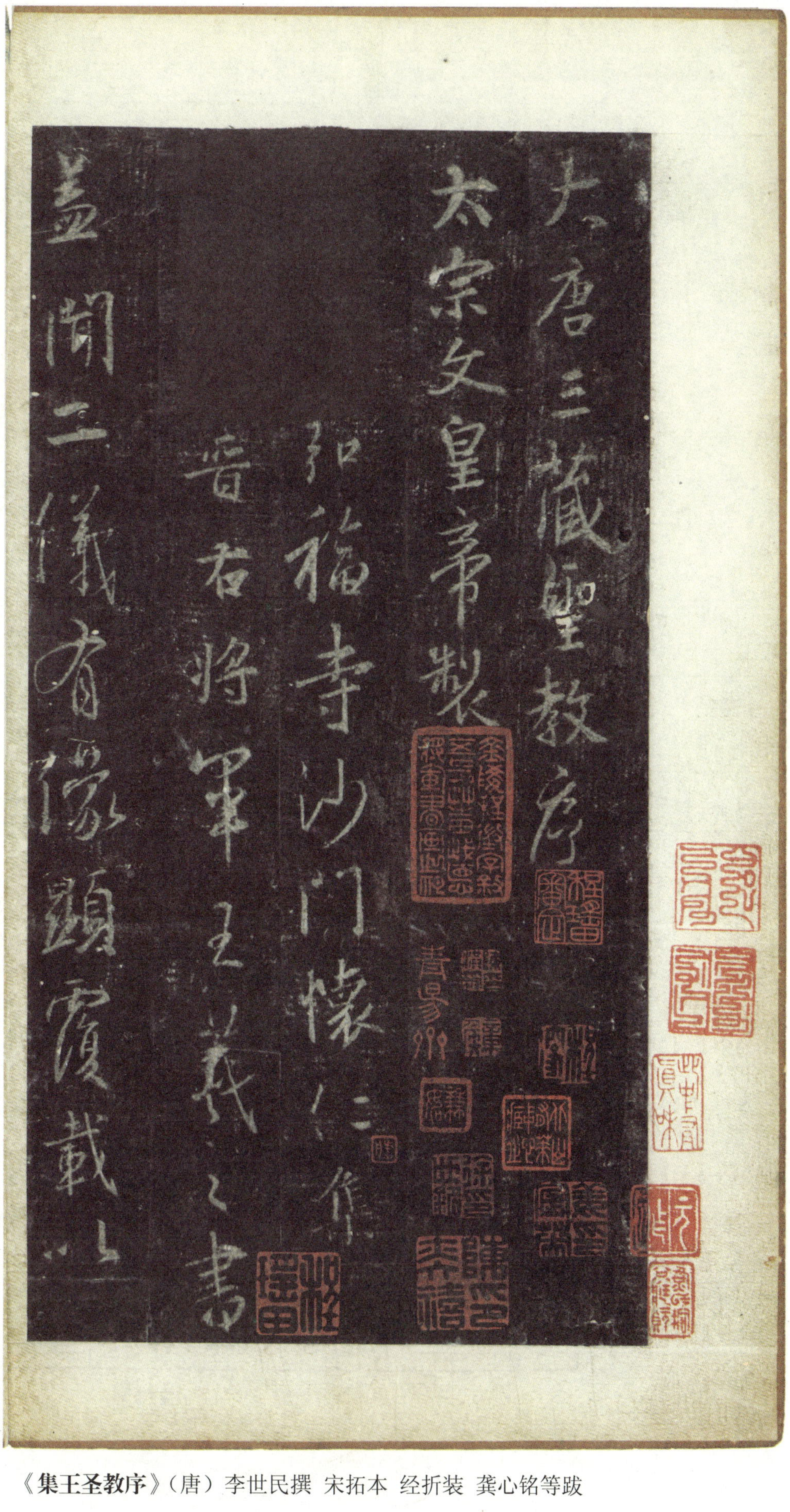

《**集王圣教序**》（唐）李世民撰 宋拓本 经折装 龚心铭等跋

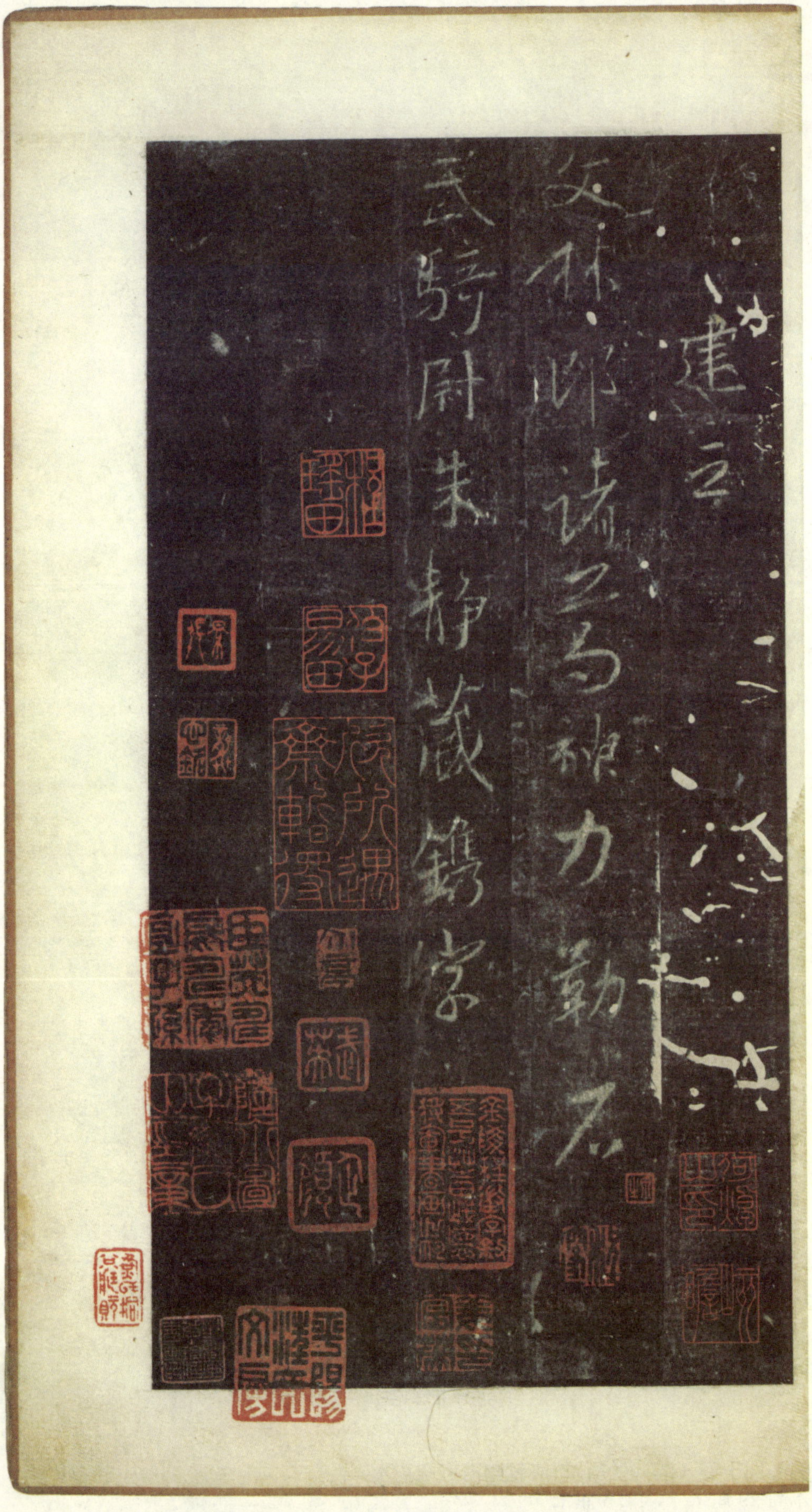

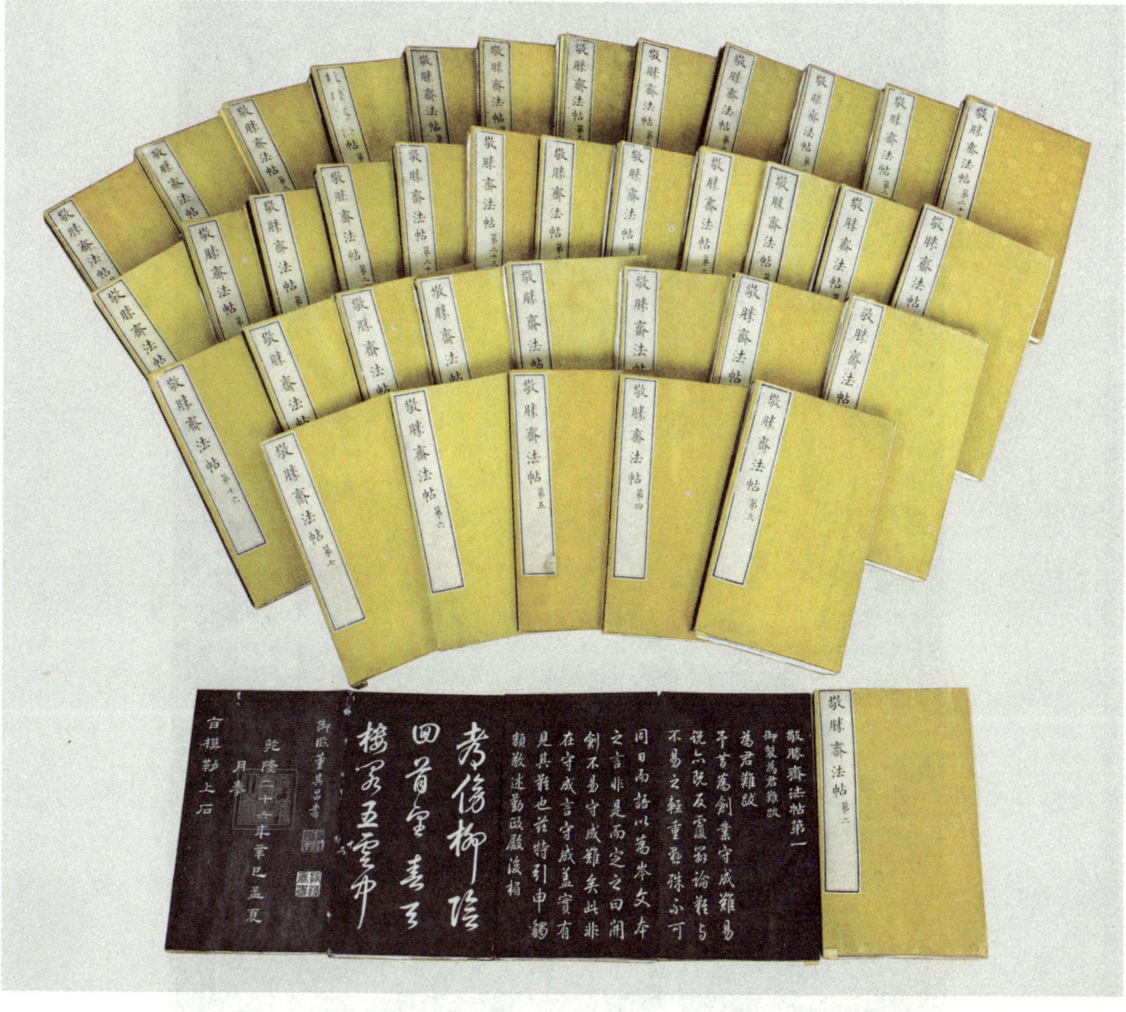

《敬胜斋法帖》四十卷（清）弘历辑 清乾隆内府初拓本
经折装 开本高 29 厘米 广 17.5 厘米
中国书店 2007 年自海外购回

《敬胜斋法帖》 清乾隆内府初拓本

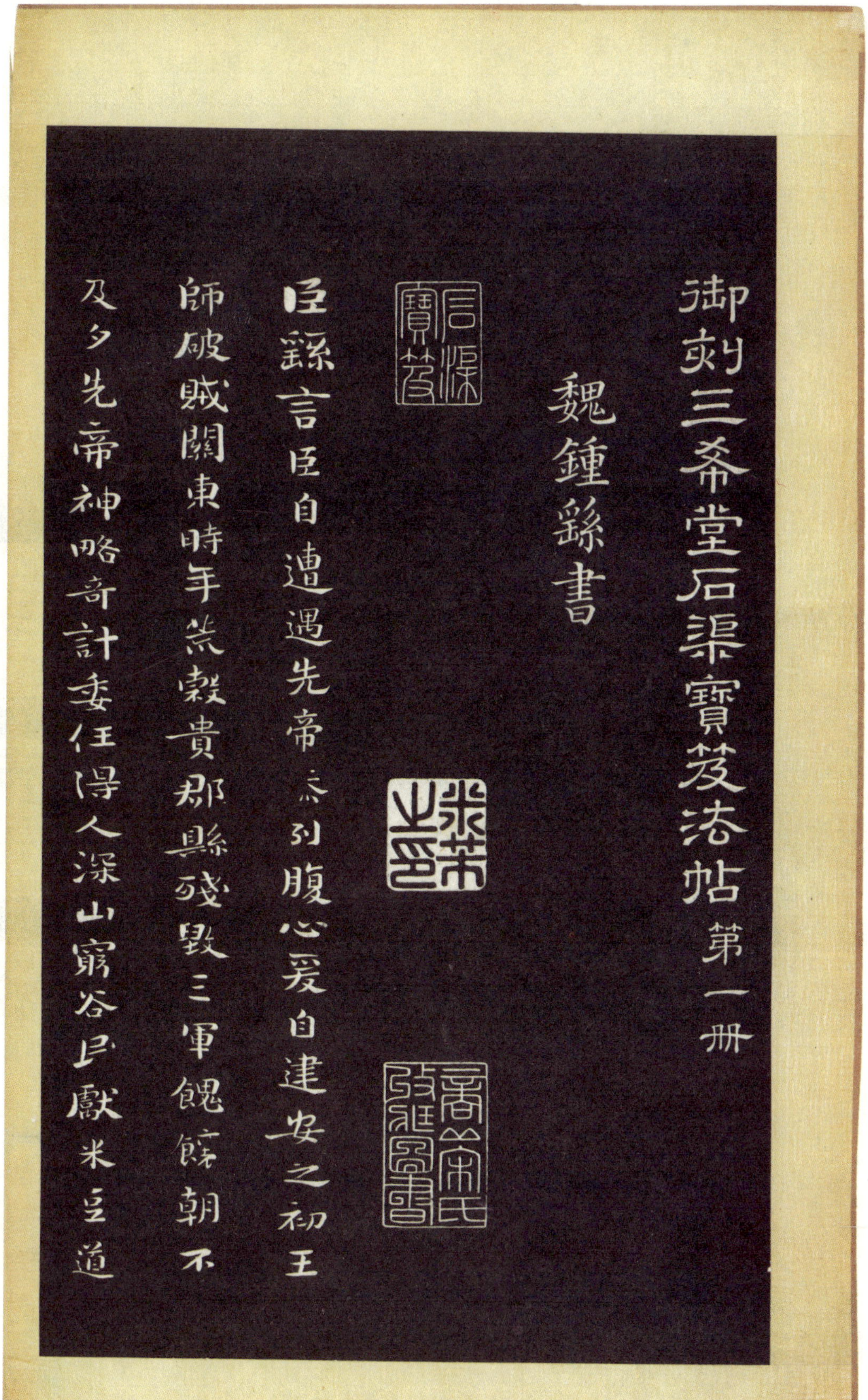

《御刻三希堂石渠宝笈法帖》三十二卷（清）梁诗正等奉敕编 清乾隆内府初拓本 经折装 高 27.5 厘米 广 17 厘米

路不絕遂使強敵喪膽我衆作氣旬月之間廓清蟻聚當
時實用故山陽太守關內侯季直之策尅期成事不差
豪髮先帝賞以封爵授以劉郡今直罷任旅食許下
素為廉吏衣食不充臣愚欲望聖德録其舊勳矜
其老困復得一州俾圖報効直力氣尚壯必能夙夜
保養人民臣受國家異恩不敢雷同見事不言干犯
宸嚴臣繇皇〻恐〻頓〻首〻謹言

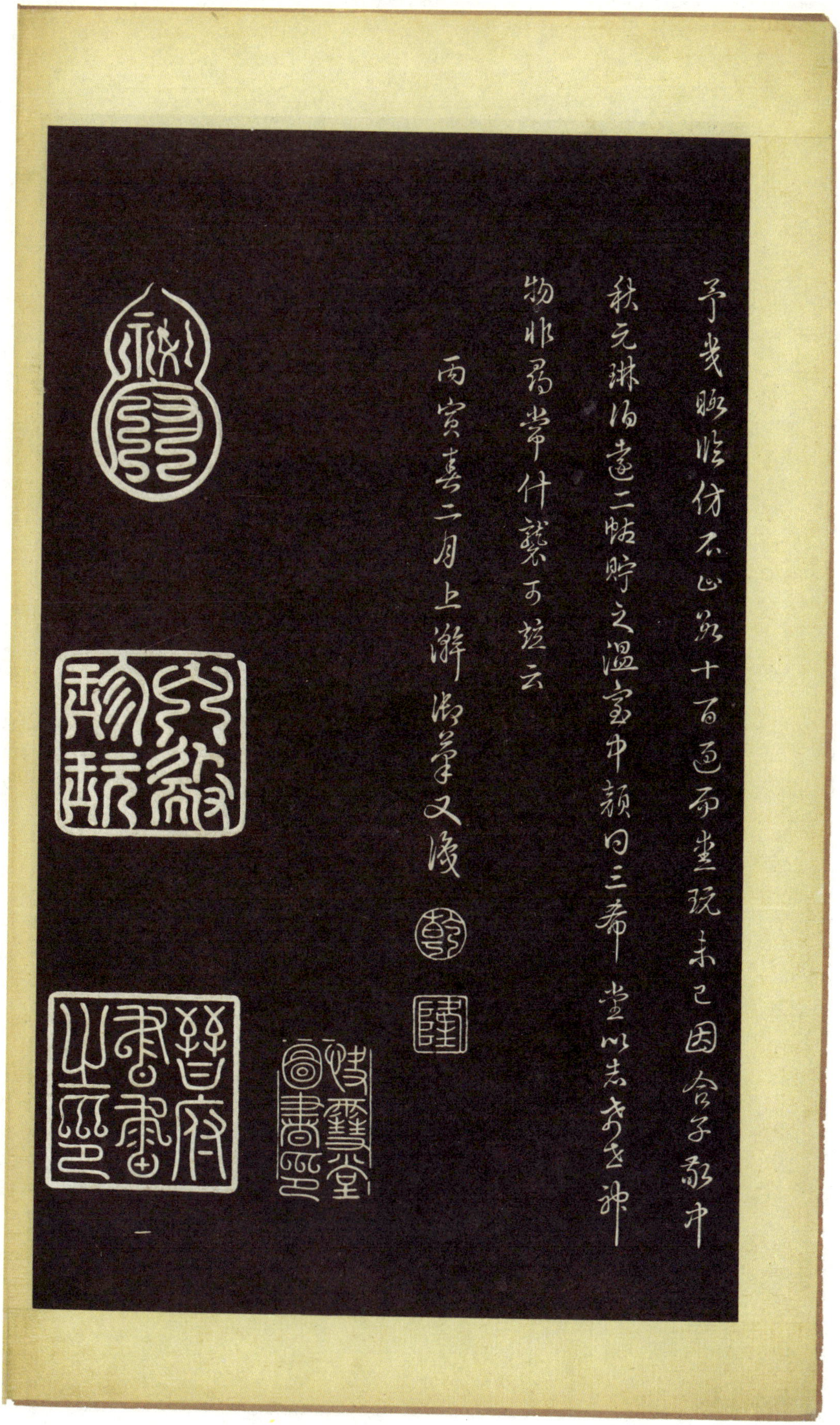
予幾暇臨倣不下數十百過而愛玩未已因合子敬中
秋元琳伯遠二帖貯之溫室中顔曰三希堂以志希世神
物非尋常什襲可擬云
丙寅春二月上澣御筆又識

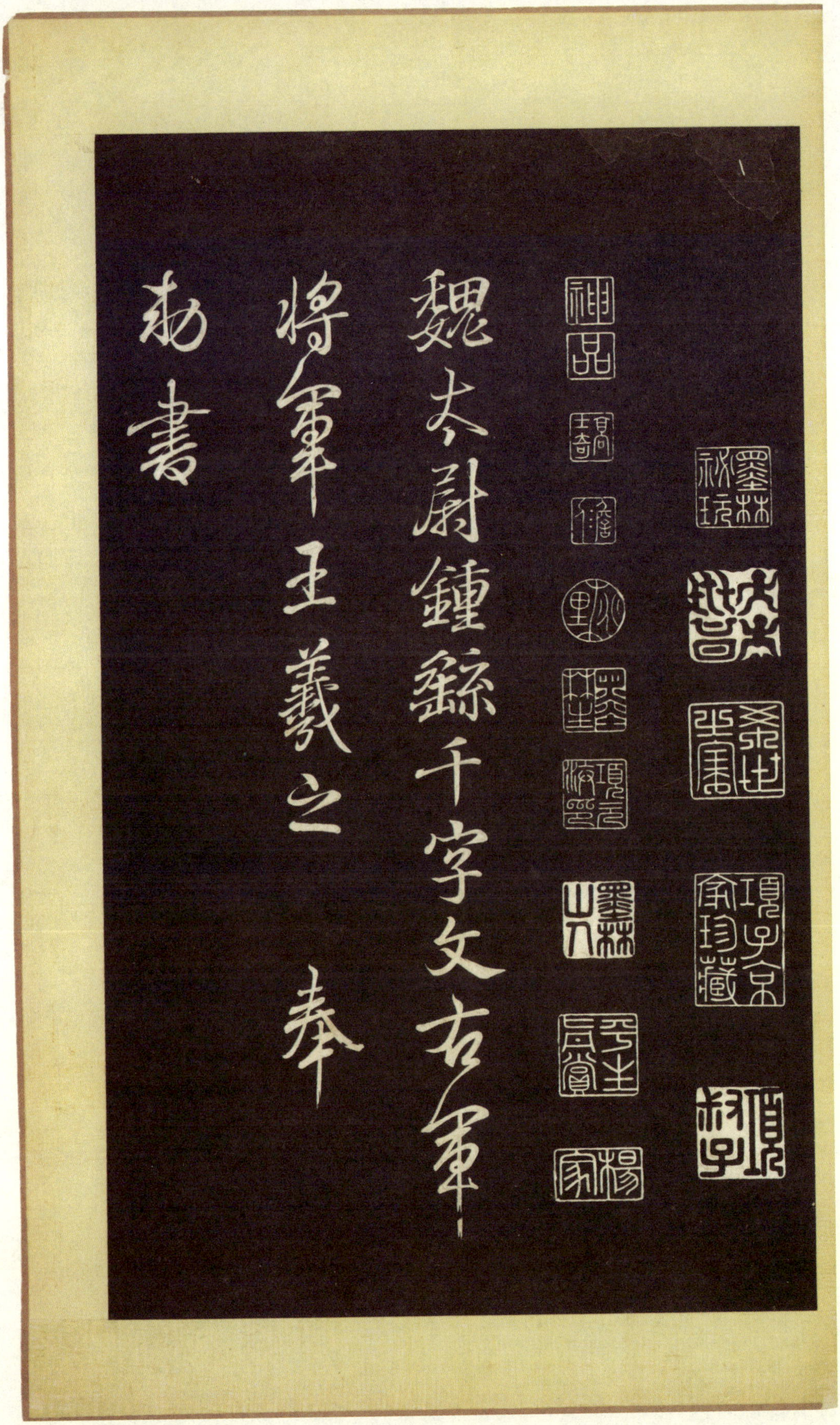
魏太尉鍾繇千字文右軍
將軍王羲之奉
勅書